인공지능과 언어과학적 상상력

언어 연구의
새로운 패러다임

성균인문학술총서 01

인공지능과 언어과학적 상상력
언어 연구의 새로운 패러다임

1판 1쇄 인쇄   2025년 9월 5일
1판 1쇄 발행   2025년 9월 12일

지은이   이한정
펴낸이   유지범
책임편집   구남희
편집   신철호 · 현상철
외주디자인   심심거리프레스
마케팅   박정수 · 김지현

펴낸곳   성균관대학교 출판부
등록   1975년 5월 21일 제1975-9호
주소   03063 서울특별시 종로구 성균관로 25-2
전화   02)760-1253~4
팩스   02)760-7452
홈페이지   http://press.skku.edu/

ISBN 979-11-5550-676-9 94080
      979-11-5550-675-2(세트)

※ 이 저서는 2023년 대한민국 교육부와 한국연구재단의 지원을 받아 수행된 연구임
   (NRF-2023S1A5A2A01074277).

※ 이 저서는 2025학년도 성균관대학교 문과대학 연구역량강화 사업의 지원으로 간행되었음.

인공지능과 언어과학적 상상력

01
성균인문
학술총서

언어 연구의
새로운 패러다임

**ARTIFICIAL
INTELLIGENCE
and
LINGUISTIC
IMAGINATION**

New Paradigm in
Linguistic Research

이
한
정 지음

성균관대학교
출 판 부

서문

인간의 언어를 학습하여 능숙하게 구사하는 인공지능 챗봇의 등장과 발전으로 언어 생성의 주체가 인간에서 인공지능으로 확대되었다. 인간이 기계의 언어를 통하지 않고 인간의 언어로 인공지능과 대화하는 것이 일상화되면서 인공지능은 인간의 언어 사용과 사고 과정에 깊이 개입하며 우리의 일상 생활과 사회 전반을 급격하게 변화시키고 있다.

ChatGPT로 대표되는 생성형 인공지능 챗봇의 기반이 되는 대형 언어 모델(large language model: LLM)은 방대한 양의 텍스트 데이터 학습을 통해 언어 구조와 패턴을 내재화하여 사용자와의 대화에서 자연스럽고 일관된 텍스트를 생성한다. 또한 여러 언어를 이해하고 번역하는 능력을 갖추고 있으며, 최근에는 감성적인 답변을 생성하는 능력과 사용자 맞춤형 데이터 분석 능력도 향상되어 언어를 포함한 다양한 영역에서 실질적인 문제 해결에 기여하고 있다. 이처럼 인간과 소통하며 인간의 언어 사용과 처리 과정을 모사(simulate)하고 재현(replicate)하는 LLM 기반 인공지능은 언어 연구에 새로운 가능성 및 방향과 함께 새로운 도전 과제를 제시한다.

기술의 발전이 제공하는 인공지능의 잠재력을 언어 연구에 활용하기 위해서 언어 연구를 위한 맞춤형 인공지능 활용법에 대한 필요성이 제기된다. 이 책의 목적은 언어 연구 방법론의 주류를 이루고 있는 코퍼스 언어학적 접근과 LLM 기반 인공지능을 활용한 접근을 접목한 새로운 언어 연구 방법론을 제시하는 것이다. 책의 제목을 "인공지능과 언어과학적 상상력 – 언어 연구의 새로운 패러다임"으로 설정한 것은 인공지능을 단순히 작업을 자동화하는 도구를 넘어 연구자의 통찰과 상상력을 구현하고 확장하는 코파일럿(copilot)으로 길들여서 활용하는 방안을 제시하려는 의도를 담고 있다. 인공지능을 특정 언어 현상 분석이나 언어 연구 과정의 일부분에 적용한 사례를 다룬 연구들은 꾸준히 발표되고 있다. 하지만 연구에 필요한 데이터를 코퍼스에서 추출하여 효과적으로 시각화하고 다양한 질적·양적 분석을 수행하는 전체 연구 과정에 인공지능을 어떻게 기존의 도구들과 조화롭게 사용할 수 있는지를 안내하는 시도는 아직 발견하기 어렵다. 이 책은 이런 간극을 메우기 위한 시도의 일환으로, 코퍼스 언어학적 연구의 각 단계에서 인공지능과 효과적으로 소통하는 프롬프팅 기법과 더불어 인공지능 및 기존의 도구들을 사용하여 연구 데이터를 처리하고 분석하는 방법을 영어의 대표적인 논항교체(argument alternation) 데이터 분석 사례를 중심으로 세밀하게 보여준다.

　　이 책의 집필은 인공지능이 연구와 교육 현장에 점차 깊이 침투하고 있는 상황에서 언어 연구가 인공지능과 어떤 관계를 맺어야 하는지 그리고 어떤 식으로 상호보완적으로 발전할 수 있는지를 고민하는 데에서 시작되었다. 이 같은 문제의식과 고민은 ChatGPT, Gemini와 같은 LLM 기반 생성형 인공지능 챗봇을 활용하여 복잡한 코딩 없이 자동구문분석이 된 대용량 코퍼스로부터 논항교체 데이터를 추출하는 방안에 대한 연구 수행으로 이어졌다. 이 연구를 수행하면서 인공지능을 잘 활용하면 높은 수준의 프로그래밍 언어 지식과 코딩 능력을 갖추지 않고도 언어 연구자들이 연구에 필요한 데이터를 얻을 수 있음을 확인할 수 있었다. 이 책을 집필한 직접적인 동기는 코딩 없이 연구에 필요한 데이터를 얻는 것에서 더 나아가, ChatGPT의 언어 능력, 분석 능력과 코딩 능력을 활용하면 Word2Vec, BERT 등과 같은 언어 모델을 적용한 깊이 있는 데이터 분석과 통계 분석을 수월하게 할 수 있다는 사실과 인공지능의 한계와 위험성을 동시에 발견하게 된 것이다.

이 책은 전세계적으로 언어 연구에서 가장 널리 쓰이는 두 균형 코퍼스(balanced corpora)인 영국 국가 코퍼스(British National Corpus: BNC)와 미국 현대 영어 코퍼스(Corpus of Contemporary American English: COCA)에서 추출한 데이터를 대상으로 인공 신경망 언어 모델 기반의 다양한 분석을 수행하여 의미의 구조적 실현 양상에 관한 새로운 발견에 이르는 과정을 상세히 기술하고 있다. 이 책에서 다룬 내용이 언어 연구자들에게 언어 의미의 구조적 실현에 대한 새로운 통찰을 제공하고, 인공지능을 활용하는 언어 연구 방법론의 유용한 가능성과 한계를 가늠하는 데에 도움이 되길 바란다. 그리하여 18세기 데카르트(René Descartes)의 상상력에서 출발한 좌표 공간(coordinate space) 개념이 벡터 공간 모델(vector space model)을 거쳐 현재 우리가 접하는 인공 신경망 언어 모델들로 발전해 온 것처럼, 인공지능과 동행하는 언어 연구가 새로운 차원의 탐구로 이어지길 기대한다.

이 책의 구성과 내용은 다음과 같다.

1장에서는 본 저술의 사례 연구 대상인 영어의 사역교체(causative alter-nation)에 관한 이론적·계량적 접근을 대표하는 선행 연구들을 소개하고,

인공지능을 활용한 연구의 필요성, 본 저술의 연구 내용과 학문적 기여에 대해 논의한다.

2장에서는 ChatGPT와 Gemini를 활용하여 자연어 텍스트 프롬프트만으로 자동구문분석이 된 BNC로부터 손쉽게 연구에 필요한 데이터를 추출하는 방안을 제안한다.

3장과 4장에서는 추출한 데이터를 대상으로 LLM 기반 생성형 AI와 신경망 기반 언어 모델을 활용하여 기존에 시도되지 않은 다양한 심층 분석을 수행한다.

3장에서는 ChatGPT를 활용하여 파이썬 기반 공연구조적 분석(collo-structural analysis)을 수행하여 사역교체 강도가 높은 137개의 상태변화 동사를 선별한 후, 이 동사들에 대한 벡터 공간 모델 및 Word2Vec 기반 의미 분석을 수행한다. 이를 통해 다양한 의미 부류의 사역교체 동사들의 의미적 복잡성과 가장 핵심적인 의미 차원을 어떻게 연속적인 의미 공간에서 파악하고 효과적으로 표상할 수 있는지를 검토하고, 이 같은 분석의 한계는 무엇인지 논의한다.

4장에서는 ChatGPT를 활용한 벡터 공간 모델 기반 분석을 대상(theme) 논항의 특성 분석으로 확대한다. 먼저 대표적인 다의어 사역교체 동사인 break와 freeze의 대상 논항의 의미 군집을 특징짓는 핵심적인 의미 차원을 도출하고, 이를 토대로 두 동사의 주요 의미 범주를 설정한다. 이어서 ChatGPT를 활용한 BERT 기반 다의적 의의(sense) 분포 분석을 통해 동사의 다의성 구조로부터 동사가 특정 구문에서 선호되는 근본적인 이유를 밝혀낸다. 마지막으로 대상 논항과 사동주(causer) 논항의 의미적·문맥적 특성이 동사의 구문 실현을 어떻게 제약하는지를 나무구조 회귀 모형과 혼합효과 로지스틱 회귀 모형을 적용한 다중요인 분석을 통해 규명함으로써 동사와 논항이 사역교체에 대해 가하는 제약에 관한 전체적인 그림을 제시한다.

5장에서는 이 책의 논의를 종합하고, 인공지능 활용 방법론의 한계와 잠재적 위험성, 윤리적인 고려 사항 및 인공지능을 품은 의미 연구의 전망에 대해 논의한다.

이 책에서 소개하는 파이썬 코드와 주요 분석 결과 파일들은 깃허브 페이지(https://github.com/hanjung-25/ailinguistics)에 공개되어 있다. 책의 내용에 관한 질문은 저자의 이메일로 문의하길 바란다.

연구를 수행하는 동안 많은 분들이 도움을 주었다. 이 저술에서 다룬 연구의 토대가 된 BNC 데이터 분석을 함께 진행한 성균관대학교 김지연 박사과정생과 조예은 박사과정생에게 감사드린다. 또한 BERT 기반 분포 의미 모델을 적용한 다의어 분석에 대해 발표할 기회를 제공해 주신 스탠퍼드 대학교, UC 버클리, UCSC, UCLA 언어학과와 한국외대 영어학과에 감사드리며, 귀중한 의견과 논평을 제시해 주신 콜로키엄 참여자 분들께도 깊이 감사드린다.

이 저술은 성균관대학교가 주관한 인공지능 혁신융합대학사업의 지원을 받아 2024년 개발한 교과목 내용을 기초로 하여 시작되었다. 저술을 시작할 수 있도록 아낌없는 지원을 해 주신 김재현 사업단장님과 김장현 부단장님께 감사의 뜻을 전한다. 또한 한국연구재단의 중견연구자지원사업(NRF-2023S1A5A2A01074277)과 2025년 성균관대학교 문과대학 연구역량강화 사업의 지원으로 안정적인 환경에서 집필에 임할 수 있었다. 이 두 기관의 지원과 성균관대학교 출판부 신철호 편집장님과 구남희 선생님의 수고와 열정에 깊은 감사를 표한다.

목차

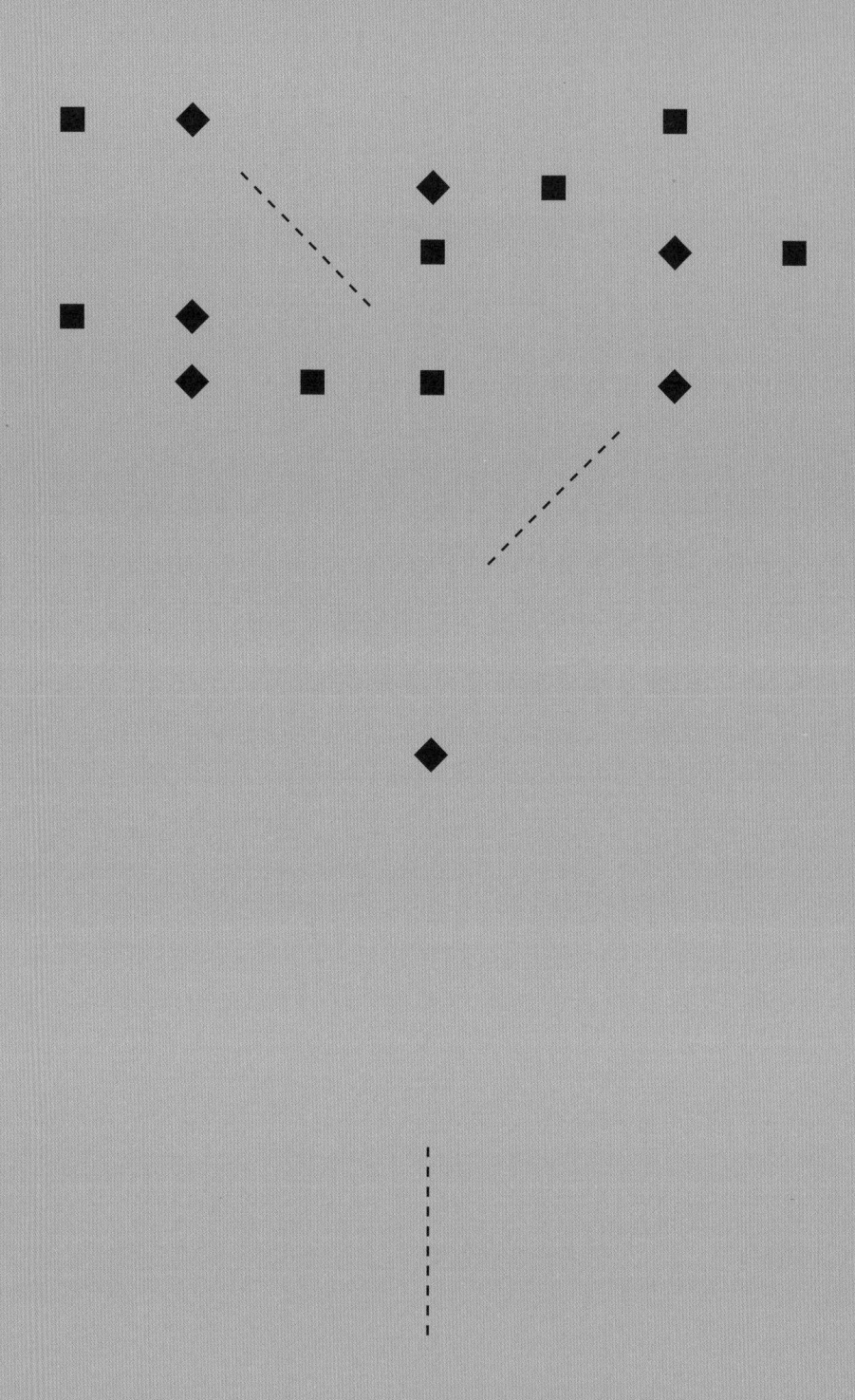

# 제1장

인공지능과 인과적 사건의 구조적 실현 연구

본 저술의 목적은 언어 연구 방법론의 주류를 이루고 있는 코퍼스 언어학적 접근과 인공지능(AI)을 활용한 접근을 접목한 새로운 언어 연구 방법론을 제시하는 것이다. 이 책에서는 언어 의미와 구조가 관련되는 양상에 대한 탐구에서 핵심적인 역할을 해 온 영어의 사역교체(causative alternation) 현상을 사례 연구 대상으로 삼아 대형 언어 모델(LLM)과 LLM 기반 생성형 AI를 인과적 사건의 구조적 실현의 영역에서 지금까지 해결되지 않은 문제들을 탐색하고 설명하는 데 활용하는 방안을 상세히 다룬다.

이 장에서는 영어의 사역교체에 관한 이론적·계량적 접근을 대표하는 연구들을 소개하고, 인공지능을 활용한 연구의 필요성, 본 저술의 연구 내용과 학문적 기여에 대해 논의한다.

1. 영어의 사역교체에 관한 선행 연구

인과적 사건(causal events)은 원인이 되는 사건(causing event)과 결과 사건(caused/result event)을 포함하는 복합적 사건이다. 인과적 사건의 경험, 개념화 그리고 그 표현은 외부 세계와의 상호작용과 언어 사용의 중요한 부분을 차지한다. 인과적 사건의 다양한 표현 방식 중 언어학의 관심 대상이 되어 온 몇 가지 예를 들면 다음과 같다.

(1) a. Peter opened the door.

   b. The door opened.

   c. Peter caused the door to open.

   d. The wind opened the door wide.

   e. The door opened from the storm/when the storm started.

(1a)의 예문은 행동주성 사동주(agentive causer)가 문을 여는 행위를 함으로써 피사동주(causee)의 상태변화를 일으키는 복합적 사건이 단일 술어(동사 open)로 표현되는 어휘적 사동문(lexical causatives)의 예이다. (1a)와 (1b)에서와 같이 인과적 사건을 나타내는 사역동사(causative verbs)가 타동성(transitivity)의 변화에 따라 명시적으로 표현되는 논항의 수 변화와 논항의 문법관계 전환이 발생하는 현상을 사역교체라 한다. 영어에서 인과적 사건은 (1c)에서와 같이 원인이 되는 사건과 그 결과가 별개의 술어에 의해 표현되는 통사적 사동문(syntactic or periphrastic causatives) 또는 (1d)와 같은 결과구문(resultative construction)에 의해 표현되기도 한다. 인과적 사건의 원인은 (1e)에서와 같이 자동문의 수식어구로 표현되기도 하고, 원인과 결과가 다른 절이나 문장에 나타날 수도 있다.

사역교체는 광범위한 언어에 존재하며, 여격교체(dative alternation), 처소교체(locative alternation), 수동화(passivization) 등과 함께 가장 잘 알려진 영어의 논항교체(argument alternation) 현상 중 하나이다. 사역교체가 형태통사적으로 나타나는 양상은 언어에 따라 차이를 보이는데, 영어에서는 사역동사의 타동형과 자동형이 형태적 변화 없이 의미적 연관성을 보이면서 논항교체 구문을 형성한다. (1a)에서와 같이 사역교체 동사 open의 타동형 구문에서는 사동주 논항이 주어로 실현되고 피사동주 논항이 목적어로 실현된다. (1b)에서 보듯이, 자동형 구문에서는 피사동주 논항이 주어로 실현되고, 사동주 논항은 명시적으로 표현되지 않는다. 영어와 달리 많은 언어들에서 사역교체는 동사의 형태통사적 변화를 수반한다.

사역교체에 관한 1990년대~2000년대 의미통사론 연구들은 동일한 논항교체를 보이는 술어가 공유하는 의미 특성이 무엇인지를 규명하는 데 집중하였다. 이 같은 연구를 대표하는 Levin·Rappaport Hovav(1995)와 Reinhart(2002, 2016)는 사역교체에 참여하는 동사와 그렇지 않은 동사를 구분하는 의미 특질을 '원인 명세(cause specification)' 여부와 '외재적/내재적 원인에 의한 사건(externally vs. internally caused event)' 기술 여부라고 보았다. 디지털 전환의 영향으로 코퍼스와 웹 문서 등의 빅데이터를 주요 언어 자원으로 의미통사론 연구에 활용하게 되면서 2000년대 이후 사역교체를 포함한 영어의 논항교체에 관한 연구는 통사적 구문이 실제 사용되는 맥락 요인에 관한 세부적인 연구와 계량적(quantitative) 연구로 확장되었다.[1]

Rappaport Hovav·Levin(2012)과 Rappaport Hovav(2014)는 사역교체의 연구 방향이 의미론 중심에서 화용론 연구로 전환하는데 기여하였

---

1   영어 사역교체와 여격교체에 관한 상세한 논의는 Levin(2015)을 참조할 것.

다. 이 저자들은 2항 술어를 기본으로 하는 논항 구조에서 미명세 원인(un-derspecified cause) 논항을 제거하여 비사역적 자동사를 도출하는 기존 설명의 문제점들을 해결하기 위해 모든 사역교체 동사가 어휘적으로 대상 논항만을 취하는 1항 술어 분석을 제시하였다. 이들이 제시한 1항 술어 분석에 의하면, 교체 동사들은 기본 의미의 논항 구조 상에서 대상 논항만을 취하며, 외재적 원인 논항은 비어휘적인(nonlexical) 과정에 의해 논항 구조와 통사 구조에 추가된다. Rappaport Hovav·Levin(2012)과 Rappaport Hovav(2014, 2020)가 제안한 원인 논항 추가와 (비)실현에 관한 비어휘적 조건은 다음과 같다.

(2) 외재적 원인 논항이 추가되기 위한 필요 조건: 직접 사역 조건(direct causation condition)

  1항 술어는 주어가 사건의 직접 원인을 나타낼 때 사역적인 타동사로 쓰일 수 있다(Rappaport Hovav·Levin 2012).[2]

(3) 원인 논항의 (비)실현에 관한 화용적 제약(Rappaport Hovav 2014, 2020)

  a. 상태변화의 기술에서 그 원인은 매우 관련성이 높은 요소이다. 따라서 다른 모든 조건이 같다면, 상태변화의 원인을 명시적으로 언급함으로써 발화의 정보 기여가 높아지므로 사역적 타동형 사용이 선호된다.

  b. 그럼에도 불구하고 상태변화의 명확한 원인을 알 수 없거나 식별하기

---

2 직접 원인(direct cause)과 직접 사역의 개념 정의와 특징에 관한 상세한 논의는 Wolff(2003), Levin(2020), Levshina(2022) 등을 참조할 것.

어려울 경우와 추론 또는 예측이 쉬운 경우에는 비사역적 자동형이 선호되거나 요구 된다.

　Rappaport Hovav(2014, 2020)의 화용적 접근은 (3b)의 제약이 해당될 경우에 외재적 논항이 논항 구조에 추가되지 않으며, 그렇지 않을 경우에만 (3a)의 제약에 의해 외재적 논항이 추가된다고 가정한다. Rappaport Hovav(2014, 2020)는 비사역적 자동형의 선택을 '논항 구조의 경제적 사용'의 구체적인 경우로 분석하고, 사역적 타동형의 선택을 화용론적 동인에 의해 설명함으로써 기존의 의미통사적 접근에서 어휘명세와 어휘 과정으로 설명하기 어려운 문맥적 요인들이 사역교체에 관여하는 사실을 통찰력 있게 설명한다.

　Lee(2023)와 Kim et al.(2025)은 실제 언어 사용 맥락에서 교체형 선택에 영향을 미치는 의미화용적 요인들을 면밀히 분석한 본격적인 코퍼스 언어학적 연구이다. Lee(2023)는 12개의 사역교체 동사를 대상으로 두 교체형이 기술하는 사건의 사동주의 화용적 특성을 분석하였다. 이 연구를 위해 먼저 자동구문 분석이 된 영국 국가 코퍼스(British National Corpus: BNC)에서 각 분석 대상 동사의 용례 200개씩을 추출하여 총 2400개 용례에 대하여 동사별로 두 교체형의 비율을 계산하였다. 분석 결과, 12개의 사역교체 동사들은 두 교체형의 비율에 있어서 다음과 같이 차이를 보이는 것으로 나타났다. break, empty, clear, close, open은 타동형 용법이 75% 이상이었고, lengthen, dry, melt, freeze 등은 자동형 용법의 비율이 타동형 용법보다 높았다. 이 연구는 동사 간 두 교체형의 비율 차이뿐 아니라 '사동주의 식별가능성(causer identifiability)'이라는 문맥적 요인이 두 교체형의 선택에 중요한 역할을 한다는 점을 밝혀내기도 하였다.

　사동주의 식별가능성은 동사와 논항이 결합하여 표현하는 사건의 직접 원인의 문맥적 특성으로서, 결과 상태를 초래하는 원인들 중 하나의 구체적인 원인을 특정하여 식별할 수 있는 정도로 정의할 수 있다. Lee(2023)는 Rappaport Hovav(2014)의 제안을 따라 사동주 논항을 식별가능성의 정도에 의해 [표 1]에서와 같이 네 유형으로 구분한다.

[표 1] 문맥적 식별가능성에 따른 사동주 유형 구분

사동주 유형	문맥적 식별가능성	예문	식별 가능성
행동주성 사동주 (agentive causer)	의도성을 지니며, 이로 인해 상태변화의 궁극적 원인으로서 가장 쉽게 식별됨.	(1a)의 주어	높음 ↑
비행동주성 사동주 (non-agentive causer)	의도성이 없는 행위자 또는 외재적 원인. 추상적 개체이거나, 결과 사건에 동시에 작용하는 경우가 많아 행동주성 사동주에 비해 단일한 원인으로 명확한 분리나 식별이 어려움.	(4)의 주어	
복구가능한 사동주 (recoverable causer)	선행 담화 맥락에서의 언급을 통해 지시체가 복구 가능하거나((5)의 경우), 실제 세계에 대한 지식을 통해 상태변화의 기본 원인(default cause)으로 추론 가능함((6)의 경우).	(5a): 둑이 무너진 원인 (5b): 문이 열린 원인 (6): 머리카락이 자라거나 시계가 고장난 원인	↓
알 수 없는 사동주 (unknown causer)	직접 관찰의 어려움 또는 오랜 기간에 걸친 변화 등의 이유로 상태변화의 궁극적인 원인을 식별하기 어려움.	(7a): 문을 연 주체 (7b): 치마 길이가 짧아진 원인	낮음

(4) The system has eroded the morals of young people.

(Rappaport Hovav 2014: 24, (67))

(5) a. I pounded on the piggy bank and it finally broke.

　b. I leaned against the door and it opened.

(Rappaport Hovav 2014: 17, (41))

(6) a. Her hair lengthened down to her waist.

　b. My watch broke after the warranty ran out.

(Rappaport Hovav 2014: 25, (68))

(7) a. The door of Henry's lunchroom opened and two men came in.

(McCawley 1978, Rappaport Hovav 2014: 21, (59a)에서 재인용)

　b. With the 1929 stock market crash, skirts lengthened but kept their narrow silhouette, with longer waistlines.

(http://www.ehow.co.uk/info_8066375_garden-party-gowns-1900.html)

12개 동사의 원인 논항의 구조적 실현 패턴 분석에 의하면, 동사가 행동주성 사동주를 원인 논항으로 취하는 경우에는 타동형이 뚜렷하게 선호된다. 반면, 비행동주성 사동주 또는 선행 담화 맥락에서의 언급을 통해 복구 가능한 원인 논항을 취하는 경우에는 타동형에 대한 선호가 낮아져 자동형 실현 빈도가 상대적으로 높아진다. 기본 원인 또는 원인을 식별하기 어려운 경우에는 타동형 실현이 매우 어색하고, 자동형이 뚜렷하게 선호된다. 이 같은 관찰에 근거하여 Lee(2023)는 문맥에서 원인 논항의 식별 가능성이 교체형의 사용 빈도와 밀접한 상관성을 갖는다는 가설을 설정하고, Kendall 타우(τ) 등급 검정(Kendall Tau rank test)을 통해 가설의 타당성을 검증하였다. 그러나 이 연구는 적은 수의 동사들과 단일 요인만을 분석 대상으로 하였다는 한계를 지닌다.

Kim et al.(2025)은 135개의 상태변화 동사를 대상으로 조건 추론 나무 모형, 조건 랜덤 포레스트 모형과 로지스틱 혼합효과 모형을 사용하여 사역교체에 작용하는 의미적·문맥적 요인들의 효과를 분석한 다중요인(multifactorial) 분석을 수행하였다. BNC 데이터의 분석 결과, 원인 논항의 문맥적 식별가능성이 두 교체형의 용법을 가장 잘 구분하고 예측하는 요인으로 나타났으며, 사동주의 의도성이 두 번째로 중요한 요인으로 나타났다. 이 연구는 영어의 사역교체에 작용하는 의미화용적 요인들을 동시에 고려하여 요인들의 유의성, 영향력의 방향 및 상대적 중요성을 대규모 코퍼스 데이터 분석을 통해 최초로 밝힘으로써 사역교체의 화용적 접근을 지지하는 새로운 경험적 근거를 제시하였다는 의의가 있다. 그러나 사동주 논항의 특성만을 분석하였고, 대상(theme) 논항 및 동사 의미가 교체형의 사용에 가하는 제약을 분석하지 않은 점은 연구의 한계점으로 남는다.

Romain(2017, 2022)은 미국 현대 영어 코퍼스(Corpus of Contemporary American English: COCA)에서 추출한 18개 사역교체 동사들의 타동 구문과 자동 구문 용례를 대상으로 분포 의미론 방법에 의거하여 각 구문에서 공통적으로 쓰이는 대상 논항과 그렇지 않은 대상 논항의 특성을 군집 분석을 통해 분석하였다. Romain(2017, 2022)은 대상의 군집 분석 결과로부터 동사의 의의(sense)를 유추하여 타동 구문과 자동 구문에 국한되는 동사 의의와 두 구문에서 공유되는 의의를 찾아냄으로써 대상 논항과 동사 의의가 사역교체 동사의 구문 실현에 부과하는 제약을 밝히고자 시도하였다. 그러나 이 연구는 타동 구문과 자동 구문에서 선호되는 사역교체 동사들의 의미

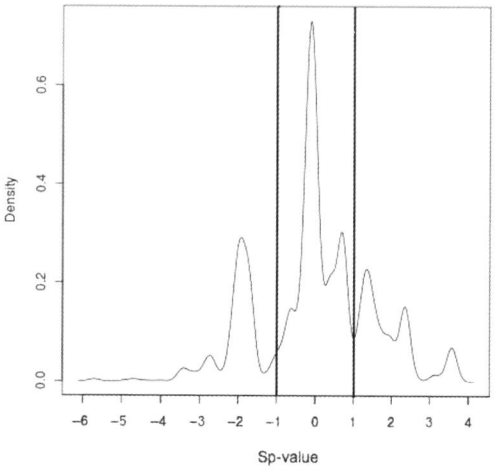

[그림 1] 영어 사역교체 동사들의 Sp-값의 밀도 분포(Samardžić·Merlo 2018: 19)

적 특성을 직접 분석하지 않았으며, 대상과 동사 의미의 특성이 구문 실현 선호도의 차이로 이어지는 과정을 명확하게 규명하지 않았다.

350여 개의 영어 사역교체 동사를 분석한 경험적 연구로는 지금까지 Samardžić·Merlo(2018)가 유일하다. Samardžić·Merlo(2018)는 Haspelmath(1993)의 연구를 발전시켜 Levin(1993)에 제시된 354개의 영어 사역교체 동사들이 Europarl 코퍼스에서 보이는 교체형 또는 교체 구문 분포가 [그림 1]에 나타난 것과 같이 정규 분포(normal distribution)를 보인다는 결과를 도출하였다. [그림 1]의 Sp-값은 동사가 사역적 타동사로 쓰인 빈도를 비사역적 자동사로 쓰인 빈도로 나눈 값에 로그(log)를 취한 값이다. 양의 값을 갖는 동사는 사역적 타동사로 쓰이는 경향이 높고, 음의 값을 갖는 동사는 비사역적 자동사로 쓰이는 경향이 높으며, 0에 가까운 값을 갖는 동사는 두 교체형이 비슷한 빈도로 쓰이는 경향이 있음을 나타낸다.

그러나 Samardžić·Merlo(2018)는 교체 동사들의 Sp-값 분포만을 제시하였고, 어떤 동사가 정규 분포의 어느 위치에 놓이는지 밝히지 않는다. 또한 Sp-값은 '사건의(비)자발성' 또는 '행동주가 사건에 관여하는 정도'를 수량화한 값이라고 주장하고 있으나 이에 대한 직접적인 근거를 제시하지 않았으며, Sp-값 분포에 영향을 미치는 다른 요인들을 고려하지 않았다는 한계점을 지닌다.

요약하면, 많은 연구를 통해 축적된 이론적·경험적 성과에도 불구하고, 사역교체 동사의 의미와 두 논항(대상과 사동주)이 인과적 사건의 구조적 실현에 각각 어떤 성격의 의미적·문맥적 제약을 가하는지를 실제 언어 사용 데이터의 엄밀한 분석을 통해 밝혀 전체적인 그림을 명확하게 제시하는 시도를 아직까지 발견하기 어렵다. 이는 사역교체 동사의 수가 많고, 의미적으로도 다양하여 그 특성을 연구자의 직관에만 의지하는 분석 방법으로 밝혀 내기 어렵다는 사실에 기인하는 바가 크다. 또한 350여 개의 동사 용례를 코퍼스에서 추출하여 분석하는 작업 자체가 쉽지 않다는 점도 사역교체의 전체적인 그림을 그려 내기 어렵게 만드는 주된 요인 중 하나이다. 이 문제를 극복할 수 있는 방안으로 다음 절에서 인공지능을 활용한 새로운 연구 방법론의 도입을 제안한다.

2. 인공지능을 활용한 연구 방법론의 필요성 및 연구 내용

많은 코퍼스 검색 도구들이 개발되어 언어 연구에 사용되고 있지만, 기존 검색 도구들을 활용하여 본 연구에 필요한 대용량 데이터를 추출하는 것은 쉽지 않다. Wordsmith나 Monoconc 또는 Antconc 등의 코퍼스 검색 도구들은 처리할 수 있는 코퍼스의 규모가 제한적이다. 독일 슈투트가르트 대학에서 개발한 코퍼스 작업대(Corpus workbench) 기반 검색 시스템은 대용량 데이터 처리 능력이 뛰어나고, 다양한 언어 패턴의 효율적인 검색을 지원하는 장점이 있다(이민행 2015). 그러나 이를 활용하여 350여 개 사역교체 동사의 타동형과 자동형 용례를 추출하기 위해서는 매우 많은 회수의 검색식을 실행해야 하는 한계가 있다. 이 문제를 해결할 수 있는 방법은 파이썬 스크립트를 작성하여 연구에 필요한 데이터를 추출하는 것이다.

파이썬 스크립트를 사용한 코퍼스 데이터 추출 방식은 사역교체뿐 아니라 논항교체 현상을 전체적으로 살펴보는 대규모 코퍼스 기반 연구에 필수적일 뿐 아니라, 연구자들의 다양한 관심사와 요구들을 유연하게 충족시킬 수 있다는 장점이 있다. 이 같은 장점에도 불구하고 파이썬 스크립트 작성이 상당한 수준의 프로그래밍 언어에 대한 지식과 코딩 능력을 요구하기 때문에 파이썬 코딩에 익숙하지 않은 언어 연구자들에게 높은 진입장벽이 되고 있는 것이 사실이다. 이 책의 2장에서는 ChatGPT와 Gemini를 활용하여 자연어 텍스트 프롬프트만으로 자동구문분석이 된 코퍼스로부터 손쉽게 연구에 필요한 데이터를 추출하는 방안을 제안한다. 데이터 추출 과정에서 가장 중요한 역할을 하는 파이썬 함수들을 Gemini와 ChatGPT의 협업형 작업 흐름 구조에서 자연어 프롬프트로 생성하고 개선해 나가는 방안을 상세히 논의한다.

3장과 4장에서는 이렇게 추출한 데이터를 대상으로 LLM 기반 생성형 AI와 신경망 기반 언어 모델을 활용하여 기존에 시도되지 않은 다양한 심층 분석을 수행한다. 3장에서는 ChatGPT를 활용하여 파이썬 기반 공연구조적 분석(collostructural analysis)을 수행하여 사역교체 강도가 높은 137개의 상태변화 동사를 선별한 후, 이 동사들의 분포 의미 분석에 벡터 공간 모델(vector space model) 및 Word2Vec 모델을 적용한다. 이 두 기존 언어 모델이 사역교체 동사 의미의 구조적 요소와 내용적 요소를 어떻게 포착하는지를 탐색하고, 두 모델을 적용한 분석의 강점, 유용성, 차이 및 한계를 면밀하게 비교 분석한다.

4장에서는 ChatGPT를 활용한 벡터 공간 모델 기반 분석을 대상(theme) 논항의 특성 분석으로 확대하여 대표적인 다의어 사역교체 동사인 break와 freeze의 대상 논항의 의미 군집을 특징짓는 핵심적인 의미 차원을 도출하고, 대상 논항의 주요 의미 군집으로부터 동사의 주요 의미 범주를 설정한다. 이어서 ChatGPT를 활용한 BERT 기반 다의성 분석을 통해 이 동사들의 다의성 구조로부터 동사가 특정 구문에서 선호되는 의미적 동인을 밝히는 목적의 연구를 수행한다. 이를 위해 동사의 구문 실현 정보와 의의(sense) 정보와 같은 기호적 자질을 BERT 모델의 입력과 출력으로 사용하여, 기호 구조(symbolic structure)의 추론 가능성과 분포 표현의 유연성을 결합하는 새로운 형태의 신경-기호학적 분포 의미론(neuro-symbolic distributional semantics)을 제안한다. 마지막으로 대상 논항과 사동주(causer) 논항의 의미적·문맥적 특성이 동사의 구문 실현을 어떻게 제약하는지를 다중요인 분석을 통해 규명함으로써 사역교체에 관한 전체적인 그림을 명확하게 그려내고자 시도한다.

이 책에서 다룰 주요 내용을 [그림 2]와 같이 도식화할 수 있다.

	2장	3장	4장
목표	AI 활용 코퍼스 구축 및 데이터 추출 방법론 제시	AI와 언어 모델을 활용한 사역교체 동사의 의미적 특성 규명	AI와 언어 모델을 활용한 동사의 다의성과 논항의 특성 규명
세부내용	• 의존구조 파싱 수행 및 코퍼스 구축 • ChatGPT와 Gemini 사용 코퍼스 용례 추출	• 동사와 구문의 결합 강도 및 사역교체 강도 분석 • 사역교체 강도가 높은 동사들의 분포 의미 분석	• 사역교체 동사의 다의성 및 의미-구조 분포 분석 • 대상과 사동주의 특성 및 상대적 중요성 분석
코퍼스 및 분석도구	• BNC • ChatGPT, Gemini, Colab	• BNC • ChatGPT, Word2Vec, Colab	• COCA • ChatGPT, BERT, NLTK Colab, R

[그림 2] 연구 수행 내용 요약

이 책은 연구에 필요한 데이터를 코퍼스에서 추출하여 효과적으로 시각화하고 다양한 질적·양적 분석을 수행하는 전체 연구 과정에 AI를 기존의 도구들과 조화롭게 사용하는 방안을 안내하는 첫 번째 학술서로서 언어 연구의 이론적·방법론적 발전에 기여한다. 특히 4장에서 의미 및 구조 정보와 BERT 임베딩을 결합하여 분포 의미론과 의미통사론의 신경-기호학적 통합(neuro-symbolic integration)과 확장을 시도한 것은 언어 의미 연구의 새로운 방향을 제시하는 시도로 평가할 수 있다. 또한 이 책에서 다룬 다양한 분석 과정에 사용하는 파이썬 스크립트와 프롬프팅 기법 및 연구 수행 결과 산출된 데이터를 공유함으로써 다양한 후속 연구와 응용 연구를 촉발할 수 있을 것이다.

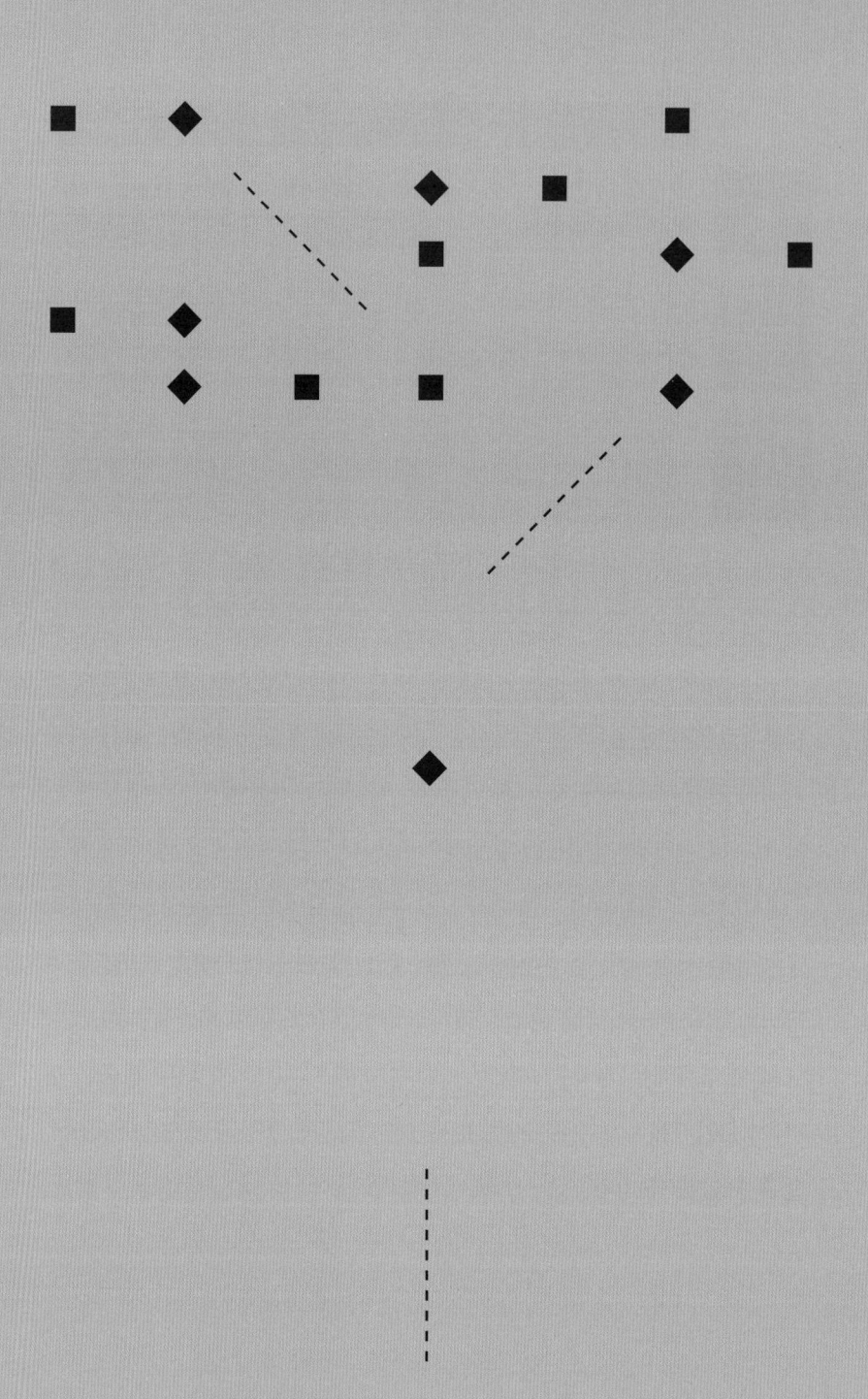

ChatGPT와 Gemini를 활용한
코퍼스 구축과 데이터 추출

인공지능(AI)은 컴퓨터 시스템이 인간의 지능을 필요로 하는 과업을 수행할 수 있도록 설계된 기술 또는 시스템이다. 지난 수십년 간 기계학습, 딥러닝, 자연어 처리 등 AI를 고도화하는 기술이 크게 발전하면서 AI는 기계적인 활동의 도구 수준을 넘어 인간과 실시간으로 대화하며 인간의 창의적인 활동을 보조하는 수준으로까지 진화하였다. 2022년 11월 30일 OpenAI가 출시한 ChatGPT가 대표하는 AI 기술은 인간 언어의 탄생과 15세기 인쇄 기술 발명에 비견되는 지적 혁명으로 평가된다.

처음 세상에 등장한 ChatGPT는 GPT-3 모델의 변형인 GPT-3.5를 기반으로 하고 있다. 2023년 3월에 GPT-3.5의 후속 모델인 GPT-4가 발표되었고, 이로부터 약 1년 2개월 후인 2024년 5월 13일에 GPT-4o 모델이, 2025년 5월 14일에 GPT-4.1 모델이 도입되었으며, 2025년 8월 7일에는 추론 모델과 비추론 모델의 통합 모델인 GPT-5가 출시되었다.[3] 이 책

---

3   GPT-4o에서 'o'는 '어디서나'를 뜻하는 'omni'의 줄임말로 세상의 모든 곳에서 ChatGPT가 인간과 대화할 수 있다는 의미를 함축하는 명칭이다.

에서 분석에 사용한 GPT-4o 시리즈는 실시간 대화형 커뮤니케이션 기능과 함께 텍스트, 비전, 오디오를 실시간으로 추론할 수 있는 기능을 제공하며, 이전 모델들에 비해 한층 향상된 성능과 빠른 속도를 보여준다. 또한 사용자 친화적인 인터페이스가 더욱 강조되었고, 다양한 언어 지원과 한국어 이해 및 구사 능력도 개선되었다. 특히 GPT-4o 시리즈부터 더욱 향상된 '고급 데이터 분석(Advanced Data Analysis)' 기능은 학술 연구, 특히 언어 연구에 매우 중요한 의미를 갖는다. 이 기능을 사용하면 파이썬(Python) 프로그래밍으로 가능한 거의 모든 작업을 코딩 없이 자연어 텍스트 프롬프트만으로 할 수 있기 때문이다. 이 기능이 앞으로 더 확대된다면, 언어 데이터 분석에서 ChatGPT의 활용 범위는 거의 폭발적으로 확장될 것이다.

생성형 AI 기술의 발전으로 언어 연구자들이 AI를 자신의 연구를 돕는 도구로 맞춤화하고 최적화하여 연구를 내실화하고, 연구 영역을 확장할 수 있는 기술적 여건이 조성되었다고 할 수 있다. 이 장에서는 생성형 AI의 대표 주자로 꼽히는 ChatGPT와 Gemini의 도움을 받아 파이썬 기반 자연어 처리 도구를 사용하여 자동구문 분석이 된 코퍼스를 만드는 방법을 소개한다. 이어서 ChatGPT와 Gemini를 활용하여 코딩을 통하지 않고 자연어 텍스트 프롬프트 사용만으로 파싱된 코퍼스로부터 사역교체 동사 용례 데이터를 추출하여 탐색적 분석을 수행하는 과정에 대해 상세히 다룬다.

1. 코퍼스 태깅과 파싱

코퍼스 언어학적 연구는 데이터 수집에서 분석까지 일련의 과정을 거쳐 수행된다. [그림 1]은 이런 연구의 주요 단계를 도식적으로 표현한 것이다.

데이터 수집 (data collection)	→	자동구문 분석 (tagging & parsing)	→	데이터 추출 (data extraction)
통계 분석 (statistical analysis)	←	정보 코딩 (annotation)	←	데이터 정제 (data filtering)

[그림 1] 코퍼스 언어학적 연구의 주요 단계

먼저 분석에 적합한 텍스트 파일을 확보한 후 이 파일을 대상으로 자연어 처리 도구를 사용하여 품사 정보 부착(tagging) 및 자동구문분석(parsing)을 하고, 분석에 필요한 언어 패턴을 추출한다. 그 후 데이터를 정제(filtering)하여 데이터의 신뢰성과 정확성을 높이고, 정제된 데이터 파일에 통계 모형의 학습에 사용될 정보를 추가하는 애노테이션(annotation) 과정을 거친다. 끝으로 정제와 애노테이션을 완료한 데이터로부터 유의미한 패턴을 도출하기 위하여 통계 분석을 시행하고, 그 결과를 해석 및 설명하는 것으로 분석을 완료하게 된다. 이 절에서는 구글 코랩(Colab) 환경에서 파이썬 기반 자연어 처리 도구를 사용하여 원시 코퍼스 텍스트 파일을 파싱이 된 코퍼스(parsed corpus)로 변환하는 과정을 다룬다.[4]

이 절에서는 품사 태깅과 파싱을 수행하는 도구로서 Stanza라는 파이썬 기반 다국어 처리 도구를 사용한다(Qi et al. 2020). Stanza는 스탠포드

---

4   구글 코랩은 'Google Colaboratory'의 줄임말로 구글이 개발한 클라우드 기반의 인공지능 실행 환경이다. 코랩을 사용하면 사용자가 직접 컴퓨터에 파이썬을 설치할 필요 없이 인터넷 공간을 활용해서 파이썬 코딩을 할 수 있다. 이 플랫폼의 사용법과 파이썬 기초에 관한 상세한 논의는 김장현·김민철(2023)을 참조하길 바란다.

자연어 처리 연구진이 개발한 파이썬 라이브러리로, 파이썬 환경에서 가장 널리 사용되는 자연어 처리 도구 중 하나이다.[5] Stanza는 영어와 한국어를 비롯한 66개 언어의 분석을 지원하며, 토큰화(tokenization), 단어 기본형 복원(lemmatization), 품사(part of speech: POS) 부착, 의존구조 분석(dependency parsing), 개체명 인식(named entity recognition) 등의 기능을 제공한다. Stanza 외에도 다양한 의존구조 파서(parser)들이 개발되어 있다. 각 파서마다 장단점이 존재하기 때문에 연구 목적에 적합한 도구를 사용할 필요가 있다. 여러 의존구조 파서들의 성능 비교와 전산 의존문법에 대한 상세한 논의는 이민행(2021)을, 의존구조 파싱에 대해서는 Jurafsky·Martin(2025) 19장을 참조하기 바란다. 또한 한국어 텍스트 분석에서 널리 쓰이는 형태소 분석기들의 장단점에 관해서는 이기창(2020)에서 자세히 다루고 있다.

Stanza의 다양한 기능 중에서 코퍼스 태깅과 파싱에 필요한 기능만을 불러와 사용하면 코퍼스 구축 작업을 보다 효율적으로 수행할 수 있다. Kim et al.(2025)은 이 같은 용도의 파이썬 스크립트를 작성하여 BNC의 태깅과 파싱에 사용하였다. Kim et al.(2025)의 파이썬 스크립트(파일명: "tagger. py")는 Stanza를 사용해 BNC 텍스트 파일을 읽고 각 문장에 대해 태깅과 의존구조 파싱을 한 결과를 출력하는 태깅 도구로 이 책의 깃허브 페이지에 공개되어 있다.[6] 이 스크립트가 수행하는 기능은 다음과 같다.

5　Stanza에 대한 상세한 소개는 아래의 사이트를 참조하라.
　　https://stanfordnlp.github.io/stanza
　　Stanza 사용법은 성균관대 독어독문학과 김지연 박사과정생의 아래 깃허브 페이지에도 공개되어 있다.
　　https://github.com/kim-ji-youn/tutorials/blob/main/stanza/stanza_tutorial.ipynb

6　이 파이썬 스크립트를 작성하고 본 연구를 위한 사용을 허락해 준 김지연 박사과정생에게 감사

① 필요한 모듈 불러오기

② Stanza 파이프라인 초기화

③ 입력 및 출력 파일 설정

④ 입력 파일 읽기

⑤ 결과 출력: 출력 파일에 태깅/파싱 결과를 저장하여 특정 형식으로 출력

스크립트를 명령어 입력창에서 파이썬 코딩을 통해 실행하여 파싱된 BNC를 생성하려면 사용자의 컴퓨터에 파이썬과 Stanza를 설치해야 한다. 파이썬은 파이썬 홈페이지에서 다운로드할 수 있다(https://www.python.org). 설치하고 나면 파이썬에서 기본적으로 제공하는 idle이라는 프로그램을 사용해 코드를 작성하거나 실행할 수 있다. 다만 idle을 사용하면 특정 작업을 실행할 때마다 수행하려는 작업을 매번 명령어 입력창에 입력하거나 이미 텍스트 형태로 저장된 프로그램을 실행해야 하는 번거로움이 있다.

파이썬을 설치한 후 아래와 같은 명령어를 명령어 입력창에 입력하여 Stanza의 설치를 시작한다.[7]

```
pip install stanza
```

다음으로 다음 페이지에 있는 명령어를 입력하여 파이썬 스크립트를

의 뜻을 전한다.

[7] 사용자의 컴퓨터에 Stanza를 설치하는 방법은 아래 사이트에 소개되어 있는 내용을 참조하길 바란다.
https://velog.io/@kimjiyoun/stanza-installation

실행한다("test.txt"에 태깅/파싱 대상 코퍼스 파일명을 입력). 이 명령문은 "test.txt"를 입력 파일로 받아 단어 형태 정보와 의존관계(단어들 간 지배와 종속 관계) 정보를 포함하는 의존구조 코퍼스를 출력하는 기능을 수행한다. 이 명령문이 작동하기 위해서는 태깅/파싱 대상 파일과 스크립트 파일이 같은 폴더에 있어야 한다.

```
python tagger.py test.txt
```

예를 들어, 입력 파일이 "bnc.txt"이고 이 파일과 "tagger.py"가 "C:\Users\User" 폴더 안에 있을 경우, 아래 [그림 2]와 같이 입력한다.

[그림 2] 명령어 입력창에서 파이썬 태깅 스크립트 실행 화면

명령문 실행 결과 태깅과 파싱이 완료된 "bnc_tagged.txt" 파일이 자동으로 생성된다. 개인 컴퓨터를 사용할 경우 BNC와 같은 대용량 텍스트 파일의 파싱에 보통 하루 이상의 오랜 시간이 소요된다는 점에 유의할 필요가 있다.[8]

---

8   "tagger.py"를 사용하여 BNC를 의존구조 코퍼스로 변환하는 작업을 도와주신 연세대 이민행 교수님께 감사드린다.

32

생성된 출력 파일 속에 포함된 자동분석 결과의 예를 제시하면 (1)과 같다. 이 파싱 결과는 출력 파일의 66번째 문장 "The meetings encouraged exchange of information and perhaps boosted morale"을 Stanza를 이용하여 자동 분석한 결과이다. 각 문장은 문장 번호 태그가 부여되어 있고 (XML 유사 포맷), 각 행에 문장 내 각 단어에 대한 여러 정보가 탭(Tab)으로 구분되어 아래의 순서대로 부착되어 있다(7열 탭 구분 데이터).

단어, 품사(UPOS), 기본형(lemma), 단어 ID, 핵어 ID(hid), 핵어(head word), 의존 관계(deprel)

(1)

```
<s id="66">
The          DET      the          1    2    meetings       det
meetings     NOUN     meeting      2    3    encouraged     nsubj
encouraged   VERB     encourage    3    0    root           root
exchange     NOUN     exchange     4    3    encouraged     obj
of           ADP      of           5    6    information    case
information  NOUN     information  6    4    exchange       nmod
and          CCONJ    and          7    9    boosted        cc
perhaps      ADV      perhaps      8    9    boosted        advmod
boosted      VERB     boost        9    3    encouraged     conj
morale       NOUN     morale       10   9    boosted        obj
.            PUNCT    .            11   3    encouraged     punct
</s>
```

위에 제시된 형식은 CoNLL-U 형식이라고 불리는 표준적인 의존구조 포맷이다. CoNLL-U 형식으로 된 의존구조 코퍼스로부터 사역교체 동사 용례를 추출하려면 이 포맷의 데이터 구조에 대한 이해가 선행되어야 하기 때문에 각 열이 담고 있는 정보를 간략히 설명하도록 하겠다.

(1)의 데이터 구조에서 문장 내 단어들에 대한 분석 정보를 담고 있는

행들이 7개의 열로 구성되어 있는 것을 확인할 수 있다. 이 중에서 첫째 열은 단어의 표면 형태 정보를 담고 있다. 두번째 열은 보편적 의존문법에서 정의되고 CoNLL-U에서 채택된 품사 정보를 담고 있으며, 셋째 열에 단어의 기본형 정보가 있다. 넷째 열의 값은 단어의 문장 내 위치 정보를 나타내며, 다섯째 열의 값은 단어의 핵어(지배소)의 문장 내 위치 정보를 나타낸다. 위 문장의 주어를 예로 들면, meetings의 넷째 열 값이 2로 되어 있고, 다섯째 열 값이 3으로 되어 있다. 이는 각각 meetings가 문장 내에서 2번째로 나오는 단어이며, 이 단어의 핵어는 문장 내 위치가 3인 단어, 즉 동사 encouraged라는 뜻이다. 여섯 번째 열은 각 단어의 지배소 기능을 하는 핵어 정보를, 일곱 번째 열은 각 단어의 의존관계(핵어와 의존소 관계) 정보를 담고 있다. (1)의 예에서는 det(한정사), nsubj(명사형 주어), root(뿌리: 최상위 지배소 기능), obj(목적어), case(격), nmod(명사형 수식어), cc(접속 성분), advmod(부사형 수식어), conj(접속사)와 punct(구두점)의 10개의 의존관계가 구조에 나타난다. 위 문장에서는 동사 encouraged가 최상위 지배소이면서 동시에 주어 meetings, 목적어 exchange, 대등 접속문의 동사 boosted 및 구두점과 핵어 관계를 맺고 있다. 보편적 의존문법과 이 이론에서 정의되는 의존관계에 관한 상세한 논의는 McDonald et al.(2013), de Marneffe et al.(2021), 이민행(2021) 3장 등을 참조하길 바란다.

앞서 언급한 바와 같이, 코랩을 사용하면 사용자가 직접 컴퓨터에 파이썬을 설치할 필요 없이 인터넷 공간을 활용해서 파이썬 코딩을 할 수 있다. 뿐만 아니라 추후 데이터 추출과 분석 과정에서 필요한 다양한 라이브러리가 기본적으로 설치되어 있어 따로 설치하지 않고 바로 다양한 작업을 할 수 있다는 장점이 있다. 하지만 코랩에서 Kim et al.(2025)의 파이썬 스크립트를 그대로 적용하기는 어렵다. 이 스크립트는 입력 파일을 설정하는 단계에서 명령줄 인자(sys.argv)를 사용해서 입력 파일 경로를 받는데, 코랩은 이 명령줄 인자를 지원하지 않기 때문이다. 따라서 "tagger.py"의 기능을 코랩에서 적용하려면 코드를 수정하여 사용할 파일명을 직접 입력하거나, 내부에서 변수로 지정해야 한다.

이제 ChatGPT의 도움을 받아 "tagger.py"를 코랩 실행용으로 변환하고, 이를 사용하여 의존구조 파싱이 된 BNC를 생성해본다. ChatGPT를 사용하려면 chatgpt.com에 접속한다. 이 책은 ChatGPT의 언어 연구 활용법을 다루는데 초점을 맞추고 있으므로 회원 가입 방법과 구독 절차 등은 다루지 않는다. 회원 가입, 구독 플랜 선택 및 구독료 결재는 ChatGPT 홈페이지에(https://chatgpt.com/auth/login) 접속하여 진행할 수 있다. 접속 후 마주하는 초기 화면의 왼쪽 위에 [그림 3]과 같이 언어 모델 선택창을 볼 수 있는데, 유료 구독자의 경우 GPT-5가 출시된 2025년 8월 기준으로 GPT-5 모델과 레거시 모델인 GPT-4o 사이에서 전환할 수 있다.

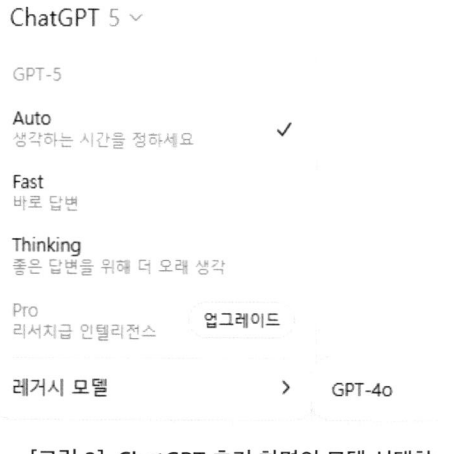

[그림 3] ChatGPT 초기 화면의 모델 선택창

35

아래 [그림 4]는 ChatGPT 초기 화면의 대화창(프롬프트 입력창)이다. '플러스' 모양의 '파일 첨부' 기능과 함께 그 아래에 '에이전트 모드', '심층 리서치', '이미지 만들기'와 같은 고급 도구들이 활성화되어 있는 것을 볼 수 있다.

[그림 4] ChatGPT 초기 화면의 대화창

'파일 첨부' 아이콘을 클릭하여 수정할 태깅 스크립트 파일을 업로드하고, 대화창으로 다음의 내용을 입력하여 업로드한 파일을 코랩 실행용으로 변환해 달라고 요청하였다. GPT-4 모델부터 한국어 이해와 생성 능력이 많이 향상되어 한국어로 요청해도 양질의 답변과 결과를 얻을 수 있다.[9]

---

9   한국어 사용자들에게 특히 유용한 ChatGPT 자동 번역기로 '프롬프트 지니'라는 무료 크롬 확장 프로그램이 있다. 이 프로그램은 사용자가 한국어로 요청이나 질문을 입력하면, 이를 영어로 자동 번역하여 ChatGPT에게 전달하고, ChatGPT의 영어 답변은 다시 한국어로 번역되어 사용자에게 제공한다(신준석 2024). 이 도구의 설치 경로는 다음과 같다: https://tinyurl.com/24tvb3qw

User:

The uploaded file is a tagging tool that uses Stanza to output the dependency-parsed results of BNC text files. Please convert this script to be runnable in Google Colab. Also, explain the step-by-step procedure for executing the modified code in Colab to generate the parsed BNC.

위의 요청을 받은 ChatGPT는 코랩 실행용으로 수정한 코드를 제공하고, 아래와 같은 단계를 따라 코랩에서 파싱된 BNC를 생성할 수 있다고 답변한다.

① 코랩 접속 및 준비
  https://colab.research.google.com/
② 태깅 대상 코퍼스 파일 업로드(.txt 확장자)
③ Stanza 설치 및 다운로드
④ 파이썬 스크립트 실행
⑤ 결과 출력 및 다운로드

코랩에서 런타임 중단 없이 전체 BNC 파싱을 효율적으로 수행하는 것은 도전적인 과제이다. 여기서는 먼저 100문장으로 되어 있는 텍스트 파일("bnc_sample.txt")을 대상으로 단순화된 파이썬 스크립트를 실행하여 태깅 및 파싱을 수행하는 과정을 예시하고, 대용량 파일을 안정적으로 파싱하기 위한 전략은 아래에서 논의하도록 하겠다.

① 코랩 접속 및 파일 업로드

- 코랩에 접속하여 새 노트를 연다.

- 왼쪽 메뉴의 목차 아래에 여러 개의 아이콘들이 있다. 이 중에서 폴더 모양의 아이콘을 클릭하여 적당한 위치에 태깅/파싱 대상 텍스트 파일을 업로드한다. [그림 5]는 content 폴더에 "bnc_sample.txt" 파일을 업로드한 화면이다.

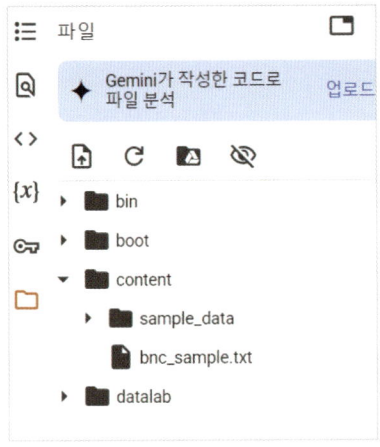

[그림 5] 코랩에서 파싱 대상 파일 업로드 화면

② Stanza 설치 및 불러오기

- 지금부터는 ChatGPT가 제공한 파이썬 스크립트의 코드를 단계별로 하나씩 코랩에 복사 및 붙여넣기를 한다(전체 스크립트는 깃허브 페이지에서 다운로드 가능). 먼저 화면 메인 패널에 코드셀을 추가하고, Stanza를 설치하고 불러오기 위한 코드를 코드셀에 복사하여 넣은 후에 코드셀 왼쪽의 재생 버튼을 클릭하여 실행한다. 코드가 실행되면 [그림 6]과 같이 설치 결과가 나타난다.

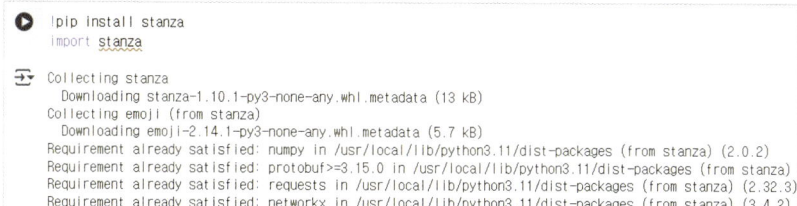

```
●  !pip install stanza
    import stanza

⊞  Collecting stanza
     Downloading stanza-1.10.1-py3-none-any.whl.metadata (13 kB)
   Collecting emoji (from stanza)
     Downloading emoji-2.14.1-py3-none-any.whl.metadata (5.7 kB)
   Requirement already satisfied: numpy in /usr/local/lib/python3.11/dist-packages (from stanza) (2.0.2)
   Requirement already satisfied: protobuf>=3.15.0 in /usr/local/lib/python3.11/dist-packages (from stanza)
   Requirement already satisfied: requests in /usr/local/lib/python3.11/dist-packages (from stanza) (2.32.3)
   Requirement already satisfied: networkx in /usr/local/lib/python3.11/dist-packages (from stanza) (3.4.2)
```

[그림 6] 코랩에서 **Stanza** 설치 및 불러오기

- !pip install stanza: Stanza 라이브러리를 설치한다.

- import stanza: 설치된 Stanza 라이브러리를 파이썬 환경에서 사용할
  수 있도록 불러온다.

③ Stanza 언어 모델 다운로드

- [그림 7]과 같이 Stanza 영어 모델을 다운로드하기 위한 코드를 코드셀
  에 복사하여 넣고 실행한다.

```
●  stanza.download('en')

⊞  Downloading  https://raw.githubusercontent.com/stanfordnlp/stanza-

   resources/main/resources_1.10.0.json:

   INFO:stanza:Downloaded file to /root/stanza_resources/resources.json
   INFO:stanza:Downloading default packages for language: en (English) ...

   Downloading  https://huggingface.co/stanfordnlp/stanza-

   en/resolve/v1.10.0/models/default.zip: 100%

   INFO:stanza:Downloaded file to /root/stanza_resources/en/default.zip
   INFO:stanza:Finished downloading models and saved to /root/stanza_resources
```

[그림 7] 코랩에서 **Stanza** 영어 모델 다운로드

- stanza.download('en'): Stanza에서 사용할 영어 언어 모델을 다운로
  드하는 코드이다. 이 모델은 텍스트 분석에 필요한 어휘, 문법 규칙 등
  을 포함한다.

④ Stanza 파이프라인 생성

- 다음으로 [그림 8]과 같이 코드를 실행하여 Stanza 파이프라인 객체를 생성한다.

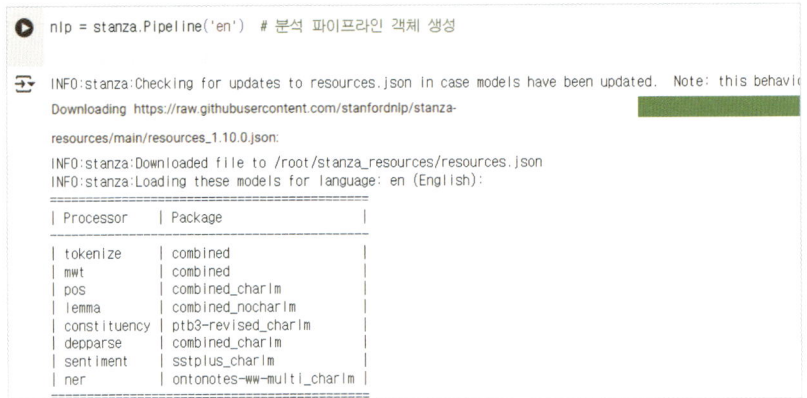

[그림 8] 코랩에서 Stanza 파이프라인 객체 생성

- nlp = stanza.Pipeline('en'): 영어 모델을 사용하여 Stanza 파이프라인을 생성하는 코드이다. 이 파이프라인은 텍스트를 분석하고 처리하는 일련의 단계를 정의하며, 실제 문장 분석도 이 객체를 통해 이루어진다. 수행되는 분석에는 위 [그림 8]에 나와 있는 것과 같이 토큰화, 품사 태깅, 기본형 추출, 의존구조 분석 등이 포함된다.

⑤ 입력 및 출력 파일 경로 설정

- 다음은 파일명을 지정하는 단계이다. [그림 9]와 같이 코드를 실행하여 입력 파일과 출력 파일의 경로를 지정한다.

```
input_file = "bnc_sample.txt"
output_file = input_file.replace(".txt", "_tagged.txt")
```

[그림 9] 코랩에서 입력 및 출력 파일 경로 지정

- input_file = "bnc_sample.txt" : 분석할 입력 텍스트 파일의 경로를 지정한다.

- output_file = input_file.replace(".txt", "_tagged.txt") : 분석 결과를 저장할 출력 파일의 경로를 지정한다. 출력 파일은 입력 파일 이름에 "_tagged"가 추가된 텍스트 파일이다.

⑥ 텍스트 분석 및 결과 저장

- 마지막으로 실행할 코드는 입력 파일을 읽고, 문장을 하나씩 불러와서 번호를 부착하고 Stanza 파싱을 한 후, 그 결과를 출력 파일에 저장하는 기능을 수행한다. [그림 10]에서와 같이 코드가 실행되면, 분석 결과가 저장된 "bnc_sample_tagged.txt" 파일이 입력 파일을 업로드한 폴더에 자동으로 생성된다([그림 11] 참조).

```
with open(input_file, "r", encoding="utf-8") as f:
    sentences = [line.strip() for line in f]

with open(output_file, "w", encoding="utf-8") as f:
    for i, sentence in enumerate(sentences):
        print(f"<s id=₩"{i+1}₩">", file=f)
        doc = nlp(sentence)
        for sent in doc.sentences:
            for word in sent.words:
                print(word.text, word.upos, word.lemma, word.id, word.head,
                      sent.words[word.head-1].text if word.head > 0 else "root",
                      word.deprel, sep="₩t", file=f)
        print("</s>", file=f)
```

[그림 10] 코랩에서 문장 파싱 및 저장

41

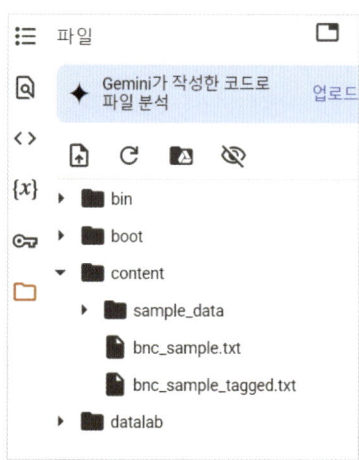

[그림 11] 코랩에서 Stanza 파싱 결과 파일 생성

• 분석 결과 확인: 생성된 파일은 CoNLL-U 형식으로 된 의존구조 코퍼스로 위 (1)에서 제시된 것과 같은 7열 탭 구분 데이터이다. 이 파일에 포함된 첫 두 문장에 대한 분석 결과를 제시하면 아래 (2)와 같다.

(2)

```
<s id="1">
The          DET      the          1     2     results      det
results      NOUN     result       2     4     comparable   nsubj
are          AUX      be           3     4     comparable   cop
comparable   ADJ      comparable   4     0     root         root
with         ADP      with         5     6     those        case
those        PRON     that         6     4     comparable   obl
obtained     VERB     obtain       7     6     those        acl
using        VERB     use          8     7     obtained     advcl
peroxidase   NOUN     peroxidase   9     10    technique    compound
technique    NOUN     technique    10    8     using        obj
.            PUNCT    .            11    4     comparable   punct
</s>
<s id="2">
Note         VERB     note         1     0     root         root
that         SCONJ    that         2     7     introduced   mark
an           DET      a            3     5     variable     det
```

extra	ADJ	extra	4	5	variable	amod
variable	NOUN	variable	5	7	introduced	nsubj:pass
is	AUX	be	6	7	introduced	aux:pass
introduced	VERB	introduce	7	1	Note	ccomp
as	ADP	as	8	10	flag	case
a	DET	a	9	10	flag	det
flag	NOUN	flag	10	7	introduced	obl
.	PUNCT	.	11	1	Note	punct
</s>						

위와 같은 방식은 소규모 코퍼스를 파싱하는데에는 유용하지만 BNC 와 같은 대용량 코퍼스 처리에는 적합하지 않다. 구글에서 기본적으로 제 공하는 코랩의 경우 한 세션에서 연속적으로 코랩을 사용할 수 있는 시간 이 12시간으로 제한되어 있어 대규모 코퍼스 파싱 도중에 런타임이 중단 될 가능성이 높기 때문이다.

코랩에서 BNC를 안정적으로 파싱하는 방법에 대해 ChatGPT와 Gemini(https://gemini.google.com/)에게 질의해 보았더니 효율적인 코드 작성, 코퍼스 분할 처리, 중간 결과 자동 저장 등 몇 가지 전략을 적절히 조합하 여 처리 시간을 최적화하는 방안을 제안해 준다. ChatGPT 가 제안한 방안 중 하나는 코랩에서 대용량 BNC 파일을 안정적으로 파싱하고 중간 저장 하며 구글 드라이브에 자동 백업하는 것이다. ChatGPT가 이 방법을 코랩 노트북 템플릿으로 정리한 것을 아래에 제시한다.

✅ 1. Stanza 설치 및 모델 다운로드

```python
!pip install stanza
import stanza
stanza.download('en')  # 처음 한 번만 필요
```

✅ 2. Google Drive 연동

python

```python
from google.colab import drive
drive.mount('/content/drive')
```

✅ 3. 파일 경로 및 파싱 함수 정의

python

```python
from pathlib import Path

# 파일 경로 설정
input_file = "/content/drive/MyDrive/bnc_part1.txt"   # 처리할 BNC 텍스트 조각
output_file = "/content/drive/MyDrive/bnc_part1_tagged.txt"   # 저장 위치

# Stanza 파이프라인 생성
nlp = stanza.Pipeline('en')

def parse_and_save(input_path, output_path, start_id=1):
    """BNC 문장을 한 줄씩 파싱하고, 중간마다 Google Drive에 저장"""
    with open(input_path, "r", encoding="utf-8") as fin:
        for i, line in enumerate(fin, start=start_id):
            sentence = line.strip()
            if not sentence:
                continue
            with open(output_path, "a", encoding="utf-8") as fout:
                fout.write(f"<s id=\"{i}\">\n")
                doc = nlp(sentence)
                for sent in doc.sentences:
                    for word in sent.words:
                        fout.write("\t".join([
                            word.text,
                            word.upos,
                            word.lemma,
                            str(word.id),
                            str(word.head),
                            word.text if word.head == 0 else sent.words[word.head - 1].text,
                            word.deprel
                        ]) + "\n")
                fout.write("</s>\n")
```

```python
python

parse_and_save(input_file, output_file)
```

위의 방법을 따르면 세션이 중간에 끊겨도 "output_file"은 누적 저장되므로 다시 이어서 실행 가능하다. BNC 파일을 분할하여 위의 스크립트를 반복 실행하면 코랩 환경에서 대용량 코퍼스 파싱을 보다 효율적이고 안정적으로 수행할 수 있다. 그러나 위의 방법을 적용하더라도 런타임 끊김을 완전히 방지할 수는 없다. 항상 데이터 손실에 대비하고, 장시간 실행해야 하는 작업은 구글에서 기본적으로 제공하는 코랩 외의 환경을 고려하는 것이 좋다.

2. 에이전트 기반 작업 흐름을 적용한 코퍼스 데이터 추출

이 절에서는 파싱된 BNC로부터 단계적으로 설계된 자연어 텍스트 프롬프트 사용만으로 사역교체 동사 용례 데이터를 추출하는 과정에 대해 논의한다. 이 과정에서 가장 먼저 할 일은 추출할 동사와 구문 유형을 결정하는 것이다. 여기서는 광범위한 영어 동사의 의미 부류를 다양한 논항교체 참여와 관련하여 정리한 Levin(1993)을 토대로 추출할 동사를 선별하였다.

1. 추출 대상 동사와 구문 유형

사역교체에 참여하는 동사 의미 부류와 각 부류에 속한 동사 예시를 제시하면 [표 1]과 같다(Levin 1993: 28-29).

[표 1] 사역교체 동사 1

사역교체 동사 의미 부류	사역교체 동사
Roll verbs(18개)	*bounce, drift, drop, float, glide, move, roll, slide, swing* including Motion around an axis: *coil, revolve, rotate, spin, turn, twirl, twist, whirl, wind*
Break verbs(13개)	*break, chip, crack, crash, crush, fracture, rip, shatter, smash, snap, splinter, split, tear*
Bend verbs(7개)	*bend, crease, crinkle, crumple, fold, rumple, wrinkle*
Other alternating verbs of change of state 1 (104개)	*abate, advance, age, air, alter, atrophy, awake, balance, blast, blur, burn, burst, capsize, change, char, chill, clog, close, collapse, collect, compress* 등
Other alternating verbs of change of state 2: Zero-related to adjective(35개)	*blunt, clear, clean, cool, crisp, dim, dirty, double, dry, dull, empty, even, firm, level, loose, mellow, muddy, narrow, open* 등
Other alternating verbs of change of state 3: Change of color(11개)	*blacken, brown, crimson, gray, green, purple, redden, silver, tan, whiten, yellow*
Other alternating verbs of change of state 4: -en verbs(54개)	*awaken, brighten, broaden, cheapen, coarsen, dampen, darken, deepen, fatten, flatten, freshen, gladden, harden, hasten, heighten, lengthen* 등
Other alternating verbs of change of state 5: -ify verbs(23개)	*acetify, acidify, alkalify, calcify, carbonify, dehumidify, emulsify, fructify, gasify, humidify, intensify* 등
Other alternating verbs of change of state 6: -ize verbs(27개)	*americanize, caramelize, carbonize, crystalize, decentralize, demagnetize, depressurize, destabilize, energize, equalize* 등
Other alternating verbs of change of state 7: -ate verbs(24개)	*accelerate, agglomerate, ameliorate, attenuate, coagulate, decelerate, de-escalate, degenerate, desiccate, deteriorate* 등
Amuse-type psych-verbs(14개)	*cheer, delight, enthuse, gladden, grieve, madden, obsess, puzzle, sadden, sicken, thrill, tire, weary, worry*
총 수	330개

Levin(1993)에서는 사역교체 동사로 분류되어 있지 않으나, 이후 연구에서 사역교체에 참여하는 동사로 밝혀진 상태변화 동사 부류들이 있다. 이 동사들은 아래 [표 2]에 제시되어 있다(Levin 1993: 246-247).

[표 2] 사역교체 동사 2

사역교체 동사 의미 부류	사역교체 동사
Verbs of entity-specific change of state(21개)	blister, bloom, blossom, burn, corrode, decay, deteriorate, erode, ferment, flower, germinate, molder, molt, rot, rust, sprout, stagnate, swell, tarnish, wilt, wither
Verbs of calibratable changes of state(25개)	appreciate, balloon, climb, decline, decrease, depreciate, differ, diminish, drop, fall, fluctuate, gain, grow, increase, jump, mushroom, plummet, plunge, rocket, rise, skyrocket, soar, surge, tumble, vary
총 수	46개

이 외에도 총 11개의 'lodge verbs' 중 일부가 사역교체 참여 동사로 알려져 있다(Levin 1993: 248). 이 연구에서는 이 동사들과 위의 두 표에 제시된 동사들의 수를 더한 총 387개의 사역교체 동사 용례를 추출하기로 한다. 이 387개 동사들을 텍스트 파일에 한 줄에 하나씩 입력하여 동사 목록 파일을 준비한다. 추출 대상 동사 목록 파일은 파싱된 코퍼스 파일과 함께 아래에서 설명할 동사 용례 추출 파이썬 함수의 최초 입력 데이터를 구성한다.

이 동사들이 사역교체를 구성하는 두 교체 구문, 즉 타동 구문과 자동 구문에서 보이는 특성들과 용법 차이를 분석하기 위해서는 파싱된 코퍼스로부터 타동 구문과 자동 구문에 해당하는 언어 패턴을 가진 용례들을 추출해야 한다. 우리가 추출할 구문은 사역교체 동사들의 능동태 타동 구문,

수동태 타동 구문과 자동 구문이다. 또한 동사가 본동사이면서 구동사를 형성하지 않고 단독으로 쓰인 경우들로 추출 대상을 제한할 것이다. 본동 사 용법만을 추출 대상에 포함하는 이유는 동사가 본동사가 아닌 다른 술 어의 보충어(complement)나 수식어로 쓰이는 경우에는 사동주 논항이 주어 기능을 수행하지 않고, 동사와 같은 절에 실현되지 않는 경우가 많아 사동 주 논항의 식별과 분석이 어려워지기 때문이다. 동사들이 open up, break down과 같이 구동사로 쓰이는 경우는 단독으로 쓰일 경우와 의미가 다르 고, 구동사 형성이 사역교체 참여와 구문 실현에도 영향을 미치기 때문에 구동사들도 제외하고 단일 동사 용례만 고려하기로 한다.

이 같은 조건을 만족하는 타동 구문과 자동 구문 용례들을 LLM 기반 AI로 하여금 의존구조 코퍼스에서 찾아 수집하게 하려면 추출 및 제외 대 상들의 의존구조 패턴을 반영하여 프롬프트화해야 한다. 우리가 추출하고 자 하는 구문 유형, 포함 조건과 제외 조건을 의존구조에 의해 기술하면 아 래 [표 3]과 같다(표에서 '타겟 동사'는 추출 대상 동사를 뜻한다).

[표 3] 추출 대상 구문 유형의 의존구조 패턴

구문 유형	의존구조 패턴
능동태 타동 구문	타겟 동사를 핵어(head)로 갖는 의존소(dependent) 중 - "obj(목적어)" 의존관계를 갖는 항목이(문장 내에) 있고, - "aux:pass(수동 조동사)" 의존관계를 갖는 항목이 존재하지 않아야 함.
수동 구문	타겟 동사를 핵어(head)로 갖는 의존소 중 "aux:pass" 의존관계를 갖는 항목이 있음.
자동 구문	타겟 동사를 핵어(head)로 갖는 의존소 중 다음이 없어야 함. - "obj" 의존관계를 갖는 항목 - "aux:pass" 의존관계를 갖는 항목

공통 포함 대상 (본동사)	타겟 동사의 의존관계가 "root(최상위 지배소)"임.
공통 제외 대상 (구동사)	타겟 동사를 핵어(head)로 갖는 의존소 중 "compound:prt(구동사 구성 요소)" 의존관계를 갖는 항목이 있음.

2. 단계적 프롬프팅과 함수 생성

위 [표 3]의 내용을 하나의 프롬프트에 입력하여 원하는 결과물을 한 번에 얻는 것은 쉽지 않다. AI의 성능이 아무리 뛰어나더라도 대용량 코퍼스에서 387개에 이르는 타겟 동사 용례들의 타동, 수동, 자동 구문, 구동사 구문 등 복잡한 패턴을 정밀하게 판별하는 작업을 한 번의 시도로 오류 없이 수행해 낼 수 없기 때문이다. 이 절에서는 에이전트 기반 작업 흐름(agentic workflow) 개념을 기반으로, 단계별 프롬프트와 AI와의 효율적 협업을 통해 안정적이고 정확한 파이썬 함수를 설계하고 실행하여 연구에 필요한 데이터 추출 결과물을 얻는 과정을 소개한다.[10]

에이전트 기반 작업 흐름은 인공지능 분야의 석학이자 Google Brain 및 Coursera의 공동 창립자이기도 한 스탠퍼드 대학 Andrew Ng의 최근 강연에서 다루어진 이후 관련 분야에서 그 중요성이 크게 부각되고 있다. 이 작업 흐름은 AI 에이전트가 자율적으로 목표를 분해하고, 작업 단계를 계획하며, 스스로 반복·수정하여 결과를 생성하는 구조이다.[11]

---

10   강연 영상 정보는 아래와 같다:
      Sequoia Capital. (2024). AI Ascent 2024. [Video]. YouTube.
      https://www.youtube.com/watch?v=sal78ACtGTc&t=103s

11   '에이전트'는 사용자를 대신해 사용자가 해야 할 작업을 자동으로 수행하는 소프트웨어를 지칭한다. 주어진 상황에서 지능을 가지고 독립적으로 작업을 수행하는 소프트웨어로 이해할 수 있다 (맹성현 2024: 181).

전통적인 파이프라인 방식(정해진 순서의 작업 수행)과 달리, AI 에이전트는 다음과 같은 능동적 특성을 가진다:

① 목표 중심적(goal-driven): 최종 목표를 이해하고 이를 위해 어떤 작업이 필요한지 스스로 판단

② 계획 및 실행(plan-and-act): 복잡한 작업을 하위 단계로 나누고 각 단계를 순차적 또는 병렬적으로 실행

③ 자기 평가 및 반복(self-reflect and iterate): 결과의 질을 판단하고 필요시 반복하여 개선

④ 도구 사용 능력(tool-augmented): 외부 도구나 라이브러리를 호출하여 복잡한 문제를 해결

에이전트 기반 작업 흐름은 단순한 작업 수행이 아닌, 목표 중심적 사고와 자기 주도적 작업 흐름을 구현한 것으로, 특히 복잡한 창의적 문제 해결, 장기적 프로젝트 관리, 지속적 학습 및 개선이 필요한 AI 시스템에서 핵심적인 패러다임 전환으로 주목받고 있다.

에이전트 기반 작업 흐름에서는 위와 같은 AI 에이전트의 능력을 최대한 활용하여 LLM 기반 AI가 최종 결과물을 한번에 생성하는 대신 단계적으로 더 높은 수준의 결과물을 구축할 수 있는 기회를 제공한다. Andrew Ng은 강연에서 이 작업 흐름의 핵심 구성 요소들로 반성적 사고(reflection), 도구 사용(tool use), 계획(plan)과 다중 에이전트 협업(multi-agent collaboration)을 구체적 예시와 함께 설명하는데, 이 요소들은 AI와 협업이 이루어지는 다양한 실제 업무와 작업에 비교적 빠르게 적용할 수 있다.

에이전트 기반 작업 흐름을 적용한 사역교체 동사 용례 추출은 아래 [그림 1]에 제시된 일련의 과정을 거친다.

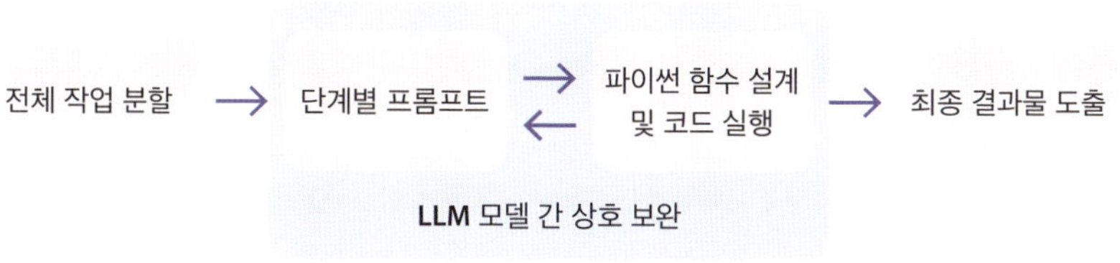

[그림 1] 에이전트 기반 작업 흐름을 적용한 데이터 추출 과정

이 접근은 전체 작업을 하위 기능 단위로 분할하고, 각 기능을 단계별 프롬프트와 모듈형 함수로 설계·수행하는 것을 기본 원칙으로 한다. 뒤에서 설명할 모듈형 함수들이 코랩에서 실행되는 과정을 고려하여 전체 데이터 추출 과정을 아래와 같이 네 단계로 이루어지는 하위 작업으로 나눌 수 있다:

① 기초 데이터(파싱된 BNC와 추출 대상 동사 목록 파일) 읽기 및 전처리
② 각 구문 유형별 동사 용례 추출
③ 추출 결과 저장
④ 결과 파일 생성

에이전트 기반 작업 흐름을 데이터 추출 작업에 적용한 구현 단계에서는 코랩 환경에서 Gemini와 ChatGPT를 에이전트로 활용하여 협업형 워크플로우를 구성하였다. 먼저 코랩과 연동된 Gemini에게 위의 하위 작업을 수행하는 파이썬 함수들을 단계적으로 요청하는 자연어 프롬프트로 코드 초안을 생성하고, 이를 코랩에서 실행하여 출력 결과를 실시간으로

검토한다. 이후, 특정 함수가 주어진 조건을 정확히 반영하지 않거나 구문 필터링이 부족한 경우, Gemini와 ChatGPT를 통해 해당 함수를 수정·보완한다. 마지막으로, 필터링된 동사 용례 결과가 추출되면 이를 파일로 저장하여 최종 분석 결과물로 활용한다. 이 전체 과정은 다중 에이전트의 역할 분담과 협업을 기반으로 더 견고한 함수 생성을 유도하는 프롬프트 수정과 함수의 기능 조정을 반복하여 작업 효율성과 정확도를 동시에 확보할 수 있다.

단계별 프롬프트의 가장 중요한 역할은 AI가 정확하게 작동하는 함수를 작성하도록 유도하는 것이다. 이를 위해서 파이썬 함수에 대한 이해가 선행되어야 하기 때문에 함수의 역할과 구조에 대해 간략히 설명하도록 하겠다. 함수가 하는 일은 입력값을 받아 어떤 작업을 수행한 후 그 결과값을 내어 놓는 것이다. 파이썬 함수의 일반적인 구조는 다음과 같다.

(1)   def 함수 이름(매개변수):
      수행문장1
      수행문장2
      …

def는 함수를 정의할 때 사용하는 예약어이며, 함수 이름은 만드는 사람이 임의로 정할 수 있다. 함수 이름 뒤 괄호 안의 매개변수는 이 함수에 입력으로 전달되는 값을 받는 변수이다. 이렇게 함수를 정의한 후, 함수에서 수행할 작업을 문장으로 입력한다. 아래 (2)에 제시된 multiply 함수의 예를 살펴보자.

(2) def multiply(a, b)

   return a x b

이 함수는 다음과 같이 풀이된다: 함수의 이름은 multiply이고, 입력으로 2개의 값을 받으며, 이 두 입력값을 곱한 값을 반환한다. 여기서 return은 함수의 결과값을 반환하라는 명령어이다.

파이썬 프로그래밍에서 수행할 작업을 기능 단위의 함수로 분리해 놓으면 전체 프로그램의 흐름을 일목요연하게 볼 수 있고, 어디에서 오류가 나는지도 쉽게 알 수 있다. 마치 요리에서 원래의 식재료가 여러 조리 과정을 거쳐 맛있는 음식으로 만들어지는 것처럼 프로그래밍에서도 입력한 값이 여러 함수를 거치면서 바뀌는 과정을 거쳐 최종 결과값으로 나오게 된다. 코퍼스 데이터 추출을 위해서 코드를 직접 작성하지 않고 프롬프트를 통해서 AI에게 작성을 요청하더라도 함수에 대한 이해는 중요하다. 코드 작성을 요청하는 것은 곧 각 세부 단위의 작업을 수행하는 함수의 작성을 요청하는 것이기 때문이다. 따라서 프롬프트를 작성하기 전에 먼저 어떤 작업을 수행하는 함수가 필요한지 생각해야 한다. 이는 함수의 입출력과 관련이 되며, 파이썬에서 사용되는 데이터의 종류와 데이터를 저장하는 방법에 대한 기초적인 이해를 필요로 한다.[12] 우리가 논의하고 있는 코퍼스 용례 추출 작업에서는 위에서 네 단계로 분할한 하위 작업을 수행하는 함수와 전체 과정을 제어하는 함수가 필요하다. 이

---

12   이에 대해서는 김장현·김민철(2023) 4장-5장과 박응용(2023) 2장을 참조하길 바란다.

함수들의 공통된 핵심 역할은 입력 데이터를 효율적으로 처리해서 후속 분석에 적합한 형태로 데이터를 변환하는 것이다.

이제 입력 데이터의 전처리, 용례 추출, 결과 저장, 전체 과정 제어 기능을 수행하는 파이썬 함수 작성을 AI에게 요청하는 프롬프트의 작성에 대해 논의한다. 함수 작성 요청 프롬프트에 포함되는 요소들은 1.함수의 핵심 기능, 2. 입력과 출력, 3.입력 데이터 설명, 4. 함수의 작동과 주의사항 등이다. 아래 (3)에 코퍼스 전처리 함수 작성을 요청하는 프롬프트 예시가 제시되어 있다. 이 예시에서 프롬프트의 구성요소들이 어떻게 포함되어 있는지 살펴보면, 첫 문장에서 함수의 핵심 기능이 간략히 기술되어 있고, 입력 데이터 설명, 함수의 작동과 출력 데이터 설명이 그 뒤를 따르는 구조이다.[13]

(3) 코퍼스 전처리 함수 작성 요청:

'bnc_tagged.txt' 파일을 읽고 처리한 후, 그 결과를 반환하는 파이썬 함수를 만들어줘.

입력 데이터 형식:

— 읽고 처리할 코퍼스는 의존구조 파싱(dependency parsing)이 된 파일

— 각 문장은 '<s id=숫자>'로 시작하고 '</s>'로 끝남.

— 문장의 각 줄은 하나의 토큰을 나타내며, 탭으로 구분된 여러 정보를 포함함(7열 탭 구분 데이터): 단어 형태, 품사(UPOS), 기본형(lemma), 단어 ID,

13 프롬프트를 작성하는 과정에서 성균관대 영어영문학과 조예은 박사과정생의 도움을 받았다. 연구를 도와준 조예은 박사과정생에게 감사의 뜻을 전한다.

핵어 ID(head ID), 핵어(head word), 의존관계(deprel)

함수의 작동:

— 각 문장에서 탭으로 구분된 7개의 값으로 이루어진 단어 정보들을 모아
  서 리스트로 만든다.

— 문장 ID 와 단어 정보 리스트를 튜플로 묶어서 결과 리스트에 추가한다.
  단어 정보가 7개의 값을 갖지 않으면 그 단어는 건너뛴다.

— 함수의 매개변수에 다음을 포함한다:(filename="/content/bnc_tagged.txt")

반환(출력 데이터):(문장 ID, 토큰 리스트) 형태의 튜플을 저장한 리스트

의존구조 파싱된 BNC 파일을 전처리 함수에 입력하면, (4)와 같은
(문장 ID, 토큰 리스트) 형태의 튜플 리스트가 반환된다.[14] (4)에 포함된 두 문
장은 예시 문장이다(It was a sunny day. The cat sat on the mat.).

---

14 리스트는 하나의 변수에 여러 개의 데이터를 저장할 때 사용하는 파이썬 객체이다. 리스트를
만들 때는 [ ]를 사용하고, 그 안에 리스트에 넣을 데이터를 채워 넣는다. 튜플은 파이썬에서 데
이터를 저장하는 또 다른 방식으로, 데이터를 (key, value) 형태로 저장한다.

(4) 코퍼스 전처리 결과:

```
corpus_data = [
    (
        '1', # 문장 ID
        [
                    ['It', 'PRON', 'it', '1', '2', 'was', 'nsubj'], # 토큰 1
                    ['was', 'VERB', 'be', '2', '0', 'root', 'root'], # 토큰 2
                    ['a', 'DET', 'a', '3', '5', 'day', 'det'], # 토큰 3
                    ['sunny', 'ADJ', 'sunny', '4', '5', 'day', 'amod'], # 토큰 4
                    ['day', 'NOUN', 'day', '5', '2', 'was', 'attr'], # 토큰 5
                    ['.', 'PUNCT', '.', '6', '2', 'was', 'punct'], # 토큰 6
        ],
    ),
    (
        '2', # 문장 ID
        [
                    ['The', 'DET', 'the', '1', '2', 'cat', 'det'], # 토큰 1
                    ['cat', 'NOUN', 'be', '2', '3', 'sat', 'nsubj'], # 토큰 2
                    ['sat', 'VERB', 'sat', '3', '0', 'sat', 'root'], # 토큰 3
                    ['on', 'ADP', 'on', '4', '6', 'mat', 'prep'], # 토큰 4
                    ['the', 'DET', 'the', '5', '6', 'mat', 'det'], # 토큰 5
                    ['mat', 'NOUN', 'mat', '6', '3', 'sat', 'pobj'], # 토큰 6
                    ['.', 'PUNCT', '.', '7', '3', 'sat', 'punct'], # 토큰 7
        ],
    ), ...
]
```

이 예시에서 corpus_data는 다음과 같은 구조를 갖는 리스트이다.

- 리스트: 전체 데이터는 여러 문장에 대한 정보를 담고 있는 리스트
- 튜플: 각 문장에 대한 정보는 (문장 ID, 토큰 리스트) 형태의 튜플로 표현된다.
  - 문장 ID: 튜플의 첫 번째 요소는 문장의 ID를 나타내는 문자열이다.
  - 토큰 리스트: 튜플의 두 번째 요소는 문장에 포함된 토큰들의 리스트이며, 각 토큰은 여러 정보를 담고 있는 리스트이다.

코퍼스 전처리 함수가 이런 구조를 반환하도록 하는 이유는 파이썬 코드가 입력 데이터의 구조를 정확히 파악하고, 필요한 정보를 추출하여 효율적으로 분석하여 후속 분석(동사 용례 추출)에 적합한 형태로 입력 데이터를 변환하기 위함이다.

다음으로 아래 (5)에 동사 목록 파일 전처리 함수 작성을 요청하는 프롬프트 예시가 제시되어 있다. 이 프롬프트도 위 (3)의 예시와 같은 구조를 갖는다.

(5) 동사 목록 파일 전처리 함수 작성 요청:

'verb_list.txt' 파일을 읽고, verb_list라는 동사 딕셔너리를 생성해서 반환하는 파이썬 함수를 작성해 줘.

입력 데이터 형식: 파일의 각 줄에는 코퍼스로부터 용례를 추출하려는 동사의 기본형(lemma)이 적혀 있음.

57

함수의 작동:

— 파일의 각 줄에서 읽어온 문자열(동사 기본형)을 key로 하고, 빈 리스트 '[ ]' 를 value로 해서 딕셔너리에 추가한다.

— 함수 실행 결과는 출력하지 않고, 만들어진 딕셔너리를 반환한다.

— 함수의 매개변수에 다음을 포함한다:(filename="/content/bnc_tagged.txt")

반환(출력 데이터): 동사를 key로 하고 빈 리스트를 value로 하는 딕셔너리

동사 목록 파일을 입력으로 받아 전처리 함수가 반환하는 동사 딕셔너리의 예시가 아래 (6)에 제시되어 있다.[15]

(6) 동사 목록 파일 전처리 결과:

verb_list = {

    break   [ ],

    close   [ ],

    freeze   [ ],

    open   [ ],

    short-circuit   [ ],

    ...

}

---

15 딕셔너리는 튜플과 유사하게 데이터를 (key, value) 형태로 저장한다. 튜플과 다른 점은 딕셔너리의 경우 저장된 key와 value의 쌍을 변경할 수 있지만, 튜플의 경우 이미 만들어진 데이터를 변경할 수 없다는 것이다.

위와 같이 동사 딕셔너리를 빈 리스트로 초기화하는 이유는, 용례를 아직 찾지 못했기 때문이며, 이후 용례 추출 코드를 실행하면서 해당 동사의 용례가 발견되면 이 리스트에 용례를 추가하게 된다. 예를 들어, break 동사의 용례가 발견되면 verb_list["break"].append(용례)와 같은 방식으로 리스트에 용례를 추가한다. 이러한 딕셔너리 구조는 특정 동사의 용례를 효율적으로 관리하고, 필요한 경우 빠르게 접근할 수 있도록 해준다.

이제 용례 추출 함수 작성을 요청하는 프롬프트 예시를 본동사 용례, 수동문 용례, 타동사 용례, 자동사 용례 추출 함수 요청의 순서로 살펴보도록 한다. 이 함수들의 구성요소는 위에서 논의한 전처리 함수들의 경우와 같으며, 함수의 작동 부분에서 찾아야 할 동사 및 용례의 조건과 제외할 용례의 조건을 명확하게 기술하는 것이 핵심이다. 아래 (7)에 제시된 본동사 용례 추출 함수의 작성을 요청하는 프롬프트 예시에서 입력 데이터는 전처리 함수의 처리 결과물이고, 함수의 작동 부분에서 코드가 찾아야 할 조건들을 명시하며, 반환할 출력 데이터는 수집한 동사 용례의 딕셔너리이다.

(7) 본동사 용례 추출 함수 작성 요청 프롬프트:

다음 기능을 하는 데이터 추출 함수를 작성해 줘. 이 함수는 위 단계에서 생성된 두 파일을 입력 받아, 본동사(main verb)로 쓰인 동사를 추출하고, 해당 동사의 용례를 수집하는 작업을 수행해야 해.

입력 데이터 형식:

— 코퍼스 데이터: (문장 ID, 토큰 리스트) 형태의 튜플을 담은 리스트

— 각 토큰 리스트 정보: [단어, 품사, 기본형, ..., 핵어(지배소), 의존관계](총

7개의 요소)

— 동사 딕셔너리: 동사를 key로 하고, 빈 리스트를 value로 갖는 default dict(list) 형태

함수의 작동:

① 코퍼스 데이터 내의 각 문장에서 다음 조건을 만족하는 토큰을 찾는다.

— 기본형(토큰 정보 리스트의 세번째 요소)이 동사 딕셔너리 key에 포함됨.

— 품사(토큰 정보 리스트의 두번째 요소)가 "VERB"임.

— 의존관계(토큰 정보 리스트의 일곱째 요소)가 "root"(최상위 지배소)임.

② 위 조건을 만족하는 동사를 찾으면, 다음 작업을 수행한다.

— 해당 문장의 모든 단어를 공백으로 연결하여 문자열로 만들고,

— 찾은 동사를 key로 사용하여, (문장 ID, 연결된 문장 문자열) 형태의 튜플을 동사 딕셔너리의 value 리스트에 추가한다.

③ 모든 문장 처리 후 수정된 동사 딕셔너리를 반환한다.

반환(출력 데이터): 동사 용례 딕셔너리

위 함수를 전처리 결과 반환된 두 데이터에 대해 실행하면, 위 (6)의 동사 딕셔너리가 다음과 같이 {동사: [(문장 ID, 전체 문장), …]} 형태의 딕셔너리로 변경된다.

(8) 변경된 동사 딕셔너리:

   verb_list = {

      break: [("1", "The protesters broke the window.")],

      close: [("2", "The door closed.")],

      freeze:[("3", "The pipes froze during the night.")],

      open: [("4", "She opened her eyes.")],

      short-circuit: [], # 해당 용례 없음

      …

   }

   (8)의 예시에서 break, close, freeze와 open은 각 문장의 본동사로 추출되어 동사 용례 딕셔너리에 저장되었지만, short-circuit은 해당 용례가 없어 빈 리스트로 남아있다. 이 같은 형식의 데이터 추출 함수는 코퍼스에서 특정 동사가 문장의 본동사로 사용된 용례를 효율적으로 추출하고 관리하는 역할을 한다.

   아래 (9)-(11)에 수동구문 동사, 타동사 및 자동사 용례 추출 함수 작성을 요청하는 프롬프트 예시가 제시되어 있다. 위에서 논의한([표 3] 참조) 추출 대상 용례와 제외 대상 용례의 의존구조 패턴이 함수의 작동 부분에 포함되어 있다.

(9) 수동구문 동사 용례 추출 함수 작성 요청:

   데이터 추출 파이썬 함수를 작성해 줘. 이 함수는 위 단계에서 생성된 두 파일을 입력 받아, 수동태 구문에서 사용된 동사를 추출하고 해당 동사의 용례를 수집하는 작업을 수행해야 해.

입력 데이터 형식:

— 코퍼스 데이터:(문장 ID, 토큰 리스트) 형태의 튜플을 담은 리스트

— 각 토큰 리스트 정보: [단어, 품사, 기본형, ..., 핵어(지배소), 의존관계](총 7개의 요소)

— 동사 딕셔너리: 동사를 key로 하고, 빈 리스트를 value로 갖는 default dict(list) 형태

함수의 작동:

① 코퍼스 데이터 내의 각 문장에서 다음 조건을 모두 만족하는 토큰을 찾는다.

    — 기본형(토큰 정보 리스트의 세번째 요소)이 동사 딕셔너리 key에 포함됨.

    — 품사(토큰 정보 리스트의 두번째 요소)가 "VERB"임.

    — 의존관계(토큰 정보 리스트의 일곱째 요소)가 "root"(최상위 지배소)임.

    — 토큰을 핵어(head)로 갖는 의존소 중 "aux:pass(수동 조동사)" 의존관계를 갖는 항목이 있음.

    — 토큰을 핵어(head)로 갖는 의존소 중 "compound:prt(구동사 구성요소)" 의존관계를 갖는 항목이 없어야 함. 이런 문장은 제외함.

② 위 조건을 만족하는 동사를 찾으면, 다음 작업을 수행한다.

    — 해당 문장의 모든 단어를 공백으로 연결하여 문자열로 만들고,

    — 찾은 동사를 key로 사용하여, (문장 ID, 연결된 문장 문자열) 형태의 튜플을 동사 딕셔너리의 value 리스트에 추가한다.

③ 모든 문장 처리 후 수정된 동사 딕셔너리를 반환한다.

반환(출력 데이터): 동사 용례 딕셔너리

(10) 타동사 용례 추출 함수 작성 요청:

데이터 추출 파이썬 함수를 작성해 줘. 이 함수는 위 단계에서 생성된 두 파일을 입력 받아, 타동사로 쓰인 동사를 추출하고 해당 동사의 용례를 수집하는 작업을 수행해야 해.

입력 데이터 형식:

— 코퍼스 데이터:(문장 ID, 토큰 리스트) 형태의 튜플을 담은 리스트

— 각 토큰 리스트 정보: [단어, 품사, 기본형, …, 핵어(지배소), 의존관계](총 7개의 요소)

— 동사 딕셔너리: 동사를 key로 하고, 빈 리스트를 value로 갖는 default-dict(list) 형태

함수의 작동:

① 코퍼스 데이터 내의 각 문장에서 다음 조건을 모두 만족하는 토큰을 찾는다.

— 기본형(토큰 정보 리스트의 세번째 요소)이 동사 딕셔너리 key에 포함됨.

— 품사(토큰 정보 리스트의 두번째 요소)가 "VERB"임.

— 의존관계(토큰 정보 리스트의 일곱째 요소)가 "root"(최상위 지배소)임.

— 토큰을 핵어(head)로 갖는 의존소 중 "obj" 의존관계를 갖는 항목이

있음.

— 토큰을 핵어(head)로 갖는 의존소 중 다음이 없어야 함:

* "aux:pass(수동 조동사)" 의존관계를 갖는 항목

* "compound:prt(구동사 구성요소)" 의존관계를 갖는 항목

② 위 조건을 만족하는 동사를 찾으면, 다음 작업을 수행한다.

— 해당 문장의 모든 단어를 공백으로 연결하여 문자열로 만들고,

— 찾은 동사를 key로 사용하여, (문장 ID, 연결된 문장 문자열) 형태의 튜플을 동사 딕셔너리의 value 리스트에 추가한다.

③ 모든 문장 처리 후 수정된 동사 딕셔너리를 반환한다.

반환(출력 데이터): 동사 용례 딕셔너리

(11) 자동사 용례 추출 함수 작성 요청:

데이터 추출 파이썬 함수를 작성해 줘. 이 함수는 위 단계에서 생성된 두 파일을 입력 받아, 자동사로 쓰인 동사를 추출하고 해당 동사의 용례를 수집하는 작업을 수행해야 해.

입력 데이터 형식:

— 코퍼스 데이터:(문장 ID, 토큰 리스트) 형태의 튜플을 담은 리스트

— 각 토큰 리스트 정보: [단어, 품사, 기본형, ..., 핵어(지배소), 의존관계](총 7개의 요소)

— 동사 딕셔너리: 동사를 key로 하고, 빈 리스트를 value로 갖는 default dict(list) 형태

함수의 작동:

① 코퍼스 데이터 내의 각 문장에서 다음 조건을 모두 만족하는 토큰을 찾는다.

 ― 기본형(토큰 정보 리스트의 세번째 요소)이 동사 딕셔너리 key에 포함됨.

 ― 품사(토큰 정보 리스트의 두번째 요소)가 "VERB"임.

 ― 의존관계(토큰 정보 리스트의 일곱째 요소)가 "root"(최상위 지배소)임.

 ― 토큰을 핵어(head)로 갖는 의존소 중 다음이 없어야 함.

 * "obj(목적어)" 의존관계를 갖는 항목

 * "aux:pass(수동 조동사)" 의존관계를 갖는 항목

 * "compound:prt(구동사 구성요소)" 의존관계를 갖는 항목

② 위 조건을 만족하는 동사를 찾으면, 다음 작업을 수행한다.

 ― 해당 문장의 모든 단어를 공백으로 연결하여 문자열로 만들고,

 ― 찾은 동사를 key로 사용하여, (문장 ID, 연결된 문장 문자열) 형태의 튜플을 동사 딕셔너리의 value 리스트에 추가한다.

③ 모든 문장 처리 후 수정된 동사 딕셔너리를 반환한다.

반환(출력 데이터): 동사 용례 딕셔너리

다음 작업을 수행하는 함수는 용례 추출 함수들의 결과물을 받아 두 개의 텍스트 파일로 저장하는 함수이다. 두 텍스트 파일은 1. 동사별 구문 출현 빈도수 파일과 2. 실제 용례 문장을 포함한 파일이다. 동사 용례 문장을 포함한 파일 외에 빈도수 파일로도 결과를 저장하는 이유는 동사의 구문 출현 빈도만 필요한 분석을 할 때 빈도 정보에 빠르게 접근하여 분석을

효율적으로 수행하기 위함이다. 결과 저장 함수 작성을 요청하는 프롬프트 예시는 아래 (12)와 같다.

(12) 결과 저장 함수 작성 요청:

다음 기능을 수행하는 파이썬 함수를 작성해 줘. 이 함수는 동사의 용례 딕셔너리를 받아서 두 개의 텍스트 파일로 저장해야 해:

① 동사별 용례 수와 예문을 포함한 빈도수 파일

② 실제 용례 문장을 포함한 텍스트 파일

입력 데이터 형식: {동사: [(문장 ID, 전체 문장), …]} 형태의 딕셔너리

입력 인자:

— verb_examples_dict: 동사를 key로, 용례 리스트((문장 ID, 문장 문자열) 튜플)를 value로 갖는 딕셔너리

— folder: 출력 파일을 저장할 폴더 이름

— header: 출력 파일 이름 앞부분에 사용할 문자열

— type: 용례 유형을 나타내는 문자열(all, passive, transitive 등)

함수의 작동:

① 출력 파일 이름을 생성한다:

　◦ 빈도수 파일: "{folder}/{header}_word_{type}_count.txt"

　◦ 용례 파일: "{folder}/{header}_word_{type}.txt"

② 빈도수 파일에는 다음 형식으로 출력:

◦ 각 동사에 대해 중복을 제거한 후

◦ 동사, 용례 개수, 첫 번째 용례 문장을 탭으로 구분하여 한 줄에 기록

③ 용례 문장 파일에는:

◦ 각 동사의 모든(문장 ID, 문장 문자열)을 탭으로 구분해 한 줄씩 기록

반환(출력 데이터):

① ...._count.txt: 동사별 구문 유형 출현 빈도를 기록한 파일

② ....txt: 동사별 구문 유형 용례를 기록한 파일

위 함수를 용례 추출 결과 반환된 동사 용례 데이터에 대해 실행하면, 아래와 같이 output 폴더에 각 구문 유형별 빈도수 파일과 용례 문장 파일이 생성된다.

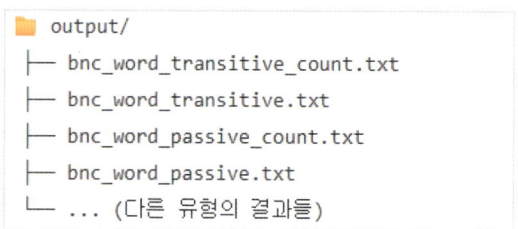

두 출력 파일의 구조가 (13)과 (14)에 예시되어 있다.

(13) 빈도수 파일의 구조 예시(동사, 용례 개수, 첫 번째 용례):

break	48	('2078', 'The protesters broke the window.')
...		
close	52	('3520', 'The door closed.')

...

(14) 용례 문장 파일의 구조 예시(동사, 문장 ID, 용례 문장):

break	2078	The protesters broke the window.
break	2079	They broke the silence.
...		
close	3520	The door closed.
close	3521	...
...		

마지막으로 필요한 함수는 전체 함수를 호출하여 자동 실행하는 파이썬 main()함수이다. 위 단계에서 정의된 함수들은 이 main() 함수 내부에서 실행된다. 함수의 작성을 요청하는 프롬프트 예시는 아래 (15)와 같다.

(15) 전체 제어 함수 작성 요청:

다음 기능을 수행하는 파이썬 main() 함수를 작성해 줘. 이 함수는 'bnc_tagged.txt'와 'verb_list.txt'를 입력으로 받아, 다음 작업을 수행해야 해:

입력 파일:

① "verb_list.txt": 분석 대상 동사 목록

② "bnc_tagged.txt": 파싱된 BNC 코퍼스

수행 절차:

① 코퍼스 전처리 함수를 통해 코퍼스를 문장 단위로 분석해서 리스트 생성

② 동사 목록 전처리 함수를 통해 동사 딕셔너리를 생성

③ 용례 추출 함수들을 사용해 다음 네 가지 용례를 추출:

- 전체(본동사) 용례

- 수동문 동사 용례

- 타동사 용례

- 자동사 용례

④ 결과 처리 함수를 통해 각 용례를 빈도수 파일과 용례 문장 파일로 저장

⑤ bnc_corpus_data.txt에 코퍼스 전처리 결과(문장별 코퍼스 데이터)를 저장

⑥ verb_dictionary.txt에 동사 목록 전처리 결과(동사 딕셔너리)를 저장

반환(출력 데이터):

① 전처리 파일:

- output/bnc_corpus_data.txt: 리스트(문장 ID와 문장 텍스트)

- output/verb_dictionary.txt: 동사 목록 딕셔너리

② 용례 파일과 빈도수 파일:

- output/bnc_word_*.txt: 구문 유형별 동사 용례 파일

- output/bnc_word_*_count.txt: 구문 유형별 동사 빈도 파일

의존구조 파싱이 된 BNC와 동사 목록 파일을 최초 입력 데이터로 사용하여 동사 용례 데이터를 추출하고 저장하는 전체 과정을 요약하면 다음과 같다. 각각의 중간 출력값은 다음 단계 함수의 입력이 되며, 최종적으로 두 종류의 출력 파일이 'output' 폴더에 저장된다.

(16) 전체 과정 요약

    ① 입력 데이터:

        • bnc_tagged.txt → 코퍼스 전처리 함수

        • verb_list.txt → 동사 목록 전처리 함수

    ② 전처리 결과:

        • BNC →(문장 ID, 토큰 리스트) 형태

        • 동사 목록 → {동사: [ ]} 형태

    ③ 용례 추출:

        • 위 두 전처리 결과물을 용례 추출 함수에 전달

        • 결과: {동사: [(문장 ID, 문장 문자열)]} 형태

    ④ 저장 처리:

        • 결과 저장 함수로 빈도수 파일 및 용례 파일 생성

    ⑤ 전체 제어 및 실행

        • 모든 함수는 main()에서 호출됨.

[그림 2]는 위의 흐름을 시각화한 다이어그램이다. 이 다이어그램에서 볼 수 있듯이, 두 입력 파일(bnc_tagged.txt와 verb_list.txt)은 전처리 함수를 거쳐 구조화된 데이터로 변환되며, 이후 용례 추출 및 결과 저장 함수들을 통해 최종 결과물(동사별 문장 용례 및 빈도수 파일)로 출력된다. 전체 과정은 main() 함수에 의해 자동 실행된다.

3. 다중 에이전트 협업을 통한 코드 개선

이제 2.2.2절에서 제시한 자연어 프롬프트로 코랩에서 코드를 생성하고 실

행하여 [그림 2]의 일련의 과정을 수행해 본다.

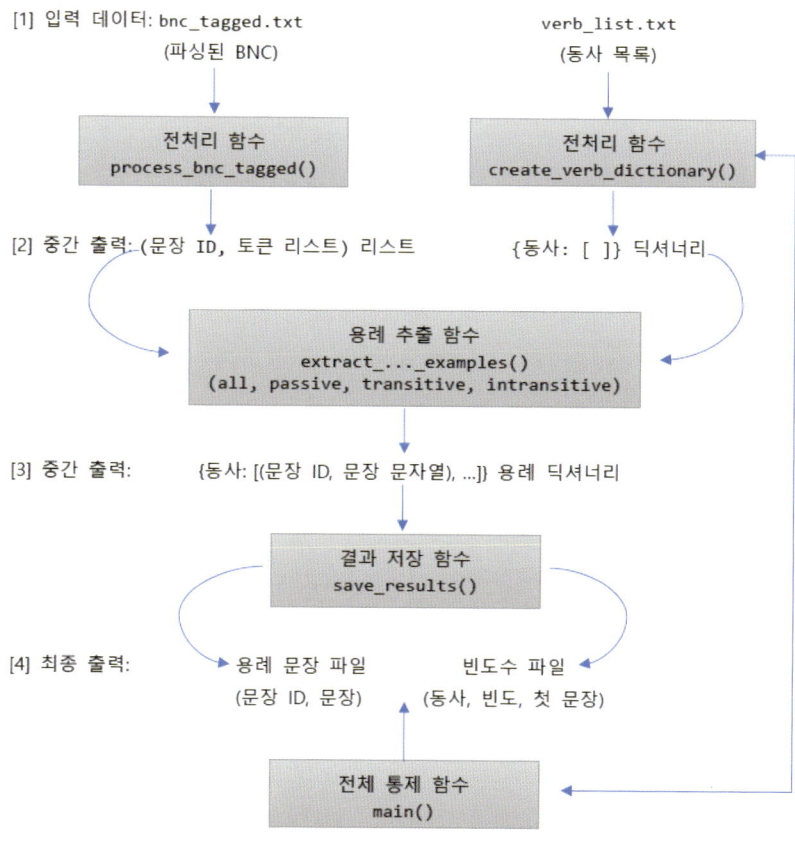

[그림 2] 동사 용례 추출 흐름도

① 코랩 접속 및 파일 업로드

• 코랩에 접속하여 새 노트를 연다.

• 왼쪽 메뉴의 목차 아래에 있는 아이콘들 중에서 폴더 모양의 아이콘을 클릭하여 [그림 3]과 같이 content 폴더에 "bnc_tagged.txt" 파일과 "verb_list.txt" 파일을 업로드한다.

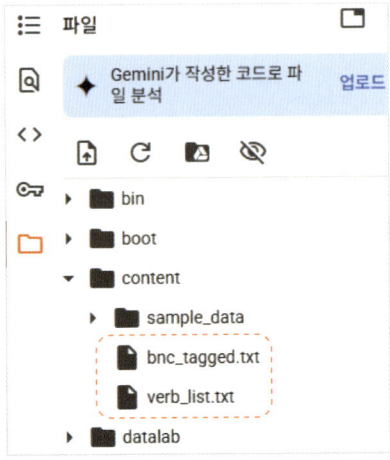

[그림 3] 초기 입력 데이터 파일 업로드

② Gemini 사용 준비

- 화면 오른쪽 상단의 Gemini를 클릭한다([그림 4]).

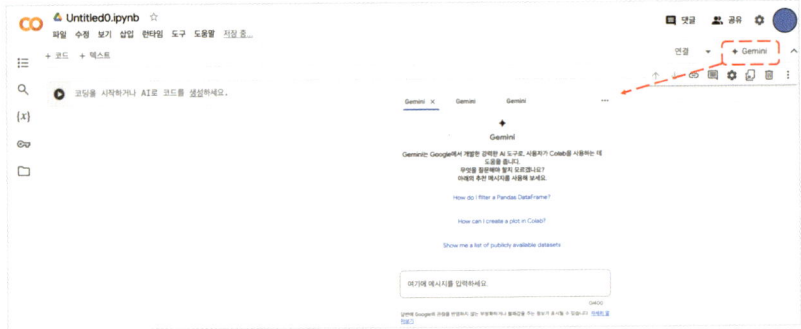

[그림 4] Gemini 사용 준비 1

- 화면 오른쪽에 열린 [그림 5]와 같은 Gemini 시작 페이지의 대화창에 위
  (3)의 코퍼스 전처리 함수 작성 요청 프롬프트를 입력하고 제출 버튼을
  누른다([그림 6]).

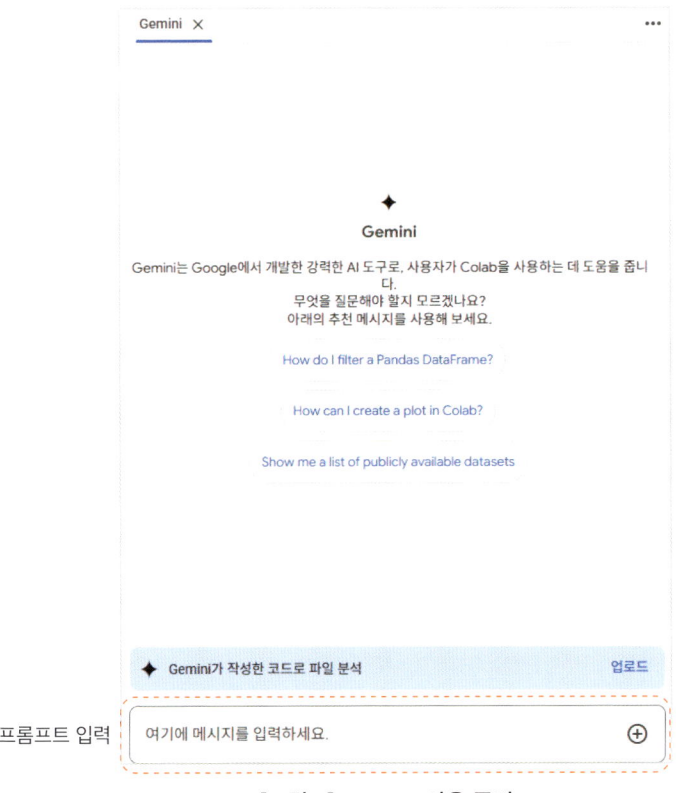

[그림 5] Gemini 사용 준비 2

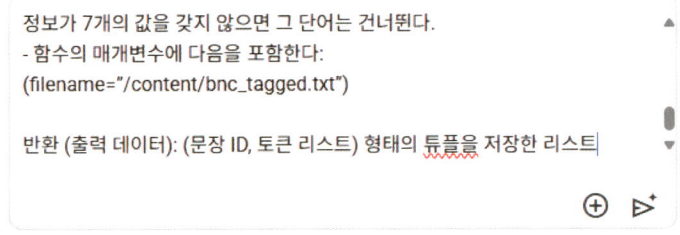

[그림 6] 텍스트 프롬프트 입력 및 제출

③ 생성된 코드 복사 및 실행

• [그림 7]과 같이 Gemini가 코드를 생성하면 코드 상단 오른쪽에 있

는 '코드셀 추가' 버튼을 누른 후에 왼쪽 코랩 메인 화면 패널로 이동

한다. 추가된 코드셀에 코드가 자동 복사된 것을 확인하고, 재생 버

튼을 클릭하여 코드를 실행한다.

```
def process_bnc_tagged(filename="/content/bnc_tagged.txt"):
    """'bnc_tagged.txt' 파일을 읽고 처리한 후, 결과를 반환합니다.
```
                                                                        코드셀 추가

    입력 데이터 형식:
    - 읽고 처리할 코퍼스는 의존구조 파싱(dependency parsing)이 된 파일
    - 각 문장은 '<s id=숫자>'로 시작하고 '</s>'로 끝남.
    - 문장의 각 줄은 하나의 토큰을 나타내며, 탭으로 구분된 여러 정보를 포함
      단어 형태, 품사(UPOS), 기본형(lemma), 단어 ID, 핵어 ID(head ID), 핵C

여기에 메시지를 입력하세요.

왼쪽 메인 패널로 이동

```
def process_bnc_tagged(filename="/content/bnc_tagged.txt"):
    """'bnc_tagged.txt' 파일을 읽고 처리한 후, 결과를 반환합니다.

    입력 데이터 형식:
    - 읽고 처리할 코퍼스는 의존구조 파싱(dependency parsing)이 된 파일
    - 각 문장은 '<s id=숫자>'로 시작하고 '</s>'로 끝남.
    - 문장의 각 줄은 하나의 토큰을 나타내며, 탭으로 구분된 여러 정보를 포함함 (7열 탭 구분 데이터):
      단어 형태, 품사(UPOS), 기본형(lemma), 단어 ID, 핵어 ID(head ID), 핵어(head word), 의존관계(deprel)

    함수의 작동:
    - 각 문장에서 탭으로 구분된 7개의 값으로 이루어진 단어 정보들을 모아서 리스트로 만든다.
    - 문장 ID 와 단어 정보 리스트를 튜플로 묶어서 결과 리스트에 추가한다. 단어 정보가 7개의 값을 갖지 않으면

    반환 (출력 데이터): (문장 ID, 토큰 리스트) 형태의 튜플을 저장한 리스트
    """
    results = []
    with open(filename, 'r', encoding='utf-8') as f:
```

[그림 7] 생성된 코드 복사 및 실행

• 나머지 프롬프트들에 대해 Gemini 대화창에 프롬프트 입력부터 코랩에

서 생성된 코드 실행하기를 반복한다. 전체 코드는 깃허브 페이지에 공

개되어 있다.

④ 최종 결과물 출력 확인 및 저장

- main() 함수가 실행되면 코랩 화면 왼쪽에 있는 폴더의 content 디렉토리 안에 output 디렉토리가 생성되고, 이 안에 10개의 결과 파일이 만들어진 것을 확인할 수 있다.

[그림 8] 결과 파일 생성

- 동사 용례 문장과 빈도수가 저장된 8개의 파일을 클릭하여 추출된 용례들과 용례 개수를 확인한다. 추출 결과를 제시하면 아래 [표 4]와 같다.

[표 4] 사역교체 동사 용례 추출 결과

추출 대상 용례 유형	추출된 동사 용례 수
전체(본동사) 용례	18,804개

추출 대상 용례 유형	추출된 동사 용례 수
수동문 동사 용례	2,484개
타동사 용례	4,790개
자동사 용례	9,600개

- 최종 추출 결과물 파일을 다운로드하고 추후 분석에 활용하기 위하여 [그림 9]에서와 같이 8개의 엑셀 스프레드시트로 나누어 저장한다.

24	crush	8	("'56247'", '1 GARLIC CLOVE CRUSHED .')
25	fracture	2	("'4637'", 'fractured under the hammer .')
26	rip	32	("'4711'", "Bertoni 's Veni creator , Miserere , and Beatus vir fairly rip off the page via in enthusiastic , if not quite immaculately played performances , which ultimately sound to my ears .")
			("'111'", 'The silver water shatters under her feet , the child bounces as he rides on her

◄ ► ... all_verb_count | all_verb_sentences | transitive_count | transitive_sentences | intransit ... ⊕ ⋮

[그림 9] 최종 결과물 파일 저장

위와 같은 결과를 추출하는데 사용된 프롬프트와 파이썬 코드는 여러 번의 수정과 실행을 반복하여 얻어진 것이다. 먼저 위에서 보인 것처럼 Gemini를 통해 자연어 프롬프트로 각 함수들을 생성하고, 이를 코랩에서 실행하여 출력 결과를 실시간으로 검토하였다. 코랩과 연동된 Gemini는 자연어 프롬프트를 기반으로 코드를 생성할 뿐 아니라 생성한 코드에 대한 상세한 설명과 사용 예시를 코드와 함께 답변으로 제공한다. [그림 10]은 코퍼스 전처리 함수 작성 요청을 받고 Gemini가 생성한 코드에 대한 설명이 제시된 화면을 캡처한 것이다. 코드에 포함된 함수들이 단계별로 수행하는 기능을 이해하기 쉽게 풀어서 설명하고 있어 코드 이해와 학습에 매우 유용하다. 또한 코드에 오류가 발생할 경우 실시간 질의를 통해 오류의 원인을 파악하고 즉시 수정이 가능한 인터랙티브 환경을 제공하여 자연어를 통한 파이썬 코딩의 즐거움을 누릴 수 있다.

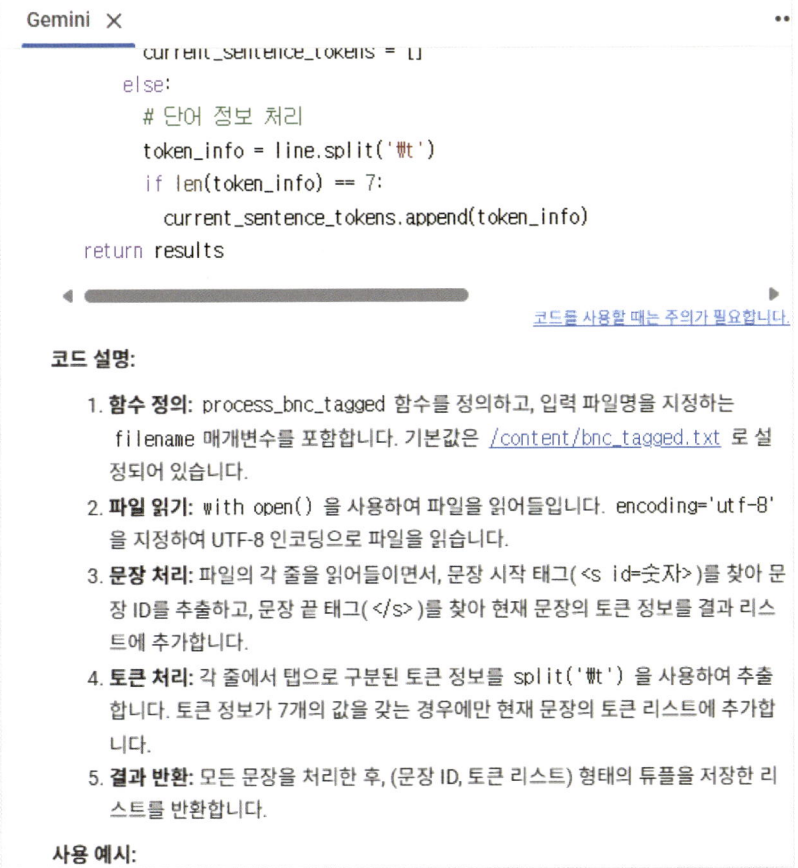

[그림 10] Gemini가 제공하는 코드 설명 예시

Gemini를 통해 즉시 해결되지 않는 문제는 ChatGPT에게 코드를 점검하게 하여 해당 코드를 수정·보완하였다. 본 연구에서는 파이썬 코드 생성과 코퍼스 데이터 분석 용도로 사용할 연구 맞춤형 GPT를 제작하여 이

GPT를 "Python for Corpus Analysis"라고 명명하였다. GPT를 제작하는 방법은 부록 1장을 참고하고, 여기서는 제작한 GPT를 활용한 코드와 프롬프트 수정 과정을 간략히 설명하도록 하겠다.

Gemini가 생성한 코드가 정확하게 작동하지 않은 경우는 크게 다음과 같이 두 가지 경우로 구분할 수 있다.

① 코퍼스 전처리 실패로 인한 용례 추출 실패
② 추출 조건을 정확하게 반영하지 않는 함수
 • 추출 제외 조건이 정확하게 적용되지 않음. → 필터링이 안 된 결과
 • 탐지 조건이 너무 제한적이거나 잘못 설정됨. → 추출 실패

프롬프트 초안으로부터 Gemini를 통해 얻은 코드를 실행했을 때 오류 없이 전체 코드가 실행되었으나, 생성된 파일이 비어 있는 결과가 나타났다. 데이터 추출 실패는 여러 가지 원인에 의해 발생할 수 있는데, 코퍼스 용례 뿐 아니라 전처리 결과도 비어 있다면, 코퍼스 전처리 단계가 잘 수행되지 않은 것을 문제의 원인으로 추측할 수 있다. 연구 맞춤형으로 제작한 GPT에게 코퍼스 전처리 부분의 코드를 주고 문제의 진단을 요청하였다. GPT는 코드 점검 후 문제의 원인을 '코드 논리와 코퍼스 파일 형식의 불일치'로 진단하고, 코퍼스 전처리 코드를 수정하여 제공한다. 수정된 부분은 파싱된 BNC에서 문장 ID를 추출하는 함수가 찾는 패턴이다. [표 5]에 제시된 두 코드의 차이를 비교하면, 먼저 초안의 함수는 CoNLL-U 스타일 주석("# sent_id = ...")을 전제로 설계되어 있어서 문장 시작을 찾을 때 "# sent_id = ..."로 시작하고 "#"로 끝나는 같은 패턴을 찾는다. 하지만 우리가

사용하는 BNC 데이터는 각 문장이 ⟨s id="…"⟩ 태그로 시작하고 ⟨/s⟩ 태그로 끝나는 형식으로 되어있다. 따라서 current_sentence_id가 전혀 채워지지 않으며, results 리스트도 비어 있게 된다. ⟨s id="…"⟩ 형식으로 처리하도록 GPT가 수정한 코드를 실행하면 정상적으로 문장별 데이터가 출력된다. GPT가 파일 전처리 문제를 정확하게 진단한 것은 제작 단계에서 제공한 우리의 BNC 파일의 형식을 잘 파악하고 있었기 때문이다.

[표 5] 전처리 코드 초안과 수정된 코드 비교

수정 전 코드	최종 수정된 코드
```if line.startswith(" # sent_id = "): if current_sentence_id: results.append(… … elif line and not line. startswith(" # "):```	```if line.startswith(" ⟨s id= "): if current_sentence_id is not None: results.append(…… … elif line == " ⟨/s⟩ " : …```

이 문제의 원인은 코드 초안 작성을 유도한 프롬프트에 있다. 아래 [표 6]에서 볼 수 있듯이 프롬프트 초안에는 코퍼스 내 문장 ID 태그 형식에 관한 정보가 포함되어 있지 않아 Gemini로 하여금 파일 형식과 맞지

[표 6] 전처리 함수 요청 프롬프트 초안과 수정된 프롬프트 비교

수정 전 프롬프트	최종 수정된 프롬프트
― 읽고 처리할 파일은 CoNLL-U 포멧의 의존구조 파싱이 된 코퍼스 ― 각 문장은 문장 태그가 부여되어 있으며 …	― 읽고 처리할 코퍼스는 의존구조 파싱이 된 파일 ― 각 문장은 '⟨s id=숫자⟩'로 시작하고 '⟨/s⟩'로 끝남.

79

않는 패턴을 찾는 함수 작성을 유도한 것으로 보인다.

다음으로 용례 추출 함수가 추출 조건과 제외 조건을 정확히 반영하지 않아 이 조건들을 만족하는 데이터 추출에 실패한 경우에 ChatGPT를 통해 해당 함수를 수정·보완한 과정을 논의한다. 전처리 함수를 수정하고 코드를 실행했을 때 수동문 용례와 구동사 용례들이 제외되지 않고 포함되어 타동사 용례 파일에 총 23,826개의 용례 문장이 출력되었다. 반면 자동문 용례와 수동문은 추출되지 않았다. 이 문제의 원인도 정확하게 작동하지 않는 함수 작성을 유도한 프롬프트에 있었다.

아래 [표 7]에 수정 전과 후의 타동사 용례 추출 함수 작성 요청 프롬프트의 일부가 제시되어 있다. 수정 전의 프롬프트는 수동 조동사와 구동사 구성요소의 의존관계를 갖는 항목을 찾고 이 항목의 핵어 ID와 타겟 동사의 ID 일치 여부를 확인하여 해당 문장을 제외하라고 요청한다. 반면, 최종 수정된 프롬프트는 제외 조건에 해당하는 두 의존관계들에 대한 기술이 간결하고 명확하면서 일관된 형식으로 되어 있다.

[표 7] 타동사 용례 추출 함수 요청 프롬프트 초안과 수정된 프롬프트 비교

수정 전 프롬프트	최종 수정된 프롬프트
― 의존관계가 "aux:pass"이면서 핵어 ID가 타겟 동사의 ID와 동일한 토큰이 있는지 확인하고, 이런 수동태 구문은 제외한다. ― 의존관계가 "compound:prt"인 토큰을 찾아,해당 토큰의 핵어 ID가 타겟 동사의 ID와 같은지 확인하고, 이런 구동사 구문도 제외한다.	― … 다음 조건을 만족하는 토큰을 찾는다. … ― 토큰을 핵어(head)로 갖는 의존소 중 다음이 없어야 함: * "aux:pass(수동조동사)" 의존관계를 갖는 항목 * "compound:prt(구동사 구성요소)" 의존관계를 갖는 항목

위의 프롬프트로 생성된 코드를 비교해 보면, 코드가 구동사와 수동

태 문장을 함수에 의해 처리하는 방식의 차이가 드러난다. 아래 [표 8]에 제시된 수정 전 프롬프트로 생성된 Gemini의 코드는 매우 복잡한 로직을 사용하며, 이를 GPT가 수정 코드는 보다 간결하고 정확한 함수로 구동사와 수동 구문을 판별하는 차이를 볼 수 있다. [표 7]의 최종 수정된 프롬프트는 GPT와 코드 점검 및 수정을 반복하며 도출한 결과이다.

[표 8] 타동사 용례 추출 코드 초안과 수정된 코드 비교

수정 전 코드

```
if main_verb_id is not None:
    if deprel == "aux:pass" and head_id == str(main_verb_id):
    is_passive = True

    if deprel == "comnpound:prt" and int(head_id) in [id for(id, ) in target_word]:
    ...
```

최종 수정된 코드

```
has_pass = any(
    t[6] == "aux:pass" and t[4] == main_verb_id
    for t in tokens
)
has particle = any(
    t[6] == "compound:prt" and t[4] == main_verb_id
    for t in tokens
)
```

위 표의 수정 전 코드는 프롬프트를 반영하여 "aux:pass" 의존관계를 가지며 핵어가 추출 대상 동사인 토큰이 있는지를 확인하여 "is_passive" 플래그를 설정한다. 하지만, 이 로직은 여러 개의 동사가 있을 경우나, "aux:pass" 토큰의 핵어 ID를 잘못 참조할 경우 수동태를 제대로 판별하지

못할 수 있다. 또한 표 첫 줄의 if main_verb_id is not None 조건 안에서 is_passive를 확인하는 방식도 불필요하게 복잡하다. 이를 GPT가 수정한 코드는 문장 내에 "aux:pass" 의존 관계를 가지며 핵어가 추출 대상 동사인 토큰이 하나라도 있으면 "has_pass"를 True로 설정한다(has_pass = any(t[6] == "aux:pass" and t[4] == main_verb_id for t in tokens). 또한 any() 함수를 사용하여 코드를 간결하고 명확하게 만들었으며, 수동태 여부를 정확하게 판별한다.[16]

두 코드가 구동사를 처리하는 방식도 비슷한 차이를 보인다. 수정 전 코드는 프롬프트를 반영하여 "compound:prt" 의존 관계를 가진 토큰이 있는지를 확인하고, 이 토큰의 핵어가 추출 대상 동사인지 확인한다. 하지만, "compound:prt" 토큰이 여러 개 있을 경우나, 핵어 ID를 찾는 로직에 오류가 있을 경우 구동사를 제대로 판별하지 못할 수 있다. 또한 int(head_id) in [id for(id, _) in target_word] 부분은 타겟 단어의 key에서 ID만 추출하여 리스트를 만들고, 핵어 ID가 이 리스트에 있는지 확인하는 복잡한 방식이다. 이는 비효율적이고, 핵어 ID가 문자열이므로 유형 변환 오류를 발생시킬 수도 있다. 이를 GPT가 수정한 코드는 has_particle = any(t[6] == "compound:prt" and t[4] == main_verb_id for t in tokens)를 사용하여, 문장 내에 "compound:prt" 의존관계를 가지며 핵어가 추출 대상 동사인 토큰이 하나라도 있으면 has_particle을 True로 설정한다. 수동태 판별 방식과

---

16   any() 함수의 매개변수에서 t[6]은 전처리 함수의 결과물인(문장 ID, 토큰 리스트) 리스트의 토큰 리스트에서 일곱째 요소(의존관계 정보)를 가리키며, t[4]는 다섯째 요소(핵어 ID)를 가리킨다. t[7]이 아닌 t[6]이 일곱째 요소를 가리키는 이유는 파이썬의 인덱스가 1에서 시작하지 않고 0에서부터 시작하기 때문이다. t[4]가 다섯째 요소를 가리키는 이유도 이와 같다.

일관되게 any() 함수를 사용하여 코드를 간결하고 명확하게 만들었으며, 구동사 여부를 정확하게 판별한다.

마지막으로 자동사 용례 추출 사례를 예로 들어, 프롬프트가 구문 패턴의 탐지 로직의 조건을 잘못 설정하여 용례 추출이 실패한 문제의 해결 과정을 논의한다. 아래 [표 9]의 수정 전과 후의 자동사 용례 추출 함수 요청 프롬프트가 제시되어 있다.

[표 9] 자동사 용례 추출 함수 요청 프롬프트 초안과 수정된 프롬프트 비교

수정 전 프롬프트	최종 수정된 프롬프트
1. 공통 조건: 코퍼스 데이터 내의 각 문장에서 다음 조건을 모두 만족하는 토큰을 찾는다. — 기본형이 동사 딕셔너리의 key에 포함됨. — 품사가 "VERB"임. — 의존관계가 "root"임. 위 조건을 만족하는 동사를 찾으면, 해당 동사의(토큰 ID, 기본형)를 key로 하고 빈 리스트를 value로 하는 딕셔너리(target_word)를 생성하고, ⋯	**1. 공통 조건:** 코퍼스 데이터 내의 각 문장에서 다음 조건을 모두 만족하는 토큰을 찾는다. — 기본형이 동사 딕셔너리의 key에 포함됨. — 품사가 "VERB"임. — 의존관계가 "root"임(최상위 지배소). 딕셔너리(target_word) 생성 지시 제외
2. 자동사 판별: 만약 target_word가 비어 있고, 수동태 표시가 False이면, 해당 문장의 모든 단어를 공백으로 연결하여 문자열로 만들고, 동사 딕셔너리에(문장 ID, 연결된 문장 문자열) 형태의 튜플을 추가한다.	**2. 자동사 판별:** 토큰을 핵어(head)로 갖는 의존소 중 다음이 없어야 함: * "obj" 의존관계를 갖는 항목 * "aux:pass(수동조동사)" 의존관계를 갖는 항목 * "compound:prt(구동사 구성요소)" 의존관계를 갖는 항목

두 프롬프트의 가장 큰 차이는 추출 대상 자동사 용례로 간주해야 할 조건에 대한 기술 방식에 있다. [표 9]의 수정 전 프롬프트에서 2. 자동사

판별 부분은 target_word 딕셔너리가 비어 있고, 수동문이 아닌 경우를 추출할 자동사 용례로 간주한다. target_word 딕셔너리가 비어 있을 경우는 다음 두 가지 경우가 해당한다: 1. 타동문이 아닌 경우(위 표에 제시되지 않은 프롬프트에서 기술되어 있음.), 2. 프롬프트의 1. 공통 조건이 충족되지 않는 경우, 즉 본동사로 쓰인 타겟 동사가 없는 경우. 이 프롬프트는 타동사가 아니거나, 본동사가 아니고, 수동문이 아니면 자동문으로 판별해야 하는데, 본동사가 존재하지 않으면 자동사 판별을 할 수가 없으므로, 판별 조건이 잘못 설정되었다고 할 수 있다.

　　잘못된 자동사 판별 조건 설정은 그대로 함수에 반영되어 잘못된 결과가 초래된다. [표 10]의 수정 전 코드 마지막 줄을 보면(if not target_word and not is_passive:), 함수가 타겟 동사 조건이 미충족(본동사가 없는 경우도 포함)된 경우와 수동문이 아닌 경우를 자동사로 간주하고 있음을 볼 수 있다. 함수가 가정한 자동사 판별 조건은 자동사의 조건에 부합하지 않으므로 결과적으로 용례 추출 실패로 이어진다. GPT는 이 코드의 문제점을 정확히 파악하고, 해결책을 제시한다. GPT가 제안하는 수정의 핵심은 다음과 같다. 자동사인지 판정하기 위해서는 "root" 동사의 존재가 전제되어야 하며, not target_word와 같은 부재 조건이 아니라 공통 필수조건을 충족한 경우에 한해서만 제외 조건("obj", "aux:pass" 및 "compound:prt" 없음) 부합 여부로 자동사를 판별하는 방식이 타당하다는 것이다. 이 로직을 반영한 GPT 수정 코드가 [표 10]에 제시되어 있다.

　　수정된 코드는 구조도 간결하고 효율적이며, 수정 전 코드의 문제점을 해결하여 자동사 구문을 정확하게 추출한다. 위 표의 수정된 코드를 자세히 살펴보면, 공통 조건이 충족된 경우에 한하여(코드 앞부분) any() 함수

[표 10] 자동사 용례 추출 코드 초안과 수정된 코드 비교

수정 전 코드

```
if main_verb_id is not None:
if deprel == "aux:pass" and head_id == str(main_verb_id):
is_passive = True
if deprel == "compound:prt" and int(head_id) in [id for(id, -) in …
…
If deprel == "obj" and head_id == str(main_verb_id):
…


if not target_word and not is_passive:
...
```

최종 수정된 코드

```
if lemma in verb_dictionary and pos == "VERB" and deprel == "root":
    main_verb_id = str(i + 1)

    has_obj = any(
        t[6] == "obj" and t[4] == main_verb_id
        for t in tokens
    )
    has_pass = any(
        t[6] == "aux:pass" and t[4] == main_verb_id
        for t in tokens
    )
    has_particle = any(
        t[6] == "compound:prt" and t[4] == main_verb_id
        for t in tokens
    )

    if not has_obj and not has_pass and not has_particle:
```

를 사용하여 목적어, 수동태, 구동사 여부를 효율적으로 판별한다. 코드 마지막 줄의 if not has_obj and not has_pass and not has_particle: 조건에서 not has_obj는 목적어가 없음을 명확하게 나타내며, not has_pass

와 not has_particle을 함께 사용하여 수동태와 구동사를 정확하게 제외한다. 이 조건은 자동사의 정의에 부합하며, 다양한 형태의 자동사 구문을 정확하게 판별하여 충분한 수의 용례를 추출한다. 이와 같이 정확하게 작동하는 코드의 특성을 반영하여 용례 추출 함수 요청 프롬프트도 [표 9]의 오른쪽 열에 있는 것과 같이 개선하였다. 개선한 프롬프트를 Gemini에게 제공하면, GPT 수정 코드와 같이 간결하고 명확하며, 정확하게 작동하는 용례 추출 코드를 생성하는 것을 확인하였다. 수동구문 동사 용례 추출 실패도 판별 조건을 수정한 코드를 실행하여 해결하였다.

　　이 절에서는 Andrew Ng의 에이전트 기반 작업 흐름 강연에서 영감을 받아, 이 개념을 파싱된 BNC에서 사역교체 동사 용례를 추출하는 작업에 적용하여 자연어 텍스트 프롬프트만으로 연구에 필요한 코퍼스 용례 데이터를 추출하는 방안을 새롭게 제안하였다. 데이터 추출 과정에서 가장 중요한 역할을 하는 파이썬 함수들을 Gemini와 ChatGPT의 협업형 작업 흐름 구조에서 자연어 프롬프트로 생성하고 개선해 나가는 방안을 상세히 논의하였다. 이러한 과정에서 확인된 바, 두 AI 에이전트의 역할 분담과 ChatGPT의 함수 수정은 특히 수동문, 타동문, 자동문, 구동사 구문 등 복잡한 구문적 조건을 보다 정밀하게 판별하고, 오류를 줄이는 데 효과적이었다. 이는 다중 에이전트 기반 작업 흐름이 구조적으로 안정적이고 정확한 데이터 추출 함수를 설계하는 데 기여할 수 있음을 보여주는 결과라고 하겠다. 즉, 작업 분할, 단계별 프롬프트, 모델 간 상호 보완을 통해 보다 견고한 함수 설계가 가능함을 입증하였다. 다음 절에서는 이 절에서 추출한 데이터를 대상으로 탐색적 분석을 수행한다.

3. 탐색적 데이터 분석

사역교체에 관한 계량적 연구들은 두 교체형의 상대적 사용 빈도와 교체 동사의 형태통사적 실현 간의 관계에 주목해 왔다. 이 절에서는 2.2절에서 제작한 연구용 GPT를 활용하여 BNC에서 두 교체형의 상대적 빈도가 어떻게 나타나는지 분석한다.

지금까지 가장 많은 수의 사역교체 동사들을 대상으로 두 교체형의 상대적 사용 빈도와 교체 동사의 형태통사적 실현 간의 관계를 분석한 연구는 Samardžić · Merlo(2018)이다. 1장에서 논의한 바와 같이, Samardžić · Merlo(2018)는 두 교체형의 양적인 관계를 Sp-값(Spontaneity value)이라는 척도에 의해 수량화한다. Sp-값은 동사가 표현하는 사건의 자발적 사건 발생도 또는 행동주의 관여 정도를 나타내는 척도로서, 사건 발생에 외부 원인을 포함하는지 여부에 따라 사역교체를 구성하는 두 교체형의 빈도와 동사의 문법적 실현이 어떻게 변화하는지를 설명하기 위해 제안되었다. Sp-값이 0에 가까울수록 사역형과 비사역형 사용이 균형적이라는 것을 나타내며, 양수일수록 사역형 사용이, 음수일수록 비사역형 사용이 더 많다는 것을 나타낸다.

Sp-값을 계산하는 주요 단계는 다음과 같다.

① 데이터 수집:
  • 동사가 사용된 모든 구문(사역적 타동 구문, 비사역적 자동 구문, 수동 구문)을 코퍼스에서 추출한다.
  • 예를 들어, 동사 open이 세 용법으로 쓰인 모든 사례를 수집한다.
② 비율 계산

• 각 구문의 빈도를 사용해 각 구문의 비율을 계산한다. 비율은 다음의 공식으로 계산된다.

$$pr(form) = \frac{F(form,\ v)}{\sum_{from} F(form,\ v)}$$

• F(form, v)는 특정 동사가 해당 구문에 쓰인 빈도를 의미한다.

③ Sp-값 계산

• Sp-값은 아래와 같이 로그 비율을 사용하여 계산된다.

$$Sp = ln\left(\frac{pr(v,\ caus)}{pr(v, noncaus)}\right)$$

— pr(v, caus): 사역적 타동사 용법의 비율

— pr(v, noncaus): 비사역적 자동사 용법의 비율

④ 결과 분석

• Sp-값은 해당 동사가 외부 원인 지향적인지, 자발적 경향성이 높은지를 수량화한다.

• 높은 Sp-값은 외부 원인 관여 확률이 높음을(사역적 타동사 용법 비율이 높은 경우) 나타내고, 낮은 Sp-값은 외부 원인 관여 확률이 낮음/자발적 경향성이 높음을(비사역적 자동사 용법 비율이 높은 경우) 나타낸다.

위의 단계를 따라 동사 open의 Sp-값을 계산하는 과정을 예시하면 아래와 같다.

① 코퍼스 데이터에서 구한 교체 구문 빈도

• 사역적 용법 빈도: F(caus, open) = 100

- 비사역적 용법 빈도: $F_{(noncaus, open)}$ = 50

- 전체 빈도: 100 + 50 = 150

② 비율 계산

- $pr_{(v, caus)}$ = $\dfrac{100}{150}$ = 0.667

- $pr_{(v, noncaus)}$ = $\dfrac{50}{150}$ = 0.333

③ Sp-값 계산

- $Sp = ln\left(\dfrac{0.667}{0.333}\right)$

- $Sp = ln(2.0) \approx 0.693$

④ 결과 분석

- 계산된 Sp-값 0.693은 open이라는 사역적(타동사적)으로 사용되는 경향이 있다는 것을 의미한다. 이는 open이 외부 원인(사람이나 외부 요인)에 의해 발생하는 사건을 더 자주 나타난다는 것을 반영한다.

이제 ChatGPT를 사용하여 BNC에 나타난 사역동사들의 교체 구문 용법 빈도를 분석해 본다.

① 데이터 정제

- 앞서 추출한 BNC 데이터의 자동 구문 분석 결과를 검토한다. 분석 오류가 있는 용례와 연구와 관련이 없는 용례가 잘못 포함된 문장들을 제외하고 정제 과정을 거친 데이터 파일을 준비한다. 정제된 데이터 세트는 총 293개의 동사 용례를 포함한다.

② 계산에 사용될 데이터 파일 준비

- 정제된 데이터를 아래와 같은 형식의 엑셀 파일로 정리한다.

	A	B	C	D	E	F	G	H
1	Verb	F(caus, v)	F(ncaus, v)	F(pass, v)	total	pr(v, caus)	pr(v, ncaus)	Sp-v
2	bounce							
3	drift							
...	...							

- A, B, C, D, E 열의 빈 셀을 채운다.

③ ChatGPT를 사용하여 Sp-값 계산

- "Python for Corpus Analysis"(이하 GPT)를 열고 대화창에 Sa-mardžić·Merlo(2018) 논문 파일을 업로드한다. Sp-값에 대한 대화를 나누어 Sp-값 개념과 계산 절차에 대한 이해 여부를 확인한다.

- 2단계에서 준비한 엑셀 파일을 첨부하고, F, G, H 열의 셀에 들어갈 값을 하나씩 순차적으로 계산해서 채워 달라고 요청한다(한 번에 한 열의 값 계산 요청).

- GPT가 A, B, C, D, E 열의 값을 기반으로 F, G 열과 H 열 값에 대한 계산을 완료하면 아래 [그림 1]과 같이 동사별 Sp-값이 채워진 엑셀 파일을 생성한다. 전체 파일은 깃허브 페이지에 올리고, 여기서는 파일 첫 10줄과 마지막 10줄에 대한 결과만 제시한다.

	A	B	C	D	E	F	G	H
1	VERB	F(caus,v)	F(ncaus,)	F(pass,v)	total	pr(v, caus)	pr(v, ncaus)	Sp-value
2	drift	2	59	0	61	0.00038	0.0097	-3.23971
3	drop	46	35	9	90	0.0051	0.0039	0.268264
4	float	6	45	5	56	0.0011	0.008	-1.98413
5	glide	1	39	0	40	0.00025	0.0098	-3.66868
6	move	26	164	17	207	0.0013	0.0079	-1.8045
7	roll	17	33	2	52	0.0033	0.0063	-0.64663
8	slide	32	41	4	77	0.0042	0.0053	-0.23262
9	swing	43	85	2	130	0.0034	0.0065	-0.64803
10	revolve	5	18	0	23	0.0022	0.0078	-1.26567

285	....						
286	decline	2	11	0	13	0.0015	0.0085	-1.7346
287	fall	7	113	1	121	0.0006	0.0093	-2.74084
288	gain	15	2	1	18	0.0083	0.0011	2.020945
289	plunge	3	1	0	4	0.0075	0.0025	1.098612
290	rocket	1	2	0	3	0.0033	0.0033	0
291	rise	14	148	0	162	0.0009	0.0091	-2.31363
292	surge	5	48	0	53	0.0009	0.0091	-2.31363
293	live	3	36	0	39	0.0008	0.0092	-2.44235
294	stop	34	119	7	160	0.0021	0.0074	-1.25954
295	stay	4	43	0	47	0.0009	0.0091	-2.31363

[그림 1] BNC 사역교체 동사들의 Sp-값

④ ChatGPT를 사용하여 밀도 분포 시각화

- GPT에게 계산한 Sp-값의 밀도 분포를 시각화해 달라고 요청한다.

- 요청을 받으면 아래 [그림2]에 제시된 것과 같은 히스토그램을 그려
  준다.

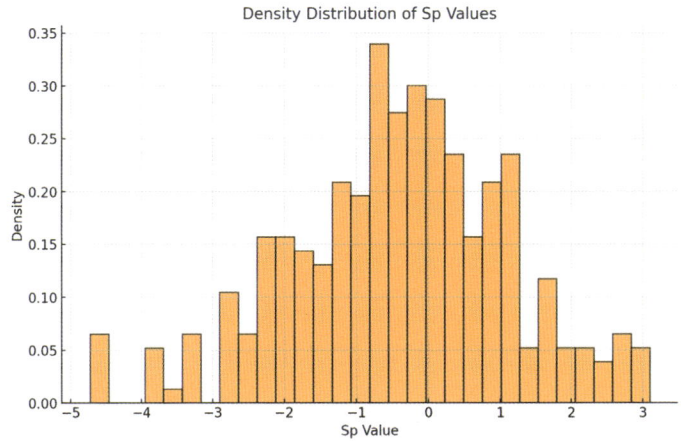

[그림 2] Sp-값의 밀도 분포

- x축(가로축): Sp-값의 범위(구간, bin)을 나타낸다. 예를 들어, x축의 한

91

막대가 -1.5에서 -1.0 사이에 위치하면, 이 범위 안에 해당하는 Sp-값들이 포함된다.

- y축(세로축): 막대의 높이는 그 범위에 해당하는 값들의 밀도를 나타낸다.

- 밀도란 데이터가 해당 범위에 분포하는 비율이다. 밀도 값을 더하면 1이 된다(히스토그램의 면적 = 1).

- 막대의 너비:

— 각 막대가 나타내는 범위의 크기(bin width)를 의미한다.

— 이 그래프에서 각 막대는 x축에서 동일한 구간(예: 0.5)만큼의 범위를 포함한다.

- 만약 특정 막대가 x축에서 -1.5와 -1.0 사이를 차지하고, y축 값이 0.2라면, 이는 Sp-값이 -1.5에서 -1.0 사이에 있는 데이터가 전체 데이터에서 약 20%의 밀도를 차지한다는 뜻이다.

⑤ 결과 해석

- Sp-값의 중심 분포:

— [그림 2] 히스토그램에서 대부분의 막대가 -1.5에서 0.5 사이에 집중되어 있다. 이는 Sp-값이 주로 이 범위에 속한다는 것을 나타낸다.

— 이 범위의 Sp-값은 동사들이 사역적 용법과 비사역적 용법에서 상대적으로 균형을 이루는 경우를 뜻한다.

- Sp-값의 양쪽 고리:

— 왼쪽 꼬리(Sp-값이 -2.0 이하): 사역적 용법 빈도가 극히 적고, 비사역적 용법 빈도가 내우 높은 동사들이 속한다(drift, float, crinkle 등)

— 오른쪽 꼬리(Sp-값이 1.5 이상): 비사역적 용법 빈도가 적고, 사역적

용법 빈도가 매우 높은 동사들이 속한다(fill, heat, tear 등).

- Sp-값의 평균과 분산:
— 평균 Sp-값: 약 -0.4로, 사역적 용법보다 비사역적 용법 빈도가 약
  간 더 높은 경향을 보인다. 이는 사역적 타동 구문 중 능동태 용법만
  포함되고, 수동태 용법은 제외되었기 때문이다.
— 분산: Sp-값이 -4.0에서 3.0까지 넓게 퍼져 있어, 동사별 경향이 크
  게 다르다.
- 분포 형태:
— Sp-값 분포는 비대칭적인 종 모양으로, 왼쪽(비사역적 용법 빈도가 높
  은 동사)에서 더 긴 꼬리를 보인다. 이는 비사역적 용법이 압도적인
  동사가 사역적 용법 빈도가 높은 동사보다 상대적으로 더 많음을
  암시한다.

⑥ 전체 해석
- 대부분의 동사들은 사역형과 비사역형 용법 빈도가 큰 차이를 보이
  지 않으며, 일부 동사는 자발성 또는 외부 원인 관여에 극단적으로 치
  우치는 경향을 보인다.

⑦ 추가 분석
Samardžić·Merlo(2018)는 사역교체 동사들의 Sp-값 분포만을 시각화
하여 제시하였고, 어떤 동사가 정규 분포의 어느 위치에 놓이는지 그리
고 어떤 동사들이 어느 구간에 속하는지 밝히지 않았다. 이제 우리는
AI의 도움으로 이런 작업을 빠르고 수월하게 수행할 수 있게 되었다.
GPT에게 Sp-값의 세 구간과 각 구간에 속하는 사역교체 동사들을 표
로 정리해 달라고 요청하여 얻은 결과를 [표 1]에 제시한다. 분석 결과

1구간(Sp-값 -2.0 이하)에 속하는 동사가 47개, 2구간(Sp-값 -2.0 초과 1.5 이하)에 속하는 동사가 217개로 나타났으며, 3구간(Sp-값 1.5 초과)에 속하는 동사가 29개로 나타났다.

이 절에서 우리는 코퍼스 데이터 추출과 분석 용도로 제작한 GPT를 사용하여 BNC에서 추출한 사역교체 동사 용례 데이터를 대상으로 두 교체형의 상대적 빈도가 동사별로 어떻게 나타나는지를 파악하기 위한 탐색적 분석을 수행하였다. 293개 사역교체 동사의 Sp-값 밀도 분포를 분석하여 대부분의 동사들은 사역형과 비사역형 용법 빈도가 큰 차이를 보이지 않으며, 일부 동사는 자발성 또는 외부 원인 관여에 극단적으로 치우치는 경향을 보인다는 점을 밝혀냈다.

이 장에서는 세 가지 과제를 수행하였다. 먼저 생성형 AI의 대표 주자로 꼽히는 ChatGPT와 Gemini의 도움을 받아 파이썬 기반 자연어 처리 도구를 사용하여 BNC를 의존구조 코퍼스로 변환하는 방법을 소개하였다.

이어서 에이전트 기반 작업 흐름(agentic workflow) 개념을 기반으로, 단계별 프롬프트와 다중 AI 에이전트 간의 역할 분담과 협업을 통해 연구에 필요한 데이터 추출 결과물을 얻는 방안을 새롭게 제안하였다. 데이터 추출 과정에서 가장 중요한 역할을 하는 파이썬 함수들을 Gemini와 ChatGPT의 협업형 작업 흐름 구조에서 자연어 프롬프트로 생성하고 개선해 나가는 방안을 상세히 논의하였다. 이러한 과정에서 두 AI 에이전트의 역할 분담과 ChatGPT의 함수 수정은 특히 수동문, 타동문, 자동문, 구동사 구문 등 복잡한 구문적 조건을 보다 정밀하게 판별하고, 오류를 줄이는 데 효과적임을 확인하였다. 여기에서 제안한 자연어 프롬프트를 통한 데이터

[표 1] Sp-값 구간별 동사

Sp-값 구간과 범위	동사
1구간: -2.0 이하	drift, glide, crinkle, abate, burst, collapse, crumble, explode, fray, grow, mature, shrink, vary, redden, freshen, stiffen, thicken, hybridize, degenerate, deteriorate, disintegrate, proliferate, enthuse, canter, leap, march, race, swim, trot, walk, clash, clatter, hoot, squeak, squeal, tinkle, beam, blink, bleed, lean, sit, stand, fall, rise, surge, live, stay(47개)
2구간: -2.0 초과 1.5 이하	drop, float, move, roll, slide, swing, revolve, rotate, spin, turn, twirl, twist, whirl, wind, break, chip, crack, crash, rip, shatter, smash, snap, splinter, split, bend, crease, crumple, fold, wrinkle, advance, air, alter, balance, blast, burn, capsize, change, char, chill, clog, close, condense, contract, corrode, decompose, decrease, deflate, defrost, degrade, diminish, dissolve, distend, divide, double, drain, ease, enlarge, expand, flood, freeze, fuse, halt, heal, hush, ignite, improve, increase, inflate, kindle, loop, melt, multiply, overturn, pop, reopen, reproduce, rupture, scorch, sear, shrivel, sink, soak, splay, sprout, steep, stretch, submerge, thaw, tilt, tire, topple, triple, unfold, warp, clear, clean, cool, crisp, dim, dry, dull, empty, firm, level, loose, mellow, narrow, open, quiet, shut, slack, slim, slow, sober, sour, steady, tense, thin, warm, blacken, brown, tan, whiten, awaken, brighten, broaden, darken, deepen, fatten, flatten, harden, hasten', lengthen, lessen, lighten, loosen, quicken, quieten, ripen, roughen, sharpen, sicken, slacken, soften, steepen, straighten, tauten, tighten, toughen, waken, weaken, widen, worsen, emulsify, intensify, liquefy, magnify, petrify, purify, solidify, crystallize, decentralize, destabilize, equalize, harmonize, oxidize, pulverize, stabilize, vaporize, accelerate, ameliorate, detonate, dissipate, evaporate, levitate, operate, propagate, vibrate, cheer, grieve, obsess, puzzle, thrill, worry, drive, fly, gallop, jump, run, bang, beep, blare, click, jangle, jingle, ring, rustle, twang, flash, shine, dangle, hang, perch, rest, lodge, settle, shelter, asphyxiate, choke, drown, suffocate, burp, climb, decline, plunge, rocket, stop(217개)
3구간: 1.5 초과	crush, fracture, tear, rumple, collect, compress, fill, heat, light, blunt, round, smooth, tame, cheapen, dampen, 'heighten', moisten, shorten, strengthen, sweeten, neutralize, polarize, attenuate, incubate, delight, sadden, board, stifle, gain(29개)

추출 방법론은 다양한 현상의 후속 연구에 활용될 수 있을 것이다.

마지막으로 파싱된 BNC에서 추출한 사역교체 동사 용례 데이터를 대상으로 Sp-값 밀도 분포를 분석한 결과, 분석 대상 동사의 74.06%에 달하는 217개 동사가 사역적 용법과 비사역적 용법에서 상대적으로 균형을 이루고 있음을 발견하였다. 이 탐색적 분석 결과는 사역교체 동사와 구문의 관계에 대해 많은 흥미로운 질문들을 제기한다. 3장에서는 이 장에서 추출한 데이터를 대상으로 사역교체 동사의 의미적 특성을 심층적으로 분석한다.

이 장에서는 최소한의 파이썬 코딩과 자연어 텍스트 프롬프트만으로 의존구조 코퍼스를 구축해서 연구에 필요한 코퍼스 데이터를 추출하는 방안을 다루었고, 의미 구조가 부착된 코퍼스를 다루지 않은 한계점이 있다. 의미역 부착(semantic role labeling: SRL), 의미 프레임(frame), 프레임 요소(frame elements), 동사 의미 부류(semantic verb classes) 등 의미 정보 태깅을 통해 의미 구조 파싱이 된 코퍼스를 구축하는 것은 현재 자연어 처리에서 널리 쓰이고 있으며, 관련된 다양한 도구와 자원이 개발되어 있다. Stanza나 spaCy를 의존구조 파서로 사용할 경우에는 이 도구들과 AllenNLP라는 오픈 소스 파이썬 라이브러리를 연동시켜 의미역 정보가 자동 부착된 코퍼스를 구축할 수 있다. AllenNLP는 Prop(osition)Bank 프레임에 기반하여 동사의 의의(sense) 별로 논항에 대한 의미역을 제공하며, 의미역 주석이 된 코퍼스를 CoNLL-U, JSON 등의 형태로 구조화하여 출력하는 것이 가능하다. 이외에도 다양한 도구를 사용하여 FrameNet과 VerbNet 기반 의미 구조 코퍼스를 구축할 수 있고, 이미 구축된 의미 구조 코퍼스를 연구에 사용할 수도 있다. Linguistic Data Consortium(LDC)에서 배포하는 코퍼스 중에는 PropBank, FrameNet, VerbNet 기반 주석이 이루어진 코퍼스와 이 정보가 통합 주석이 된 코퍼스도 포함되어 있다. 의존 구조 파싱, 의미역 부착 및 의미 자원에 관한 상세한 내용은 자연어 처리 분야의 교과서로 꼽히는 Jurafsky · Martin(2025) 19장–21장을 참조하길 바란다.

지금까지 자연어 처리와 코퍼스 언어학 분야에서 코퍼스 구축과 데이터 추출은 상이한 도구를 사용하여 분리되어 수행되어 왔다. 후속 연구에서는 이 두 과정을 동일한 도구를 사용하여 연속적이고 통합적으로 수행하여 의존 구조와 의미 구조 파싱이 된 코퍼스 데이터를 추출하는 방안에 대해서도 탐색하고자 한다.

3장과 4장에서는 사역교체 동사와 논항의 의미적 · 문맥적 특성에 초점을 맞추어 사역교체 현상에 관한 다양한 분석을 수행한다. 먼저 ChatGPT를 활용하여 동사와 사역교체 구문의 결합 강도의 통계적 유의성을 분석하여 사역교체 강도가 높은 동사들을 선별한다. 이어 이 동사들을 대상으로 동사 의미와 논항이 인과적 사건의 구조적 실현과 교체형의 선택에 가하는 제약을 심층적으로 분석하고, 이를 위한 새로운 AI 활용 연구 방법론을 제안한다.

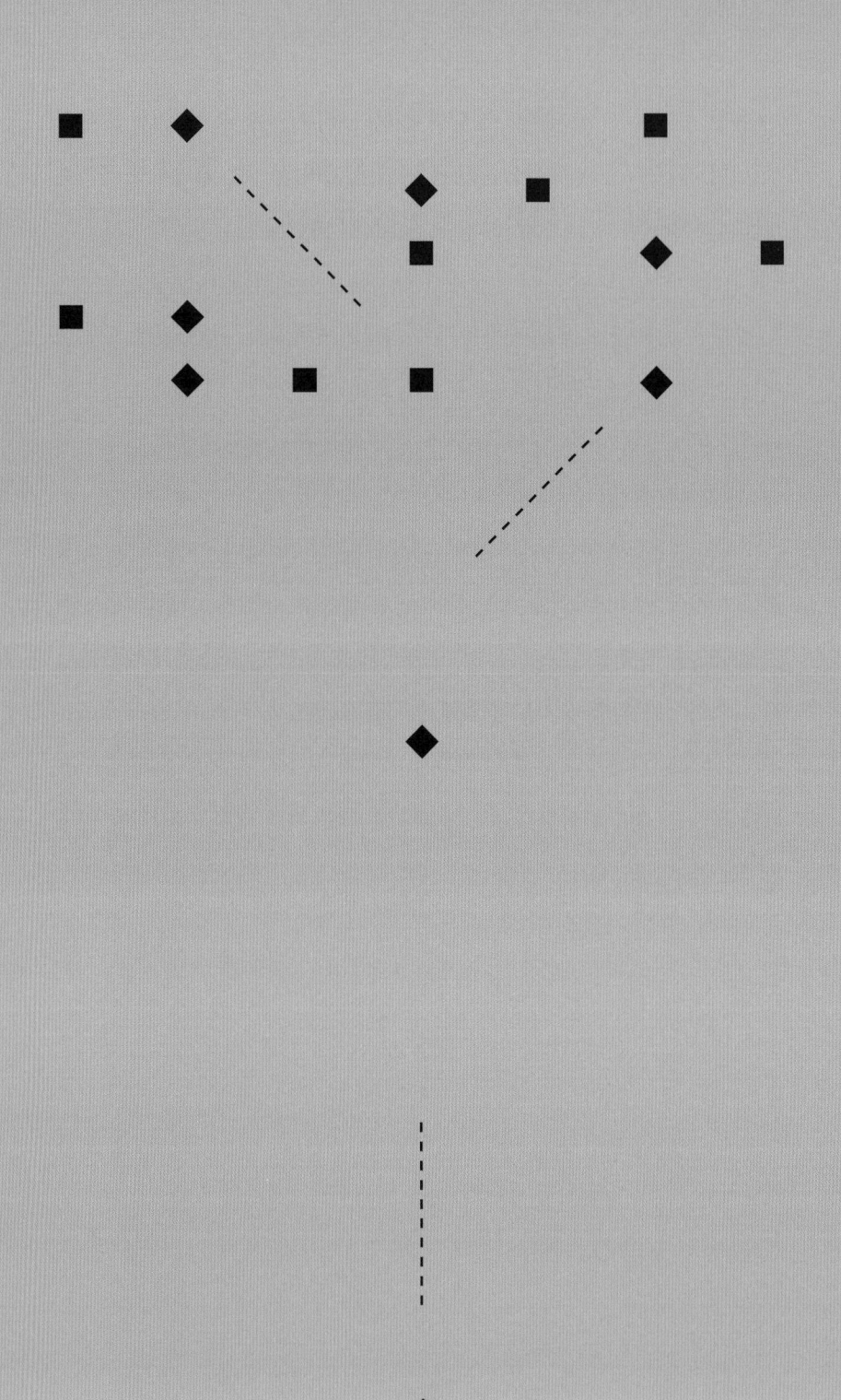

# 제 3 장

ChatGPT를 활용한
BNC 데이터 분석

사역교체 연구는 상태변화 동사(change-of-state verbs: COS verbs)에 대한 연구를 중심으로 진행되어 왔다. 상태변화 동사는 사건의 결과로 대상(theme)의 속성이나 상태가 변화하는 사건을 표현하는 동사이다. 이러한 동사들은 사역교체 동사의 주류를 이루며, 결과 상태를 포함하는 사건 구조(event structure)를 갖는다. 이 같은 동사 의미의 구조적 특성은 구문 구조와 밀접하게 연결되며 동사와 그 논항의 구조적 실현을 제약한다. 현대 언어학의 한 분야인 어휘 의미론(lexical semantics)은 동사의 의미 구조와 구문 구조의 체계적 관계를 밝히려는 접근법으로, 사건 구조와 논항 구조(argument structure)의 상호작용에 의해 동사의 의미 내용을 규정하고 표상한다.

이와 독립적으로, 어휘가 쓰이는 문맥이나 분포에서 어휘 의미를 규정하려는 연구 방법이 발전해 왔는데, 이를 대표하는 접근으로 분포 의미론(distributional semantics)을 꼽을 수 있다. 분포 의미론은 어휘 의미를 주변 맥락과 분포로 정의하며, 단어의 분포 의미 특성을 계량적으로 표상하고 시각화하는 통계 기반 데이터 중심 모델 및 최근의 딥러닝 기반 모델의 발전으로 이어졌다.

어휘 의미에 대한 기호적이고 구조적인 접근을 대표하는 어휘 의미론과 계량적 접근을 대표하는 분포 의미론은 의미의 다른 측면을 조명하고 그 철학과 방법이 상당히 달랐지만, 최근 양자의 통합 시도가 활발히 이루어지고 있다. 이를 통해 언어 의미의 구조적 특성과 경험 기반 유사성을 동시에 모델링하는 것이 가능하며, 이 같은 통합적 접근은 미래 언어 의미 연구의 매우 중요한 방향이 될 것으로 전망된다. 이 책에서도 동사의 논항 정보, 구문 실현 정보와 의의(sense) 정보와 같은 구조적 자질을 BERT 모델의 입력과 출력으로 사용하여, 기호 구조(symbolic structure)의 추론 가능성과 분포 표현의 유연성을 결합하는 새로운 형태의 신경-기호학적 분포 의미론 (neuro-symbolic distributional semantics)을 제안한다. 이에 대해서는 4.3절에서 상세히 논의한다.

이와 같은 새로운 통합적 연구 흐름과 시도는 그 토대가 되는 전통적인 이론과 방법에 대한 이해를 전제로 한다. 이 장에서는 어휘 의미론과 분포 의미론의 관계를 탐색하는 사례 연구로서 사역교체에 참여하는 주요 상태변화 동사의 의미 구성 성분과 분포 의미 분석을 상세히 다룬다. 먼저 Levin(2009)의 연구를 토대로 어휘 의미론에서 정의하는 동사 의미의 구성 요소와 이로부터 출현하는 동사 의미 부류에 대해 논의한다. 이어 ChatGPT를 활용한 일련의 분석을 통해 사역교체 구문과 결합 강도가 높은 상태변화 동사들을 선별하고, 전통적인 통계 기반 분포 의미 모델(vector space model)과 대표적인 초기 딥러닝 모델 Word2Vec이 이 동사들 간의 유사성, 군집성과 핵심 의미 차원을 어떻게 포착하는지를 탐색한다.

1. 동사 의미의 구성 요소와 의미 부류의 기원

어휘 의미론을 대표하는 학자인 Beth Levin은 2009년에 발표한 "Where do verb classes come from?"이라는 제목의 연구에서 동사 의미의 본질적 구성 요소와 의미 부류의 기원에 대해 매우 흥미롭고 도발적인 질문을 제기한다. Levin(2009)은 동사 의미가 구조적 요소와 내용적 요소로 구성된다는 이론을 제시하고, 이를 기반으로 동사 의미 부류(semantic verb classes)의 형성 원리를 설명한다.

Levin(2009)의 어휘 의미론에서 동사 의미의 구조적인 요소는 '사건 도식(event schema)'으로, 내용적인 요소는 '뿌리(root) 의미'로 지칭된다. 사건 도식은 CAUSE, ACT, BE, BECOME 등과 같은 일차적 술어(primitive predicates)에 의해 표현되는데, 단순 사건 유형을 나타내는 동사의 의미는 (1a)와 같이 단순 사건 도식에 의해 표상될 수 있다. 반면 인과적 사건과 같이 복합적 사건을 나타내는 동사의 의미는 (1b)와 같이 복합 사건 도식에 의해 표상된다.

(1)　a.　단순 사건 도식: 하나의 하위 사건

　　　　[x ACT$_{<MANNER>}$](예: jog, run, creak, whistle, ⋯)

　　b.　복합 사건 도식: 두 하위 사건

　　　　[[x ACT] CAUSE [BECOME [y <RES-STATE>]]]

　　　　(예: break, dry, empty, open, ⋯)

뿌리 의미는 개별 동사에 고유한 의미 내용 요소로서 온톨로지 유형(ontological type)에 의해 특징 지워진다. 동사의 뿌리 의미가 표현하는 대표적인 온톨로지 유형은 방식, 결과 상태, 사물, 위치, 경로 등 (2)에 제시된 개념들을 포함하며, 동사 의미 부류 형성, 구문 실현 및 논항교체 가능성을 설명할 수 있는 기반을 제공한다.

(2) a. 방식(manner): 행위가 어떻게 수행되는지를 나타냄.

    예: jog, run, creak, whistle 등이 어휘화(lexicalize)하는 의미 성분

   b. 결과 상태(result state): 어떤 상태변화가 일어났는지를 나타냄.

    예: break, dry, empty, open 등이 어휘화하는 의미 성분

   c. 기타: 사물(thing), 물질(stuff), 위치(location), 경로(path) 등

뿌리 의미는 (1)에서와 같이 일차적 술어의 수식어나 논항으로 사건 도식과 통합되어 동사 의미 표상을 구성한다((1)의 표상에서 '〈…〉'에 포함된 방식 (manner)과 결과 상태(result state)와 같은 요소가 뿌리 의미임).

뿌리 의미와 사건 도식은 동사 의미 부류 형성에 중요한 역할을 한다. 동사 의미 부류는 의미와 구조의 중요한 교차점으로, 유사한 구문적 행동 (syntactic behavior)과 의미 특성을 공유하는 동사들의 집합으로 정의할 수 있다. Levin(2009)에 따르면, 공통된 온톨로지 유형의 뿌리 의미를 가진 동사들로부터 동사 의미 부류가 자연스럽게 형성된다. 예를 들어, 방식의 온톨로지 유형을 공유한 동사들은 방식 동사(manner verbs) 부류를 형성하며, 결과 상태의 온톨로지 유형을 공유한 동사들은 결과 동사(result verbs) 부류를 형성한다. 위 (1a)와 (1b)는 각각 방식 동사 부류와 결과 동사 부류의 의미를 뿌리 의미와 사건 도식의 조합에 의해 표상한 것이다. 이처럼 동일한 뿌리 의미와 사건 도식을 공유하는 동사들로부터 상위 의미 부류가 형성된다.

같은 온톨로지 유형의 뿌리 의미 내에서 세분화된 하위 범주가 존재

102

하며, 이로부터 하위 의미 부류가 형성된다. 예를 들어, 방식 동사들은 방식의 성격에 따라 (3)과 같은 하위 의미 부류로, 결과 동사들은 결과의 성격에 따라 (4)와 같은 하위 의미 부류로 세분화될 수 있다.

(3) 방식 동사들의 하위 의미 부류

  a. 움직임 동사(manner of motion verbs): 신체 움직임의 방식

      amble, crawl, jog, limp, run, walk 등

  b. 소리 방출 동사(verbs of sound emission): 특정 방식으로 소리를 내는 행위

      bark, creak, grunt, mumble, shout, squeak 등

  c. 움직임에 의한 접촉 동사(verbs of contact by motion): 접촉을 동반한 움직임

      hit, kick, pat, slap, tap, whack 등

  d. 섭취 방식 동사(verbs of consumption): 음식/음료의 섭취 방식

      drink, eat, nibble, sip 등

  e. 표면 접촉 동사(verbs of contact with surface): 표면 접촉을 동반한 행위

      scrub, smear, sweep, wipe 등

(4) 결과 동사들의 하위 의미 부류

  a. 상태변화 동사(verbs of change of state): 상태나 속성의 변화

      break, darken, melt, open 등

  b. 위치변화 동사(verbs of change of location): 위치 변화와 이동

      arrive, come, enter, go 등

  c. 존재변화 동사(verbs of appearance/disappearance): 존재 여부의 변화

appear, die, emerge, vanish 등

    d.   창조/제작 동사(verbs of creation): 창조/제작 행위 결과 발생한 변화

          build, carve, knit, sculpt 등

    e.   파괴/제거 동사(verbs of destruction and killing): 행위 결과로 인한 파괴

          나 제거

          damage, destroy, kill, ruin 등

동사의 하위 의미 부류는 미세한 의미 차이를 보일 뿐 아니라 구문적으로도 구별되는 경향을 보인다. 위 (3)에 제시된 방식 동사들을 예로 들면, 5개 하위 부류의 방식 동사들은 모두 비명세 목적어 생략(unspecified object deletion)을 허용한다.[17] 하지만 [표 1]에 제시한 바와 같이, 움직임 동사와 소리 방출 동사 부류 중 일부만이 타동성 교체(transitivity alternation)를 허용하며, 표면 접촉 동사 부류만이 처소교체(locative alternation)에 참여한다.[18]

    결과 동사들의 하위 부류들도 구문적 행동 차이를 보인다. (4)에 제시된 동사들 중 상태 변화 동사 부류만이 매우 일반적으로 사역교체를 허용하며, 창조/제작 동사 부류만이 비명세 목적어 생략을 허용한다. 동일한 온톨로지 유형의 뿌리 의미를 가진 동사 부류의 하위 범주들이 보이는 이 같

---

17 비명세 목적어 생략은 아래 (i)에서와 같이 타동사의 목적어가 생략되며 전형적이고 일반적인 행위로 해석되는 현상이다.
    (i) He carved a statue. / He carves in the evening.

18 영어 동사에서 나타나는 타동성 교체(타동-자동 용법 교체)는 아래 (i)에 예시된 중간교체(middle alternation)와 이 책에서 중점적으로 다루는 사역교체를 포함한다.
    (i) The butcher cuts the meat. / The meat cuts easily.
    처소교체는 (ii)에서와 같이 동사의 대상 논항과 장소 논항이 직접 목적어로 전환되는 현상이다.
    (ii) She sprayed paint on the wall. / She sprayed the wall with paint.

[표 1] 방식 동사 하위 부류의 구문적 행동

동사 부류	구문 실현		
	비명세 목적어 생략	타동성 교체	처소교체
움직임 동사	√	√(일부 동사만)	x
소리 방출 동사	√	√(일부 동사만)	x
움직임에 의한 접촉 동사	√	x	x
섭취 방식 동사	√	x	x
표면 접촉 동사	√	x	√

은 문법적 차이는 미세한 구문적 특성과 용법은 하위 동사 부류의 수준에서 결정된다는 Levin(2009)의 주장을 뒷받침한다.

　　동사의 구문적 행동은 동사의 뿌리 의미와 사건 도식의 조합에 의해서 많은 부분 설명되지만, 이 두 의미적 개념만으로 동사의 구문적 실현을 포괄적으로 예측할 수는 없다. 이는 동사의 구문적 실현이 동사 의미의 구성 요소 뿐 아니라 동사의 다의성, 논항의 특성과 언어 공동체 내의 관습적 사용 등 다양한 요소에 의해 제약되기 때문이다. 동사의 구문적 실현을 제약하는 다층적 요인들의 규명과 상호작용은 Levin(2009)의 이후 다양한 이론적 관점에서 지속적으로 연구가 이루어지고 있다.

　　이 같은 Levin(2009) 이론의 한계에도 불구하고, 그가 명확하게 제시한 동사 의미의 구성 요소와 이로부터 형성되는 의미 부류 개념은 동사 의미의 구조적 실현과 용법을 이해하는데 매우 유용한 이론적 토대를 제공한다. 이 장에서는 사역교체를 허용하는 상태변화 동사들을 사례 연구 대상으로 삼아 이 절에서 논의한 동사 의미의 구성 요소가 분포 기반 접근에서

어떻게 포착되는지 살펴보고, 두 접근의 관계와 공통적인 한계점 및 상호
보완 가능성을 탐색한다.

2. 사역교체 동사의 공연구조적 분석

이 절에서는 본격적인 동사 의미 분석에 앞서 GPT-4o 모델을 활용하여
사역교체에 참여하는 상태변화 동사들과 사역교체를 구성하는 두 구문과
의 상관관계를 포착하는 공연구조적 분석(collostructural analysis)을 수행한다.
이 분석의 목적은 사역교체에 적극적으로 참여하는 동사들을 식별하여 그
결과를 의미 분석 대상으로 삼을 동사 선별에 적용하는 것이다.

 공연구조적 분석법은 특정 구문과 그 구문에 출현하는 어휘와의 결
합 강도를 측정하는 기법으로, Stefanowitsch·Gries(2003)가 최초로 제안
하였다(Hilpert 2014; 이민행 2015; Gries·Stefanowitsch 2010; Gries 2024 등 참조). 이
들은 구문과 어휘 간의 결합 강도, 즉 공연강도(collostructural strength)를 측
정하는 세 가지 공연구조적 방법론을 개발하였다. 이 중 가장 먼저 개발
된 공연어휘소 분석(collexeme analysis)은 한 구문에 출현하는 어휘들의 빈
도와 해당 어휘들이 전체 코퍼스 내에 출현하는 빈도를 비교하여 계산함
으로써 구문과 어휘 간의 공연강도를 측정하는 방법이다(Stefanowitsch·Gries
2003). Gries·Stefanowitsch(2004)와 Stefanowitsch·Gries(2005)는 공연어휘
소 분석을 확장하여 변별적 공연어휘소 분석(distinctive collexeme analysis)과
공변 공연어휘소 분석(covarying collexeme analysis)을 개발하였다. 변별적 공
연어휘소 분석은 의미적·기능적으로 유사한 두 구문에 출현하는 어휘들
의 두 구문 내 상대적 출현 빈도를 비교하여 계산함으로써 두 구문에서 해

당 어휘들의 선호도를 측정하는 방법이다(Gries·Stefanowitsch 2004). Stefanow-
itsch·Gries(2005)가 제안한 공변 공연어휘소 분석은 특정 구문의 두 슬롯
에 출현하는 어휘들 사이의 연어적 상관관계를 분석하는 방법이다.

공연구조적 방법론을 적용한 사역교체 연구는 Romain(2017)이 시도
한 17개 사역교체 동사의 변별적 공연어휘소 분석이다. 이 연구는 COCA
에서 추출한 17개 상태변화 동사의 7,850개 용례를 대상으로 타동 구문과
자동 구문에서 상대적으로 친화력이 높은 동사들을 분석하였는데, 분석 대
상 동사 수가 적고, 동사들의 전체 코퍼스 출현 빈도가 아닌 추출한 데이터
내에서의 빈도를 분석에 사용하였다는 한계가 있다.

이 절에서는 GPT-4o 모델의 고급 데이터 분석 기능을 활용한 파이
썬 기반 공연구조적 분석법을 제안한다. 이 방법론을 사역교체에 참여하는
279개 상태변화 동사에 적용하여 이 동사들의 사역교체 구문에서의 공연
강도 뿐 아니라 동사들이 사역교체에 참여하는 정도, 즉 교체강도(alternation
strength)를 밝혀냄으로써 사역교체 동사와 구문의 의미적 특성 분석의 토대
를 구축한다.

1. 공연어휘소 분석

Gries(2024)는 위에서 설명한 세 유형의 공연구조적 분석을 위한 R 스크립
트를 분석 방법론 및 시각화 예시와 함께 제공한다.[19] 이 스크립트를 R 환

경에서 실행하면 어휘들의 공연강도와 공연강도 측정을 위해 사용되는 통계 지표들이 저장된 파일과 결과를 시각화한 플롯이 생성된다.

공연강도 측정의 기반이 되는 정보는 아래에 제시된 2×2 교차 빈도표의 각 셀에 등장하는 빈도 정보이다. [표 1]에서 a는 어휘 W_x의 분석 대상 구문(구문 C) 출현 빈도를, b는 W_x의 다른 구문 출현 빈도를 나타낸다. c는 다른 검토 대상 어휘들의 구문 C에서의 출현 빈도를, d는 이 어휘들의 다른 구문 출현 빈도를 나타낸다.

[표 1] 공연어휘소 분석 빈도표

	구문 C	다른 구문	행 합계
어휘 Wx 다른 어휘들	a c	b d	a+b c+d
열 합계	a+c	b+d	N=a+b+c+d

공연구조적 분석의 핵심은 특정 어휘의 구조 내 실제 출현 빈도 또는 관찰빈도(a)가 전체 분포로부터 기대되는 값(기대빈도)보다 통계적으로 유의하게 높은지 혹은 낮은지를 평가하는 것이다. 이를 통해 해당 단어가 구문에서 연어적으로 끌리는지(attracted), 회피되는지(repulsed), 혹은 해당 단어와 구문의 상관관계가 우연 수준인지를 판단할 수 있다(Gries·Stefanowitsch 2010: 75). 공연구조적 방법론에서 관찰빈도와 기대빈도의 차이를 통계적으로 정량화하여 공연강도를 측정하는데 널리 쓰이는 핵심 지표는 로그 우도비 (log-likelihood ratio: LLR 또는 G^2 통계량)이다. 로그 우도비 값이 클수록 어휘와 구문 간의 공연강도가 높다고 판단할 수 있는데, 이 값은 해당 어휘가 구문에서 기대보다 많이 출현할 경우 높아진다. 로그 우도비 값이 클수록 해당

어휘가 구문에의 끌림(attraction) 가능성이 크고, 작거나 음수일 경우 회피 (repulsion) 경향을 보이며, 0에 가까우면(관찰빈도와 기대빈도가 같은 경우) 어휘와 구문의 상관관계를 우연 수준으로 해석한다.

이제 ChatGPT를 활용하여 공연어휘소 분석을 수행하는 방법에 대해 논의하자. 2장에서 연구 데이터 추출 용도로 제작한 GPT "Python for Corpus Analysis"를 열어 Gries의 R 스크립트를 업로드하고 아래와 같이 질의해 보았다.

User:

This is Stefan Gries' R script for performing collostructural analysis. Can you reproduce the functionality of this script in Python?

파이썬 기반 공연구조적 분석을 할 수 있다는 자신감 넘치는 대답과 함께 GPT는 분석 진행 절차에 대해 설명하고, 필자에게 몇 가지를 확인하는 질문을 하였다. GPT의 자신감에 대한 근거를 확인하고자 GPT와 공연구조적 방법론에 대한 대화를 나누어 보았는데, 이미 개념, 유형, 주요 연구 및 공연강도 산출 방법 등에 대해 놀라울 정도로 정확하고 상세히 알고 있었다. 필자는 GPT 내에서 사역교체 동사의 공연구조적 분석을 수행하기 전에 영어 여격교체(dative alternation)에 참여하는 112개 소유야기 동사(caused possession verbs)를 대상으로 분석을 시도하였다. 이를 통해 파악한 GPT 활용 파이썬 기반 공연구조적 분석의 전 과정을 기술하면 다음과 같다. 사용자가 파싱된 코퍼스 파일, 분석 대상 어휘 목록과 구문 정보를 제공하면 GPT가 다음의 과정을 자동화하여 수행한다.

① 구문 패턴 추출

  • 사용자 제공 코퍼스를 스캔하여 코퍼스로부터 분석 대상 어휘가 출현하는 구문 패턴을 추출한다.

② 2x2 빈도표 구성 및 계산

  • 코퍼스에서 각 어휘 별 2x2 빈도표 구성 요소를 추출하고 계산하여 각 어휘에 대해 2x2 빈도표를 만든다.

③ 공연강도 계산

  • 이전 단계에서 만든 2x2 빈도표를 기반으로 공연강도 측정을 위해 사용되는 통계량을 계산하고, 공연강도를 측정한다.

④ 결과 파일 생성 및 내보내기

  • 분석 결과가 저장된 파일과 결과를 시각화한 플롯을 생성하고 내보내기한다.

여격교체의 경우는 분석 대상 동사 수와 구문(이중목적어 구문과 전치사 여격 구문)의 코퍼스 출현 빈도가 상대적으로 적기 때문에 위의 전 과정을 GPT 내에서 수행할 수 있었다. 그러나 교체 참여 동사 수와 교체 구문의 코퍼스 내 출현 빈도가 훨씬 더 높은 사역교체의 경우에는 GPT의 메모리가 전체 BNC를 스캔하여 구문 패턴을 추출하고 이를 기반으로 많은 계산을 수행하는 모든 과정을 감당하기는 어렵다. 이런 경우에 파이썬 기반 공연구조적 분석을 수행하는 방법은 1. GPT로부터 파이썬 코드를 제공받아 사용자의 로컬 컴퓨터에서 분석 전 과정을 진행하는 방법과 2. GPT 내에서 위 2~4의 단계의 분석만 수행하는 것이다. 다행히 우리는 이미 BNC에서 추출한 사역교체 동사 용례 데이터와 구문 출현 빈도 데이터를 확보하고 있으므로, 위 1의 과정을 생략하고 대신 GPT에게 데이터 파일과 분석 대상 동사 목록 파일을 제공하면 된다. 이 두 파일을 준비한 후에 프롬프트 입력창에 아래와 같이 입력하고 분석을 요청한다. 분석을 요청하는 프롬프트에는 수행하고자 하는 분석, GPT가 수행할 작업과 사용자가 제공할 자료와 정보를 구체적이고 명료하게 기술한다. 또한 빈도 정보를 직접 알려 주지 않고 정보를 포함한 데이터 세트를 제공하는 경우에 분석 대상 동사의 사역교체 구문 출현 빈도 정보의 데이터 파일 내 위치를 정확하게 알려 주는 것이 중요하다.

User:

We can start from collexeme analysis of the association strength between causative alternation verbs and the transitive/intransitive constructions (we will move onto distinctive collexeme analysis later). I want you to do the followings:

— Implement the collexeme analysis (CA) step-by-step in Python.

— Export the table of CA results and plots directly comparable to the original coll.analysis.r results.

— Provide the python code specifically tailored for this analysis.

What I will provide:

— The list of target verbs: 279 change-of-state (COS) verbs

— The BNC dataset containing frequency counts of corpus occurrences of causative alternation verbs in active transitive, intransitive and passive constructions

These frequency counts are in cells under freq column in the following excel spreadsheets:

— transitive_count

— intransitive_count

— passive_count

　　R 기반 방식에서는 연구자가 2x2 빈도표의 각 셀에 등장하는 빈도 정보를(위 [표 1]의 a, b, a+b 등) 직접 입력하거나 제공해야 한다. 반면 우리가 수행하는 GPT 기반 파이썬 방식을 따르면 별도의 입력 파일을 만들 필요 없이 BNC 데이터 추출 과정에서 구축해 놓은 데이터 세트를 공연구조적 분석에 그대로 사용할 수 있다. 이 데이터 세트와 동사 목록만 제공하면 GPT가 모든 동사에 대한 빈도 정보를 데이터 파일로부터 추출하거나 자동 계산하기 때문에 입력 작업이 대폭 간소화되고 모든 계산이 자동화된다. [표 1]의 a, b, c, d 빈도 정보를 채우는 과정을 GPT가 정리한 것을 제시하면 아래와 같다. 나머지 합산 값들도(a+b, c+d, a+c, b+d, N) 모두 자동 계산된다.

표의 셀	의미	계산 방식
a	Word Wx (예: break)가 **Construction C**(예: 타동 구문)에 등장한 횟수	☑ 사용자 제공 파일 (result_v2.xlsx)에서 추출
b	Word Wx가 **Other constructions**(예: 자동 구문)에 등장한 횟수	☑ 사용자 제공 파일에서 추출
c	다른 단어들이 Construction C에 등장한 횟수	☑ GPT가 자동 계산: total_transitive - a
d	다른 단어들이 Other constructions에 등장한 횟수	☑ GPT가 자동 계산: total_intransitive - b

위의 분석 요청 프롬프트에 사용자가 제공한 데이터 세트와 어휘 목록을 기반으로 공연어휘소 분석을 수행하는 파이썬 코드를 작성해 달라는 요청도 포함되어 있다. 요청한 파이썬 스크립트는 279개 상태변화 동사를 대상으로 1. 타동 구문에서의 공연어휘소 분석, 2. 자동 구문에서의 공연어휘소 분석을 각각 수행한 뒤, 3. 전체 결과 출력과 공연강도 상위 30위 동사를 시각화하는 기능까지 포함된 완성형 분석 파이프라인이다. GPT에게 이 스크립트가 수행하는 기능에 대한 단계별 설명을 요청하여 얻은 결과를 아래에 제시한다.

❖ 1단계: 데이터 불러오기 및 전처리

```python
trans_df = pd.read_excel("result_v2.xlsx", sheet_name="transitive_count")
intrans_df = pd.read_excel("result_v2.xlsx", sheet_name="intransitive_count")
cos_verbs = [line.strip() for line in open("COS verb_list_279.txt", "r", encoding="utf-8") if
```

- result_v2.xlsx 에서 타동사 / 자동사 빈도 불러오기
- COS 동사 리스트 (COS verb_list_279.txt)로 분석 대상 설정

❖ 2단계: 빈도 데이터 병합 및 COS 동사 필터링

```python
merged_df = pd.merge(...)   # 타동/자동 빈도 병합
merged_cos_df = merged_df[...]   # COS 동사만 필터링
```

❖ 3단계: Collexeme Analysis 계산

◆ 타동사 구조 분석 (causative)

```python
# 각 COS 동사에 대해:
```

```
O = count_trans
E = 평균 기대값 = 전체 출현 수 / 동사 수
LLR = 2 * O * log(O / E)
Fisher p-value 계산
```

→ 결과를 `ca_rows` 에 저장

* **자동사 구조 분석 (intransitive)**

동일한 방식으로 `count_intrans` 를 대상으로 처리

→ `nca_rows` 에 저장

✦ 4단계: 결과 정리 및 저장

```python
ca_df = pd.DataFrame(ca_rows).sort_values(...)
nca_df = pd.DataFrame(nca_rows).sort_values(...)
ca_df.to_csv(...)
nca_df.to_csv(...)
```

* 두 구조 각각의 연어 강도 분석 결과를 CSV로 저장:
  * `causative_collexeme_analysis_COS.csv`
  * `intransitive_collexeme_analysis_COS.csv`

✦ 5단계: Jittered Plot (Top-30 시각화)

* **Plot 구성 요소**
* X축: Log-Likelihood (LLR)
* Y축: `-log10(p-value)` → 통계적 유의성 강조
* `jitter()` 함수로 글자 겹침 방지

* **생성되는 plot**
* `causative_ca_top30_plot_COS_jittered.png`
* `intransitive_ca_top30_plot_COS_jittered.png`

위 스크립트를 실행하여 생성되는 최종 산출물은 다음과 같다.

파일명	내용
causative_collexeme_analysis_COS.csv	COS 동사의 타동 구문 연어 강도
intransitive_collexeme_analysis_COS.csv	COS 동사의 자동 구문 연어 강도
causative_ca_top30_plot_COS_jittered.png	타동 구문 상위 30개 동사 시각화
intransitive_ca_top30_plot_COS_jittered.png	자동 구문 상위 30개 동사 시각화

[그림 1]에 제시된 스크린 샷은 상태변화 동사의 타동 구문 공연강도 측정 결과가 저장된 csv 파일에서 공연 강도 순위 1~30위까지를 캡처한 것이다. 전체 결과는 깃허브 페이지에 올린다.

	A	B	C	D	E	F
1	Verb	Observed	Expected	Log_Likelil	Fisher_p_value	
2	open	98	12.46	404.2061	3.59E-18	
3	wrinkle	65	12.46	214.7204	4.83E-10	
4	change	59	12.46	183.4718	1.15E-08	
5	increase	59	12.46	183.4718	1.15E-08	
6	heat	55	12.46	163.3106	8.99E-08	
7	fill	50	12.46	138.9331	1.09E-06	
8	dampen	50	12.46	138.9331	1.09E-06	
9	collect	50	12.46	138.9331	1.09E-06	
10	moisten	46	12.46	120.1474	7.56E-06	
11	close	45	12.46	115.5574	1.21E-05	
12	tilt	44	12.46	111.0118	1.94E-05	
13	fold	44	12.46	111.0118	1.94E-05	
14	double	42	12.46	102.0582	4.88E-05	
15	loosen	38	12.46	84.73199	0.000291	
16	advance	37	12.46	80.52875	0.000449	
17	alter	37	12.46	80.52875	0.000449	
18	crush	36	12.46	76.37957	0.000688	
19	clear	35	12.46	72.28596	0.001048	
20	strengther	35	12.46	72.28596	0.001048	
21	straighten	34	12.46	68.24949	0.001585	
22	break	34	12.46	68.24949	0.001585	
23	drain	33	12.46	64.27186	0.002382	
24	firm	33	12.46	64.27186	0.002382	
25	narrow	33	12.46	64.27186	0.002382	

26	heighten	33	12.46	64.27186	0.002382	
27	blast	32	12.46	60.35484	0.003553	
28	light	32	12.46	60.35484	0.003553	
29	melt	32	12.46	60.35484	0.003553	
30	intensify	31	12.46	56.50033	0.005262	
31	sharpen	31	12.46	56.50033	0.005262	

[그림 1] 타동 구문 공연강도 순위 1~30위

위 [그림 1]에 따르면 open, close, clear, break 등 사역교체 관련 연구에서 전형적인 사역교체 동사로 언급되는 상태변화 동사들이 타동 구문과 공연하는 정도가 매우 높은 것으로 나타난다. 상태변화의 성격에 따라 [그림 1]의 동사들을 분석해 보면, 아래와 같이 다양한 상태변화를 나타내는 동사들이 상위 30위에 포함되어 있는 것을 확인할 수 있다.

- 개폐: open, close

- 형태 변화: wrinkle, fold, straighten, sharpen

- 일반적 변화: change, advance, alter

- 확대, 팽창, 증가: increase, fill, double

- 온도 변화에 따른 변화: heat

- 물질적 상태 변화(액체, 기체, 고체 변화): dampen, moisten, drain

- 강도 변화(강화): strengthen, intensify

- (강한 힘에 의한) 파괴, 부서짐: break, blast, crush

- 형체 변화(높낮이, 넓이 등의 척도 상 변화): narrow, heighten

- 기타(밝기, 제거, 정리 등): light, clear

[그림 2]는 타동 구문 공연강도 상위 30위 동사를 시각화한 플롯이다.

이 플롯의 x축은 우도비 값을, y축은 공연강도의 통계적 유의성을 나타낸다. 플롯에서 오른쪽 상단에 위치할수록 공연강도와 통계적 유의성이 높으며, 왼쪽 하단에 위치할수록 공연강도와 통계적 유의성이 낮다. 타동 구문에서 가장 강한 공연강도와 압도적인 유의성을 보이는 동사는 open이며, wrinkle은 비교적 강한 공연강도와 높은 유의성을 보인다. change, heat, collect 등은 그 다음으로 높은 공연강도를 보이는 동사들이고, double, loosen 등은 공연강도는 낮지만 유의미한 선호도를 보이는 동사들이다.

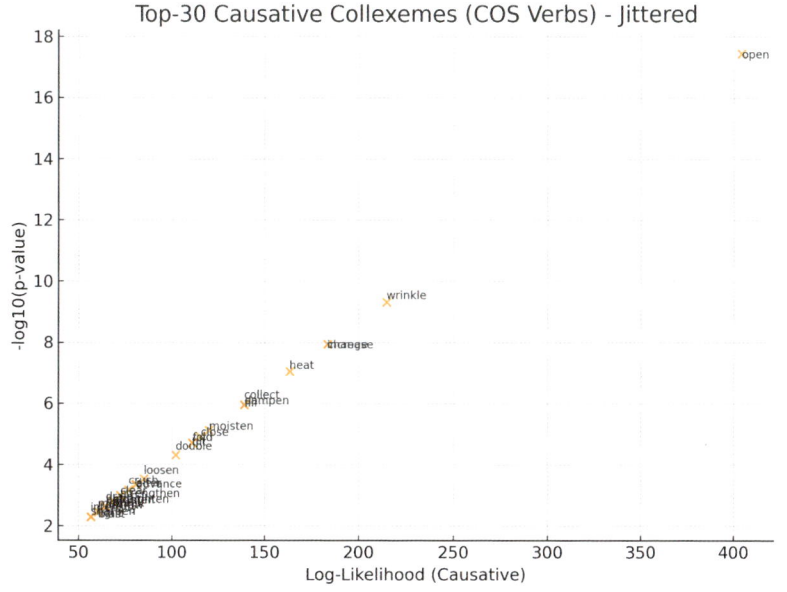

[그림 2] 타동 구문 공연강도 순위 1~30위 시각화

[그림 3]은 상태변화 동사의 자동 구문 공연강도 측정 결과가 저장된 csv 파일에서 공연강도 순위 1~30위까지를 캡처한 스크린 샷이다(전체 결과는 깃허브 페이지 참조). 물질적 상태 변화, 형태 변화, 확대/팽창/증가, 일반

적 상태 변화 동사 등 타동 구문 공연강도 1~30위에 포함된 동사들이 자동 구문 공연강도 상위 30위 이내에도 포함되어 있음을 볼 수 있다. 타동 구문 공연강도 순위와 비교하여 가장 큰 차이점 두 가지는 1. 성장과 다양성의 확대를 뜻하는 grow와 vary가 최상위를 차지하고 있는 점과 2. 취약성에 의한 부서짐과 점진적 약화를 주로 나타내는 상태변화 동사들이(snap, chip, pale, subside, fade) 상위 20위 이내에 포함되어 있는 점이다. [그림 4]에 제시된 플롯은 자동 구문 공연강도 상위 30위 동사의 구문 선호도(x축)와 그 통계적 유의성(y축)을 시각화하여 보여준다.

	A	B	C	D	E	F
1	Verb	Observed	Expected	Log_Likelil	Fisher_p_value	
2	grow	137	17.79	559.3189	8.27E-25	
3	vary	111	17.79	406.4507	2.71E-18	
4	snap	103	17.79	361.7479	2.34E-16	
5	chip	102	17.79	356.2456	4.05E-16	
6	change	83	17.79	255.6682	1.05E-11	
7	pale	82	17.79	250.5999	1.76E-11	
8	shrink	81	17.79	245.5561	2.94E-11	
9	collapse	78	17.79	230.5739	1.36E-10	
10	increase	78	17.79	230.5739	1.36E-10	
11	burst	75	17.79	215.8226	6.15E-10	
12	subside	75	17.79	215.8226	6.15E-10	
13	stiffen	75	17.79	215.8226	6.15E-10	
14	evaporate	73	17.79	206.1211	1.66E-09	
15	deteriorate	71	17.79	196.5293	4.44E-09	
16	double	70	17.79	191.7754	7.24E-09	
17	explode	68	17.79	182.3538	1.91E-08	
18	degenerat	66	17.79	173.0499	4.96E-08	
19	proliferate	65	17.79	168.4431	7.97E-08	
20	fade	63	17.79	159.3224	2.04E-07	
21	disintegrat	54	17.79	119.9138	1.17E-05	
22	crumble	53	17.79	115.7118	1.80E-05	
23	narrow	53	17.79	115.7118	1.80E-05	
24	operate	52	17.79	111.5476	2.75E-05	

25	vibrate	50	17.79	103.3352	6.37E-05
26	widen	50	17.79	103.3352	6.37E-05
27	darken	48	17.79	95.28288	0.000145
28	quicken	48	17.79	95.28288	0.000145
29	sink	47	17.79	91.3188	0.000217
30	tighten	47	17.79	91.3188	0.000217
31	open	47	17.79	91.3188	0.000217

[그림 3] 자동 구문 공연강도 순위 1~30위

아래 [그림 4]의 플롯에서 grow, vary, snap, chip 순으로 자동 구문에서 가장 강한 공연강도와 높은 유의성을 보이는 것으로 나타난다. change, shrink, increase 등이 그 다음으로 높은 공연강도와 강한 유의성을 보이고, 왼쪽 하단에 놓인 deteriorate, fade, disintegrate 등 점진적인 변화를 나타내는 동사들도 자동 구문과 안정적으로 결합한다.

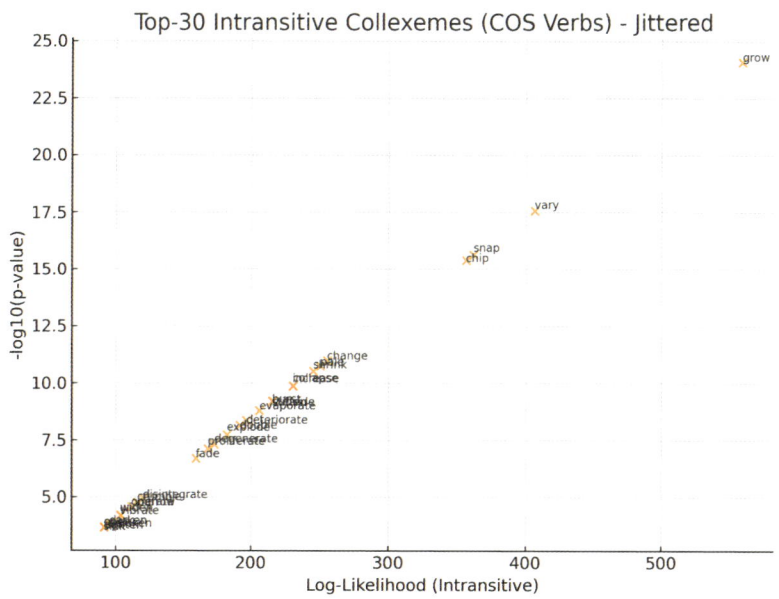

[그림 4] 자동 구문 공연강도 순위 1~30위 시각화

지금까지 논의한 공연어휘소 분석 결과로부터 사역교체를 구성하는 두 구문과 높은 공연강도를 보이는 동사 의미 부류가 차이가 있음을 발견하고, 각 구문에서 선호되는 동사들을 식별하였다. 이제 두 구문에서 공통적으로 선호되는 동사들에 주목해 보자. 두 구문에서 공연강도 순위 상위 50위 이내와 51~100위에 공통적으로 포함되어 있는 동사들을 제시하면 아래와 같다.

[표 2] 타동 구문과 자동 구문 공연강도 1~100위 공통 포함 동사

공연강도 순위	동사
1~50	*bend, break, change, double, increase, intensify, melt, narrow, open, quicken, snap, tighten*
51~100	*accelerate, advance, alter, awaken, brighten, broaden, chip, close, crack, crease, crystalize, dim, diminish, dissipate, dissolve, drain, expand, fold, halt, hasten, improve, lessen, lighten, loop, multiply, pop, reopen, rip, sicken, soften, sour, sprout, straighten, stretch, tense, tilt, topple, unfold, warm, widen, wrinkle*

위 [표 2]에 제시된 53개의 동사들은 각 구문에서 높은 공연강도를 보이면서 두 구문에서 빈번히 등장하고, 상대적으로 균형적으로 실현된다. Romain(2017)의 용어를 빌어 표현하면, 이 동사들은 높은 교체강도(alternation strength)를 보이는 동사들이다. 교체강도 개념을 동사가 논항교체를 구성하는 두 구문에서 빈번하게 실현되는 정도, 즉 두 구문을 넘나들며 안정적으로 사용되는 정도라고 이해할 수 있는데, 이에 대한 정량적 측정 지표로 두 구문 공연강도 상위 N 순위 동사의 교집합을 활용할 수 있다.

높은 공연강도를 보이는 동사들과 교체강도를 보이는 동사들, 즉 'strong alternators'의 특징을 시각적으로 비교할 수 있는 방안을 생각하던

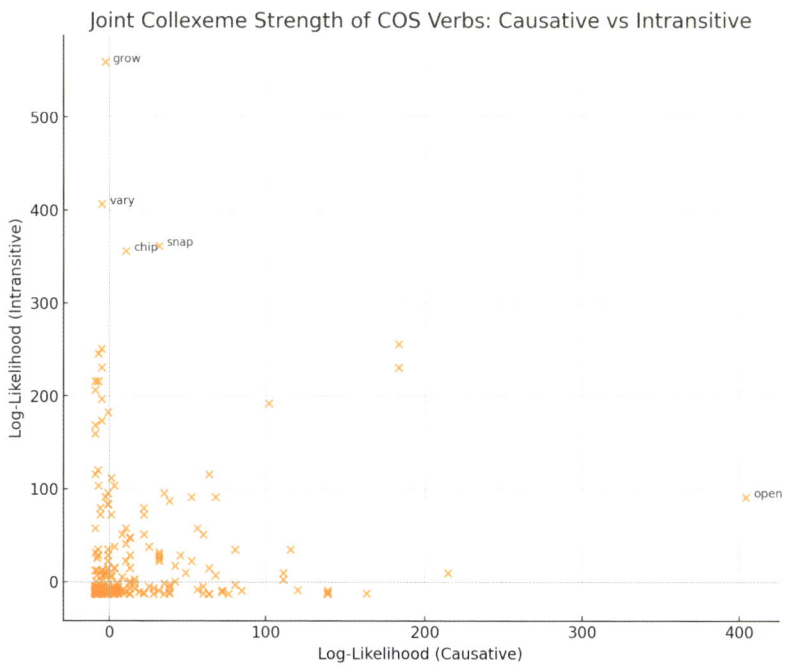

[그림 5] 타동·자동 구문 공연강도 순위 1~30위 통합 시각화

중에 GPT가 [그림 2]와 [그림 4]의 산점도를 [그림 5]와 같이 하나의 플롯으로 통합할 수 있다는 흥미로운 제안을 하였다. 이 통합된 산점도의 x축은 타동 구문 공연강도 상위 30위 동사들의 로그 우도비 값을, y축은 자동 구문 공연강도 상위 30위 동사들의 로그 우도비 값을 나타난다.

위의 통합 산점도에서 각 구문에서 가장 높은 공연강도를 보이는 동사들은 오른쪽 끝과(타동 구문) 왼쪽 구문 끝에(자동 구문) 위치한다. 두 구문에서 교체강도가 가장 높은 동사들, 즉 두 구문 공연강도 Top-50위의 교집합 동사들은 x축과 y축 우도비 값이 50~100 범위에 집중되어 있다. GPT가 생성한 [그림 5]의 통합 산점도에 교체강도 정보를 추가한 [그림 6]에

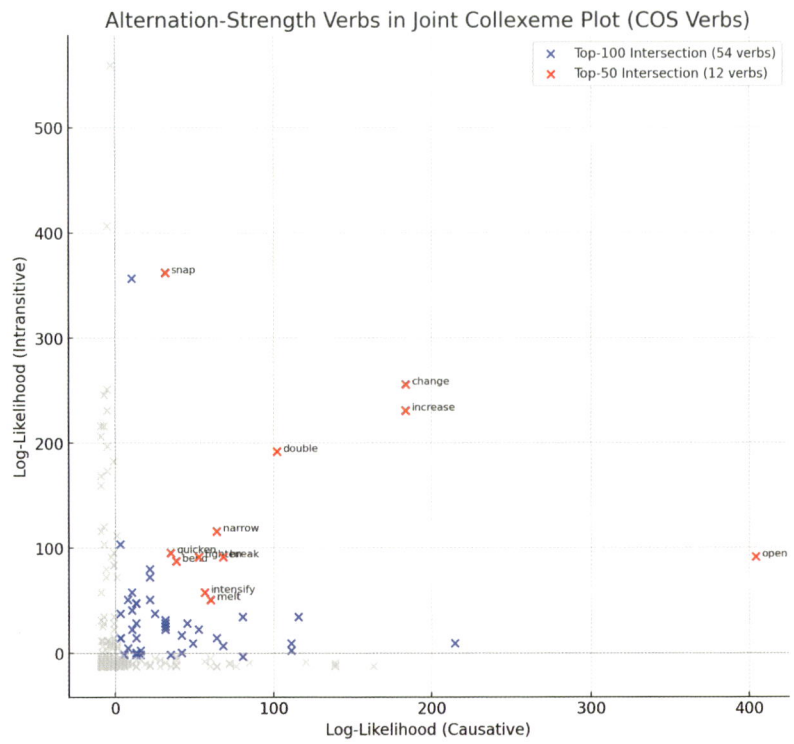

[그림 6] 타동·자동 구문 공연강도와 교체강도의 통합 시각화

서 공연강도가 높은 동사들과 교체강도가 높은 동사들을 한 눈에 파악할
수 있다. 교체강도가 가장 높은 Top-50위와 Top-100위 교집합 동사들 중
타동 구문에서 상대적으로 선호되는 동사들은 오른쪽에, 자동 구문에서 더
선호되는 동사들은 왼쪽에 위치하며, Top-50위 교집합 동사들이 중앙 영
역에 분포하는 패턴을 보인다. 이처럼 복잡한 코드를 통하지 않고 자연어
질의와 요청만으로 데이터의 특성을 직관적으로 포착하는 시각화가 불과
몇 초만에 가능하다는 것이 GPT 활용 분석의 큰 장점이라고 할 수 있다.

지금까지 우리는 사역교체에 참여하는 279개의 상태변화 동사들을 대상으로 공연어휘소 분석을 수행하여 사역교체의 각 구문에서 선호되는 동사들과 사역교체에 적극적으로 참여하는 동사들을 식별하였다.

2. 변별적 공연어휘소 분석

공연어휘소 분석법과 변별적 공연어휘소 분석법은 특정 어휘와 구문 간의 결합 강도를 측정하기 위해서 비교하는 대상과 분석의 기준이 되는 빈도가 다르다. 3.2.1절에서 다룬 공연어휘소 분석법은 한 구문 내에서 특정 어휘와 다른 어휘들의 출현 빈도를 비교하므로 그 구문에 강하게 끌리는 어휘를 식별하는데 적합하다. 여기서 논의할 변별적 공연어휘소 분석법은 동일한 어휘가 두 구문에서 얼마나 자주 나타나는지를 비교하므로 한 어휘가 두 구문 중 어느 것과 더 강하게 결합하는지를 탐색하는데 쓰인다.

변별적 공연어휘소 분석법의 2×2 빈도표는 아래 [표 3]과 같이 구성된다. [표 3]에서 a는 어휘 W_x의 구문 C_1 출현 빈도를, b는 W_x의 구문 C_2(비교 구문) 출현 빈도를 나타낸다. c는 다른 검토 대상 어휘들의 구문 C_1에서의 출현 빈도를, d는 이 어휘들의 구문 C_2 출현 빈도를 나타낸다.

[표 3] 변별적 공연어휘소 분석 빈도표

	구문 C1	구문 C2	행 합계
어휘 Wx	a	b	a+b
다른 어휘들	c	d	c+d
열 합계	a+c	b+d	N=a+b+c+d

변별적 공연어휘소 분석에서 특정 어휘가 구문 C_1과 C_2 중 어느 구문을 선호하는지를 측정하는 핵심 지표는 로그 오즈비(log odds ratio: LOR)이다.

오즈비(odds ratio: OR)란 어떤 사건이 발생할 확률과 발생하지 않을 확률의 비율을 나타낸다. 예를 들어, W_x의 구문 C_1 출현 확률이 80%라면 오즈비는 4가 된다($\frac{0.8}{1-0.8} = 4$). 오즈비는 특정 어휘 W_x가 두 구문(C_1과 C_2) 중 어느 쪽에서 더 선호되어 출현하는지를 나타내는데, 이 비율이 1이면 W_x가 두 구문에서 동등하게 출현하며, 이 비율이 클수록 C_1 구문에 상대적으로 더 많이 등장한다. 로그 오즈비는 오즈비에 로그를 취한 것이다. 이 비율 값이 0이면 W_x가 구문 C_1과 C_2에서 등장할 비율이 동일하고, 0보다 크거나 작으면 두 구문 중 한 쪽에 더 많이 등장한다고 해석한다. 변별적 공연어휘소 분석에서 로그 오즈비의 해석과 의미를 정리하여 제시하면 [표 4]와 같다.

[표 4] 로그 오즈비의 해석과 의미

LOR 값	해석	의미
LOR > 0	W_x가 C_1에서 더 많이 출현	C_1에 끌림(attraction)
LOR < 0	W_x가 C_2에서 더 많이 출현	C_1에서 회피(repulsion)
LOR = 0	W_x가 C_1과 C_2에서 동일하게 출현	C_1과 C_2에서 균형적 분포

로그 오즈비의 절대값이 크면 특정 어휘가 한 구문에서 더 선호되고, 0에 가까우면 양쪽 구조에서 균형적으로 실현된다는 의미이므로 로그 오즈비의 절대값(|LOR|)은 변별적 공연어휘소 분석에서 교체강도를 나타내는 지표로 쓰일 수 있다. 로그 오즈비는 어휘와 구문 간 공연강도의 방향과 정도를 나타낸다는 점에서 변별적 공연어휘소 분석에서 매우 중요한 지표이지만, 통계적 유의성에 관한 정보를 제공하지 않는다는 단점이 있다. 변별적 공연어휘소 분석에서는 구문 선호의 통계적 유의성을 평가하는 지표로 로그 우도비(log-likelihood ratio: LLR)와 Fisher 정확 검정 유의 확률값(Fisher's

[표 5] 변별적 공연어휘소 분석 통계량과 분류범주

LOR 값	LLR 값(또는 p-value)	해석	공연어휘소 분류범주
$\gg 0$	크고 유의함($p < .05$)	C_1에서 강한 선호	Strong attractor(to C_1)
$\gg 0$	작거나 유의하지 않음	C_1에서 약한 선호	Weak attractor
≈ 0	크고 유의함	양 구조에 균형 분포	Neutral
≈ 0	작고 유의하지 않음	우연에 가까운 분포	Non-significant
$\ll 0$	크고 유의함	C_1에서 강한 회피 (C_2에서 선호)	Strong repeller(from C_1)
$\ll 0$	작거나 유의하지 않음	C_1에서 약한 회피	Slight repeller(from C_1)

exact test p-value)을 사용함으로써 로그 오즈비의 단점을 보완한다. 3.2.1절에서 설명한 바와 같이 로그 우도비는 관찰빈도와 기대빈도의 차이가 통계적으로 유의한지를 측정하는 지표로, 로그 우도비 값은 분석 대상 어휘가 특정 구문에 기대보다 많이 출현할수록 높아진다. 변별적 공연어휘소 분석의 핵심 통계 지표를 분석 결과에서 자주 사용되는 어휘-구문 관계 분류와 연결시켜 제시하면 [표 5]와 같다.

GPT에게 [표 5]의 요소들을 포함하여 공연강도의 방향, 정도와 유의성을 동시에 보여주는 시각화 도구의 제작을 요청하면 [그림 7]에 제시된 산점도를 생성한다. 이 산점도는 LOR을 x축으로, $-\log_{10}$(Fisher p-value)를 y축으로 갖는 그래프로, 화산이 폭발하는 모습과 비슷하여 화산 도표(volcano plot)라고 불린다. 이 그래프에서 x축은 비교 대상 두 구문의 선호 방향과 강도를(오른쪽: 타동 구문 선호; 왼쪽: 자동 구문 선호), y축은 공연강도의 유의성 정도를 나타내며, 위로 갈수록 공연강도의 통계적 유의성이 높다. 구문 C1(여기서는 타동 구문)에 끌리는 'strong attractor'와 'weak attractor'는 LOR=0 기준선 오른쪽과 $-\log_{10}$(p) 기준선 위쪽 상단에 분포하며, C1에서 회피되는 'strong repeller'와 'slight repeller'는 LOR=0 기준선 왼쪽과 $-\log_{10}$(p) 기

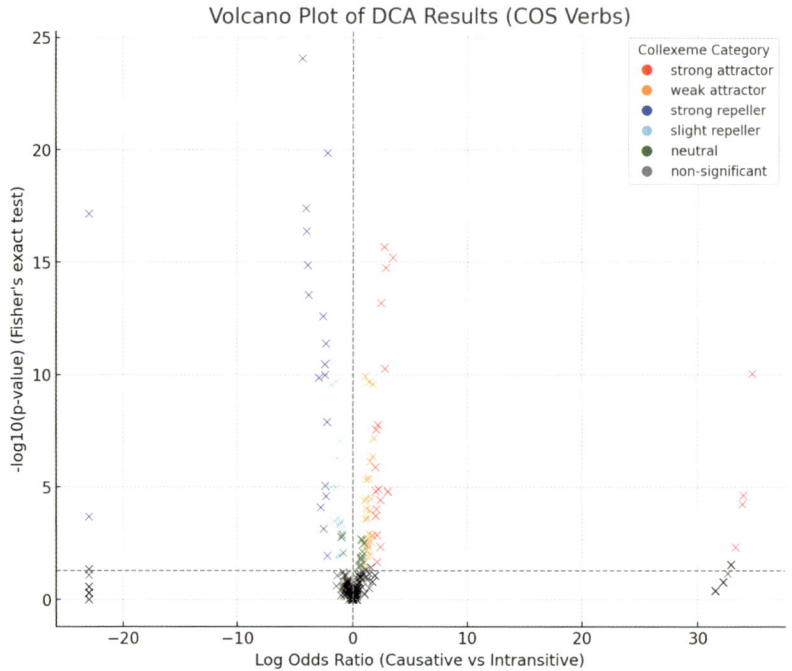

[그림 7] 변별적 공연어휘소 분석 화산 도표 1

준선 위쪽 상단에 분포한다. C1과 C2에 균형적으로 분포하는 'neutral' 범주는 $-\log_{10}(p)$ 기준선과 가까운 위쪽과 LOR=0 기준선과 가까운 좌우 영역에 분포하는 반면, 공연강도가 유의하지 않은 'non-significant' 범주는 $-\log_{10}(p)$ 기준선 아래에 위치한다.

이제 GPT에게 변별적 공연어휘소 분석을 수행하고 결과를 저장 및 시각화하는 파이썬 스크립트를 요청하고, 본격적으로 상태변화 297개 상태변화 동사를 대상으로 분석을 수행해 보자. GPT가 제공한 파이썬 스크립트에 대한 단계별 설명을 다음과 같이 제시한다(전체 스크립트는 깃허브 페이지 참조).

1. 데이터 로딩

```python
trans_df = pd.read_excel("result_v2.xlsx", sheet_name="transitive_count")
intrans_df = pd.read_excel("result_v2.xlsx", sheet_name="intransitive_count")
cos_verbs = [...]  # 279개 COS 동사 목록
```

- 타동사/자동사 구조에서의 출현 빈도 데이터를 불러옴
- 분석 대상 동사 목록(COS)도 텍스트 파일에서 로딩

2. 빈도 병합 및 COS 동사 필터링

```python
merged_df = pd.merge(...).fillna(0)
merged_cos_df = merged_df[merged_df['verb'].isin(cos_verbs)]
```

- 구조별 빈도를 verb 기준으로 병합
- 분석 대상인 COS 동사만 추출하여 사용

3. DCA 핵심 계산 루프

```python
for _, row in merged_cos_df.iterrows():
    O11 = ...
    O12 = ...
    O21 = ...
    O22 = ...
```

- 2×2 빈도표 (O11~O22) 구성
- **카이제곱 검정, Fisher 정확 검정, Log Odds Ratio (LOR) 계산**
- 아래 함수로 레이블 분류:

```python
def assign_label(log_odds, p):
    ...
    return "strong attractor" / "neutral" / ...
```

4. 결과 정리 및 저장

```python
dca_df = pd.DataFrame(dca_rows)
dca_df.sort_values(by="Log_Likelihood", ...)
dca_df.to_csv("dca_result_COS.csv", index=False)
```

5. 시각화 (Volcano Plot 형식)

```python
# 범주별 색상 정의 및 Top-N 동사 라벨링
# LOR vs -Log10(p) 산점도
plt.scatter(...)
plt.axvline(0)  # 중립 기준선
plt.axhline(-log10(0.05))  # 유의성 기준선
```

1절에서와 같이 GPT에게 BNC 추출 데이터 세트와 분석 대상 동사 목록 파일을 제공하고 변별적 공연어휘소 분석 수행, 분석 결과 저장 및 시각화를 요청하면 아래 [그림 8]과 같이 분석 결과가 저장된 csv 파일을 생성한다. 여기서는 로그우도비 기준 공연강도 순위 1~30위까지를 제시하고, 전체 결과는 깃허브 페이지에 올린다.

	A	B	C	D	E	F	G	H	I
1	Verb	Freq_in_Ca	Freq_in_In	Log_Likelil	p_value_ch	Fisher_p_v	Log_Odds	Label	
2	vary	1	111	74.43079	6.28E-18	8.59E-25	-4.37604	strong repeller	
3	grow	11	137	69.47667	7.73E-17	1.42E-20	-2.19111	strong repeller	
4	heat	55	5	61.4727	4.49E-15	2.14E-16	2.768921	strong attractor	
5	moisten	46	2	57.2513	3.84E-14	6.51E-16	3.504483	strong attractor	
6	dampen	50	4	57.15736	4.02E-14	1.83E-15	2.895486	strong attractor	
7	pale	1	82	53.68257	2.36E-13	3.99E-18	-4.06723	strong repeller	
8	collect	50	6	51.84681	6.00E-13	6.75E-14	2.489615	strong attractor	
9	subside	0	75	51.30901	7.89E-13	7.01E-18	-23.0259	strong repeller	
10	collapse	1	78	50.83381	1.01E-12	4.20E-17	-4.01639	strong repeller	
11	deteriorate	1	71	45.8566	1.27E-11	1.38E-15	-3.92092	strong repeller	
12	degenerat	1	66	42.30806	7.80E-11	2.90E-14	-3.84687	strong repeller	
13	burst	4	75	41.48331	1.19E-10	2.56E-13	-2.58939	strong repeller	
14	open	98	47	41.32813	1.29E-10	1.20E-10	1.110016	weak attractor	

15	wrinkle	65	22	39.38828	3.47E-10	2.15E-10	1.453859	weak attractor
16	strengther	35	3	38.76145	4.79E-10	5.49E-11	2.822297	strong attractor
17	fill	50	12	38.50869	5.45E-10	2.72E-10	1.795248	weak attractor
18	evaporate	5	73	37.88622	7.50E-10	4.18E-12	-2.33852	strong repeller
19	shrink	8	81	37.1811	1.08E-09	2.36E-11	-1.97328	slight repeller
20	chip	17	102	34.96107	3.36E-09	2.04E-10	-1.45176	slight repeller
21	rekindle	26	0	34.83724	3.58E-09	9.15E-11	34.78664	strong attractor
22	proliferate	4	65	34.52499	4.21E-09	3.45E-11	-2.44423	strong repeller
23	stiffen	8	75	33.15392	8.51E-09	2.78E-11	-1.89508	slight repeller
24	fade	4	63	33.14088	8.57E-09	1.04E-10	-2.41257	strong repeller
25	disintegrat	2	54	31.39536	2.10E-08	1.38E-10	-2.9503	strong repeller
26	light	32	5	29.6228	5.25E-08	1.79E-08	2.220576	strong attractor
27	heighten	33	6	28.72278	8.35E-08	2.88E-08	2.069115	strong attractor
28	crush	36	8	28.47258	9.50E-08	7.08E-08	1.868916	weak attractor
29	crumble	4	53	26.2686	2.97E-07	1.31E-08	-2.23767	strong repeller
30	snap	24	103	25.53578	4.34E-07	8.73E-08	-1.11484	slight repeller
31	firm	33	8	24.65697	6.85E-07	4.42E-07	1.781026	weak attractor

[그림 8] 변별적 공연어휘소 분석 공연강도 순위 1~30위

분석 대상 동사들이 6개의 어휘-구문 관계 중 하나로 분류된 결과를 제시하면 아래 [표 6]과 같다.[20]

[표 6] 변별적 공연어휘소 범주

공연어휘소 범주(개수)	동사
Strong attractor(22)	*heat, moisten, dampen, collect, strengthen, rekindle, light, heighten, shorten, smooth, compress, blunt, neutralize, fracture, dirty, sweeten, gladden, tame, attenuate, incubate, energize, polarize*
Weak attractor(28)	*open, wrinkle, fill, crush, firm, loosen, tilt, clear, alter, fold, shut, sharpen, clean, empty, blast, degrade, clog, overturn, tear, weaken, dull, purify, round, magnify, level, loose, sear, balance*

20 분석 대상 총 297개의 상태변화 동사 중 244개가 변별적 공연어휘소 분석 결과에 포함되었고, 33개는 제외되었다. 제외된 동사들은 GPT에게 제공한 BNC 추출 데이터 세트에서 타동 구문과 자동 구문에 출현한 빈도가 0이기 때문이다.

공연어휘소 범주(개수)	동사
Neutral(15)	*close, widen, straighten, worsen, harden, ease, chill, deepen, drain, divide, lessen, multiply, sicken, advance, soak*
Slight repeller(16)	*shrink, chip, stiffen, snap, explode, vibrate, abate, crash, operate, shrivel, sink, decrease, darken, thaw, freeze, fray*
Strong repeller(19)	*vary, grow, pale, subside, collapse, deteriorate, degenerate, burst, evaporate, proliferate, fade, disintegrate, crumble, thicken, redden, mature, awake, crinkle, hybridize*
Not significant(144)	*stabilize, democratize, quadruple, coarsen, sober, air, deflate, submerge, rupture, rumple, cheapen, yellow, decelerate, improve, crumple, splay, quiet, flood, tire, ameliorate, ignite, inflate, regularize, broaden, atrophy, brighten, slacken, pop, tense, hasten, reproduce, steady, toughen, quieten, awaken, destabilize, slow, expand, cool, quicken, unfold, whiten, tauten, warm, fatten, green, muddy, even, frost, decompose, splinter, sour, stretch, halt, enlarge, capsize, solidify, dissolve, dim, freshen, decentralize, defrost, coagulate, taper, fossilize, melt, mellow, ripen, heal, bend, scorch, thin, reopen, double, flatten, shatter, equalize, split, accelerate, hush, steepen, crease, intensify, steep, propagate, loop, diminish, ossify, age, magnetize, crimson, short, narrow, warp, topple, dissipate, increase, soften, slim, waken, vaporize, crisp, roughen, tighten, crack, detonate, lighten, crystallize, kindle, macerate,*
Not significant(144)	*americanize, acidify, putrefy, smarten, contract, liquefy, harmonize, brown, dry, sprout, burn, condense, break, petrify, levitate, change, ionize, distend, corrode, rip, slack, tan, smash, silver, pulverize, triple, char, oxidize, purple, gray, lengthen, emulsify, blacken, fuse*

위 표의 변별적 공연어휘소 범주의 분포를 GPT가 시각화한 화산 도표를 [그림 9]에 제시한다.

이제 변별적 공연어휘소 분석 결과를 공연어휘소 분석 결과와 비교하여 살펴보도록 하자. 아래에 보고하는 수치 계산과 추가적인 동사 분석은 GPT를 활용하여 수행한 것이다.

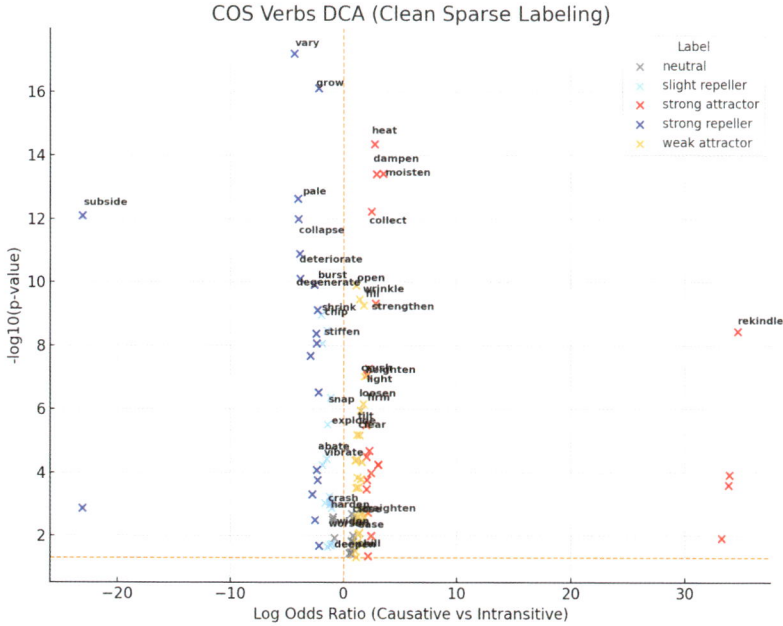

[그림 9] 변별적 공연어휘소 분석 화산 도표 2

① 타동 구문에 끌리는 동사

- 변별적 공연어휘소 분석에서 타동 구문에 끌리는 동사로 판별된 50 개의 동사들('strong attractor' 22개 + 'weak attractor' 28개) 중 24개가 공연어휘소 분석 타동 구문 공연강도 상위 30에 포함되어 있다. 따라서 공연어휘소 분석 타동 구문 공연강도 상위 30위 동사와 변별적 공연어휘소 분석 'attractor'는 80%의 일치율을 보이는 것으로 해석할 수 있다($\frac{24}{30}$ = 0.8 = 80%).

- 변별적 공연어휘소 분석의 'attractor'이면서 동시에 공연어휘소 분석 타동 구문 공연강도 상위 50위에 포함된 동사는 총 23개로 나타났다. 다시 말하면, 변별적 공연어휘소 분석에서 'attractor'로 판별된

동사들의 약 절반이 공연어휘소 분석 타동 구문 공연강도 상위 50%에 포함되어 전자가 후자를 재현하는 비율이 46%라는 해석이 가능하다($\frac{23}{50}$ = 0.46 = 46%).

- 두 분석 기준에서 타동 구문과 가장 강한 상관성을 보인 23개의 동사는 (1)과 같다:

(1) DCA attractor ∩ CA 타동 구문 Top-50: *alter*, *blast*, *clear*, *collect*, *crush*, *dampen*, *empty*, *fill*, *firm*, *fold*, *heat*, *heighten*, *light*, *loosen*, *moisten*, *open*, *rekindle*, *sharpen*, *shut*, *strengthen*, *tilt*, *wrinkle*

② 타동 구문에서 회피되는 동사

- 변별적 공연어휘소 분석에서 총 35개의 동사가 자동 구문에서 회피되는 동사로 판별되었으며('strong repeller' 19개 + 'slight repeller' 16개), 이 중 24개가 공연어휘소 분석 자동 구문 공연강도 상위 30에 포함되어 있다. 따라서 공연어휘소 분석 자동 구문 공연강도 상위 30위 동사와 변별적 공연어휘소 분석 'repeller'는 80%의 높은 일치율을 보이는 것으로 해석할 수 있다($\frac{24}{30}$ = 0.8 = 80%).
- 변별적 공연어휘소 분석의 'repeller'이면서 동시에 공연어휘소 분석 타동 구문 공연강도 상위 35위에 포함된 동사는 총 23개로 나타났다. 이 결과를 달리 표현하면, 변별적 공연어휘소 분석에서 'repeller'로 판별이 공연어휘소 분석 타동 구문 공연강도 상위 35%를 재현하는 비율이 65.7%인 것으로 해석 가능하다($\frac{23}{35}$ = 0.657 = 65.7%).
- 두 분석 기준에서 자동 구문과 가장 강한 상관성을 보인 23개의 동사는 (2)와 같다:

(2) DCA repeller ∩ CA 자동 구문 Top-35: *burst, chip, collapse,*
crash, crumble, darken, degenerate, deteriorate, disintegrate,
evaporate, explode, fade, grow, operate, pale, proliferate,
shrink, sink, snap, stiffen, subside, vary, vibrate

③ 균형 분포 동사

• 변별적 공연어휘소 분석에서 'neutral' 범주로 판별된 15개의 동사들
중 5개만이 공연어휘소 분석 결과 두 구문에서 선호되는 상위 30위
이내에 포함되어 있다. 이 범주의 동사들은 통계적으로 유의한 균형
분포 경향을 보이므로, 사역교체 참여도 또는 교체강도가 높은 동사
(strong alternators) 후보군으로 간주할 수 있다.

• 균형적인 구문 분포 경향을 로그 오즈비 평균값에 의해서 수치적으
로 측정 할 수 있다. 각 분류 범주의 로그 오즈비 값의 범위와 평균값
이 아래 [표 7]에 제시되어 있다. 표에 나타나 있듯이, 'neutral' 범주
의 로그 오즈비 평균값은 +0.31로, 6개 분류 범주 중 가장 낮다.

[표 7] 변별적 공연어휘소 범주의 LOR

공연어휘소 분류범주	최소 LOR	최대 LOR	평균 LOR
Strong attractor	+2.01	+34.79	+8.21
Weak attractor	+1.05	+1.87	+1.39
Neutral	-0.97	+0.98	+0.31
Not significant	-23.03	+32.91	+0.91
Strong repeller	-23.03	-2.19	-5.04
Slight repeller	-1.97	-1.03	-1.38

이제 마지막으로 변별적 공연어휘소 분석에서 동사의 교체강도를 측
정하는 방법에 대해 논의한다. 위에서 설명한 바와 같이 변별적 공연어휘

소 판별의 핵심 지표인 로그 오즈비는 어떤 어휘가 구문 C_1에 등장할 비율과 구문 C_2에 등장할 비율의 로그값이다. 이 값이 0에 가까우면 특정 어휘가 비교되는 두 구문에서 균형적으로 실현된다는 의미로 해석되는데, 로그 오즈비를 변별적 공연어휘소 분석에서 동사의 교체강도를 나타내는 지표로 활용하기 위해서는 그 절대값의 경계를 설정해야 한다. 변별적 공연어휘소 분석에서 'strong alternator'인 동사를 식별할 수 있는 적절한 통계적 기준에 대해 GPT에게 물어보니, 로그 오즈비 절대값 0.5 이하와 유의확률 값 0.05 이하를 기준으로 삼을 수 있다는 의견을 제시한다. 로그 오즈비 절대값 0.5 이하를 기준으로 설정한 GPT의 근거를 설명하기 위해 먼저 로그 오즈비 절대값(|LOR|)에 따라 특정 어휘의 두 구문(C_1과 C_2) 출현 비율이 어떻게 달라지는지를 아래와 같이 나타낼 수 있다.

- |LOR| = 0 → W_x의 C_1과 C_2 출현 비율이 1로 동일
- |LOR| = 0.3 → W_x의 두 구문 출현 비율이 1.35배 차이
- |LOR| = 0.5 → W_x의 두 구문 출현 비율이 1.65배 차이
- |LOR| = 1 → W_x의 두 구문 출현 비율이 2.72배 차이
- |LOR| = 2 → W_x의 두 구문 출현 비율이 7.4배 차이(거의 한 쪽에 편향됨.)

GPT에 따르면, 공연어휘소 분석에서 일반적으로 두 구문 출현 비율이 2배 이상 차이가 나면 한 구문에 치우치는 분포 경향으로 간주할 수 있고, |LOR| = 0.5에 해당하는 1.65배 차이까지는 한 쪽에 치우치지 않은 비교적 균형 잡힌 분포 상태로 볼 수 있다는 것이다. 'neutral' 범주만이 0.5 미만의 LOR 평균을 보이는 점으로 볼 때(위 [표 7] 참조) GPT가 제안한

|LOR| 0.5 기준이 타당한 근거가 있다고 판단되어 변별적 공연어휘소 분석에서 교체강도가 높은 어휘를 판별하는 지표를 아래와 같이 설정하였다.

- 'neutral' 범주로 판별된 어휘
- |LOR| < 0.5 & p < 0.05

연구자가 확보한 데이터의 특성에 따라 위의 기준 중 일부를 완화하거나 다른 기준을 보완하여 'strong alternators' 식별에 적용할 수 있을 것이다. 우리가 여기서 수행한 변별적 공연어휘소 분석 결과에 포함된 244개의 상태변화 동사들 중에서 |LOR| < 0.5과 p < 0.05 기준을 둘 다 충족하는 동사가 발견되지 않았다. 이는 |LOR| < 0.5인 동사들이 통계적 유의성에 도달하지 못 했기 때문인데, 이처럼 |LOR| < 0.5만을 충족하고 유의성 기준은 충족하지 못 한 동사들이 총 77개로 나타났다. 이 77개의 동사들에는

[표 8] 변별적 공연어휘소 분석 |LOR| < 0.5 동사(p > 0.05)

구분	동사
DCA |LOR| <0.5 ∩ CA 타동&자동 구문 공연강도 Top-100(37개)	*accelerate, advance, awaken, bend, break, brighten, broaden, change, crease, crystalize, dim, dissipate, dissolve, drain, halt, hasten, improve, increase, intensify, lighten, loop, melt, multiply, narrow, pop, quicken reopen, rip, soften, sour, sprout, straighten, stretch, tense, tighten, topple, unfold, warm*
DCA |LOR| <0.5(40개)	*Blacken, brown, burn, char, condense, contract, cool, detonate, diminish, distend, double, dry, emulsify, enlarge, expand, flatten, fuse, gray, harmonize, heal, hush, kindle, lengthen, mellow, oxidize, petrify, propagate, pulverize, scorch, silver, slack, slim, slow, smash, split, tan, thin, triple, waken, warp*

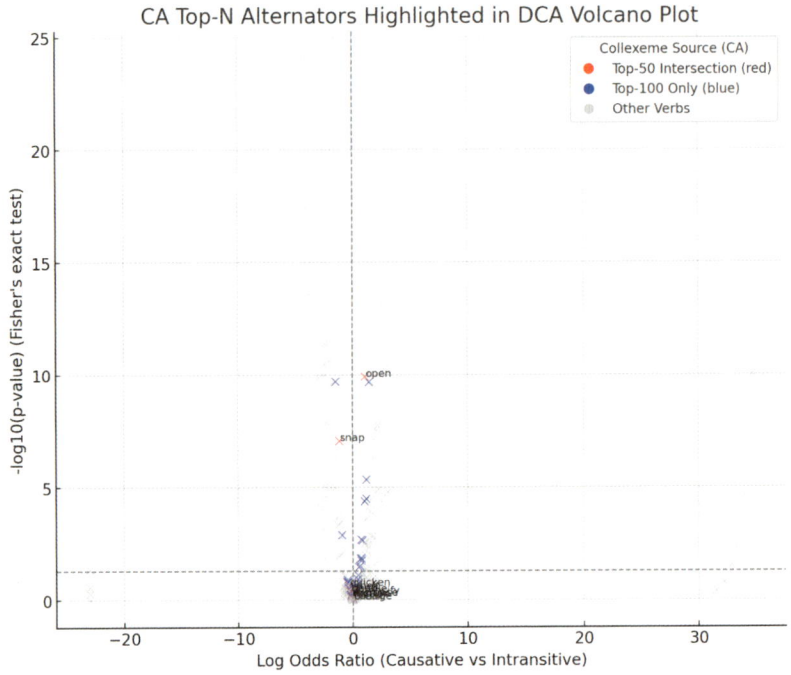

[그림 10] CA strong alternators를 표시한 화산 도표

'neutral' 범주 동사가 8개 포함되어 있으며, 공연어휘소 분석에서 두 구문 공통 선호 동사로 판별된 53개의 동사들과도 부분적으로 일치한다(3.1.1절의 [표 2] 참조). [표 8]에서 볼 수 있듯이, 두 구문 공통 선호 동사의 68.51%인 37개가 |LOR| < 0.5 기준을 충족하는 동사들인 것으로 나타났다.

공연어휘소 분석 기준으로 'strong alternators'로 판별된 두 구문 공통 선호 동사 53개를 DCA 화산 도표에 포함시켜 나타내면 [그림 10]과 같다. 화산 도표 상에서 이 53개 동사들은 LOR = 0 기준선과 매우 가까이 위치하며, $-\log_{10}(p)$ 값이 10 이하 범위에 분포하고 있음을 확인할 수 있다.

지금까지 우리는 사역교체 구문과 동사의 의미적 특성 분석의 토대를 구축하기 위한 작업으로서 사역교체에 참여하는 상태변화 동사들에 대한 공연구조적 분석을 수행하였다. GPT-4o 모델을 활용한 파이썬 기반 공연구조적 분석 방법론을 사역교체에 참여하는 279개의 상태변화 동사에 적용하여 자동 구문과 타동 구문에서의 동사들의 공연강도를 분석하고, 사역교체에 적극적으로 참여하는 동사들을 판별하는 기준을 아래 [표 9]와 같이 제안하였다. 향후 이 기준을 폭넓은 현상 분석에 적용하여 교체강도 판별 지표로서의 일반적인 타당성을 검증할 필요가 있다.

[표 9] 공연구조적 분석에서 교체강도 판별 지표

공연어휘소 분석	변별적 공연어휘소 분석
C_1 공연강도 Top-N ∩ C_2 공연강도 Top-N (LLR 기준)	'neutral' 범주로 판별된 어휘
	|LOR| < 0.5
Fisher's exact test $p < 0.05$	Fisher's exact test $p < 0.05$

기존의 R 기반 방식이 아닌 GPT 활용 파이썬 기반 공연구조적 분석 방법론을 사역교체 현상에 적용하여 자연어 질의와 대화만으로 상태변화 동사들의 공연강도를 밝혀내고, 공연어휘소 분석과 변별적 공연어휘소 분석 결과를 연결시켜 교체강도에 관한 다양하고 세밀한 분석을 수행하였다. 이 같은 새로운 분석 시도와 발견에도 불구하고 많은 수의 동사들이 구문 분포에 있어서 통계적 유의성에 도달하지 못 한 점은 본 연구의 한계점으로 생각된다. 후속 연구에서 수동 구문들을 분석에 포함하여 유의성을 충족하는 보다 많은 동사들에 대해 명확한 분포 패턴을 밝힐 수 있을 것이다.

3. 벡터 공간 모델 기반 사역교체 동사 분석

이 절에서는 GPT-4o 모델을 활용하여 분포 기반 언어 모델이 사역교체에 참여하는 상태변화 동사의 의미적 특성을 어떻게 포착하는지를 분석한다. 분포 기반 의미 접근을 대표하는 분포 의미론(distributional semantics)은 단어의 의미가 그것이 사용되는 문맥에서 비롯된다는 개념에 기반한 의미론적 접근 방식이다(Lenci 2008). 이는 언어학자 Firth(1957)의 유명한 주장인 "You shall know a word by the company it keeps."에서 그 핵심 개념을 찾을 수 있다. 즉, 단어의 의미는 그 단어가 함께 사용되는 다른 단어들과의 분포적 관계를 통해 파악될 수 있으며, 이러한 원리는 오늘날 자연어 처리에서 활용되는 다양한 기계 학습 및 딥러닝 모델의 기초를 형성하고 있다.

분포 의미론은 초기부터 수학적으로 모델링되어 왔으며, 이를 컴퓨터에서 구현하기 위한 연구들이 지속되었다. 분포 의미론의 초기 구현 모델인 벡터 공간 모델(vector space model)은 단어를 숫자로 변환시켜서 단어 간 의미적 유사성을 벡터 공간에서 수치적으로 표상한다(Salton et al. 1975; Turney·Pantel 2010). 자연어 처리 모델에서 단어, 어구, 문장과 같은 입력으로 주어지는 언어 단위를 숫자 벡터로 변환하는 과정을 입력 임베딩(input embedding)이라고 하며, 이 과정을 거쳐서 단어의 의미를 고차원 벡터 공간에서 수학적으로 표상한 것을 단어 벡터라고 부른다. 전통적인 벡터 공간 모델에서 딥러닝이 적용된 언어 모델로의 발전 과정은 보다 정교한 임베딩 기법의 발전 과정이라고 해도 과언이 아니다.

이 절에서는 분포 의미론의 발전 과정을 간략히 소개한 후에 전통적인 벡터 공간 모델을 적용한 상태 변화 동사 분석과 초기 딥러닝 기반 언어 모델인 Word2Vec을 적용한 분석을 차례로 다룬다. 사역교체에 참여하

138

는 130여 개의 상태변화 동사들을 대상으로 GPT-4o 모델을 활용하여 동사의 의미적 특성을 다각적으로 탐색하고, 전통적인 분포 의미론 모델과 초기 신경망 기반 모델의 유용성, 강점과 한계를 면밀하게 비교 분석한다.

1. 분포 의미론의 발전

Firth의 언어학적 가설에 기초한 분포 의미론은 이후 단어의 의미를 다차원 벡터 공간에서 표현하는 분산 표현(distributed representation) 방식의 발전으로 이어졌다. 이 같은 분산 표현 방식은 18세기 철학자이자 수학자인 René Descartes의 상상력에서 출발했다고 알려져 있다. Descartes는 천장을 날아다니며 옮겨붙는 파리들로부터 영감을 얻어 2차원과 3차원의 직각 좌표계(Cartesian coordinate system)를 고안했다고 한다. 최근 임베딩(embedding)이란 이름으로 단어를 고차원 벡터 공간에 표현하는 방식도 데카르트식 좌표 공간 개념과 Frege의 논리학에 근간을 두고 있다(Baroni et al. 2014). Bowman(2016)의 초반부에 등장하는 [그림 1]의 예를 통해 분산 표현 개념

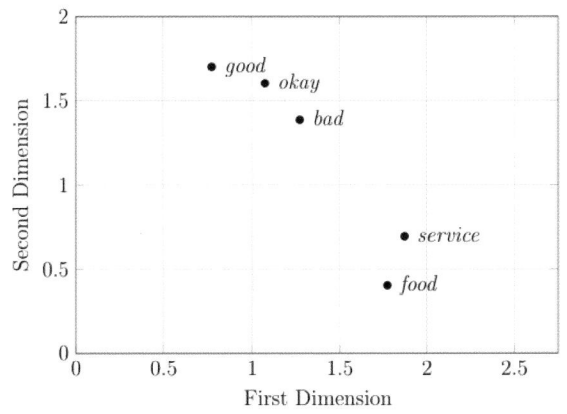

[그림 1] 단어를 데카르트식 좌표 공간에 표현하는 임베딩(Bowman 2016: 13)

139

을 이해해 보도록 하자.

[그림 1]의 2차원 공간에서 good과 bad는 적당한 거리를 두고 위치하며, okay는 그 중간에 위치하는 방식으로 의미적으로 가까운 단어들이 벡터 공간 내에서 비슷한 좌표를 갖는다는 점을 시각적으로 설명할 수 있다. 분산 표현은 이처럼 단어의 의미를 다차원 벡터 공간에서 표현하는 방식으로, 단어 간 유사성이 벡터 거리로 반영된다.

최근에는 단어 벡터를 고차원 의미 공간에서 시각화하는 다양한 기법이 개발되어 분포 의미 분석에 활용되고 있다. 딥러닝의 대부로 불리는 2024년 노벨 물리학상 수상자 Geoffrey Hinton이 주축이 되어 발표한 Hinton et al. (1986)은 분산 표현을 기반으로 한 병렬 분산 처리(parallel distributed processing) 개념을 제안하여, 단어의 의미를 기호적(symbolic)이 아닌 다차원적 벡터 공간 내의 점으로 표현하는 방식을 도입했다. 이후 Maaten·Hinton(2008)은 고차원 공간에서 표현된 단어들을 저차원 공간으로 효과적으로 투사하는 t-SNE(t-distributed Stochastic Neighbor Embedding) 기법

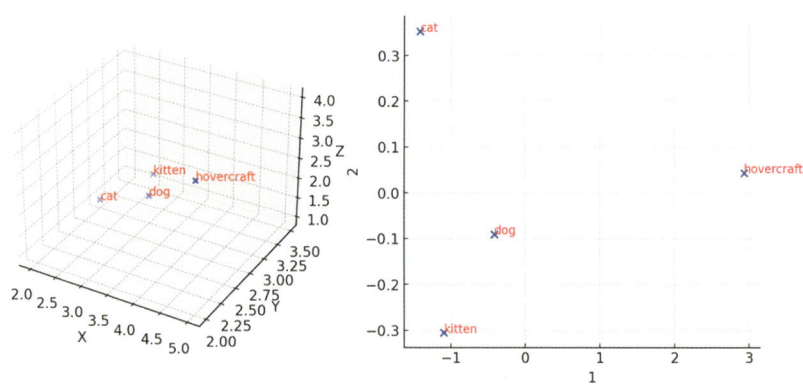

[그림 2] t-SNE를 활용한 차원 축소

을 개발하여 단어 의미의 시각화를 가능하게 했다. t-SNE는 고차원 공간에서 학습된 단어 벡터를 2차원 또는 3차원으로 축소하여 시각적으로 표현하는 기법이다. t-SNE의 작동 원리를 [그림 2]를 통해 살펴보자. 원래의 3차원 공간에서 cat, dog, kitten, hovercraft가 [그림 2]의 왼쪽 그래프에서와 같이 위치한다고 가정하자.[21] [그림 2]의 오른쪽 그래프는 임베딩 모델을 사용하여 학습된 단어 벡터를 t-SNE를 이용하여 2차원 평면에 투영한 결과이다. 원래의 3차원 공간에서 상대적으로 가까운 거리에 위치한 cat, kitten, dog는 2차원으로 축소된 공간에서도 가까운 거리에 위치하며, hovercraft는 이 단어들과 먼 거리를 유지하고 있음을 보여준다. 이처럼 차원을 축소하여 의미 거리 차이를 원래의 비율을 고려하여 표현하는 방식이 t-SNE이다.

t-SNE와 같은 시각화 기법과 함께 다양한 딥러닝 기반 단어 임베딩 모델이 개발되어 자연어 처리 분야에 큰 영향을 미치고 있다. 구글의 Tomás Mikolov와 동료들이(Mikolov et al. 2013) 제안한 Word2Vec 모델은 단어의 분포적 특성을 기반으로 한 신경망(neural network)을 활용하여 단어의 의미를 잠재 공간(latent space)에 효과적으로 투사하는 기법이다. 특히 Word-2Vec의 Skip-gram 모델은 특정 단어가 주어졌을 때 주변 단어들을 예측하는 방식으로 작동하며, CBOW(Continuous Bag of Words) 모델은 반대로 주변 단어들을 기반으로 중심 단어를 예측하는 방식이다. 이 모델들은 단어의 의미적 유사성을 벡터 공간에서 효과적으로 포착할 수 있도록 하며, t-SNE와 결합하여 단어 간의 관계를 시각적으로 파악하는 데에도 활용된다.

---

21   이 예시는 t-SNE의 작동 원리를 설명하는 아래 사이트의 동영상에서 사용된 것이다.
     https://youtu.be/p3wFE85dAyY

분포 의미론 방법론은 텍스트 의미 처리(Turney·Pantel 2010), 자연어 추론(Bowman 2016), 동사와 구문의 의미(Gries·Stefanowitsch 2010; Levshina·Heylen 2014; Perek 2016; Romain 2017, 2022), 감성 어휘의 분포 의미(조은경 2019), 서법 조동사들의 유사도(윤태진 2020), 의미 변화와 변이(Hilpert·Perek 2015; 정유남 외 2021) 등 다양한 현상 연구에 적용되고 있다.

벡터 공간 모델로 대표되는 전통적인 분포 의미론 접근법은 분석 대상 단어들이 코퍼스 내에서 다른 단어들과 실제로 동시에 출현하는 패턴을 기반으로 단어 벡터를 생성한다. 이 방식은 구조가 단순하고 직관적이며, 의미 차원에 대한 해석이 용이한 반면, 코퍼스 출현 빈도의 영향을 크게 받는다. 최근에 개발된 신경망 기반 접근법은 딥러닝 모델이 대규모 코퍼스의 반복적 훈련을 통해 단어 간 유사도를 예측 기반 방식으로 학습한다. 이 같은 예측 기반 기법들은 대규모 코퍼스를 입력 데이터로 받아 Word2Vec, Glove, BERT, GPT 등의 딥러닝 모델들을 학습시켜 단어 벡터를 생성하므로 전통적 통계 기반 방식에 비해 정교한 의미 표현력을 갖는 반면, 딥러닝 방식의 복잡성과 불투명성으로 인해 단어 의미 차원에 대한 명확한 언어학적 해석은 어렵다. 연구자들은 이 두 접근법의 장단점을 고려하여 연구 목적에 적합한 방식을 선택할 필요가 있다. 일반적으로 의미 차원에 대한 명확한 해석이 중요한 언어학적 분석에는 전통적 접근법이 유리할 수 있다. 반면 모델의 성능이(정확도, 일관성, 예측력 등) 중요한 유사도 분석, 분류, 예측, 검색, 생성 등의 언어 처리 작업에는 예측 기반 접근법이 보다 적합하다고 할 수 있다.

지금까지 우리는 분포 의미론의 기본 가정, 컴퓨터 구현 및 단어 벡터를 생성하는 방식의 발전에 대해 논의하였다. 다음 절에서는 GPT-4o를 사용하여 사역교체 동사의 주류를 이루는 상태 변화 동사의 의미적 특성 분석에 전통적인 벡터 공간 모델을 적용해 보기로 한다.

2. 통계 기반 분포 의미론 분석

전통적인 벡터 공간 모델을 적용한 분포 의미 분석 방법은 통계 기반 또는 행렬 연산 방식을 따르며, 다음과 같은 절차에 의해 수행된다.

① 코퍼스 준비 및 분석 대상 단어 선별
② 동시 발생 행렬(co-occurrence matrix) 구축
③ 문맥을 반영한 가중치 적용
④ 차원 축소
⑤ 분석 대상 단어의 벡터 추출
⑥ 5단계에서 추출된 벡터를 사용하여 분석, 시각화 및 해석

상태 변화 동사의 분포 의미론 분석을 시작하기 전에 위 2~5 단계의 과정에 대해 상세히 설명하도록 하겠다. 먼저 동시 발생 행렬이란 중심 단어들(target words)이 주변 단어(context words)들과 얼마나 자주 함께 등장하는 가를 행렬로 정리한 것이다. 동시 발생 행렬 구성은 전체 단어들의 의미 공간을 먼저 만들기 위한 것이며, 행렬의 구성 요소는 다음과 같다.

• 행: 연구 대상 단어들을 포함한 코퍼스 내 출현 빈도 상위 수만 개의 중심 단어들
• 열: 중심 단어의 주변 문맥에 동시에 등장하는 주변 단어들

- 행렬의 원소는 각 행과 열에 위치한 두 단어가 동시에 발생한 빈도수를 나타낸다. 예를 들어 아래 [표 1]의 예시 행렬은 중심 단어 break와 그 주변 문맥에 등장하는 heart가 동시에 등장하는 빈도가 12회이고, open과 door는 18회 동시 출현함을 나타낸다. 또한 break와 open이 heart, door와 crack을 연어(collocates)로 공유하고 있음을 보여준다. 이렇게 벡터로 표현된 단어들의 관계는 벡터에 기반한 연산이 가능하고, 정량화된 도구를 사용하여 처리할 수 있다.

[표 1] 동시 발생 행렬의 예시

	heart	door	crack	water	...
break	12	2	5	1	...
open	7	18	1	0	...
...					

- 문맥 크기(window size): 의미 분석에서는 보통 중심 단어의 양 옆 2단어까지를 문맥으로 간주한다(window = ±2). 이 문맥에 등장하는 단어들 중 주로 명사, 형용사, 동사인 상위 빈도 3,000~10,000개만 동시 발생 행렬의 열에 포함된다.
- 중심 단어가 10,000개이고 주변 단어가 3,000일 경우, 동시 발생 행렬은 10,000 x 3,000개의 원소로 구성되며, 이 큰 행렬이 다음 단계인 가중치 적용의 입력 행렬이 된다.

이 연구에서는 원시 빈도 행렬에서 자주 동시에 등장하는 단어들에 의미적 가중치를 부여하는 기법으로 PPMI(Positive Pointwise Mutual Information) 기법을 사용한다. 이 기법은 두 단어의 동시 등장 확률과 단독 등장

144

확률을 비교하여 결과가 0보다 작으면 행렬의 원소를 0으로 바꾼다. 그 결과 자주 함께 등장하는 단어들은 높은 상호 정보량을, 우연히 등장하거나 무관한 단어들은 0 또는 낮은 상호 정보량을 갖게 되어 의미적으로 밀접한 관계를 더 잘 반영하는 벡터가 생성된다.

PPMI 가중치를 적용하여 행렬을 변환하면 벡터 값이 매우 커질 뿐 아니라 0의 값을 갖는 원소들이 많아진다. 또한 행렬의 크기가 매우 커서 각 단어 벡터의 차원 수도 증가한다. 이러한 문제에 대처하고자 수행되는 기법이 벡터의 차원 감소(dimensionality reduction)이다. 차원 감소는 중요한 정보는 최대한 유지하면서 차원을 줄이는 방법을 일컫는다. 차원 감소는 위한 방법으로 주성분 분석(Principal Component Analysis: PCA), t-SNE와 특이값 분해(Singular Value Decomposition: SVD) 등의 기법이 쓰인다. 여기서는 PPMI 동시 발생 행렬의 수천 차원(수천 개의 열)을 100~300 차원의 의미 공간으로 압축하는 특이값 분해 기법을 사용한다.

SVD 기법이 적용되어 의미 공간이 축소된 벡터 데이터로부터 연구 대상 단어의 벡터 정보만을 추출하여 저장한 벡터 데이터 세트를 벡터 모델 또는 분포 의미 모델이라고 부른다. 이제 GPT-4o 모델을 활용하여 실제 분포 의미 분석에서 사용되는 벡터 모델 파일을 생성해 본다. "Python for Corpus Analysis" GPT를 열어 프롬프트 입력창에 다음과 같이 입력하고 벡터 모델 생성을 요청한다. 프롬프트에는 연구 목적, 벡터 모델 생성에 적용할 패러미터, 결과물 그리고 GPT에게 입력 파일로 제공할 데이터에 대해 구체적으로 기술한다.

User:

I would like to conduct a distributional semantic analysis for grouping change-of-state(COS) verbs participating in the causative alternation(e.g., break and open). The goal of the analysis is to compare the traditional co-occurrence-based approach with a more recently developed prediction-based approach which uses Word2Vec. Let's start with the traditional approach. I want you to construct a distributional model(semantic vector model) for the 137 COS verbs based on the parsed BNC. I will upload the BNC dataset and the COS verb list.

Apply following parameters(and modify if needed):

— Window size: Two-word window(w2)

— Collocates: 3,000 most frequent nouns

— Weighting: PPMI

— Dimensionality reduction: SVD to 300 dimensions(svd300)

— File output: .npy or .dm

요청에 이어 GPT에게 의존 구조 분석이 된 BNC 파일과 연구 대상 동사 목록 파일을 업로드한다. 분포 의미 분석 대상 137개 동사는 아래와 같다.

• 변별적 공연어휘소 분석에서 'strong attractor', 'weak attractor', 'neutral', 'strong repeller', 'slight repeller'로 판별된 100개 동사(3.2.2 절 참조)

• 'non-significant' 동사들 중 교체강도가 높은 동사들로 분석된 37개 동

사(3.2.2절 [표 8] 참조)

GPT가 모델 생성 요청을 받으면 기본 설정 패러미터와 사용자가 제공한 파일을 확인하고 진행 절차를 설명한 후에 벡터 모델 생성을 시작한다. PPMI → SVD 적용 과정에서 의미 공간의 차원이 입력 행렬 크기에 $(130 \times 3,000)$ 적절한 수준인 130개 차원으로 조정된 것을 제외하면(130 차원의 의미 공간 생성) 사용자가 명시한 기본 설정 패러미터가 모두 적용되었다.[22] GPT가 최종 생성한 벡터 모델 파일은 .npy 형식의 NumPy 벡터 파일과 .csv 형식의 두 파일이다. 이 두 파일의 구조와 내용에 대한 GPT의 설명을 아래에 제시한다.

① .npy 벡터 모델 파일

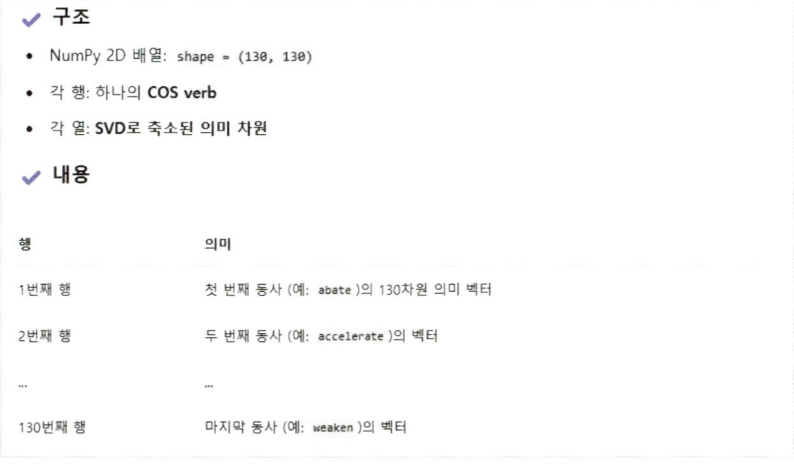

✔ **구조**
- NumPy 2D 배열: shape = (130, 130)
- 각 행: 하나의 **COS verb**
- 각 열: **SVD로 축소된 의미 차원**

✔ **내용**

행	의미
1번째 행	첫 번째 동사 (예: abate)의 130차원 의미 벡터
2번째 행	두 번째 동사 (예: accelerate)의 벡터
...	...
130번째 행	마지막 동사 (예: weaken)의 벡터

---

22 137개 동사 중에서 7개는 동시 발생 행렬의 열에 놓인 3,000개의 명사와 일정 빈도 이상 공기하지 않아 SVD 적용 단계에서 제외되었다.

② .csv 벡터 모델 파일

✔ **구조**

- 판다스 데이터프레임 → CSV 파일로 export
- 행 인덱스: **동사 이름** (verb_list)
- 열: Dim_1, Dim_2, ..., Dim_130

✔ **내용 예시**

	Dim_1	Dim_2	...	Dim_130
abate	0.038	-0.021	...	0.012
accelerate	0.054	0.073	...	-0.005
...	...	...	...	...

.npy 파일에는 벡터 값만 저장되어 있고, 동사 이름이 포함되어 있지 않아 GPT로 분포 의미 분석을 할 경우 분석 대상 동사 목록도 제공해 주어야 한다. GPT는 필자가 요청하지 않았지만 동사 이름도 포함되어 있는 .csv 벡터 파일도 제공하는 친절함과 세심함을 보여준다.

이제 생성된 벡터 모델을 사용해서 모델에 벡터 정보가 포함된 130개 동사에 대한 분석을 수행해 보자. 프롬프트 입력창에 아래와 같이 입력하고, 분석에 사용될 .csv 벡터 모델 파일과 참조용 R 스크립트를 업로드한다.

User:

Perform a distributional semantic analysis for grouping 130 COS verbs in Python(cluster count = 5), based on the example R script provided. This script is for

— measuring semantic similarity(via the cosine function in R)

— hierarchical clustering(via the hclust function in R)

148

— creating MDS- and t-SNE-based semantic maps

Use the .csv vector model file constructed above for measuring the distance between the target word vectors.

GPT에게 제공한 R 스크립트는 Florent Perek(2016, 2021)이 작성한 것으로, Romain(2017, 2022)의 상태변화 동사 대상 논항 분포 의미 분석에 사용되었으며, 다음과 같은 기능을 수행한다.[23]

① MDS와 t-SNE를 사용하여 단어의 의미적 유사도를 2차원으로 변환한다.[24]

② 계층적 군집 분석을 통해 의미적으로 유사한 단어를 그룹화한다.

③ 단어의 분포를 의미 지도(semantic map) 형태로 시각화한다.

R 스크립트를 GPT-4o에 올린 다음 설명을 요청하면 다음과 같이 각 코드의 역할에 대한 명료한 설명을 제공한다.

---

[23] 이 R 스크립트는 아래의 사이트에서 다운로드할 수 있다.
https://osf.io/gcjrv/

[24] 다차원 척도법(MDS)은 분류하고자 하는 대상들의 거리에(유사도 또는 비유사도) 기반하여 저차원 공간에 데이터를 배치하는 시각화 기법이다. 다차원 척도법의 주된 목적은 원래 공간에서 데이터의 상대적 거리를 최대한 유지하면서 2차원 또는 3차원 공간에 재구성하여 시각화하는 것이다. 이 기법은 데이터의 의미적 관계를 시각적으로 탐색하는 데 적합하지만, 데이터에 내재되어 있는 주요 속성, 즉 차원에 대한 명확한 해석이 어렵다는 한계가 있다. 데이터 구조를 특징짓는 주요 차원을 찾아 해석하는 데에는 주성분 분석이 강점이 있으므로, 우리는 두 기법을 함께 활용하도록 한다.

1. 기본 라이브러리 로드

```r
library(lsa)   # 코사인 유사도 계산
library(tsne) # t-SNE 실행
```

- `lsa` : 코사인 유사도(cosine similarity)를 계산하는 데 사용됨.
- `tsne` : t-SNE를 적용하여 고차원 데이터를 2D로 축소.

2. 분석할 단어(lemma) 목록 정의

```r
lemmas = c("shock", "frighten", "worry", "please", "like", "love", "kick",
           "punch", "swipe", "squeeze", "twist", "rub")
```

- 분석할 단어(lemma) 목록을 지정.

3. 단어 임베딩 데이터 로드

```r
m = read.csv("/path/nouns.coca.w2.nvjr10k.svd300.dm", sep="\t", header=F, row.names=1)
```

- 분포 의미론 모델(DM 파일)에서 단어 벡터를 불러옴.
- `nouns.coca.w2.nvjr10k.svd300.dm` : COCA 말뭉치를 기반으로 300차원으로 축소된 SVD 벡터 파일.

4. 선택한 단어의 벡터만 추출

```r
m1 = m[which(is.element(row.names(m), lemmas)),]
```

- `m1` : 분석할 단어(lemmas)들의 벡터만 남김.

5. 코사인 유사도를 이용한 거리 행렬 계산

```r
distmat = as.dist(sqrt(1-cosine(t(m1))))
```

- 단어 간 거리 행렬 생성 (1 - 코사인 유사도).

Ⅰ. MDS (다차원 척도법)

```r
coords = cmdscale(distmat)
```

- 거리 행렬을 기반으로 MDS(Multidimensional Scaling) 좌표 계산.

```r
pal = c("red","blue","green","darkgreen","sienna","thistle4","orange",
        "gold","pink3","darksalmon","gray50", "cyan3", "purple",
        "black", "darkslategrey","chartreuse")

hcl = hclust(dist(coords), method="ward.D")
groups=cutree(hcl, 3)
colors = mapply(function(y) {return (pal[y])}, groups)
```

- 단어들을 **계층적 군집 분석(hclust)**으로 3개의 그룹으로 분류.
- 각 그룹에 색상을 할당.

```r
plot(coords, type="n")
text(coords, row.names(coords), col=colors)
```

- **MDS 결과를 시각화** (단어별 색상 적용).   ↓

Ⅱ. t-SNE 적용

```r
coords = tsne(distmat, max_iter=5000, perplexity=50)
```

- **t-SNE 실행하여 2D 좌표 생성.**
- `max_iter=5000` : 반복 횟수(높을수록 정교한 결과).
- `perplexity=50` : 데이터 포인트의 로컬-글로벌 균형 설정.

```r
row.names(coords) = row.names(m1) # 단어 이름 추가
```

- t-SNE 결과에 단어 라벨 부여.

6. t-SNE 결과 시각화

```r
hcl = hclust(dist(coords), method="ward.D")
groups=cutree(hcl, 4)
colors = mapply(function(y) {return (pal[y])}, groups)
```

⎘ 복사   ✎ 편집

- t-SNE 좌표를 **계층적 군집 분석**으로 4개의 그룹으로 분류.
- 각 그룹에 색상을 지정.

7. 3가지 방법으로 시각화

(1) 기본 plot()을 이용한 시각화

```r
plot(coords, type="n", xaxt="n", yaxt="n")
text(coords, row.names(coords), col=colors)
```

⎘ 복사   ✎ 편집

- 가장 간단한 방법이지만, 단어가 겹칠 가능성이 있음.

GPT가 다차원 척도법(MDS)을 적용하여 2차원의 의미 공간에 130개 동사들의 계층적 군집 분석 결과를 시각화한 의미 지도가 [그림 3]에 제시되어 있다(t-SNE가 적용된 의미 지도를 생성하는 방법은 부록 2장을 참조). 아래 MDS 의미 지도에서 같은 색상으로 표시된 단어들은 BNC에서 유사한 문맥적 정보를 가진 단어로 포착된 것들이다. GPT가 의미 지도를 생성하기 위해 사용한 파이썬 코드를 확인하려면 [>-]와 같이 파란색으로 표시된 부분을 누른다.

위 의미 지도에서 의미 성분 또는 자질을 공유한 일부 동사들이 가까이 위치한 것을 볼 수 있다. 예를 들어 Levin(1993)의 상태변화 동사 분류에서 'break 동사'에 속하는 break와 crush가 문맥 기반 유사도에 따른 계층적 군집분석 결과 동일한 군집(cluster 4)으로 분류되었고, 하단 중간 영역에 가까이 위치해 있음을 관찰할 수 있다. 개폐를 뜻하는 open, close와 shut

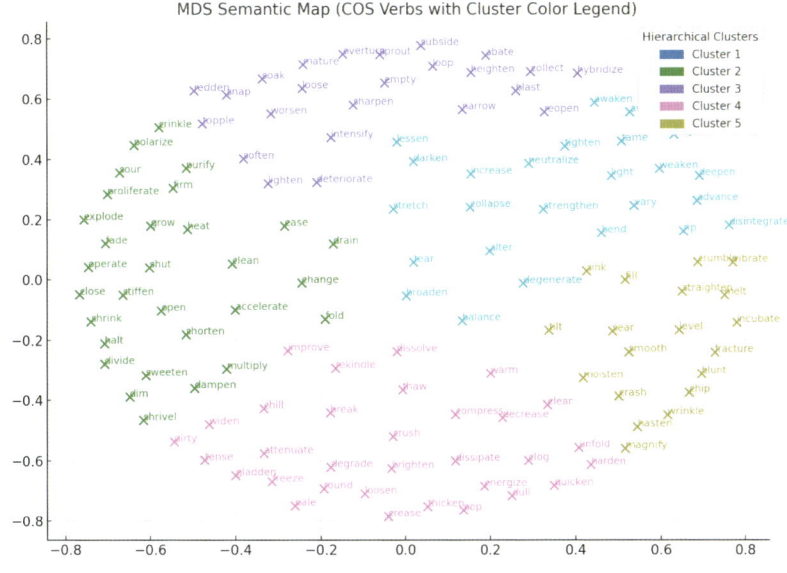

[그림 3] 상태변화 동사의 MDS 의미 지도 1

도 같은 군집(cluster 2)으로 분류되었고, 왼쪽 중간 영역에 위치해 있다.

그러나 상위 빈도 명사와의 공기 빈도를 기반으로 한 전체적인 군집 분류와 분포는 동사들이 공유하는 의미 자질과 성분을 기준으로 한 전통적 동사 의미 부류와 크게 다르다. 계층적 군집 분석 결과와 의미 성분 기반 동사 의미 부류의 차이를 보여주는 대표적인 예가 Levin(1993)의 체계에서 'break 동사' 부류이다. [그림 3]에서 이 부류의 동사들 가운데 rip과 tear는 cluster 1로, fracture와 crash는 cluster 5로 분류되어 있고, 이 동사들은 모두 의미 지도 왼쪽에 위치한 break과 다르게 오른쪽 끝에 치우쳐 있다. 마찬가지로 open과 의미적으로 유사한 reopen은 cluster 3로 분류되었고, cluster 2에 속한 다른 개폐 동사들과 매우 멀리 떨어져 있다. 접미사의 형태를 기준으로 Levin(1993)의 체계에서 동일한 부류에 속한 동사들도

153

다양한 분포 양상을 보인다. '-en 동사' 부류를 예로 들면, weaken, deepen 과 strengthen은 cluster 1에, shorten과 broaden은 cluster 2로 분류되었고, worsen과 soften은 cluster 3로 분류되었다.

　[그림 3]에 제시된 5개 군집의 의미적 특성을 면밀히 살펴보도록 하자. 아래 [표 2]에 제시된 군집 별 의미적 특성과 대표적인 동사들을 살펴보면, 각 군집에 다양한 종류의 상태변화를 나타내는 동사들이 혼재되어 있음을 볼 수 있다.

[표 2] 상태변화 동사의 계층적 군집 분석 결과 1

주요 군집	의미적 특성	예
Cluster 1 (오른쪽 상단~ 중앙)	— 물리적 형태나 구조 변화 — 양적·질적 변화(증가, 심화, 약화, 완화, 악화 등)	— *bend, rip, disintegrate, tear, stretch, collapse, broaden* — *alter, increase, weaken, lessen, degenerate, neutralize*
Cluster 2 (왼쪽 중간)	— 증가, 팽창, 확대, 축소, 약화 — 경계 변화, 표면적·외형적 변화 — 내적 상태나 속성 변화	— *proliferate, multiply, grow, accelerate, shrink, shrivel, dim, fade* — *open, close, shut, fold, shorten* — *purify, polarize, clean*
Cluster 3 (상단)	— 점진적 변화 — 환경 조건이나 물리적 조작에 의한 변화 — 질적·심리적·정서적 변화	— *subside, mature, abate* — *hybridize, reopen* — *intensify, deteriorate, worsen, lighten, soften*
Cluster 4 (하단)	— (주로 의도적 행위 결과로 발생하는) 표면적 변화(정리, 분해, 소멸 등) — (강한 힘, 압력, 외부 에너지에 의한) 압축, 무너짐 — (온도 변화 등 비의도적 원인에 의한) 물질적 상태, 밀도 등 속성 변화	— *clean, dissipate* — *clog, compress, crush* — *freeze, chill, tense, attenuate, pale*

Cluster 5 (오른쪽 하단)	— 물리적·외형적 변화 — (의도적 조작을 통한) 물질적·양적 변화	— *crumble, level, straighten, fracture, ship, smooth, crash, wrinkle* — *incubate, magnify, moisten, fill*

GPT에게 군집 수를 8개로 늘린 분석 결과를 시각화해 달라고 요청하였다. 군집 수를 8개로 설정한 계층적 군집 분석 결과가 아래 [그림 4]에 제시되어 있다

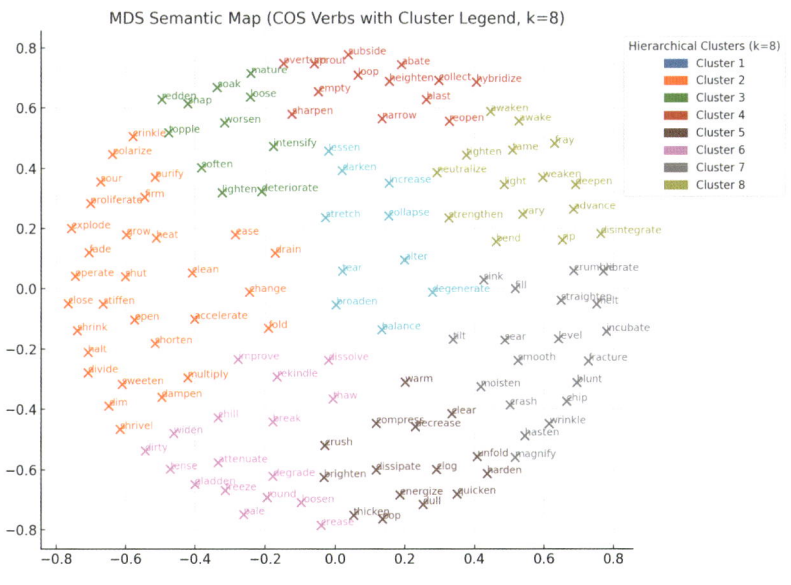

[그림 4] 상태변화 동사의 MDS 의미 지도 2

[그림 3]과 [그림 4]를 비교하면, [그림 3]의 cluster 2(왼쪽 중간)와 cluster 5(오른쪽 하단)는 [그림 4]에서도 하나의 그룹으로 유지되고 있다. [그림 3]의 세 군집은 (cluster 1, cluster 3, cluster 4) [그림 4]에서 [표 3]과 같이

두 군집으로 분리되었다.

[표 3] 상태변화 동사의 계층적 군집 분석 결과 2

[그림 3]	[그림 4]
Cluster 1 (오른쪽 상단~중앙)	Cluster 1(오른쪽) → 물리적·구조적 변화의 특성이 더 강함
	Cluster 8(중앙)
Cluster 3 (상단)	Cluster 3(왼쪽) → 심리적·질적 변화의 특성이 더 강함
	Cluster 4(오른쪽)
Cluster 4 (하단)	Cluster 5(오른쪽) → 원인의 의도성과 물리적·외형적 변화의 특성이 더 강함
	Cluster 6(왼쪽)

지금까지 살펴본 분포 의미론 분석으로부터 상태변화 동사의 문맥 기반 계층적 군집 분석 결과가 상태변화 자체의 속성 뿐 아니라 변화를 겪는 논항 및 변화를 유발하는 원인 행위의 특성을 반영하고 있음을 알 수 있다. ChatGPT의 '고급 데이터 분석' 기능이 분포 의미론 분석을 수행하고 결과를 시각화하는데에 매우 유용하게 활용될 수 있다는 점도 확인할 수 있다. MDS 의미 지도에서 다른 위치에 분포하는 동사들의 특성을 보다 명확하게 이해하기 위해서 GPT에게 다음과 같이 의미 지도의 수평축(x축)과 수직축(y축)에 대한 개념적 해석을 요청하였다. 이에 대한 GPT의 답변을 [표 4]에 정리하여 제시한다.

User:

What are the two MDS dimensions? What concepts do they represent? Provide an interpretation of the two MDS dimensions.

[표 4] GPT의 MDS 차원 해석

의미 지도의 차원	포착하는 개념	의미 대비
MDS Dimension 1 (x축)	인과성/사역성(causation): 외부 원인의 명확성과 의도성	원인의 명확성·의도성 약함(왼쪽) ↔ 원인의 명확성·의도성 강함 (오른쪽)
MDS Dimension 2 (y축)	대상의 구체성 (concreteness of theme): 구체적인 대상과 추상적인 대상	물리적·구체적인 대상 변화(위) ↕ 추상적 대상 변화(아래)

　　GPT의 해석에 따르면, MDS 의미 지도의 수평축은 상태변화를 유발하는 외부 원인과 관련된 개념을, 수직축은 상태변화를 겪는 대상과 관련된 개념을 반영하고 대비시킨다는 것이다. 이를 보다 구체적으로 설명하면, 연속적인 의미 공간에서 수평축은 외부 원인의 명확성과 의도성이 상대적으로 높은 상태변화(오른쪽)와 낮은 상태변화(왼쪽) 사이의 대조를 나타내는 반면, 수직축은 상대적으로 구체성이 강한 대상(위)과 약한 대상 사이의 대조(아래)를 나타낸다는 해석이다. 이 해석이 타당하다면, 의미 지도에서 동사가 오른쪽에 분포할수록 명확한 의도를 갖는 행동주에 의해 발생하는 상태변화를 나타내는 경향이 강하고, 왼쪽에 분포할수록 내부적·자발적 변화와 상대적으로 불명확한 비행동주성 사동주/원인에 의한 상태변화를 나타내는 경향이 강할 것이다. 또한 위쪽에 분포할수록 물리적·구체적 대상의 변화를 나타내는 경향이 강하고, 아래쪽에 위치할수록 추상적인

대상의 변화를 나타내는 경향이 강할 것이다. 이 같은 해석으로부터 위쪽에 분포하는 동사들이 구조와 형태 중심의 대상(물체, 신체, 환경 등)을 취하는 경향이 높고, 아래쪽에 분포하는 동사들이 관계, 사회, 감정/정서와 관련된 추상적 대상을 취하는 경향이 높을 것이라는 예측도 가능하다.

이처럼 동사의 분포와 군집 패턴을 기반으로 MDS 축에 대한 의미적 해석을 할 수 있다. 그러나 다차원 척도법은 전체 공간의 거리를 보전하는 시각화가 주된 목적이며, 그 축은 수학적으로 정의된 것이 아니기 때문에 해석의 수학적 기반은 약하다. 다차원 척도법의 이 같은 한계를 알고 있는 GPT는 주성분 분석(PCA)을 시도하여 의미 공간의 차원을 직접적으로 해석할 수 있다는 제안을 한다. 주성분 분석은 고차원 데이터의 의미 정보를 최대한 보존하면서 차원을 2차원 또는 3차원 공간으로 축소하여 원래의 의미 공간에서 데이터에 존재하는 가장 큰 분산(차이)가 발생하는 방향을 찾는 기법이다. 주성분 분석에서의 PC1(첫번째 축)은 의미 공간에서 데이터의 가장 중요한 구분 기준을 나타내는 방향이며, 이 성분 또는 축을 기준으로 가장 많은 데이터들이 다르게 분포되어 있다고 해석할 수 있다.

이제 GPT에게 아래와 같이 주성분 분석을 요청하여 상태변화 동사 분포를 구분하는 주성분을 명확하게 파악하고 명칭을 붙여보도록 하자.

User:

Try PCA for the 130 COS verbs and provide a PCA semantic map with conceptual axes.

위의 요청에 답변으로 얻은 PCA 의미 지도를 제시하면 [그림 5]와 같

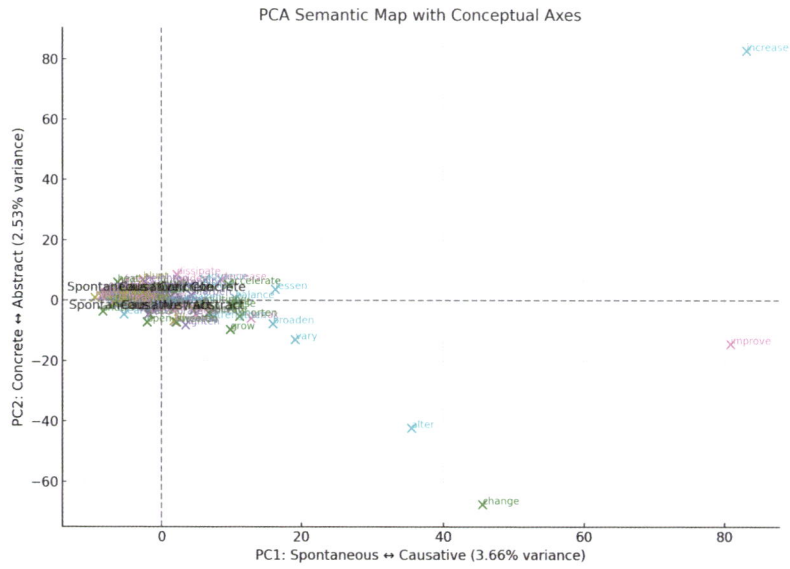

[그림 5] 상태변화 동사의 PCA 시각화

다. 그래프의 수평 차원(PCA Component 1: PC1)은 명확한 인과성/사역성 ↔자발성/비의도성 축으로, 수직 차원(PCA Component 2)은 구체성 ↔추상성 축으로 해석 가능하다.[25] 이는 위에서 논의한 GPT의 MDS 축 해석과 일치하는 결과이다. 수평 축은 인과성/사역성의 정도에 따라 동사들을 기준선 오른쪽과 왼쪽으로 나누어 명확하고 의도성이 높은 외부 원인에 의해 유도된 변화(오른쪽)와 자발적 변화/의도성이 낮은 원인에 의해 유도된 변화(왼쪽)를 대비시킨다. 또한 수직 차원(PCA Component 2: PC2)은 대상의 구체성 정도에 따라 기준선 위와 아래 방향으로 동사들을 나누고 대상의 구체성이 높은 상태변

---

25   사건 발생의 자발성(spontaneity)의 정의에 대해서는 4.4.1절에서 상세히 다룬다.

화(아래쪽)와 낮은 상태변화(위쪽)을 대비시킨다. 이 두 주성분이 전체 데이터의 분산을 설명하는 비율이 각각 3.66%와 2.53%로 높지 않은 편이다.

ChatGPT와 동행하는 분석의 특징은 GPT의 계속적인 관련 분석 또는 후속 분석 작업에 대한 제안을 검토하는 과정에서 새로운 아이디어를 얻고, 처음에 계획하지 않았던 방향으로 분석이 이어지기도 하는 점이다. 이번에는 PCA 의미 공간에서 주성분 축에 크게 기여한 중심 단어의 주변 명사가 무엇인지 파악할 수 있게 도와줄 수 있다고 제안한다. 이 제안을 받아들여 분석을 요청한 결과의 일부를 아래에 제시한다. 먼저 PC1의 증가(양수 값)와 감소(음수 값)에 가장 크게 기여한 SVD 행렬의 열을 GPT가 정리한 것을 살펴보면, '17', '33' 등은 인과성이 강한 문맥에 자주 등장한 주변 명사의 특성으로, '4', '11'은 자발성이 강한 문맥에 자주 등장한 주변 명사의 특성으로 나타난다. '1', '9', '3' '2' 등 PC2에 가장 크게 기여한 주변 단어들도 같은 방식으로 해석할 수 있다.

📊 PC1: 자발성 ↔ 인과성 (Spontaneous ↔ Causative)

Top PC1 (+) → 인과성	Weight	Top PC1 (−) → 자발성	Weight
17	0.329	4	-0.356
33	0.216	11	-0.249
21	0.185	7	-0.241
19	0.180	1	-0.225
6	0.155	15	-0.207

📊 PC2: 구체 ↔ 추상 (Concrete ↔ Abstract)

Top PC2 (+) → 구체/물리	Weight	Top PC2 (−) → 추상/정서	Weight

1	0.854	3	-0.382
9	0.066	2	-0.237
24	0.042	0	-0.174
12	0.037	8	-0.100
17	0.034	6	-0.089

GPT의 도움으로 위에 있는 명사 인덱스를 실제 명사로 복원하여 위에서 시도한 의미 지도의 축 해석을 구체적으로 보강하는 것도 가능하다. GPT가 구성한 아래의 두 표는 PC1과 PC2에 크게 기여한 명사 차원을 코퍼스에 등장하는 실제 명사로 복원한 예시이다.

📊 PC1 (Spontaneous ↔ Causative):

➕ 유도된 변화 (Causative)   ➖ 자발적 변화 (Spontaneous)

form, structure, pattern   pressure, area, amount

→ 형태/구조 관련 명사들은 인위적 변화에 더 자주 등장
→ 물리적 조건/환경 요소는 자발적 변화 문맥에서 많이 공기됨

📊 PC2 (Concrete ↔ Abstract):

➕ 구체적/물리적 변화   ➖ 정서적/추상적 변화

object, material, surface   feeling, level, relationship

→ 상위 noun들이 PCA 공간의 **의미 축 구성 요소**로 잘 작동하고 있음을 보여줍니다.

이처럼 의미 차원의 명확한 파악과 해석이 가능한 점은 통계 기반 분포 의미론 접근의 큰 강점이자 매력으로 평가할 수 있다.

지금까지의 논의를 종합하여 GPT가 수평축과 수직축에 대한 개념적

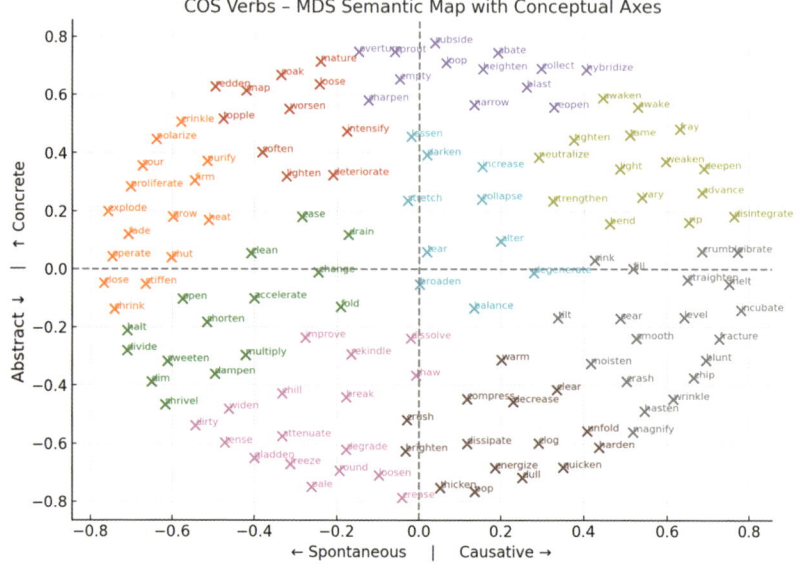

[그림 6] 상태변화 동사의 MDS 의미 지도 3

해석을 추가한 MDS 의미 지도를 제시하면 [그림 6]과 같다.

　의미 지도의 차원에 대한 개념적 해석을 통해서 의미 성분 또는 자질 측면에서 유사한 동사들이 보이는 분포 의미적 특성 차이를 포착할 수 있다. Levin(1993)의 'break 동사' 부류를 예로 들면, 위에서 언급한 바와 같이 rip은 우측 상단 Causative-Concrete 영역에 분포하고, fracture는 우측 하단 Causative-Abstract 영역에 놓여있다. 흥미롭게도 이 부류의 대표 동사로 꼽히는 break는 좌측 하단 Spontaneous-Abstract 영역에 놓여있다. 이 동사들은 모두 외부 힘의 작용에 의한 파괴와 손상을 나타내지만, break는 다의어로서 물리적 파괴와 손상 외에도 중단, 정보의 공개, 자발적 발현 등 행동주의 개입이 요구되지 않는 다양한 사건을 나타낸다. 이 중에서 (1)에

162

예시된 자발적 발현 의의는 break의 자동사적 용법에만 국한된다(break의 다의성과 의의(sense)의 구문 분포에 대해서는 4.1절과 4.2절의 논의를 참조). [그림 6]의 의미 지도는 자발적 발생 의의를 갖는 break와 주로 외부 힘의 작용에 의한 물리적 파괴와 손상을 나타내는 collapse, rip, fracture 등의 차이를 잘 반영하고 있는 것으로 보인다.

(1) The day/the dawn/the morning broke.

      의미 지도 차원의 해석은 사역교체 동사들과 비교체 동사들(non-alternating verbs)의 차이를 연속적인 의미 공간에서 이해하는데에도 유용하다. 여기서 다룬 상태변화 동사들과 함께 의미 공간에 위치시켜 비교할 비교체 동사들은 다음과 같다.

    ① 인과성·의도성이 강한 비교체 타동사들
        • 행동주성 동사(agentive verbs): murder, assassinate 등
        • 비행동주성 사동주(nonagentive causer) 허용 동사: kill, destroy 등
    ② 비행동주성 교체 동사들
        • (2)에서와 같이 일반적으로 행동주보다 환경 조건을 주어로 선호하는 내재적 속성 변화 중심의 동사들: bloom, blossom, decay, erode, flower, rust, wither 등

(2) a. The sunny warm weather has bloomed a carpet of spectacular
      yellow mustard throughout all the vineyards ... (Levin 2015: 76)

b. Salt air and other pollutants can decay prints. (Rappaport Hovav

    2020: 230)

c. Salt air rusted the chain-link fences (Wright 2001: 112)

③ 자발성이 강한 비교체 자동사들: appear, emerge 등 출현 의미의 자

   동사들

위 동사들과 사역교체 동사들을 의미 지도에 함께 나타내보면 아래 [그림 7]과 같다. 자동사적 용법을 허용하지 않는 위 1번의 동사들은 가장 인과성·의도성이 강하므로 오른쪽 끝에 분포하며, 자동사로만 쓰이는 위 3번

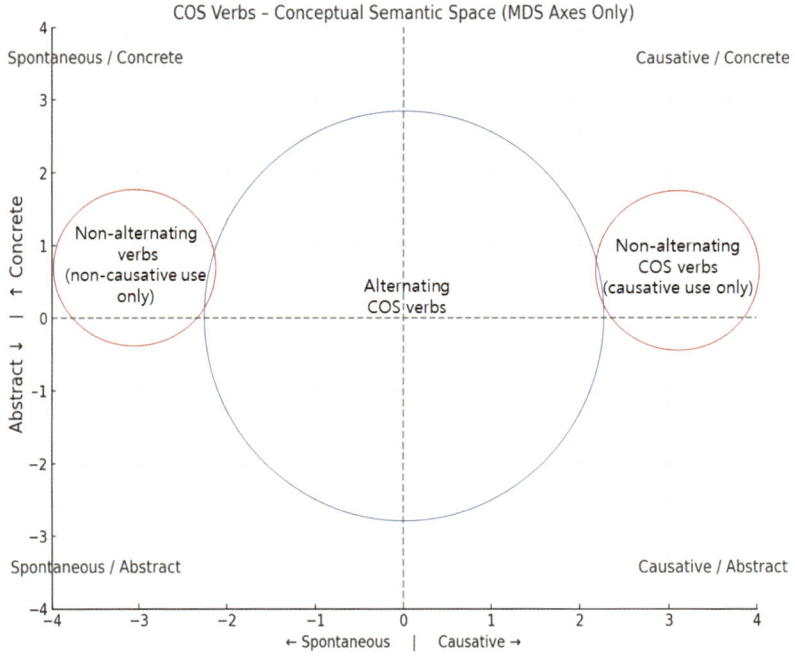

[그림 7] 교체동사와 비교체 동사의 의미 지도

의 동사들은 왼쪽 끝에 분포한다고 가정할 수 있다. 이 두 비교체 동사들 사이의 공간에 여기서 다룬 사역교체 동사들이 분포하고, 위 2번의 동사들이 사역교체 동사들과 3번 동사들 사이의 경계에 위치한다고 볼 수 있다.

지금까지 이 절에서 우리는 130개 상태변화 동사를 대상으로 GPT-4o 모델을 활용한 통계 기반 분포 의미론 분석을 수행하였다. 분석 결과, 전통적인 통계 기반 분포 의미론 분석은 '[[x ACT] CAUSE [BECOME [y 〈RES-STATE〉]]]'로 나타낼 수 있는 상태변화 동사들의 의미 표상에서 'CAUSE' 그리고 'x(사동주)' 및 'y(대상)'와 관련된 의미 요소를 주요 의미 차원으로 포착하여 동사 의미로부터 논항 구조 구문 의미를 파악하고자 하는 분석에 특히 유용함을 확인하였다. 또한 ChatGPT를 계산을 자동화하는 도구를 넘어 통찰을 확장하는 분포 의미 분석 도구로 활용하여 사역교체 동사들과 비교체 동사에 대한 통합적인 이해에 도달할 수 있음을 보였다.

3. 공연구조적 분석을 확장한 분포 의미론 분석

이 절에서는 사역교체를 구성하는 두 구문과 높은 공연강도를 보이는 상태변화 동사들을 대상으로 통계 기반 분포 의미론 분석을 수행한다. 이를 위해 3.3.2절에서 분석한 130개 동사들을 [표 5]와 같이 로그 오즈비(LOR) 값을 기준으로 상대적으로 타동 구문에서 선호되는 동사들과 자동 구문에서 선호되는 동사들로 나누고, 각 그룹의 동사 목록을 별도의 파일에 저장해 둔다.

[표 5] 구문 선호에 따른 동사 구분

동사 구분	특징
Positive LOR verbs(78개)	로그오즈비(LOR) 값: 양수 → 타동구문 선호
Negative LOR verbs(52개)	로그오즈비(LOR) 값: 음수 → 자동구문 선호

동사 목록 파일과 함께 3.3.2절에서 사용한 상태변화 동사 의미 벡터 파일을 GPT에 업로드하고, 아래와 같이 분석을 요청한다.

User:

Perform a distributional semantic analysis for the following two groups of COS verbs and create separate semantic maps for each group:

— Positive LOR verbs

— Negative LOR verbs

I will upload following files:

— the two verb list files

— the vector data file

GPT는 일련의 단계를 거쳐 최종적으로 타동 구문과 자동 구문 선호 동사들의 계층적 군집 분석 결과를 시각화한 두 MDS 의미 지도를 생성한다. [그림 8]에 78개의 타동 구문 선호 동사의 의미 지도가 제시되어 있다. 이 의미 지도에서 동사들은 [표 6]에서와 같이 다섯 개의 군집으로 분류된 것을 볼 수 있다.

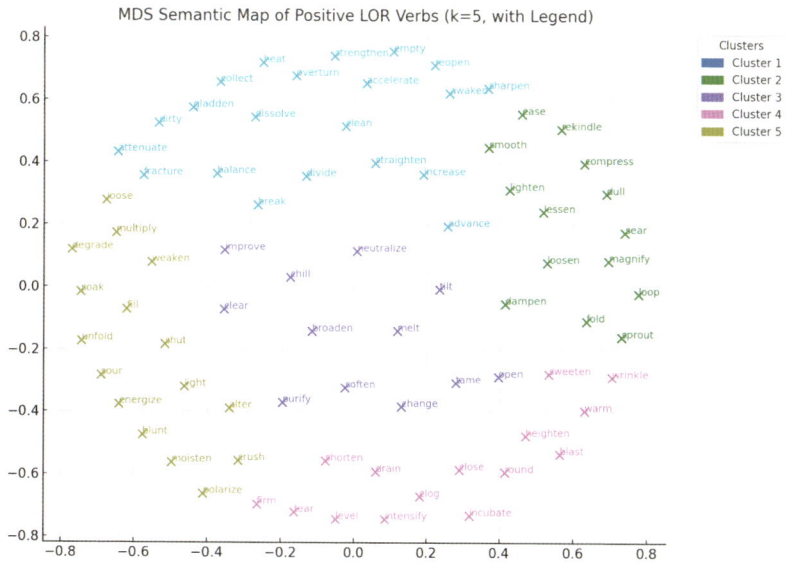

[그림 8] 타동 구문 선호 상태변화 동사의 MDS 의미 지도

[표 6] 타동 구문 선호 동사의 계층적 군집 분석 결과

주요 군집	의미적 특성	예
Cluster 1 (상단)	— 인위적 조작에 의한 물리적 상태 또는 표면·경계 변화 — 증가 방향 변화	— *break, fracture, clear, empty, divide, dissolve, reopen, overturn* — *accelerate, advance, collect, increase, strengthen*
Cluster 2 (오른쪽 상단)	— 강한 힘, 압력, 외부 에너지에 의한 압축, 축소, 확대, 정도 변화	— *compress, ease, lessen, loosen, smooth, magnify*
Cluster 3 (중앙)	— 내부 속성의 질적·심리적·정서적 변화 — 인위적 조작에 의한 다양한 상태 변화	— *improve, neutralize, soften, purify* — *open, tame, melt, broaden, clear*

167

주요 군집	의미적 특성	예
Cluster 4 (오른쪽 하단~ 중앙)	— 주로 의도적 조작에 의한 지각적 속성 변화(형태, 높이, 길이, 온도, 단단함, 강도, 성숙도 등)	— *wrinkle, heighten, shorten, tear, warm, firm, sweeten, intensify, incubate*
Cluster 5 (왼쪽 중간~ 하단)	— 감각적 속성 변화 — 내부 경계 변화 또는 팽창 방향 변화 — 내적 속성의 질적 변화	— *sour, light, moisten* — *fill, shut, unfold, multiply* — *blunt, degrade, weaken, alter, energize, polarize*

위 [표 6]에 제시된 타동 구문 선호 동사들의 주요 군집에서 인위적·의도적 조작과 외부 힘이나 에너지의 개입으로 구체화되는 강한 인과성이 두드러진다. 강한 인과성과 의도성은 어휘적 사동문이 보이는 전형적인 의미적 특성으로 관찰되어 왔는데, 이 같은 특성이 특히 [그림 8]에서 오른쪽에 분포한 cluster 1, cluster 2와 cluster 4에서 두드러진다. 왼쪽과 중앙에 분포한 cluster 3과 cluster 5는 상대적으로 지각적 속성 변화와 질적·심리적·정서적 속성의 변화가 두드러진다.

이제 [그림 9]에 제시된 자동 구문 선호 동사들의 MDS 의미 지도를 검토해 보자. 계층적 군집 분류 결과 같은 군집으로 분류된 동사들의 특성을 요약하면 [표 7]과 같다.

[표 7] 자동 구문 선호 동사의 계층적 군집 분석 결과

주요 군집	의미적 특성	예
Cluster 1 (상단)	— 물질적·구조적 상태 변화 — 증감 또는 악화	— *freeze, thicken, collapse, shrink* — *grow, proliferate, decrease, worsen*

Cluster 2 (오른쪽 중간)	— 자발적 반응 또는 감각적 변화 — 붕괴, 해체	— *awake, stiffen, tighten* — *dissipate, topple*
Cluster 3 (오른쪽 하단)	— 정서적 완화, 약화 — 부정적 변화, 하강, 침몰 — 물리적 구조에 나타나는 작은 손상	— *fade, dim* — *deteriorate, sink, darken* — *crumble, rip, crash*
Cluster 4 (왼쪽 중간~ 하단)	— 감정·상태의 완화 또는 부정적 변화 — 다양하고 불명확한 원인에 의 한 외형 변화	— *subside, pale, degenerate* — *widen, narrow, bend, crease,* *fray*
Cluster 5 (상단)	— 자연적·환경적 요인과 다양한 원인에 의한 상태와 정도 변화	— *abate, mature, shrivel, deepen,* *redden, quicken*

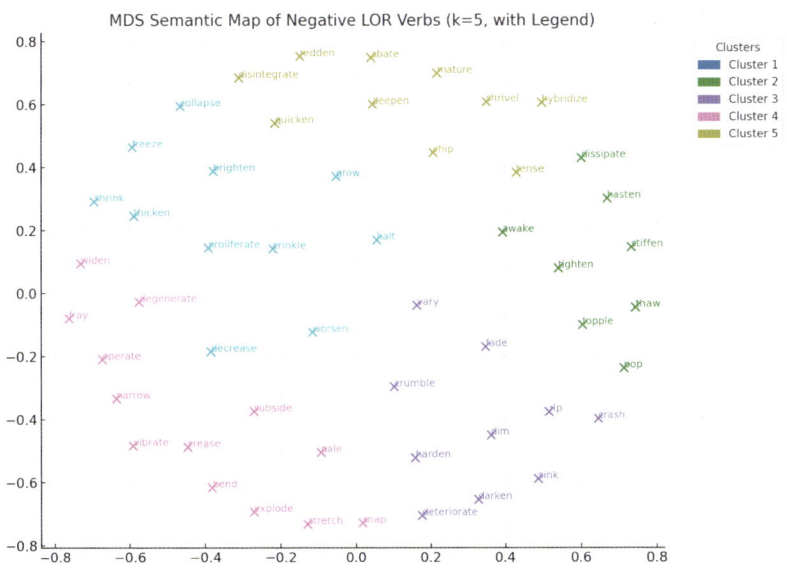

[그림 9] 자동 구문 선호 상태변화 동사의 MDS 의미 지도

[표 7]에 제시된 자동 구문 선호 동사들의 주요 군집에서는 인위적 조작이나 의도적 개입이 없이 발생하거나 불명확한 다양한 원인에 의해 발생할 개연성이 상대적으로 높은 물리적·형태적 변화와 감정·상태 변화가 두드러진다. 전자의 변화는 [그림 9]의 의미 지도에서 오른쪽에, 후자의 변화는 왼쪽에 분포한 군집에 속한 동사들에서 두드러진다.

타동 구문과 자동 구문에서 선호되는 동사들의 의미적 특성을 보다 명확하게 비교하기 위해서 GPT에게 위 두 의미 지도의 축 해석을 요청하였다. 이에 대한 GPT의 답변을 [표 8]과 [표 9]에 제시한다. 위에서 논의한 우리의 해석과 유사하게 타동 구문의 수평 축은 인과성이 가장 강한 물리적 구조 조작에 의한 변화와 인과성이 상대적으로 약한 속성 중심 변화의 대비를 반영하고, 자동 구문의 수평 축은 물리적 구조 변화와 감정·속성 중심 변화의 대비를 포착하고 있다. 수직 축은 동사들 간의 이차적인 대조를 반영하는데, 이에 대해 GPT는 타동 구문의 경우는 과정 중심 변화와 즉각적인 결과 중심 변화 사이의 대조를 나타내고, 자동 구문의 경우는 구조 변화(붕괴, 해체)와 속성 약화 사이의 대비를 나타낸다는 해석을 제공한다.

[표 8] GPT의 타동 구문 선호 동사 MDS 차원 해석

의미 지도의 차원	포착하는 개념	의미 대비
MDS Dimension 1 (x축)	인위적 조작과 개입 정도	물리적 구조 조작: 의도적 원인 행위의 개입 ↑(오른쪽) ↔ 속성 중심 변화: 비의도적 원인의 영향 ↑ (왼쪽)
MDS Dimension 2 (y축)	변화의 점진성	결과 중심 즉각적 변화(위) ↕ 과정 중심 점진적 변화(아래)

[표 9] GPT의 자동 구문 선호 동사 MDS 차원 해석

의미 지도의 차원	포착하는 개념	의미 대비
MDS Dimension 1 (x축)	대상의 구체성	물리적·구조적 변화(오른쪽) ↔ 감정·속성 변화(왼쪽)
MDS Dimension 2 (y축)	점진적 감쇠	물질적·구조적 상태 변화: 결빙, 붕괴, 해체 등(위) ↕ 완화·약화/점진적 변화(아래)

　　GPT의 축 해석을 반영하여 의미 공간의 개념적 특성을 나타낸 의미 지도가 [그림 10]과 [그림 11]에 제시되어 있다. 이를 통해 두 구문과 공연 강도가 높은 상태변화 동사들이 분포한 의미 공간의 개념적 특성을 직관적으로 한 눈에 파악할 수 있다.

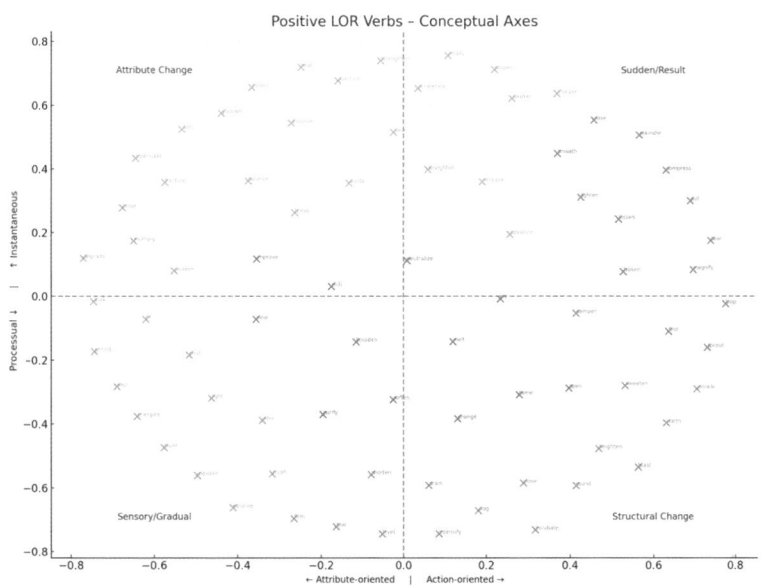

[그림 10] 축 해석을 반영한 타동 구문 선호 상태변화 동사의 MDS 의미 지도

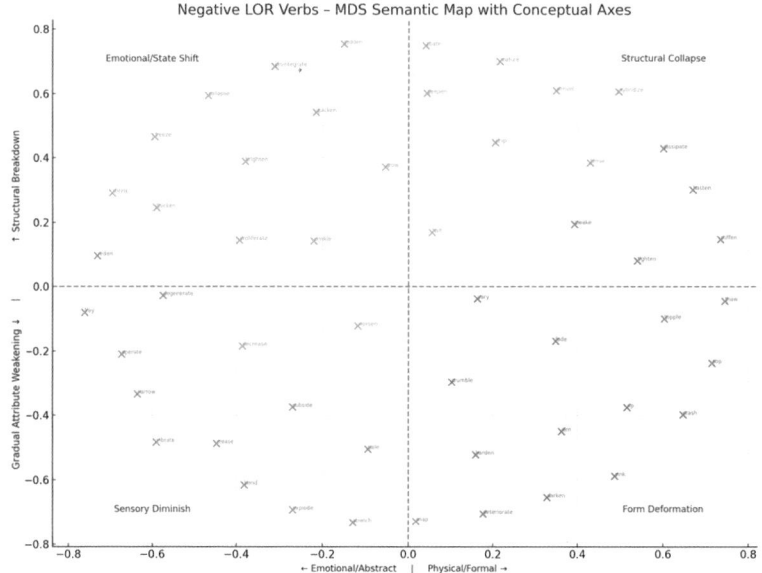

[그림 11] 축 해석을 반영한 자동 구문 선호 상태변화 동사의 MDS 의미 지도

이제 두 구문에서 선호되는 동사들의 의미 구조와 차원을 명시적으로 해석하기 위해 주성분 분석을 수행해 본다. 각 주성분은 전체 의미 공간에서 동사들 간 가장 의미적으로 큰 차이(분산)를 설명하는 방향이다. GPT는 MDS 의미 지도 차원 해석과 일관되게 주성분 축 해석을 [표 10]과 같이 제안하였다. 축 해석이 포함된 PCA 시각화 결과물은 [그림 12]에 제시되어 있다.

172

[표 10] GPT의 자동 구문 선호 동사 MDS 차원 해석

의미 지도	PC1(x축)	PC2(y축)
Positive LOR verbs	Attribute vs. Action orientation	Gradual vs. Sudden change
Negative LOR verbs	Emotional/Abstract vs. Physical/Form	Weakening vs. Breakdown

　　[그림 12]의 왼쪽(타동 구문 선호 동사)과 오른쪽(자동 구문 선호 동사) 그래프를 비교하면 몇 가지 흥미로운 공통점과 차이점을 발견할 수 있다. 먼저 두 그래프에서 수평 차원(PC1)은 물리적이고 구체적인 상태변화와 추상적인 상태변화의 대비를 포착하고 있는 점에서 유사하다. 이를 군집 분석과 동사의 특성을 기반으로 자세히 살펴보면 타동 구문은 상태변화 유발 원인, 즉 인과성의 정도에 따라 인위적 조작에 의한 물리적 변화와 비의도적 원인의 영향이 상대적으로 큰 질적 속성 변화를 대비시킨다. 사동주가 명시적으로 실현되지 않는 자동 구문은 상태변화를 겪는 대상의 구체성에 따

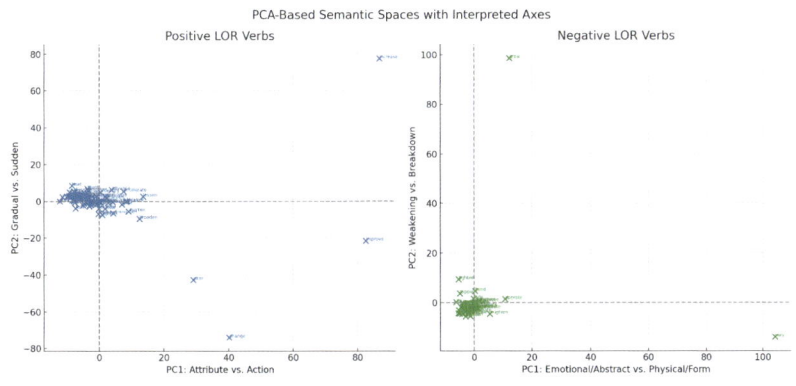

[그림 12] 타동 구문과 자동 구문 선호 동사들의 PCA 시각화

173

라 형태적·물리적 변화와 감정 변화/추상적 변화를 대비시킨다. 두 그래프의 수직 차원(PC2)도 상태변화의 점진성과 관련된다는 점에서 개념적으로 유사하면서도 자동 구문이 보다 구체적인 상태변화의 유형을 대비시키는 반면, 타동 구문은 보다 상위 차원의 일반적인 대비(과정 중심 vs. 즉각적 결과 중심)를 포착하고 있는 차이를 보인다.

이 절에서 다룬 타동 구문과 자동 구문에서 상대적으로 선호되는 동사들에 대한 분포 의미론 분석은 공연구조적 방법론에 의거한 어휘-구문의 상관관계 분석과 구문 의미 연구에 중요한 시사점을 갖는다. 이 절에서 우리는 3.2절에서 수행한 공연구조적 분석 결과 사역교체 구문에서 공연하는 정도가 높은 상태변화 동사들만을 선별하여 문맥 기반 유사도에 근거한 계층적 군집 분석과 주성분 분석을 수행하였다. 이를 통해 두 사역교체 구문과 높은 공연강도를 보이는 동사들의 의미적 특성을 밝혀냄으로써 동사와 구문의 상관관계에 대한 실질적인 근거와 설명을 제공하였다.

이 절에서 두 그룹으로 나누어 분석한 동사들을 합친 3.3.2절의 주성분 분석 결과에서 전체 의미 공간에서 동사들 간 가장 의미적으로 큰 차이를 설명하는 차원은 명확한 인과성 ↔ 자발성(자연발생적 변화)임을 확인하였다. 이 소절에서 수행한 분석에서도 이와 궤를 같이 하는 결과가 나타났다. 위에서 다룬 주성분 분석에서 인위적 조작에 의한 물리적 변화는 타동 구문 선호 동사들 간 가장 큰 의미적 차이를 설명하는 차원으로 확인되었으며, 다양한 원인에 의한 점진적이고 자발적인 변화가 자동 구문과 강하게 공연하는 동사들의 두드러진 특징으로 나타났다. 이를 종합하면 인과적·의도적 조작에 의한 물리적 상태변화를 어휘적 사동문과 가장 강하게 연관된 전형적인 의미로 볼 수 있으며, 자발성이 강한 상태변화를 사역교체 자동 구문의 전형적인 의미로 분석할 수 있다는 결론을 얻을 수 있다. 이 같은 결과는 문맥 기반 유사도에 근거한 계층적 군집 분석과 주성분 분석이 논항 구조 구문의 전형적이고 일차적인 의미와 주변적인 의미를 식별하는 객관적인 경험적 기준으로서 구문 의미 연구에 기여할 수 있음을 시사한다.

4. Word2Vec 활용 신경망 예측 기반 사역교체 동사 분석

이 절에서는 ChatGPT로 Word2Vec 모델의 Skip-gram 방식을 사용한 신경망 예측 기반 상태 변화 동사 분석을 수행하고, 그 결과를 3.3절에서 논의한 통계 기반 접근을 적용한 분석 결과와 비교해 본다.

Skip-gram은 동사의 분포 의미 분석에 적합한 몇 가지 특성을 갖추고 있다. Skip-gram은 중심 단어(예: 동사)를 기준으로 주변 단어를 예측하는 방식으로 작동하기 때문에 동사가 어떤 주어, 목적어, 부사 또는 형용사 등과 자주 쓰이는지를 반영한다. 결과적으로 동사의 의미론적 틀이나 그 논항의 의미 역할뿐 아니라 동사가 문맥 내 부사, 형용사, 다른 동사 등과 쓰이는 패턴도 잘 학습할 수 있다. 또한 Skip-gram은 빈도가 낮은 단어의 미세한 의미 차이를 잘 포착하며, 동사가 나타나는 넓은 문맥의 분포를 고차원 벡터로 압축한다. 그 결과 의미가 비슷한 동사들이 유사한 벡터 공간에 위치하게 되므로 군집 분석, 주성분 분석, t-SNE 등에서 유용한 의미 공간 생성이 가능하다. Skip-gram이 동사가 실제로 쓰이는 넓은 문맥에서의 분포 패턴을 잘 학습하여 의미 공간에 정밀하게 반영하는 특성은 상태 변화 동사 분석에 특히 적합하다. 상태변화 동사들이 주로 나타내는 인과성, 분해, 형태 변화, 속성, 수량, 정도와 강도 변화와 같은 의미는 문맥 내 명사, 형용사, 부사 등과의 공기 패턴으로 드러나는데, Skip-gram은 이 패턴을 학습하여 동사가 나타내는 변화 양상과 의미 유형을 정밀하게 반영할 수 있기 때문이다.

Word2Vec 모델을 사용한 분포 의미론 분석의 절차는 다음과 같다.

① 코퍼스 준비 및 분석 대상 단어 선별
② Word2Vec 모델 학습
③ 분석 대상 단어의 벡터 추출
④ 3단계에서 추출된 벡터를 사용하여 분석, 시각화 및 해석

위 절차에서 통계 기반 접근법의 분석 절차와 다른 점은 대규모 코퍼스를 훈련 데이터로 사용하여 모델을 학습시켜 단어 임베딩을 생성하는 2단계 과정이다. CPU 자원을 사용하는 언어 모델 훈련은 OpenAI 환경에서 제한되어 있으므로(2025년 4월 기준) GPT 외부에서 수행해야 한다. 여기서는 GPT에게 다음과 같이 위 2단계와 3단계를 자동화하는 코드북 작성을 요청하고, 제공받은 코드를 코랩에서 실행하여 분석에 필요한 상태변화 동사들의 의미 벡터를 확보하도록 한다.

User:

Write a python script that automatizes Word2Vec training and COS verb vector extraction(BNC upload → unzip → training → save(.model and .npy) →download) so I can run it in Colab. Apply following parameters for training:

    — skip-gram

    — window = ±2~5

    — vector_dim = 100~300

    — min-count = 5~20(희귀어 제거)

위의 요청을 받고 GPT가 작성하여 제공한 파이썬 스크립트는 BNC로 모델을 학습시킨 후 전체 코퍼스 벡터 정보가 포함된 데이터 파일과 (.model) 사용자가 분석할 단어의 벡터 정보만 포함한 파일을(.npy와 .vec) 모두 생성하여 저장하도록 구성된 코랩용 코드북이다. 생성된 벡터 파일 중 전체 벡터 파일은 이후에 다른 단어들을 분석할 때 재사용할 수 있다. 이 전체 벡터 파일에는 분석 대상 단어들 외에도 수만 개의 다른 단어 정보가 포함되어 있으므로, GPT로 분포 의미 분석을 할 때 매번 이 파일을 사용하면 과도한 연산 부담으로 인한 메모리 소모가 커진다. 따라서 GPT 환경에서 연산을 효율화하기 위해 사용자가 분석할 단어의 벡터 정보만 추출하여 저장한 경량화된 벡터 파일 사용이 권장된다. GPT가 작성한 코드의 오류를 수정한 전체 코드는 깃허브 페이지에 올리고, 여기서는 코드가 수행하는 기능에 대한 GPT의 단계별 설명을 다음과 같이 제시한다.

✳ STEP 0: 라이브러리 설치

python   🗐 복사   ✎ 편집

```python
!pip install gensim
```

- Colab 환경에서 `gensim` 설치
- Word2Vec 벡터 학습 및 저장을 위한 라이브러리

📙 STEP 1: 데이터 로딩 및 전처리

```python
python                                          🗐 복사    🖋 편집

uploaded = files.upload()
...
sentences = [simple_preprocess(line) for line in lines if line.strip()]
```

- `.txt` 형태의 **BNC** 또는 기타 말뭉치 업로드
- 각 문장을 `simple_preprocess` 를 통해 토큰화된 단어 리스트로 변환
  - 소문자화, 구두점 제거 등 기본 정제 포함
- 결과: Word2Vec 학습용 `sentences` 생성

🗣 STEP 2: Word2Vec 모델 학습 (Skip-gram 방식)

```python
python                                          🗐 복사    🖋 편집

model = Word2Vec(..., sg=1)
```

- **Skip-gram 방식 (sg=1)** 선택
- 파라미터:
  - `vector_size=300` : 벡터 차원 수
  - `window=2` : 문맥 크기
  - `min_count=10` : 출현 빈도 10 미만 단어 제거
  - `workers=4` : 병렬 처리

💾 STEP 3: 전체 Word2Vec 모델 저장

```python
python                                          🗐 복사    🖋 편집

model.save("word2vec_full.model")
```

- `word2vec_full.model` 생성
- **전체 어휘 + 학습 파라미터 + 상태를 모두 저장**
- 재학습, 추론, 전체 분석에 사용 가능

◎ STEP 4: 분석 대상 동사 벡터만 저장 (선택적)

🔍 1. 특정 동사 리스트 필터링 (예: COS 동사)

```python
python                                                    🗐 복사    ✎ 편집

cos_verbs = ['break', 'melt', ...]
filtered_words = [w for w in cos_verbs if w in model.wv]
filtered_vectors = ...
```

- COS 동사 중 Word2Vec 학습 결과에 있는 단어만 추출

 필자가 실제 분석에 사용한 코드에서는 위에서와 같이 분석할 동사들을 직접 입력하지 않고, 아래와 같은 파일 업로드 방식으로 코드를 수정하였다. 수정한 코드를 코랩에서 실행하면 동사 목록 파일을 업로드하라는 버튼이 나타난다. 이 버튼을 클릭하여 미리 준비해 둔 동사 목록 파일 선택해서 업로드하면, 이를 읽어와서 파일에 있는 동사 동사들 중 Word2Vec 학습 결과에 있는 단어만 추출하는 작업이 수행된다.

```python
python                                                    🗐 복사    ✎ 편집

# COS 동사 목록 파일 업로드
uploaded = files.upload()  # 예: cos_verbs_137.txt

# 파일 읽기
with open("cos_verbs_137.txt", "r") as f:
    cos_verbs = [line.strip().lower() for line in f if line.strip()]

# Word2Vec 모델에 존재하는 단어만 필터링
filtered_words = [w for w in cos_verbs if w in model.wv]
filtered_vectors = np.array([model.wv[w] for w in filtered_words])
```

💾 2. .vec 포맷 저장

```python
python                                                    🗐 복사    ✎ 편집

with open("cos_filtered.vec", "w") as f:
    ...
```

- 단어 + 벡터 텍스트 형태 저장 (GloVe 형식과 유사)
- 다른 툴과 연동 쉬움

```python
np.save("cos_filtered.npy", filtered_vectors)
```
복사   편집

- NumPy 배열로 저장
- 빠른 연산, 재사용성 ↑

💾 4. `.model` (KeyedVectors) 저장

```python
model.wv.save("cos_filtered.model")
```
복사   편집

- 전체 모델은 아니고 **해당 단어 벡터 사전만 저장**

위의 코드를 단계 별로 하나씩 코랩 코드 셀에 복사 및 붙여넣기하여 실행하면 최종적으로 아래와 같이 네 개의 벡터 모델 파일이 생성된다.

파일명	설명	사용 목적
word2vec_full.model	전체 Word2Vec 모델	재학습, 전체 어휘 분석
cos_filtered.vec	COS 동사 벡터 (텍스트)	PCA, MDS, 시각화
cos_filtered.npy	COS 동사 벡터 배열	빠른 계산용
cos_filtered.model	COS 동사만 담긴 벡터 사전	gensim 전용 분석용

위 표에 요약된 바와 같이 네 파일은 형식, 저장된 내용과 사용 목적이 다르다. 이에 대한 설명을 보충하면 아래와 같다.

① 전체 Word2Vec 모델 파일(.model 파일)
- gensim 라이브러리의 Word2Vec 학습 결과를 모든 학습 파라미터, 단어 벡터, 단어 빈도 정보와 함께 저장한 전체 모델 객체이다.

180

- 이 파일을 나중에 불러 와서 추가 분석과 추론 등에 사용할 수 있다.

② 텍스트 기반 벡터 파일(.vec 형식)

- .vec 파일은 전체 모델에서 추출된 단어 벡터를 텍스트 형식으로 저장한 파일이다.

- 단어와 벡터 정보가 함께 있어 GPT로 분석할 때 가장 효율적으로 사용 가능 하며, 다른 도구들과(예: sklearn, pandas 등) 쉽게 연동할 수 있다.

③ NumPy 행렬만 저장된 벡터 파일(.npy 형식)

- .npy 파일은 단어 벡터들을 NumPy 배열로만 저장한 것으로, 단어 순서를 알 수 있는 인덱스가 주어져야 의미 있게 사용된다.

- 이 파일은 단어의 순서 정보가 필요한 경우 벡터 행렬만 불러와 빠르게 수치 연산을 수행할 때 유용하다.

④ Gensim 전용 분석용 벡터 파일(.model 파일)

- gensim 라이브러리에서 단어 벡터만 저장하고 불러오기 위해 사용하는 객체이다.[26] 다른 도구에서 읽으려면 .vec 또는 .csv 같은 범용 포멧으로 변환해야 한다.

- 분석 대상 동사만 담긴 벡터 사전으로 전체 Word2Vec 모델 파일과 달리 전체 어휘 분석이나 재학습에 사용될 수 없다.

이제 생성된 단어 벡터를 활용하여 Word2Vec 기반 예측 모델로 GPT 에서 상태변화 동사 분석을 수행해 보도록 한다. 통계 기반 접근법과 신경망

---

26 이 벡터 파일이 gensim 전용인 이유는 gensim이 자체적으로 학습한 단어 벡터 사전 구조를 갖고 있기 때문이다.

임베딩 기반 접근법은 벡터 생성 방식에서 다를 뿐 그 이후의 의미 공간 분석 절차는 동일하게 적용된다. 즉 3.3절에서 수행한 통계 기반 분석과 동일한 분석 기법으로 Word2Vec 기반 의미 공간도 일관되게 비교 분석할 수 있다. 이 같은 분석을 GPT에게 요청하는 영문 프롬프트 예시는 아래와 같다.

User:

I would like to compare the distributional semantic structure of change-of-state(COS) verbs using both a traditional co-occurrence-based method(PPMI + SVD) and a predictive method based on Word2Vec.

Please analyze the Word2Vec-based semantic space using the same techniques applied to the PPMI-based model: Measuring cosine similarity, MDS or t-SNE visualization, hierarchical clustering, and PCA-based interpretation.

I want the analysis to be as consistent as possible with the previous statistical model so that meaningful comparisons can be made across the two spaces.

GPT가 Word2Vec 의미 공간에서 군집 수를 5개로 설정한 계층적 군집 분석을 수행하여 그 결과를 시각화한 MDS 의미 지도가 [그림 1]에 제시되어 있다.

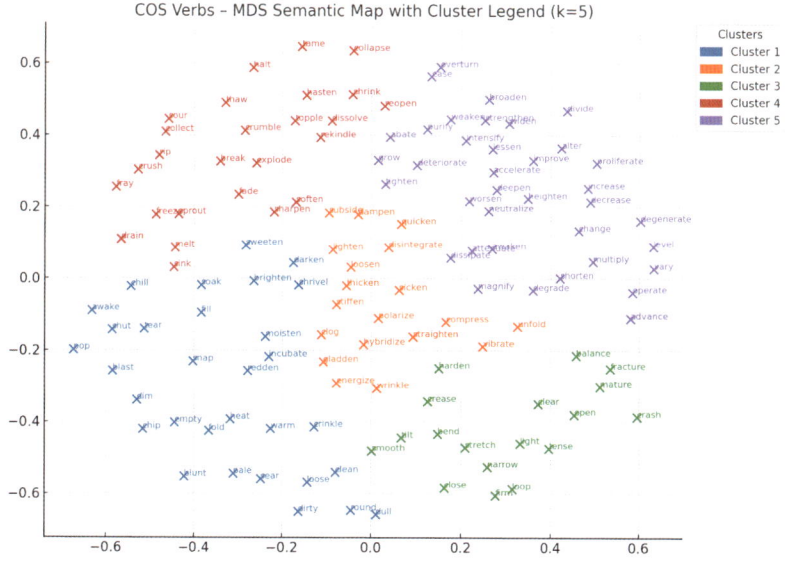

[그림 1] 상태변화 동사의 Word2Vec 기반 MDS 의미지도 1

위 의미 지도에 제시된 5개 군집의 의미적 특성을 제시하면 [표 1]과 같다.

[표 1] 상태변화 동사의 Word2Vec 기반 계층적 군집 분석 결과 1

주요 군집	의미적 특성	예
Cluster 1 (왼쪽 하단)	— 겉으로 드러나는 표면·형태 중심 변화 — 감각적·지각적 속성 변화(시각·촉각 중심)	— *clean, empty, dirty, crinkle, fold, round, tear* — *brighten, darken, redden, sweeten, dim, heat, warm*
Cluster 2 (중앙)	— 지각적 속성 변화(밝기, 밀도, 단단함 등) — 내적 상태·속성 변화	— *lighten, thicken, dampen, stiffen* — *subside, quicken, sicken, polarize, hybridize*

183

주요 군집	의미적 특성	예
Cluster 3 (오른쪽 하단)	— 구조적 변화 — 경계 변화, 공간 관련 변화	— *fracture, crash, balance, bend, crease* — *open, close, narrow, stretch, loop*
Cluster 4 (왼쪽 상단)	— (강한 힘·외부 에너지에 의한) 파괴, 물리적·물질적 상태 변화 — (외부 작용에 의한) 분해, 무너짐, 결과 중심의 즉각적 변화	— *break, explode, rip, crush, fray, freeze, melt, soften* — *collapse, dissolve, topple, crumble, halt, reopen, rekindle*
Cluster 5 (오른쪽 상단)	— 정량적 증감 — 면적/크기/높이/길이 변화 — 구조·구성 조정 및 방향성이 뚜렷하고 세밀한 변화	— *increase, decrease, divide, grow, accelerate, multiply, magnify* — *widen, broaden, shorten, heighten* — *change, advance, vary, level, degrade, degenerate*

통계 기반 의미 공간에서의 군집 분류와 위 표에 나타난 결과를 비교하면 몇 가지 흥미로운 공통점과 차이점을 발견할 수 있다. 먼저 두 분포 의미론 모델에서 공통적으로 안정적인 의미 영역을 차지하는 동사들을 관찰할 수 있는데, 대표적으로 표면이나 형태 변화를 나타내는 동사들이 일관되게 군집화를 유지하고 있다. 경계 변화와 강한 외부 힘에 의한 변화를 나타내는 동사들과 점진적 변화를 뜻하는 동사들도 두 모델에서 도출된 의미 공간에서 가까이 묶여 있다. 이처럼 전체적인 동사 분류와 분포에서 유사한 점이 있지만, Word2Vec 기반 군집 분류에서 군집 내 유사성이 더 높은 경향이 뚜렷하다. 위 [그림 1]과 [표 1]에서 break, rip, dissolve, crumble 등 파괴와 분해를 나타내는 동사들은 대부분 cluster 4에 집중되어 있으나, 3.3.2절에서 논의한 바와 같이 통계 기반 군집 분석에서 이 동사들은 의미 공간에서 더 넓게 퍼져 있고, 다른 동사들과 같이 다른 군집을

이루는 경향이 뚜렷하게 관찰되었다(3.3.2절 [그림 3]과 [표 2] 참조). 마찬가지로 Word2Vec 기반 군집 분석에서는 정량적 증감 의미의 동사들은 다른 측정 가능한 척도 변화(scalar change) 동사들과 의미적 유사성이 높은 단일 군집(cluster 5)을 형성하고 있다. Word2Vec 기반 의미 공간에서 lighten, brighten, sweeten과 같은 감각적·지각적 속성 변화를 나타내는 동사들도 왼쪽 중간과 중앙 영역에 집중 분포하며 유사성이 높은 군집으로(cluster 1과 cluster 2) 배열되어 있는 반면, 통계 기반 의미 공간에서는 더 넓게 분산되어 있고, 다른 동사들과 혼재된 군집을 이루는 경향이 뚜렷하다.

동일한 동사들이 두 모델 의미 공간에서 차지하는 위치를 동사들의 좌표를 계산하여 비교 분석할 수 있다. 이 같은 분석을 GPT에게 요청하는 영문 프롬프트 예시는 아래와 같다.

User:
I would like to compare the semantic spaces of a set of change-of-state(COS) verbs using two different distributional models: one based on PPMI + SVD(traditional co-occurrence-based) and the other based on Word2Vec(predictive embedding).

Please identify positions of specific COS verbs under study here in the two semantic spaces and provide a visualization of these. My goal is to understand how the two models represent the same verbs differently, and what dimensions of meaning are emphasized in each model.

I'm interested in the following verbs: …

GPT가 동사들의 좌표를 계산하고 의미 공간 분포를 시각화하기 위해서는 두 모델의 벡터 파일이 필요하다. 벡터 파일을 업로드하고, 위치 표시를 요청할 동사들을 알려 주면 GPT가 요청한 좌표 계산 및 분포 시각화 작업을 시작한다. 아래 [그림 2]와 [그림 3]은 8개의 정량적 증감/강도 변화 동사들의 두 모델 의미 공간에서의 분포를 시각화한 것이다. 이 두 그림을 비교하면, [그림 2]의 Word2Vec 의미 지도에서 수평·수직 좌표 ±0.4 범위의 공간에 동사들이 보다 밀집해 있고, [그림 3]의 통계 기반(PPMI) 의미 지

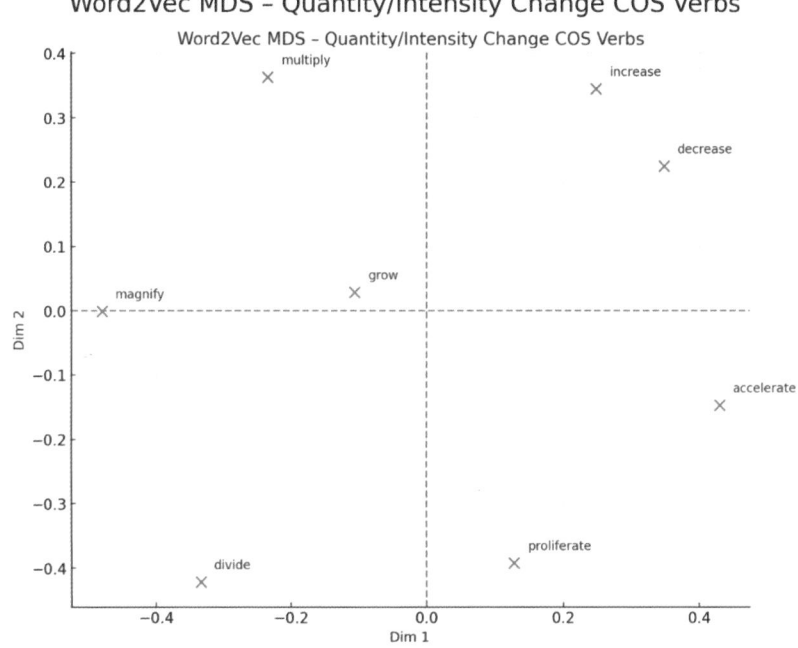

[그림 2] 정량적 증감/강도 변화 동사들의 **Word2Vec** 의미 공간 분포 시각화

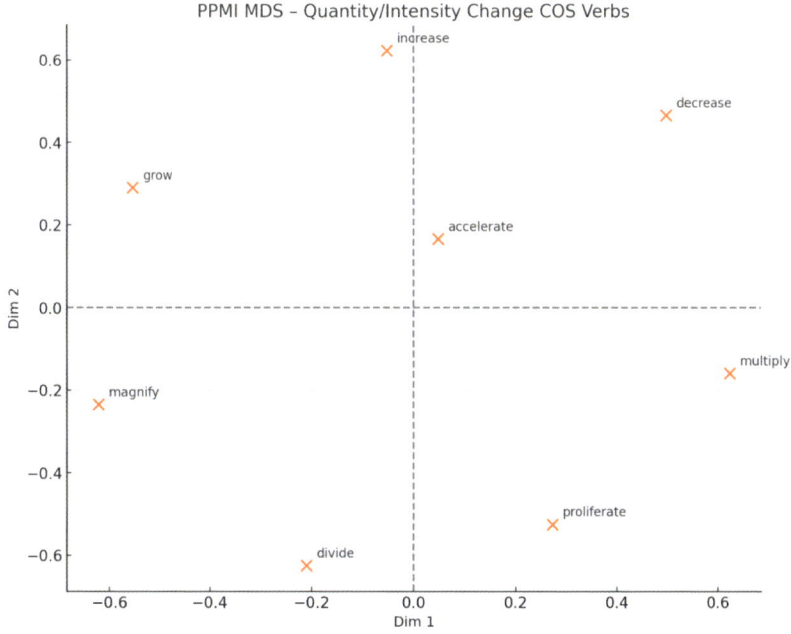

[그림 3] 정량적 증감/강도 변화 동사들의 통계 기반 의미 공간 분포 시각화

도에서 수평·수직 좌표 ±0.6 범위의 더 넓은 공간에 분산되어 있음을 관찰할 수 있다. 또한 [그림 2]에서 수량 증감 의미의 increase와 decrease가 1사분면에서 매우 가까이 있고, 증가와 성장을 뜻하는 grow가 의미 지도의 중심 가까이 위치하고 있음을 볼 수 있다. 이와 대조적으로 [그림 3]에서는 increase와 decrease가 다른 사분면에 위치하고 있고, grow가 2사분면 왼쪽에 치우쳐 있어 다른 동사들과 멀리 떨어져 있음을 관찰할 수 있다. 이는 통계 기반 의미 구조의 핵심 차원(수평 축)이 인과성 ↔ 자발성의 대비를 반영하고 있어 자연발생적 성장을 나타내는데 자주 쓰이는 grow가 통계 기반 의미 공간에서 자발성이 강한 왼쪽 끝 영역에 좌표를 갖기 때문이다.

아래 [그림 4]와 [그림 5]에 제시된 8개의 감각적 속성 변화 동사의 분포에서도 비슷한 차이가 나타난다. 먼저 전체적인 분포 공간을 비교하면, [그림 4]의 Word2Vec 의미 지도에서 동사들이 수평·수직 좌표 ±0.4 범위의 공간에 모여 있으며, [그림 5]의 통계 기반 의미 지도에서 좌표 ±0.6 범위의 공간에 더 넓게 퍼져 있음을 관찰할 수 있다. 또한 [그림 4]에서 밝기 변화를 나타내는 세 동사들(brighten, darken, lighten)이 1사분면~1·4분면 경계선에 위치하며 가까이 분포하지만, [그림 5]에서는 각기 다른 사분면에 멀리 떨어져 있음을 볼 수 있다. 흥미롭게도 같은 시각적 속성이지만 밝기가 아닌 색상 변화를 나타내는 redden은 [그림 4]에서 밝기 변화 동사들

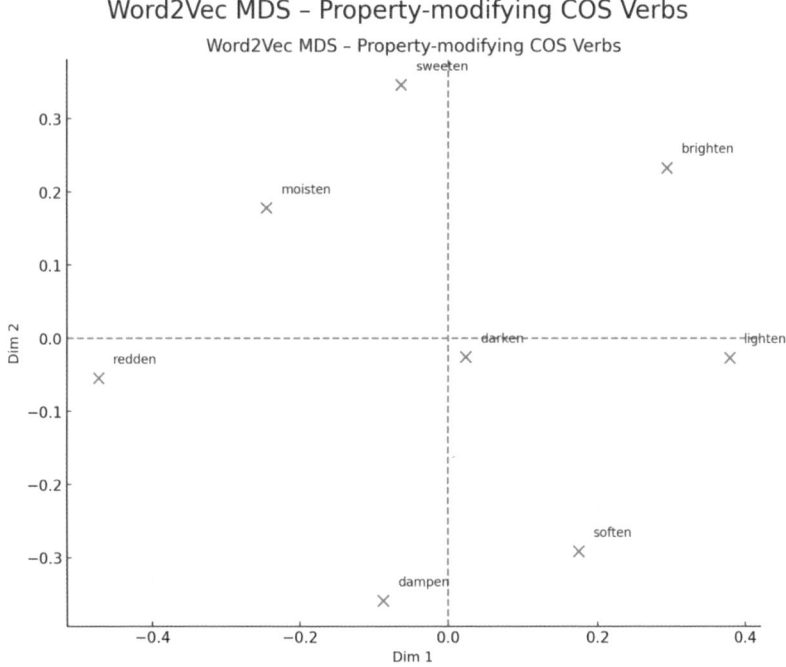

[그림 4] 감각적 속성 변화 동사들의 **Word2Vec** 의미 공간 분포 시각화

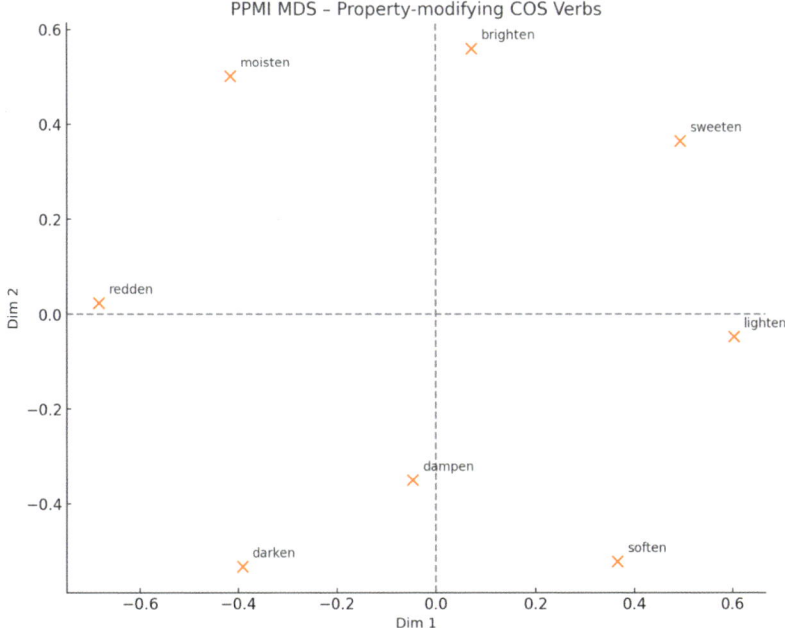

[그림 5] 감각적 속성 변화 동사들의 통계 기반 의미 공간 분포 시각화

과 멀리 떨어져 있다. 이 같은 사례들을 통해 Word2Vec 모델의 Skip-gram 방식이 밝기, 색상, 촉각, 미각 등 다른 감각적 속성 변화를 뜻하는 동사들의 세밀한 분포 차이를 민감하게 포착하는 특성을 확인할 수 있다.

　이제 군집 수를 8개로 확대한 군집 분석 결과를 살펴보자. [그림 6]에 시각화 결과가 제시되어 있다. [그림 1]과 [그림 6]을 비교하면, [그림 1]의 cluster 2(중앙)와 cluster 3(오른쪽 하단)은 [그림 6]에서도 단일 군집을 이루고 있다. [그림 1]의 세 군집은 (cluster 1, cluster 4, cluster 5) [그림 6]에서 아래 [표 2]와 같이 두 군집으로 분리되어 그 결과 군집 내 유사성이 더 높아진 것을 확인할 수 있다.

[표 2] 상태변화 동사의 Word2Vec 기반 계층적 군집 분석 결과 2

[그림 1]	[그림 6]
Cluster 1 (왼쪽 하단)	Cluster 1(아래) → 겉으로 드러나는 표면·형태 변화 중심
	Cluster 2(위) → 감각적·지각적 속성 변화 중심
Cluster 4 (왼쪽 상단)	Cluster 5(위) → 즉각적 변화와 결과 중심성이 더 강함
	Cluster 6(아래) → 외부 자극의 작용과 과정 중심성이 더 강함
Cluster 5 (오른쪽 상단)	Cluster 7(위) → 정량적 증감과(측정 가능한) 척도 변화 중심
	Cluster 8(아래) → 세밀한 구성 변화·조정 중심

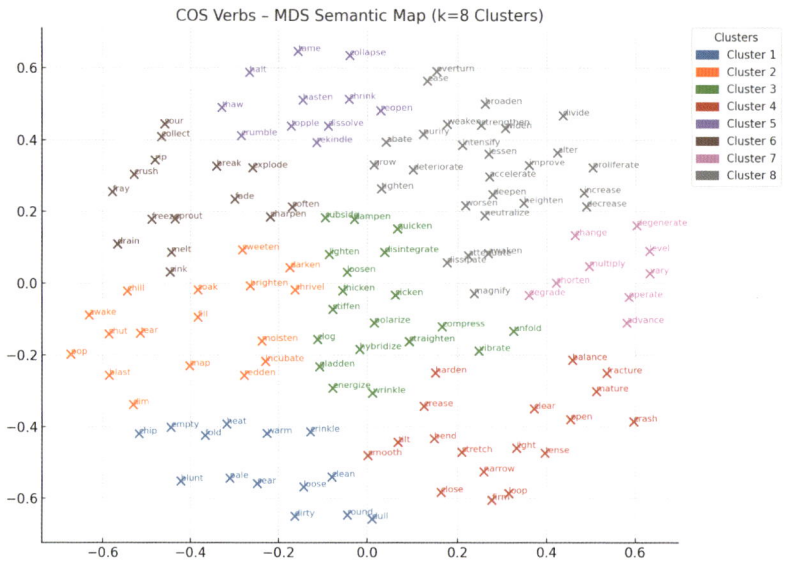

[그림 6] 상태변화 동사의 Word2Vec 기반 MDS 의미지도 2

    통계 기반 분포 의미 모델과 신경망 예측 기반 모델은 군집 내 유사성의 정도 차이 외에도 문법 구조와 밀접하게 연관된 상위 차원의 추상적 의미를 포착하는 정도에 있어서도 차이를 보인다. 3.3.2절에서 살펴본 바와 같이 통계 기반 분포 의미 모델은 어휘적 사동문의 사건 구조적 의미의 핵심인 인과성과 비사역적 자동 구문의 전형적인 사건 구조적 의미로 여겨지는 자발적 변화 발생을 의미 공간의 핵심 축으로 포착하였다(3.3.2절 [표 4], [그림 5] 및 [그림 6] 참조). 이와 대조적으로 [그림 1]과 [그림 6]에 제시된 Word2Vec 기반 의미 공간에서는 인과성, 의도성이나 외부 원인의 의도적 개입이 없는 자연발생적 변화와 같이 상태변화 동사의 두 논항과 밀접하게 연관된 추상적 개념이 드러나지 않는다. 이 점을 확인하기 위해서 GPT에게 위의 시각화를 통해 Word2Vec 기반 의미 공간의 축을 추론할 수 있는지 질의하여 아래 [표 3]에 제시한 것과 같은 답변을 얻었다.

[표 3] GPT의 Word2Vec 기반 MDS 차원 해석

의미 지도의 차원	의미 대비와 해석
MDS Dimension 1 (x축)	속성 변화(왼쪽) ↔ 구조 변화(오른쪽)
MDS Dimension 2 (y축)	즉각적 변화(위) ↕ 점진적 변화(아래)

    두 모델에서 도출된 MDS 의미 지도의 차원 해석을 비교하면 [표 4]와 같다.

[표 4] 통계 기반과 Word2Vec 기반 MDS 차원 해석 비교

축	PPMI + SVD 기반	Word2Vec 기반
수평 축 (X)	Spontaneous ←→ Causative (인과성 중심)	Attribute ←→ Structural Change (형태/속성 중심)
수직 축 (Y)	Concrete ↑ ←→ Abstract ↓ (대상의 구체성)	Gradual ↓ ←→ Sudden ↑ (변화 방식 중심)

GPT의 의미 축 해석을 추가한 MDS 의미 지도를 보이면 아래 [그림 7]과 같다.

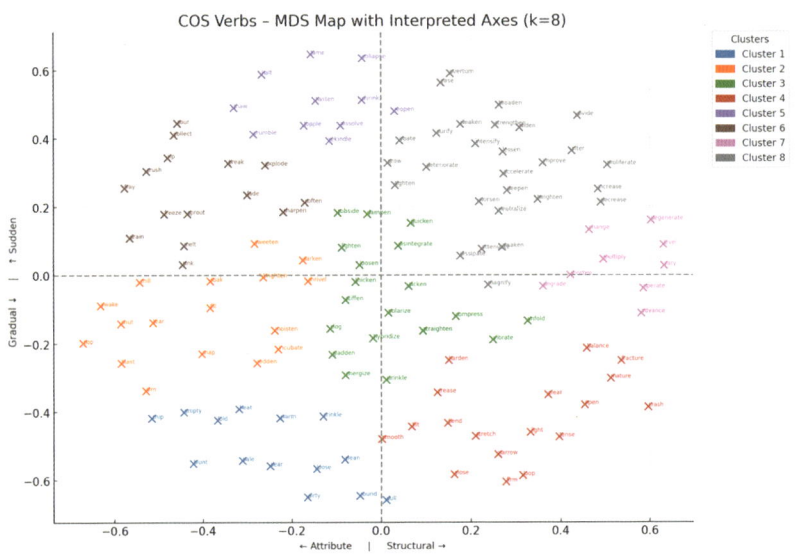

[그림 7] 축 해석을 반영한 Word2Vec 기반 MDS 의미 지도

위 [그림 7]에 나타나 있듯이 Word2Vec 모델은 실제 문맥에서 더 자주 쓰이는 동사들을 가까이 묶으며 동사들의 의미적 유사도를 매우 민감

하게 포착하지만, 문법 구조/동사의 논항 특성과 밀접하게 관련된 추상적인 개념을 의미 공간의 핵심 차원으로 포착하고 있지는 않다. 이 점은 130개 상태 변화 동사를 합친 통계 기반 모델 분석이 타동 구문과 자동 구문의 전형적 의미를 수평 축으로 포착한 것과 매우 대조적이다. 통계 기반 모델이 문법 구조/동사의 논항의 의미적 특성을 상대적으로 더 뚜렷하게 포착하는 것은 상태변화 동사들과 공기하는 명사를 구성 요소로 하는 명시적인 행렬을 기반으로 동사들 사이의 유사도를 측정하기 때문으로 이해할 수 있다. 반면 Word2Vec의 Skip-gram 모델은 명사 공기어와의 명시적인 행렬을 구성하지 않고, 동사가 실제 사용된 더 넓은 문맥을 학습했기 때문에 의미 공간에서 문법 구조/논항의 특성과 밀접한 인과성과 같은 추상적 개념이 더 넓은 전체 학습 맥락에 묻혀 의미 축에 반영되지 않은 것으로 보인다.

이제 GPT에게 주성분 분석을 요청하여 Word2Vec 기반 의미 구조와 차원을 명시적으로 해석해 보자. GPT가 제안한 주성분 해석은 아래 [표 5]와 같다. 축 해석을 반영한 PCA 시각화 결과물은 [그림 8]에 제시되어 있다. [표 5]에 나타나 있듯이 가장 핵심 주성분인 수평 차원(PC1)은 질적 속성 변화 ↔ 기능 조정/조절 축으로, 이차적인 수직 차원(PC2)은 공간적 형태/구조 변화 ↔ 물질적/물리적 분해 축으로 해석할 수 있다. 이는 위에서 논의한 상태변화 동사의 정밀한 의미적 특성을 포착한 유사도 및 군집 분석 결과와 일관된 해석이며, 구문 및 논항의 특성과 밀접한 개념을 포착한 통계 기반 의미 구조의 주성분 해석과 대비된다([표 6] 참조).

[표 5] GPT의 Word2Vec 기반 상태변화 동사 주성분 해석

주성분	의미 대비와 해석
PC1(x축)	질적 속성 변화(왼쪽) ↔ 양적 조정/기능·효과 조절(오른쪽)
PC2(y축)	형태·구조 변화/재배열(위) ↕ 물리적 해체·분해·소멸(아래)

[표 6] 통계 기반 분석과 Word2vec 분석의 주성분 비교

축 방향	PPMI 분석	Word2Vec 분석
PC1 (수평)	Spontaneous ←→ Causative	속성 악화 ←→ 기능 조정
PC2 (수직)	Concrete ↑ ←→ Abstract ↓	형태 구조 ↑ ←→ 해체 ↓

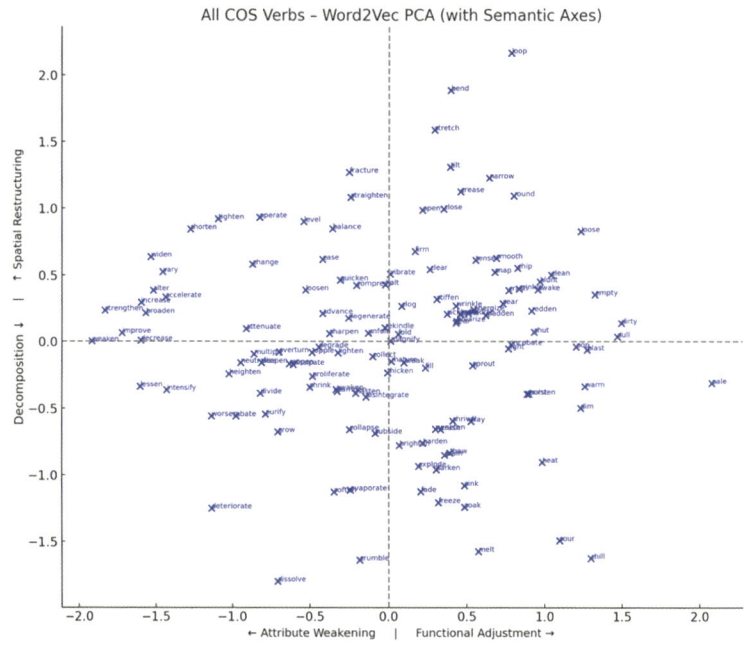

[그림 8] 축 해석을 반영한 상태변화 동사의 Word2Vec PCA 주성분 해석

지금까지 논의한 Word2Vec 기반 분석의 강점, 유용성과 한계를 요약하면 다음과 같다. Word2Vec 기반 방식은 상태변화의 양상과 유형을 매우 정밀하게 반영하는 분석이 강점이며, 상태변화 동사가 쓰이는 구조와 관련된 의미 민감도가 낮아 동사 의미로부터 논항 구조 구문의 의미를 도출하는 목적의 연구에는 적합하지 않을 수 있다. 이를 달리 표현하면, Word-2Vec 기반 방식은 '[[x ACT] CAUSE [BECOME [y ⟨RES-STATE⟩]]]'로 나타낼 수 있는 상태변화 동사 의미의 구성 요소 중 뿌리 의미, 즉 결과 상태('⟨RES-STATE⟩')의 세밀한 구분을 포착하며, 사건 도식과 사건 참여자인 'x' 및 'y'와 관련된 의미 민감도는 낮다고 할 수 있다.

이 장에서 우리는 사역교체에 참여하는 130여 개의 상태 변화 동사들을 대상으로 GPT-4o 모델을 활용하여 분포 의미론 분석을 수행하는 방안을 상세히 논의하였다. 이 장에서 전통적인 통계 기반 분포 의미 방식과 신경망 예측 기반 방식의 강점과 차이를 면밀하게 비교하여 분석한 내용을 요약하면 아래 [표 7]과 같다.

[표 7] 통계 기반 분석과 Word2vec 분석 비교 요약

비교 항목	통계 기반 방식(PPMI + SVD)	신경망 예측 기반 방식 (Word2vec)
벡터 생성 방식	행렬 구성과 연산	신경망 예측 기반 임베딩 (neural embedding)
학습 방식	동사 + 주변 명사 공기 패턴 학습	동사, 명사, 형용사, 부사를 포함한 넓은 문맥 단위에서 분포 패턴을 암묵적으로 학습
군집 내 유사성	낮음	높음
구조 연관 의미 민감도	높음(의미 차원에 반영)	낮음

비교 항목	통계 기반 방식(PPMI + SVD)	신경망 예측 기반 방식 (Word2vec)
강점	의미 차원의 높은 해석가능성 (행렬의 열 해석 가능)	정교한 의미적 유사도 표현력

이 장에서 비교한 두 방식의 공통된 한계점도 있다. 두 방식에서는 같은 동사가 어떤 문장에 사용되든 항상 같은 벡터를 갖고, 학습 후 단어 벡터가 고정된다. 그러나 이런 문맥 독립적이고 고정적인 방식은 문맥 기반 유사도와 의미의 다양성 반영이 어렵다. 다의어 break를 예로 들면, break가 window와 쓰일 때의 물리적 파괴 의미와 law와 쓰일 때의 위반 의미의 차이를 반영하지 못 하는 것이다. 이 같은 한계는 BERT(Bidirectional Encoder Representations from Transformers)와 같이 문맥에 따라 벡터가 달라지는 모델을 분석에 적용함으로써 극복할 수 있다. GPT와 함께 자연어 처리 분야에서 많은 주목을 받고 있는 BERT는 문장과 문장 사이에 어떤 단어가 적절할지를 예측하는 언어 모델로, 문장과 문장 사이의 빈칸 앞뒤 문맥을 모두 살펴 양방향 학습을 한다. 이 모델에서는 break the window와 break the law에서 break가 다른 벡터를 가지며 단어 주변 뿐 아니라 전체 문맥의 영향을 반영하기 때문에 문맥에 따라 보다 정확한 벡터 생성이 가능하다. BERT를 적용한 상태변화 동사의 문맥 기반 의미 분포 연구는 4.3절에서 상세히 다룬다.

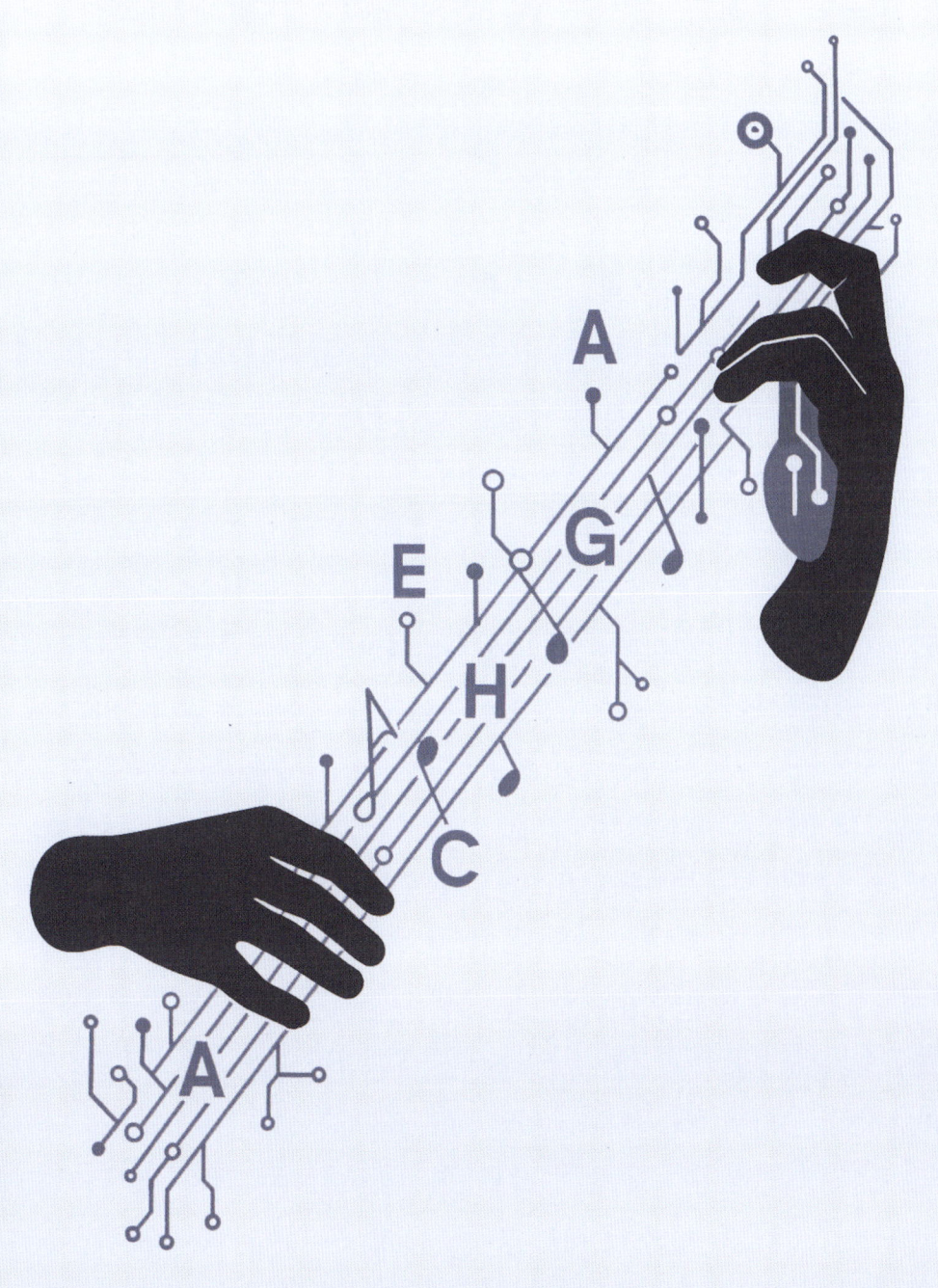

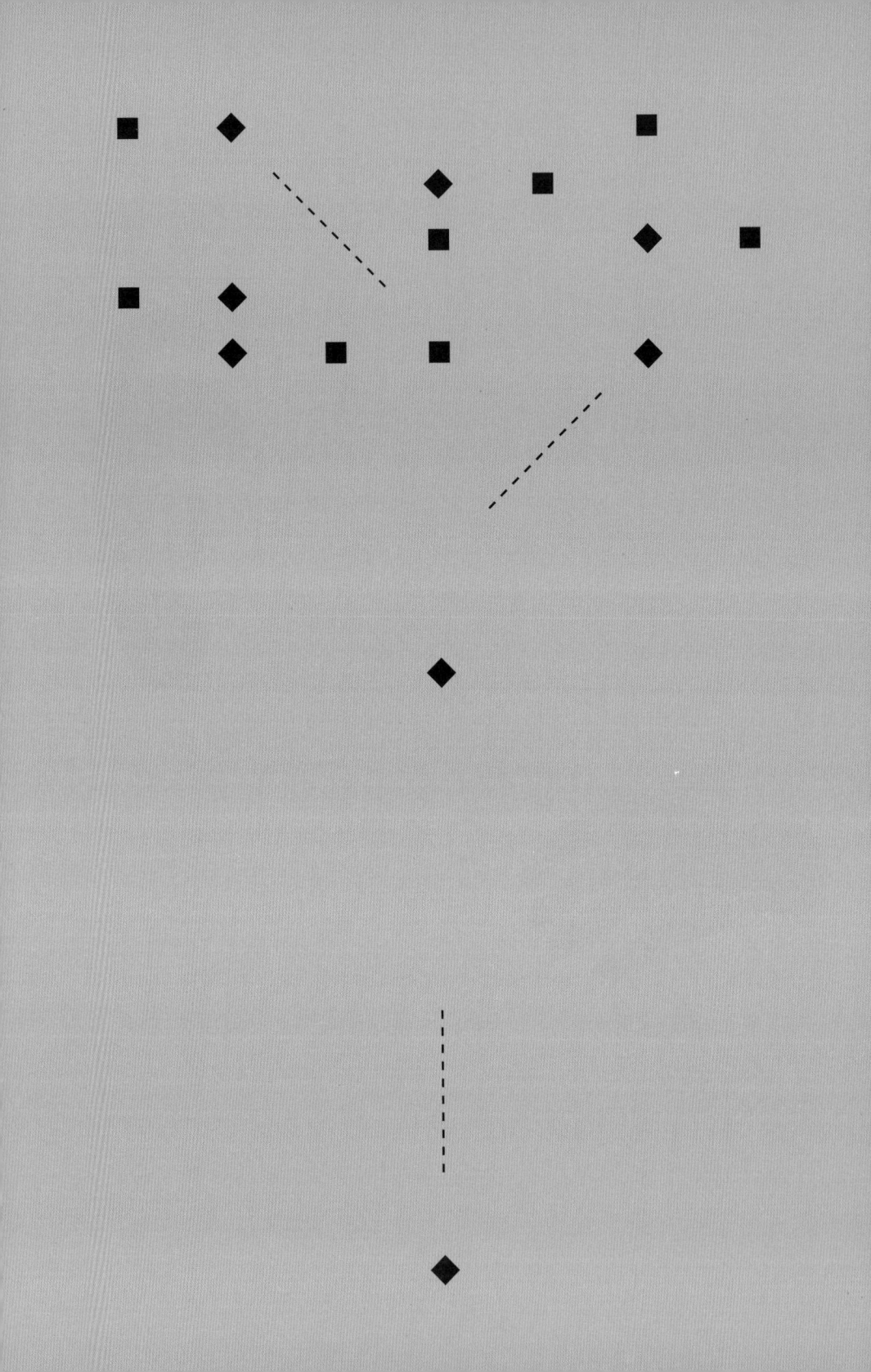

# 제 4 장

ChatGPT를 활용한
COCA 데이터 분석

이 장에서는 분포 의미 분석을 동사의 논항과 다의성으로 확대하여 COCA 에서 추출한 freeze와 break 용례를 대상으로 논항의 의미적·문맥적 특성 및 동사의 다의적 의미가 인과적 사건의 구조적 실현을 어떻게 제약하는 지를 면밀히 탐색한다.

동사 freeze와 break를 분석 대상으로 선택한 이유는 두 동사가 다의 어라는 공통점을 가지면서도 전자는 상대적으로 자동 구문을, 후자는 타동 구문을 선호한다고 알려져 있어(Romain 2017, 2022; Lee 2023) 좋은 비교 대상 이 되기 때문이다. 우리가 3장에서 분석한 BNC 데이터에는 대부분의 개별 사역교체 동사들의 용례 수가 50개에서 120개 사이의 범위에 있고, freeze 와 break와 같이 높은 다의성을 보이는 동사들의 의의(sense)들이 다양하게 포함되어 있지 않다. 때문에 이 장에서는 BNC에 비해 규모가 큰 COCA (Davies 2008-)에서 두 동사의 용례를 추출하여 논항의 특성과 다의성을 분석하기로 하겠다.[27]

많은 사역교체 동사들이 다의성을 보임에도 불구하고, 동사의 다의적 의의들이 어떤 구문에 어떻게 분포하며, 대상 및 사동주 논항의 의미 및 실현과 어떤 관계를 갖는지를 면밀히 분석한 연구는 아직까지 발표되지 않고 있다. 이 장에서 다룰 연구는 이 같은 연구 공백을 메워 사역교체에 대한 전체적인 그림을 그리고자 하는 시도로서, 네 가지의 세부 과제를 연구 주제로 삼는다. 먼저 사역교체를 형성하는 두 구문에 나타나는 대상(theme) 논항의 의미적 특성을 밝히는 목적의 연구에 GPT-4o 모델을 활용한 분포 의미론 방법론을 적용하는 방안을 논의한다. 다음으로 GPT-4o 모델과 BERT를 사용하여 freeze와 break의 의의들의 구문 분포, 의의들 간의 관계, 확장 패턴과 두 동사 의미 구조의 유사성과 차이점에 대해 상세히 분석한다. 이어서 freeze와 break의 자동 구문과 타동 구문에 쓰이는 사동주(causer) 논항의 특성을 면밀히 분석한다. 마지막으로 논항의 특성과 사건의 특성을 동시에 고려하는 다중요인 분석을 수행하는 방안을 다룬다.[27]

1. 대상 논항 특성의 분포 의미론 분석

이 절에서는 ChatGPT를 활용한 벡터 공간 모델을 적용하여 COCA에서 추출한 freeze와 break 용례에 나타난 대상 논항의 의미적 특성을 분석한다. 먼저 타동 구문과 자동 구문 용례에서 대상 논항의 유사성과 군집성이 어떻게 나타나는지를 분석하고, 의미 공간의 차원 분석, 주성분 분석 등의 후속 분석을 통해 두 구문 간 의미적 차이와 구문 내의 변이를 파악한다.

---

[27] BNC의 규모는 1억 단어 이상이며, COCA의 규모는 약 11억 단어에 이른다.

1. 데이터 준비

Romain(2017, 2022)은 벡터 공간 모델을 적용하여 COCA에서 추출한 18개 사역교체 동사의 자동 구문과 타동 구문 용례에서 대상 논항이 의미적으로 어떤 그룹을 형성하는지를 분석하였다. 이 연구에서는 분석 대상 동사들이 COCA에 출현하는 명사들과 공기하는 빈도를 토대로 한 동시 발생 행렬에 가중치 및 차원 축소를 적용하여 생성된 분포 의미 모델을 분석에 사용하였다. 이 분포 의미 모델은 COCA에서 등장하는 명사들 중에서 사용 빈도가 높은 1만 개의 명사들과 다른 단어들(명사, 동사, 형용사, 부사)과의 공기 관계에 관한 빈도 정보를 기반으로 생성된 벡터를 저장한 파일이다 (Perek 2016, 2021).[28]

　　Romain(2017, 2022)은 R 환경에서 18개 사역교체 동사들의 자동 구문과 타동 구문에 나타나는 대상 논항의 의미 공간에서의 분포를 시각화하였다. R 스크립트를 사용하여 COCA에서 공기하는 단어들의 유사도 분석을 수행할 경우, 스크립트의 lemma = c(　)의 괄호 안에 있는 단어들을 유사도 분석의 대상이 되는 단어의 기본형 목록으로 대체한다.[29] COCA에서 추출한 동사 freeze의 자동 용례와 타동 용례의 대상 논항의 의미적 분포를 시각화하고자 할 경우, 추출한 자동 구문 용례와 타동 구문 용례에서

28　Romain(2017, 2022)의 분석에 사용된 벡터화된 데이터는 Florent Perek이 다차원 척도법 (Multidimensional Scaling: MDS)을 적용하여 구축한 것으로(Perek 2016, 2021), 아래의 사이트에서 다운 받아 사용할 수 있다.
　　https://osf.io/n324f/

29　3.3절에서 언급한 바와 같이, 이 R 스크립트는 Florent Perek이 작성한 것이며, 아래의 사이트에서 다운로드할 수 있다.
　　https://osf.io/gcjrv/

나타나는 대상 논항의 기본형 목록을 별도의 파일로 만들어 두고, lemma = c( )의 괄호 안에 복사 및 붙여넣기를 하면 된다. 단어 임베딩 데이터로는 nouns.coca.w2.njvr10k.svd300.dm 파일을 다운 받아 사용한다(각주 28번 참조). 이 파일명에 포함된 w2는 윈도우 크기(단어 주변 문맥 크기)를, ppmi는 Positive Pointwise Mutual Information 기법을 사용해 빈도 정보에 가중치를 부여했음을 의미한다(Romain 2017: 231). 이 벡터 파일의 경로를 지정한 후에 R 스크립트를 freeze의 자동 구문 대상 논항 목록과 타동 구문 대상 논항 목록에 대하여 별도로 실행하면 2차원의 의미 공간에서 각 구문에 쓰인 대상 논항의 분포와 군집화 패턴을 시각화한 두 개의 의미 지도가 생성된다 (Romain 2017: 234 참조).

이제 GPT-4o를 사용하여 R 코드를 통하지 않고 자연어 질의와 대화로 freeze와 break의 대상 논항이 자동 구문과 타동 구문에서 보이는 특성을 밝히는 분포 의미론 분석을 수행해 보자. 이러한 목적의 분석에 분포 의미론 방법론을 적용하기 위해서는 위에서 설명한 바와 같이 코퍼스에서 추출한 동사 용례에서 발견되는 대상 논항의 목록이 저장된 텍스트 파일을 준비해야 한다. 여기서는 Romain(2017, 2022)에서 시도한 분석의 재현과 GPT-4o를 사용한 분석과의 비교를 위해 COCA에서 freeze와 break의 동사 용례를 추출하였다. COCA에서 동사의 용례를 추출하기 위해 사용할 수 있는 도구와 방법은 여러 가지가 있다. 이 연구에서는 COCA에서 제공되는 'Browse' 기능을 사용하여 분석에 필요한 용례를 추출하였으며, 추출 과정은 부록 3장에 기술되어 있다.

COCA의 'Browse' 기능을 사용하면 총 861개의 freeze 용례와 949개의 break 용례가 검색된다. 여기에는 수동 구문, 결과 구문, 구동사 그리고 상태변화 의미가 아닌 용법 등과 같이 본 연구와 관련이 없는 용례들도 많이 포함되어 있다. 수동 작업을 통한 검토를 거쳐 이런 용례들을 모두 제외하면 372개의 freeze 용례와 620개의 break 용례가 남는다. 이 용례들을 엑셀 파일에 저장하고, 두 동사의 자동 구문과 타동 구문에 쓰인 대상 논항의 기본형 목록을 별도의 파일에 저장해 둔다. 대상 목록 외에 분포 의미론 기반 분석을 수행하기 위해서 대상 논항에 해당하는 명사들과 다른 단어들 사이의 관계를 벡터화한 데이터 파일이 필요하다. 이 연구에서는 Romain(2017, 2022)의 분석에서 사용된 것과 동일한 Perek(2016, 2021)의 COCA 벡터 데이터 파일을 사용한다.

2. freeze의 대상 논항 분석

이제 freeze의 대상 논항의 의미적 분포 분석을 수행할 준비가 되었다. 앞서 코퍼스 데이터 추출과 분석 용도로 만들어서 사용한 GPT "Python for Corpus Analysis"를 열어 프롬프트 입력창에 다음과 같이 입력하고 분석을 요청한다. 분석을 요청하는 프롬프트에는 수행하고자 하는 분석의 목적, 연구자의 분석 의도, 분석에 필요한 데이터와 원하는 분석 결과물에 대해 구체적이고 명료하게 기술한다. 필요할 경우 관련 논문 파일, 코드 파일과 같은 참조용 자료를 업로드하고, 이에 대한 설명을 제공한다.

User:

I would like to conduct a distributional semantic analysis that replicates Romain's(2017) grouping themes of the verb *freeze*(The term 'theme' refers to the role of an argument of change-of-state verbs that undergoes change described by the verb). Perform a distributional semantic analysis and create separate semantic maps of the themes that occur with intransitive and transitive uses of *freeze*. I will upload following files:

1. separate files that include the lemmas of the theme argument that occur in the intransitive and transitive uses of freeze extracted from the COCA

2. the vector data file(DM file) written by Florent Perek(2016, 2021)

3. An example R script used in Romain(2017) to create semantic maps

GPT가 위의 요청을 받으면 어떤 절차에 의해 분석을 진행할 것인지 답변한다. 분석에 대한 사용자의 동의를 확인한 후에는 단계 별 분석 과정에 대해 설명한다. 자동 구문에 쓰인 85개의 대상과 타동 구문에 쓰인 152개의 대상의 의미적 분포를 시각화한 최종 생성물만 보이면 [그림 1] 및 [그림 2]와 같다. 이 두 의미 지도는 코퍼스 데이터를 모델링하여 대상 논항의 분포를 2차원의 벡터로 나타낸 그래프이다. 그래프에서 같은 색상으로 표시된 단어들은 COCA에서 유사한 문맥적 정보를 가진 단어로 포착된 것들이다. GPT가 그래프를 생성하기 위해 사용한 파이썬 코드를 확인하려면 [>-]와 같이 파란색으로 표시된 부분을 누른다.

[그림 1]에서 freeze의 자동 구문 용례에 쓰인 대상들은 [표 1]에서와 같이 네 개의 군집으로 분류된 것을 볼 수 있다.

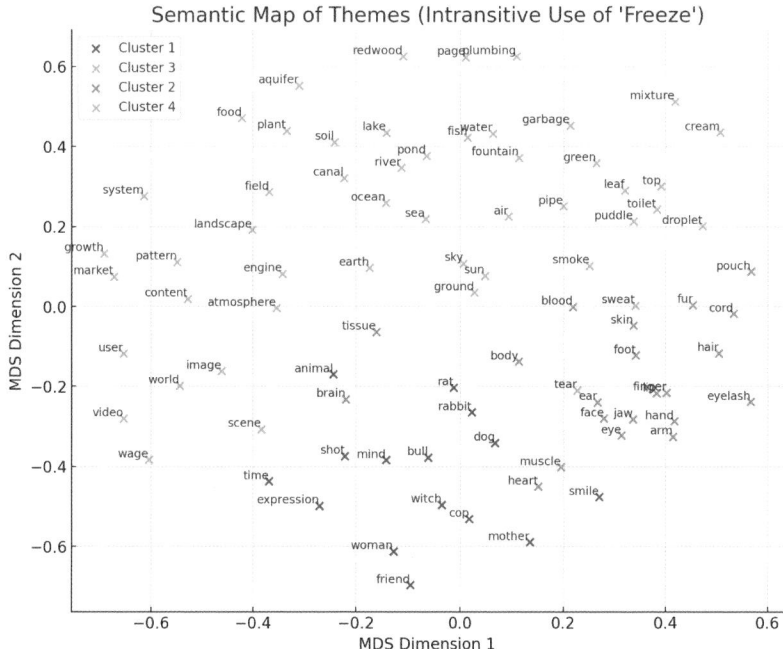

[그림 1] freeze 의미 지도-1

[표 1] freeze 자동 구문 대상의 MDS 기반 군집화

주요 군집	대상의 변화	예
Cluster 1. 사람, 동물, 감정(하단)	감정·사고의 정지 또는 굳음, 감각의 마비	*woman, friend, expression*
Cluster 2. 유기체의 몸(오른쪽 중간)	얼어붙음, 움직임 정지	*body, hand, skin*
Cluster 3. 무생물(상단)	물리적 결빙	*ice, lake, pipe*
Cluster 4. 추상적 개체(왼쪽 중간)	작동 정지, 상태의 불변화 또는 고정	*system, video, wage*

[그림 2]에 나타나 있듯이 타동 구문 용례에 쓰인 대상들은 추상적

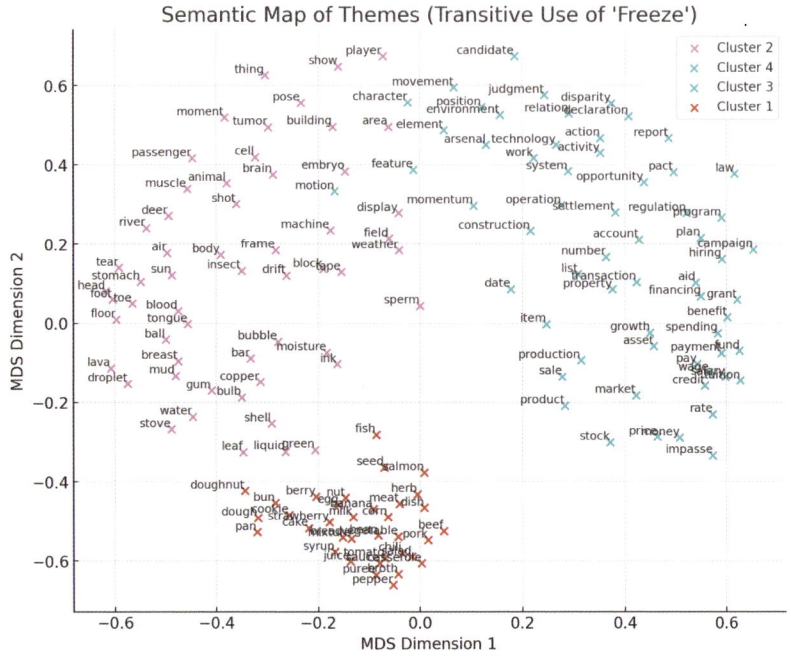

[그림 2] freeze 의미 지도-2

성격이 더 강하고, 보다 다양한 추상적 개념으로 세분화된다. [그림 2]에서 freeze의 타동 구문 용례에 쓰인 대상들은 [표 2]에서와 같이 네 개의 군집에 할당되어 있다. GPT의 freeze 대상 논항 군집화 분석 결과는 Romain(2017)의 분석 결과와 본질적으로 일치하며, 사역교체 동사의 자동 구문과 타동 구문에서 쓰이는 대상 논항의 의미적 특성이 다르다는 Romain(2017, 2022)의 주장을 뒷받침한다.

[표 2] freeze 타동 구문 대상의 MDS 기반 군집화

주요 군집	대상의 변화	예
Cluster 1. 음식, 재료(왼쪽 하단)	보관을 위함 냉동	*meat, syrup*
Cluster 2. 유기체, 무생물(왼쪽 상단)	결빙, 움직임 정지	*body, pipe, pose*
Cluster 3. 활동, 과정(오른쪽 상단)	중단 또는 정지	*activity, operation*
Cluster 4. 경제적 개념(오른쪽 하단)	경제적·정책적 동결	*assets, market, rate*

위의 표에 나타나 있듯이 대상의 군집은 동사의 다른 의의(sense)에 대응한다. GPT가 대상의 군집화를 기반으로 freeze의 의의들을 어떻게 도출하는지 확인해 보기 위해서 아래와 같이 요청하였다. [표 3]은 이 요청에 따라 GPT가 도출한 freeze의 5개의 주요 의의에 대한 요약이다. 이에 대한 GPT의 서술은 생략한다.

User:

Based on grouping of themes, can you isolate distinct senses of the verb freeze?

[표 3] GPT가 도출한 freeze의 의의 요약

Sense	Definition	Occurs Intransitively?	Occurs Transitively?	Example Themes
1. Literal Physical Freezing	Turning solid due to cold	✅ Yes	✅ Yes	*water, lake, blood, pipe, meat*
2. Sudden Immobility	Becoming motionless	✅ Yes	✅ Yes	*body, system, smile, computer*
3. Economic & Financial Freezing	Stopping monetary processes	❌ No	✅ Yes	*salary, stock, assets, funds*
4. Halt in Progress	Stopping or preventing change	❌ No	✅ Yes	*movement, production, negotiations*

| 5. Emotional & Social Freezing | Becoming emotionally unresponsive | ✅ Yes | ✅ Yes | smile, friendship, relation, mind |

도출한 5개의 의의를 의미 지도에 추가해 달라고 요청하면 [그림 3]과 [그림 4]와 같은 의미 지도를 생성한다. GPT에게 그래프에 대한 해석을 요청하면 결과를 빠르게 파악할 수 있다. GPT가 대상의 군집화로부터 도출한 5개의 의의는 freeze의 다의성에 대한 완전한 분석은 아니다. freeze와 break의 다의적 의의의 구문 분포 분석은 4.2절과 4.3절에서 논의한다.

지금까지 살펴본 freeze의 대상 논항의 분포 의미 분석으로부터 대상

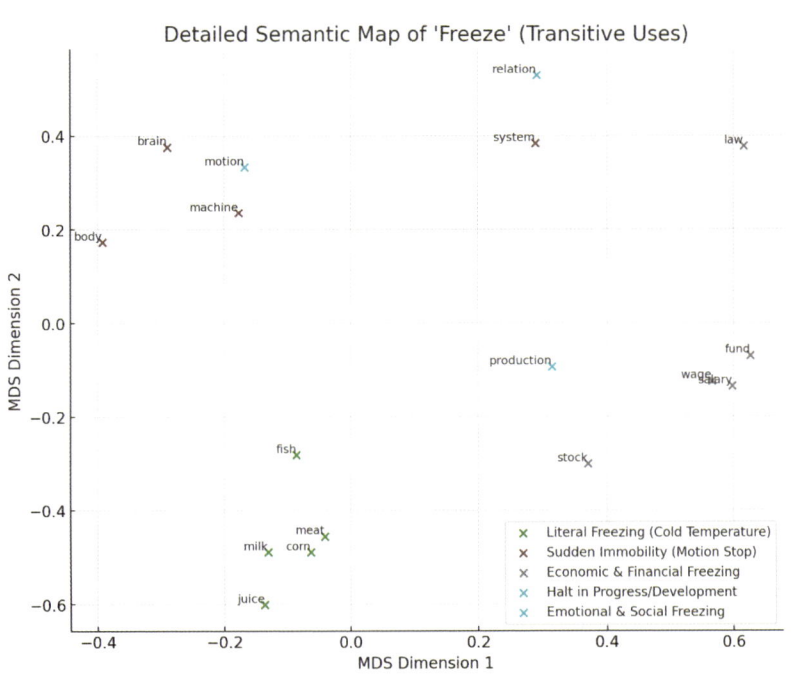

[그림 3] freeze 의미 지도-3

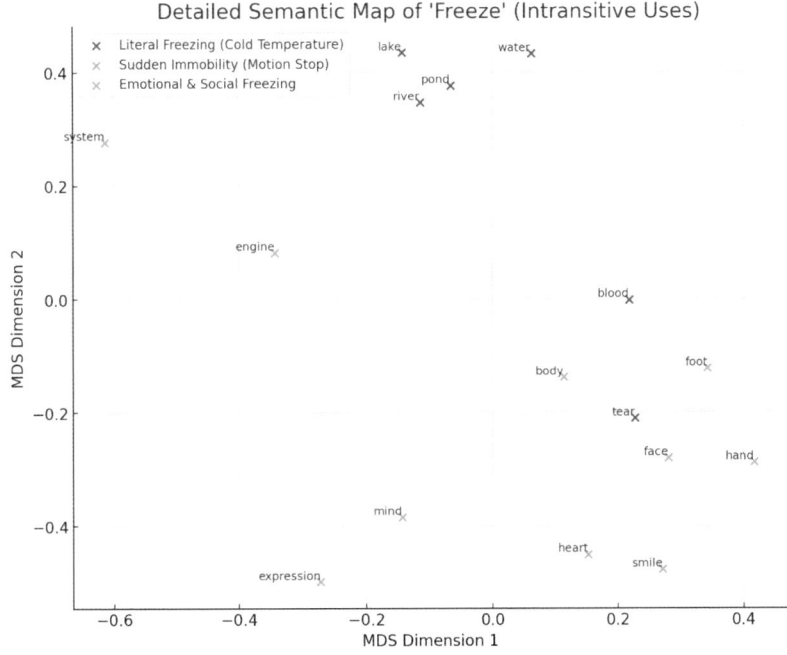

[그림 4] freeze 의미 지도-4

논항과 다의어 동사의 세분화된 의의가 자동 구문과 타동 구문의 의미적
차이와 관련을 맺고 있다는 결론을 내릴 수 있다. ChatGPT의 '고급 데이
터 분석' 기능이 분포 의미론 분석을 수행하고 결과를 시각화하는데에 매
우 유용하게 활용될 수 있다는 점도 확인할 수 있다. 그런데 다차원 척도법
(MDS)은 비지도(unsupervised) 방식의 분석 기법이므로 그래프의 x축과 y축
에 해당하는 두 차원에 명시적으로 명칭을 붙이지 않는다. 따라서 다음과
같은 두 가지 의문점이 남는다. 'MDS Dimension 1'과 'MDS Dimension
2'는 어떤 의미적 개념을 포착하는가? 자동 구문 그래프와 타동 구문 그래
프의 수평 차원(x축)과 수직 차원(y축)에 해당하는 두 차원은 어떤 차이가

있는가? 이에 관해 GPT에게 질의한 내용과 응답 내용의 요약을 보이면 아래와 같다. GPT는 동사 freeze의 자동과 타동 그래프의 x축과 y축에 해당하는 두 차원은 일관된 것이며, [표 4]에서와 같이 x축은 구체적 대상과 추상적 대상을, y축은 생물과 무생물을 구분한다는 해석이다.

User:

The semantic maps with verb senses added are very useful. Two questions I have are what the two MDS dimensions are in each map and how they differ. Can you answer these questions?

[표 4] freeze MDS 차원-1

Feature	MDS in Intransitive Map	MDS in Transitive Map	Are they similar?
X-Axis (Horizontal)	Concrete → Abstract (Natural substances → Emotions)	Concrete → Abstract (Food/Objects → Finance/Policy)	☑ Yes, but applied to different domains
Y-Axis (Vertical)	Animate (human/body parts) → Inanimate (natural elements)	Animate (social/emotional) → Inanimate (financial/institutional)	☑ Yes, with a broader range in transitive use

필자의 질문의 핵심에 대한 답변은 [표 4]의 네 번째 열에 나와있다. 비록 자동과 타동 그래프의 수평 차원과 수직 차원이 대상의 구체성과 유정성 차이를 구분한다 해도 두 그래프에서 구체성과 유정성은 다른 세부 의미 영역에 해당되기 때문에 자동과 타동 그래프의 x축과 y축이 의미적으로 같은 개념을 나타낸다고 볼 수 없다는 것이다. [표 5]의 두 번째 행에서 자동 그래프의 x축(구체성)은 자연 환경 요소와 심리적 개념을 대비시키는 반면, 타동 그래프의 x축은 음식/사물과 기관과 관련된 개념을 대비시

킨다는 점을 나타낸다. 세 번째 행에서 자동 그래프의 y축(유정성)은 생물과 무생물 사이의 대조인 반면, 타동 그래프의 y축은 사회적·감정적 변화를 겪는 대상과 재정적·정책적 제재 대상 사이의 대조임을 나타낸다.

[표 5] freeze MDS 차원-2

Feature	Intransitive Map (Themes undergo freezing naturally)	Transitive Map (Themes are caused to freeze)
MDS Dimension 1 (X-Axis)	Concrete (Natural Elements) → Abstract (Psychological)	Literal (Food/Objects) → Institutional (Finance, Law)
MDS Dimension 2 (Y-Axis)	Animate (Body, Humans) → Inanimate (Environment)	Social/Emotional → Financial/Legal/Policy

통계 지식이 있는 연구자는 후속 분석 작업으로 자동과 타동 그래프의 차원의 차이에 대한 통계적 검증을 생각할 것이다. 이는 GPT가 제안한 가능한 후속 분석에 대한 제안에 포함되어 있기도 하다. MDS 차원의 차이를 검증하기 위한 상관분석과 시각화를 다음과 같이 요청한 결과가 [그림 5]에 산점도로 제시되어 있다. 왼쪽 그래프는 자동과 타동 그래프에서의 x 차원의 상관관계를, 오른쪽 그래프는 y 차원의 상관관계를 나타낸다. 왼쪽 그래프에서 자동과 타동 그래프에서의 x 차원 사이에 통계적으로 유의미한 차이, 즉 음의 상관관계가 있음을(상관계수: -0.634) 파악할 수 있다. y 차원에서도 유의미한 음의 상관관계가 있음을(상관계수: -0.547) 오른쪽 그래프를 통해 확인할 수 있다. 이 결과는 자동과 타동 그래프의 두 차원이 나타내는 의미 구조가 다르다는 GPT의 해석을 뒷받침한다.

211

User:

We can run correlation analysis to check whether the dimensions in the transitive and intransitive maps are aligned or represent different semantic axes.

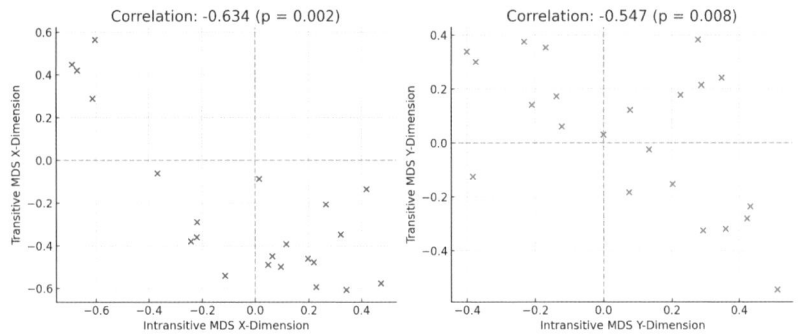

[그림 5] freeze 자동과 타동 그래프 차원에 대한 상관분석

GPT의 후속 분석 제안에는 주성분 분석(PCA)을 통해 MDS 차원의 의미적 요인을 직접적으로 해석할 수 있다는 아이디어도 포함되어 있는데, 주성분 분석은 다음 소절에서 다룰 break의 대상 논항 분석에서 시도해 보기로 한다.

3. break의 대상 논항 분석

이제 COCA에서 추출한 620개의 break 용례의 대상 논항의 의미적 분포 분석을 수행해 보자. 이를 위해 break의 자동 구문과 타동 구문에 쓰인 대상 논항의 목록을 별도의 파일에 저장하고, 벡터 데이터 파일과 함께 GPT

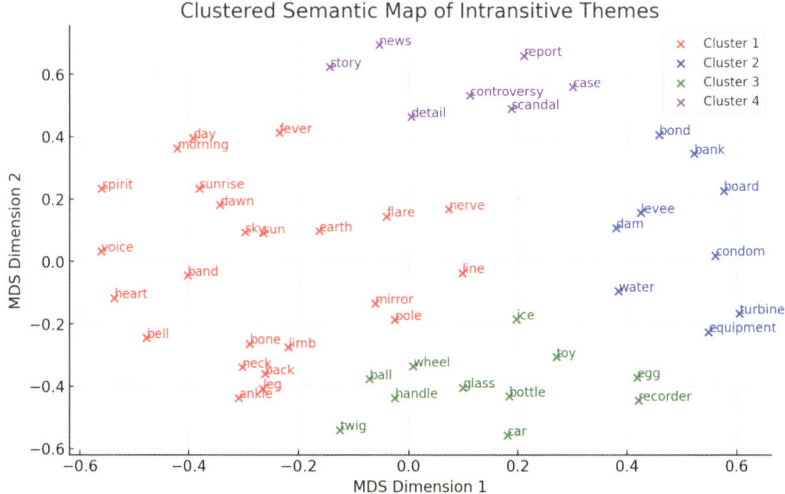

[그림 6] break 의미 지도-1

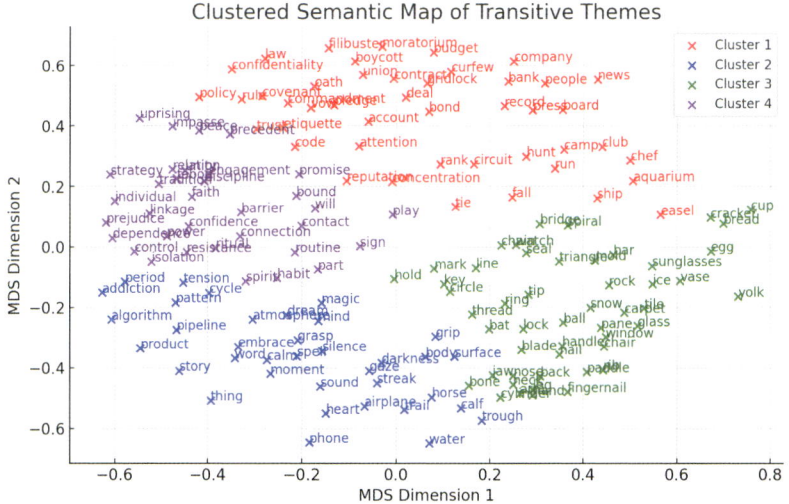

[그림 7] break 의미 지도-2

에 업로드 한다. freeze의 대상 논항 분석을 요청할 때 입력했던 것과 동일한 프롬프트를 입력하여 얻은 의미 지도가 [그림 6]과 [그림 7]에 제시되어 있다. [그림 6]의 의미 지도는 GPT가 자동 구문에 쓰인 56개 대상 논항을 네 개의 군집에 할당하고 그 분포를 시각화한 것이다. 이 의미 지도에 제시된 네 개의 군집에 대한 설명은 [표 6]과 같다.

[표 6] break 자동 구문 대상의 MDS 기반 군집화

주요 군집	대상의 변화	예
Cluster 1. 자연적 현상, 신체, 감정(왼쪽)	자연적 변화, 신체적·감정적 손상, 붕괴	*day, bone, heart*
Cluster 2. 물리적 구조물 (오른쪽):	구조적 파괴 또는 붕괴	*bank, dam, levee*
Cluster 3. 물리적 사물 (하단 오른쪽 및 중간)	물리적 파손(깨짐, 부서짐, 고장)	*ball, car, glass*
Cluster 4. 정보(상단 중간)	공개됨	*news, report, story*

[그림 7]의 의미 지도는 타동 구문에 쓰인 182개 대상 논항의 군집화 결과와 그 분포를 시각화하여 보여준다. freeze의 경우에서와 같이 타동 구문 대상 논항은 다양한 추상적 개념을 포함한다. 타동 구문 대상의 군집에 대한 설명은 [표 7]에 제시되어 있다.

[표 7] break 타동 구문 대상의 MDS 기반 군집화

주요 군집	대상의 변화	예
Cluster 1. 법적·사회적 규칙, 연속적 과정, 상태, 정보, 사람(상단)	위반, 사회적 손상, 중단	*law, rule, contract, tie, news, people*

Cluster 2. 추상적 과정, 상태, 시스템 요소, 감정, 신체(하단 왼쪽)	중단, 신체적·감정적 약화, 손상	*algorithm, cycle, silence, body, heart*
Cluster 3. 물리적 사물(하단 오른쪽)	물리적 파손	*ball, bridge, chair*
Cluster 4. 감정적·사회적 연결, 지속되는 상태, 추상적 한계 (왼쪽 중간)	파기, 중단, 극복	*connection, habit, barrier*

Romain(2022)이 지적한 바와 같이 대상의 분포 의미 분석을 통해 break 자동 구문과 타동 구문이 물리적 사물, 신체와 감정과 관련된 대상을 공유하면서도 의미적으로 다른 양상을 보인다는 점을 알 수 있다. 예를 들어, 날이 밝아지는 것과 같은 자연적 변화는 자동 구문에서만 표현되고, 사회적·제도적 위반과 추상적 과정과 상태의 중단은 타동 구문에서만 표현된다. GPT에게 대상의 군집화를 기반으로 break의 자동 구문과 타동 구문에서 두드러지는 의의들을 도출하라고 요청하여 얻은 결과의 요약만 보이면 [표 8] 및 [표 9] 와 같다. 두 표에 나타나 있듯이 GPT는 자동 구문에

[표 8] break 자동 구문에서 두드러지는 의의

Cluster	Representative Themes	Inferred Sense
Physical Objects Breaking	*bone, glass, bottle, ice, twig, pole*	**Material/Structural Breaking** (e.g., *The glass broke* → Something fragile is physically breaking)
Bodily/Physiological States	*fever, nerve, heart, limb, back, ankle*	**Bodily Damage or Weakness** (e.g., *His fever broke* → A bodily state ceases or changes)
Natural Phenomena & Events	*sunrise, dawn, sky, earth, morning, day*	**Natural Emergence** (e.g., *The dawn broke* → A new event/state emerges naturally)
Abstract/Emotional Disruptions	*news, report, scandal, detail, controversy*	**Revealing Information** (e.g., *The news broke* → Something hidden becomes known)

215

[표 9] **break** 타동 구문에서 두드러지는 의의

Cluster	Representative Themes	Inferred Sense
Objects Being Broken by Force	window, bone, rib, cup, lock, chain	**Physical Breaking by External Force** (e.g., He broke the window → Something is forcibly damaged)
Abstract Barriers & Limits	law, rule, contract, promise, confidence	**Violation of Rules or Agreements** (e.g., She broke the contract → A rule/agreement is disregarded)
Interrupting Continuous Events	silence, concentration, streak, spell, cycle	**Disruption of a Process or State** (e.g., They broke the silence → Something continuous is interrupted)
Emotional & Social Disruptions	relationship, will, heart, spirit, resistance	**Emotional/Personal Damage** (e.g., The betrayal broke him → A psychological/emotional state is affected)

서 두드러진 의의로 물리적/구조적 파괴, 신체의 손상과 약화, 자연적 발생, 정보의 공개 의의를, 타동 구문에서 두드러진 의의로 외부의 강한 힘에 의한 물리적 파괴, 위반, 과정 또는 상태의 중단, 감정적·심리적 손상 의의를 도출하였다. 이를 통해 두 구문에서 공유되는 대상과 의의 그리고 그렇지 않은 대상과 의의에 대해 개괄적인 파악이 가능하다.

아래 [그림 8]과 [그림 9]는 대상의 분포 의미 지도에 대상의 주요 군집과 연관되는 의의를 추가하라고 요청하여 얻은 시각화 결과물이다.

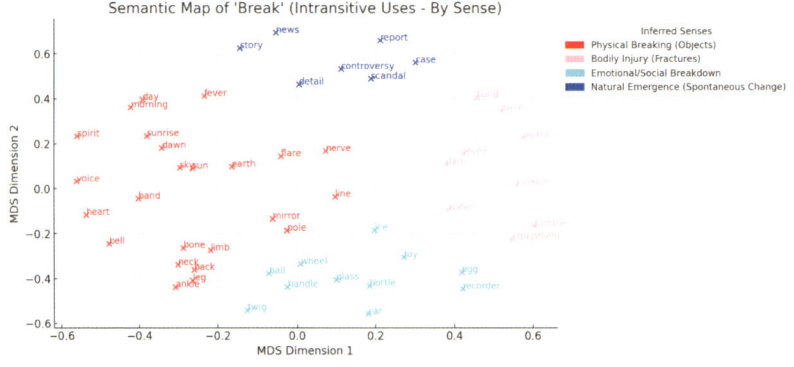

[그림 8] **break** 의미 지도-3

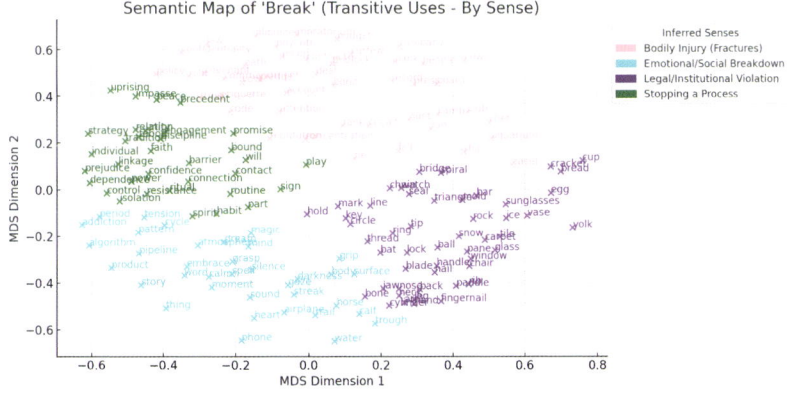

[그림 9] break 의미 지도-4

　　이제 자동 구문과 타동 구문 의미 지도의 수평과 수직 차원이 포착하
는 개념의 차이에 대해 탐색해 보자. GPT에게 아래와 같이 질문을 입력하
면 그에 대한 상세한 설명을 제공한다. 답변의 요약만을 보이면 [표 10]과
같다. 자동 구문 의미 지도의 수평 차원(x축)은 물리적 파손과 추상적 파괴
의 대상을, 타동 구문의 수평 차원은 감정적/사회적 손상과 법적/제도적
위반의 대상을 구분한다는 설명이다. GPT의 답변에 의하면, 두 구문 의미
지도의 수직 차원(y축)도 다른 개념을 구분한다. 자동 구문의 수직 차원은
자연발생적 변화와 내적 요인에 의한/사동주에 의한 통제가 개입된 파괴
(물리적, 신체적 손상) 간의 대비를 반영하며, 타동 구문의 수직 차원은 취약성
을 지닌 대상의 물리적 파괴와 사회적 손상/제도적인 파괴 사이의 대비를
반영한다는 설명이다.

User:

What are MDS dimensions 1 and 2 in the two semantic maps?

217

[표 10] break MDS 차원-1

Dimension	Intransitive Map Meaning	Transitive Map Meaning
MDS 1 (Horizontal)	Physical vs. Abstract Breakage	Emotional/Social vs. Legal/Institutional Breakage
MDS 2 (Vertical)	Spontaneous vs. Internal/Controlled Breaking	Fragile vs. Structurally Stable Breaking

GPT에게 위 표에서 정리한 차이의 시각화를 요청하면 [그림 10]과 같은 결과를 생성한다. 이를 통해 전형적인 사역교체 동사로 꼽히는 break의 자동 구문과 타동 구문에서 쓰이는 대상 논항이 의미 공간을 어떻게 분할하는지를 직관적으로 파악할 수 있다.

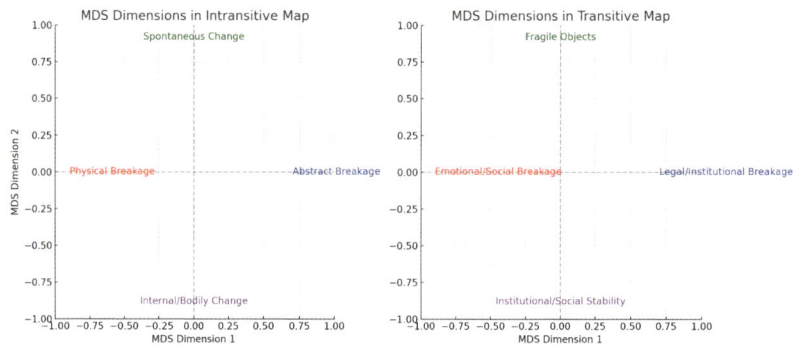

[그림 10] break MDS 차원-2

위 그림에 나타난 차이가 통계적으로 유의미한지 검증하기 위해 아래와 같이 질의해 보았다.

User:

Can we run correlation analysis to check whether the dimensions in the transitive and intransitive maps are aligned or represent different semantic axes?

　　GPT는 자동과 타동 구문 대상의 분포를 나타내는 의미 지도의 두 차원이 통계적으로도 유의미하게 다르다고 볼 수 있다는 상관분석 결과를 아래와 같이 제시한다. 이를 시각화한 그래프는 [그림 11]에 제시되어 있다.

1. **Dimension 1 (Transitive vs. Intransitive)**
   - **Correlation: 0.190** (weak positive correlation)
   - **p-value: 0.181** (not statistically significant)
   - **Interpretation:** There is **no strong evidence** that Dimension 1 in the transitive and intransitive maps represents the same semantic axis.

2. **Dimension 2 (Transitive vs. Intransitive)**
   - **Correlation: 0.084** (very weak correlation)
   - **p-value: 0.558** (not statistically significant)
   - **Interpretation:** Dimension 2 in the transitive and intransitive maps are **almost uncorrelated**, suggesting that they represent **different types of semantic structuring**.

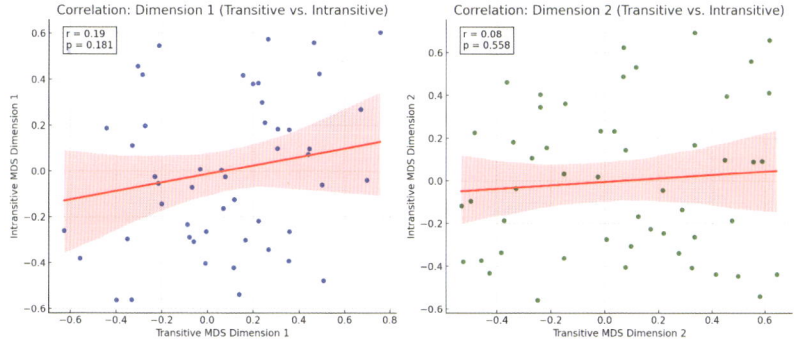

[그림 11] break MDS 차원-3

[그림 11]의 왼쪽 그래프는 자동 구문과 타동 구문의 수평 차원 사이에 약한 양의 상관 관계가 있으나(상관 계수: 0.19), 이는 통계적으로 유의미하지 않음을 보여준다. 오른쪽 그래프는 두 구문의 수직 차원 사이에는 거의 상관 관계가 있다고 보기 어렵다는 결과를 제시한다. 두 그래프에 제시된 낮은 상관 계수는 자동 구문과 타동 구문의 두 차원이 포착하는 개념을 같다고 볼 근거가 매우 약하다는 뜻으로 해석할 수 있다.

　　이제 자동 구문과 타동 구문 대상의 의미 구조와 차원을 명시적으로 해석하기 위해 주성분 분석을 시도해 본다. GPT에게 아래와 같이 요청했더니 자동 구문과 타동 구문 대상의 의미 구조가 하나의 PCA 공간에 합쳐진 시각화 결과물을 생성한다.

User:
Run a PCA-based visualization to further explore the differences between transitive and intransitive semantic structures.

　　군집화에 사용하는 데이터가 많을수록 고려해야 할 데이터의 특성도 늘어나기 때문에 시각화를 하기 어렵다. 따라서 많은 양의 데이터를 사용해 군집화를 하는 경우 주성분 분석과 같이 데이터의 차원을 축소하는 분석을 먼저 한 후 군집화를 하는 것이 시각화 측면에서 효율적이다(김장현·김민철 2023: 438). GPT도 주성분 분석을 먼저 한 후에 PCA 공간에서 대상 군집화를 시도해 보겠느냐고 제안한다. 이 제안을 받아들여 다음과 같이 자동 구문과 타동 구문의 분석 결과를 따로 시각화해 달라고 요청하였다. 시각화 결과물은 [그림 12]와 [그림 13]에 제시되어 있다. 그래프에 제시된 군집화는 GPT가 군집 개수를 4개로 설정하고 K-평균 군집화(K-Means clustering) 알고리듬을 적용하여 군집을 분석한 결과이다.[30]

User:

Yes. Try clustering analysis within PCA space and provide separate PCA-based visualizations of intransitive and transitive themes.

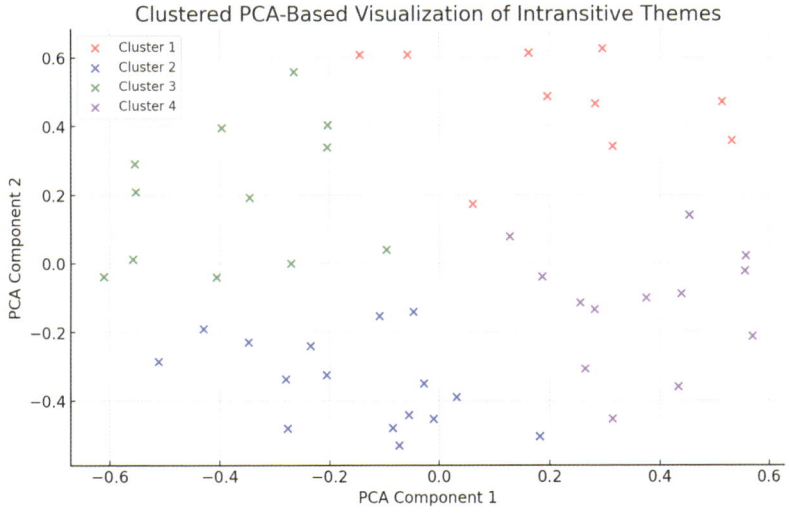

[그림 12] PCA 시각화 1: break 자동 구문 대상 논항

---

30   K-평균 군집화는 두 개 이상의 변수가 주어졌을 때 데이터에 존재하는 패턴을 사용해 데이터를
      두 개 이상의 그룹으로 자동으로 나누는 비지도 학습 기반의 인공지능 알고리듬이다. 이에 대
      한 자세한 설명은 김장현·김민철(2023) 15장을 참조할 것.

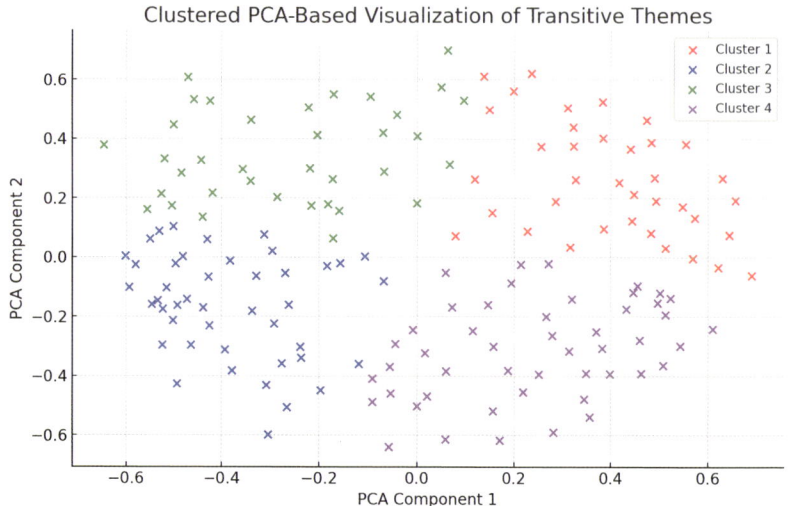

[그림 13] PCA 시각화 2: break 타동 구문 대상 논항

자동 구문 그래프와 타동 구문 그래프에서 두드러진 네 개의 군집에 대한 GPT의 설명 요약은 아래의 두 표와 같다. [표 11]과 [표 6]의 군집을 비교하면, [표 6]에서 별개의 군집으로 분리된 '물리적 구조물'과 '물리적 사물'이 [표 11]에서 하나로(Cluster 1) 합쳐져 있음을 볼 수 있다. [표 11]에서 Cluster 2와 Cluster 3로 별개의 군집에 할당된 '신체적·생리적 변화 대

[표 11] break 자동 구문 대상의 K-평균 군집화

Cluster	Representative Themes	Inferred Sense
Cluster 1 (Structural & Fragile Breakage)	bone, glass, pole, board, bell	Spontaneous Structural Failure (e.g., The glass broke.)
Cluster 2 (Bodily & Physiological Changes)	ankle, back, fever, nerve, heart	Bodily or Emotional Collapse (e.g., His fever broke.)
Cluster 3 (Natural & Environmental Change)	dawn, day, earth, sky, flare	Natural Emergence & Transformation (e.g., The dawn broke.)
Cluster 4 (Social/Information Disclosure)	controversy, detail, news, report, scandal	Spontaneous Revelation or Change in State (e.g., The news broke.)

상'과 '자연환경적 요소'는 [표 6]에서 하나로 합쳐진 차이도 관찰할 수 있다. '정보'는 두 표에서 공통적으로 독립적인 군집을 이루고 있다.

[표 7]과 [표 12]에 제시된 타동 구문 대상의 군집화 결과는 거의 동일하지만 [표 12]의 Cluster 4를 대표하는 대상 논항의 예시가 정확하지 않은 것을 볼 수 있다. 이 표에 제시된 'dawn', 'day', 'fever' 등은 자동 구문에 국한된 '자연발생적 변화'와 (동이 트거나 날이 밝아짐) 자동 구문에서 두드러지게 나타나는 행동주의 통제 밖의 상태변화(지속된 열의 약화)를 겪는 대상의 예들이다.

[표 12] break 타동 구문 대상의 K-평균 군집화

Cluster	Representative Themes	Inferred Sense
Cluster 1 (Physical/Material Breaking)	bank, bond, case, board, condom, dam, equipment	Physical Destruction & Rupture (e.g., She broke the dam.)
Cluster 2 (Bodily Injury & Fragility)	ankle, back, ball, bell, bone	Bodily Injury & Structural Weakness (e.g., He broke his ankle.)
Cluster 3 (Legal/Institutional Violation)	controversy, detail, law, contract, agreement	Breaking Rules, Laws, or Agreements (e.g., They broke the contract.)
Cluster 4 (Emotional & Conceptual Disruption)	dawn, day, earth, fever, flare	Disrupting Processes or Emotional Breakage (e.g., The crisis broke his spirit.)

이 같은 오류 발생 외에도 GPT의 분석 결과를 항상 비판적으로 검토해야 하는 다른 이유는 설명에 사용된 용어 사용과 관련된다. 위의 [표 10]과 [표 11]에서 자동 구문과 연관된 대상의 군집과 의의 중 하나를 '자발적(spontaneous)' 변화로 명명한 것을 볼 수 있는데, 사건 발생의 '자발성(spontaneity)'과 같은 전문 학술 용어를 GPT가 어떤 의미로 사용하고 있는지 검토와 확인이 필요하다. 언어학에서 '자발적으로 발생하는 사건'은 통상적으로 행동주의 개입이나 외부의 강한 힘 또는 에너지의 영향 없이 자연적·

환경적 요인의 충족만으로 발생할 수 있는 사건을 지칭한다. 영하권의 온도에서 얼음이 얼거나 동이 트는 것은 자발적으로 발생하는 사건으로 볼 수 있으나, 잔이 깨지거나 뉴스 속보가 보도되는 사건은 외부의 힘이나 사동주의 개입에 의해 비자발적으로 발생하는 사건으로 간주된다.

이제 다음과 같이 GPT에게 요청하여 자동 구문과 타동 구문 PCA 그래프의 주성분을 개념적으로 명확하게 해석하고 명칭을 붙여 보도록 하자. 아래의 요청에 대한 답변으로 얻은 결과물을 [그림 14]에 제시한다.

User:

Can you clarify what X-axis(PC 1) and Y-axis(PC 2) represent or capture in the transitive and intransitive PCA clusters maps?

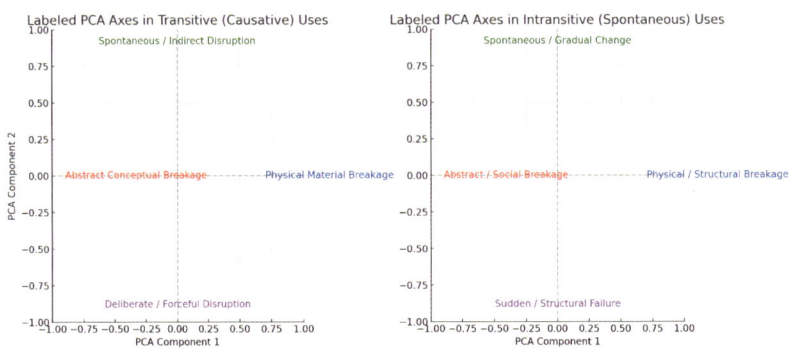

[그림 14] PCA 시각화 3: break 자동·타동 구문 대상의 주성분

[그림 14]의 왼쪽(타동 구문)과 오른쪽(자동 구문) 그래프를 비교하면, 몇 가지 흥미로운 공통점과 차이점을 관찰할 수 있다. 먼저 두 그래프의 수평 차원(PCA Component 1)의 유사성을 확인할 수 있다. 두 그래프의 수평 차원

이 추상적/개념적 변화와 물리적/구조적 변화 사이의 대비를 포착하고 있는 것을 볼 수 있는데, [그림 14]에는 나타나 있지 않지만 두 그래프의 구체성과 추상성은 서로 다른 세부 의미 영역에 해당한다는 차이가 있다. 위에 제시된 주성분 분석과 PCA 공간에서의 군집화 결과를 보면, break의 타동 구문의 수평 축은 추상적 위반의 대상과 물리적 대상을 구분하는 반면, 자동 구문의 수평 축은 물리적 대상과 감정적·사회적 개념을 구분한다는 점이 드러난다. 이 차이는 위에서 논의한 MDS 수평 차원 분석 결과와 유사하다.

두 그래프의 수직 차원(PCA Component 2)은 두 구문의 의미적 차이가 대상의 특성 차이를 넘어 사동주의 특성 차이와도 관련된다는 중요한 시사점을 담고 있다. 왼쪽 타동 구문 그래프의 수직 차원은 강제적인 외부 원인이나 명확한 행동주(agent)에 의해 발생하는 변화(하단)와 비행동주성 사동주(nonagentive causer)에 의한 변화를 겪는 대상(상단) 사이의 대비를 포착한다. 타동 그래프 상단에 나와 있는 'Spontaneous'는 GPT의 설명 내에서도 일관성이 없이 쓰이고 있어 특별한 주의를 요한다. 설명을 자세히 검토해 보면 GPT가 'Spontaneous/Indirect'를 'The crisis broke his spirit'과 같이 행동주가 아닌 추상적인 원인에 의해 발생하는 사건을 지칭하는데 사용하고 있음을 유추할 수 있다.

[그림 14] 오른쪽에 있는 자동 그래프의 수직 차원은 갑작스럽게 발생하는 구조적인 붕괴(하단)와 자연적이고 점진적인 변화 사이(상단)의 대비를 포착하고 있다. [표 11]의 MDS 차원과 [그림 14]의 PCA 차원은 완전히 일치하지는 않으나, 두 분석은 자동 구문의 대상이 상대적으로 구체성이 높고, 타동 구문 대상이 상대적으로 추상성이 강하다는 일관된 결과를

보여준다. 이는 4.1.2절에서 다룬 freeze의 MDS 차원 분석과도 일치하는 결과이다. 또한 GPT를 사용한 MDS 차원 분석과 주성분 분석, K-평균 군집화 등의 후속 분석을 통해서 두 구문 간 의미적 차이 뿐 아니라 구문 내의 변이가 대상의 특성을 넘어 사동주의 개입 여부, 명확성 및 의도성과도 관련된다는 결론을 도출할 수 있다.

이 절에서 보인 바와 같이 ChatGPT를 활용하면 복잡한 통계 코드와 프로그램을 사용하지 않고도 통계적 가설을 검증하고 데이터를 신속하게 직관적으로 파악하는 것이 가능하다. 그뿐 아니라 ChatGPT의 제안과 해석을 검토하는 과정에서 분석 방향과 방법에 대한 힌트와 아이디어를 얻고, 데이터에 대한 확장적 분석을 통해 새로운 통찰을 얻을 수 있다. 이 같은 장점만을 생각하면 ChatGPT를 통계 분석 용도로 쓰지 않을 이유가 없어 보이지만, 동일한 프롬프트로 요청해도 매번 다른 데이터 시각화 결과물을 보여주기도 한다. 이처럼 분석의 일관성 유지의 어려움 때문에 ChatGPT를 사용한 분석 결과를 출판물에 포함하는 대신, ChatGPT를 R 코드 생성 용도로 활용할 수 있다. ChatGPT를 이 같은 용도로 사용하는 방법은 다음과 같다. 먼저 데이터를 업로드하고 데이터 구조를 설명해 주고, 원하는 분석을 실행하기 위해 필요한 R 코드를 요청한다. 그렇게 얻은 코드를 'R Studio' 또는 R 코드를 지원하는 다른 프로그램으로 가져가서 붙여넣기하고, 데이터 파일의 위치를 지정한 후에 실행하면 된다.

2. 다의어 freeze 와 break 의의의 사역교체 구문 분포 분석

이 절에서는 freeze와 break의 의의가 사역교체를 형성하는 두 구문에 어떻게 분포하는지를 분석하는 연구에 ChatGPT를 활용하는 방안을 논의한다. 이 같은 연구는 일련의 정성적 분석과 정량적 분석 과정을 거쳐 수행된다. 다의어 동사의 주요 의의 범주를 설정하고, 코퍼스에서 추출한 동사 용례들을 의의 범주에 할당하는 과정은 정성적 분석에 의해 이루어 진다. 이를 토대로 동사의 의의들이 자동 구문과 타동 구문에 분포하는 패턴을 분석하는 과정은 주로 정량적 분석에 의존한다. 이 절에서는 freeze와 break 의의의 사역교체 구문 분포에 대한 정성적·정량적 분석을 수행하는데 있어 연구자와 ChatGPT의 상호보완적 협업에 대해 상세히 다룬다.

1. freeze 의의 범주의 구문 분포

4.1.2절에서 동사 freeze가 COCA에서 취하는 대상 논항의 군집화를 토대로 GPT가 다음의 5개의 주요 의의를 도출한 결과를 제시하였다(4.1.2의 [표 3] 참조): 1. '문자적 의미의 물리적 결빙(literal physical freezing)', 2. '갑작스러운 움직임 정지(sudden immobility)', 3. '경제적/재정적 동결(economical & financial freezing)', 4. '과정의 중단(halt in progress)', 5. '감정적/사회적 결빙/냉각(emotional & social freezing)'. 이 구분은 Romain(2017)의 선행 연구, WordNet(Felbaum 1998; Princeton University 2010) 그리고 COCA에서 제시된 freeze 의의 구분과 대체로 부합한다. 이 의의들이 자동 구문과 타동 구문에 어떻게 분포하는지를 살펴보기 전에 먼저 각각의 의의에 대해서 예를 들어 설명하도록 한다. 아래의 예시에 등장하는 예문들 중 출처 표기가 없는 것들은 GPT가 제공한 예문들이다.

  GPT가 제안한 5개의 주요 의의 중에서 첫 번째 의의인 '문자적 의미의 물리적 결빙'을 freeze의 가장 기본적이고 중심적인 의의로 볼 수 있다.

이 의의는 기온 하강으로 인한 결빙이나 의도적인 냉동으로 인한 결빙을 포함하며, 결빙의 대상에 따라 아래 (1)-(4)와 같이 4개의 하위 범주로 세분화할 수 있다.

(1) 자연적 요소의 결빙(natural freezing):

The lake froze overnight.

(2) 신체 또는 신체 부분이 얼어붙어 굳음(bodily freezing):

My fingers froze in the cold.

(3) 인공물이 얼어붙음(physical freezing):

The storm froze the pipes, causing them to burst.

(4) 음식, 재료, 물질 등의 보존을 위한 냉동(preservation):

I froze the meat for preservation.

두 번째 '갑작스러운 움직임 정지' 의의는 물리적 결빙에 수반되는 '굳어짐'이라는 결과적 측면이 강조된 의의로 볼 수 있다. 이 의의 역시 움직임이 정지되는 대상에 따라 세분화되며, 기술적 작동과 기능 정지 그리고 시간의 멈춤과 같이 물리적 영역을 넘어 추상적 영역으로 확장되어 나타나는 의의들을 포함한다. '갑작스러운 움직임 정지'의 하위 범주 의의가 (5)-(8)에 예시되어 있다.

(5) 물체와 신체 움직임의 정지(physical/bodily freezing):

a. He froze in fear when he saw the bear.

b. The shocking news froze her in place.

(6) 기계의 작동 정지/고장(mechanical breakdown):

   a. The engine froze due to cold.

   b. The low temperature froze the engine.

(7) (주로 컴퓨터와 관련된) 기술적인 고장/오류(technical failure):

   a. My computer froze, and I lost my work.

   b. The virus froze the entire system, making it crash.

(8) 시간의 멈춤(time stopping):

   … in Burt Langstrom's bedroom, he'd felt the world tilt slightly and <time seemed to freeze>. The weapon had seemed unreal.

(COCA FIC, Bk:NightParade-2017)

  (8)의 예문에서 'time seemed to freeze'는 방안의 공포스러운 분위기로 인해 앞 절의 주어가 지칭하는 소설의 주인공에게 시간이 멈춘 것처럼 느껴졌다는 뜻으로 해석된다. 이처럼 '갑작스러운 움직임 정지' 의의가 추상적 영역(시간의 영역)으로 확장된 하위 의의를 갖기도 하고, 경제 활동의 중지와 일반적인 과정 또는 활동의 중지로 확장되어 '경제적/재정적 동결'과 '과정의 중단'과 같은 새로운 의의가 나타난다. '갑작스러운 움직임 정지'에서 확장된 두 의의를 예시하면 (9)-(10)과 같다. '경제적/재정적 동결'은 동결 권한을 가진 기관의 행정적·법적 조치로 인한 재정적 자원에의 접근 및 활동의 제한과 중단을 나타내며, '과정의 중단'은 보다 넓은 영역에 적용되어 일반적인 과정이나 활동의 진행 보류와 어떤 조치의 시행 중단을 나타낸다.

(9) 경제적/재정적 동결(economical & financial freezing):

The bank froze their assets.

(10) 과정의 중단(halt in progress):

The company froze production.

freeze의 다섯 번째 의의 '감정적/사회적 결빙/냉각'은 물리적 결빙의 주요 속성인 '차갑게 굳음'이 감정과 사회적 관계의 영역으로 확장되어 나타나는 의의로 볼 수 있다. 이 의의를 갖는 예문은 (11)과 같다.

(11) 감정적/사회적 결빙/냉각(emotional & social freezing):

a.   His heart froze with grief.

b.   They froze their relationship.

freeze의 5개 주요 의의 범주에 속한 11개 하위 의의들 사이의 친소 관계, 확산 패턴 및 의의들을 관통하는 핵심 개념은 4.3절에서 분석하도록 한다. 11개 의의를 각 의의와 연관되는 대표적인 대상 논항의 예와 함께 제시하면 [표 1]과 같다.

[표 1] freeze의 주요 의의 범주

주요 의의 범주와 하위 범주		대상 논항의 예
Literal physical freezing	Natural freezing	*lake, plant, river*
	Bodily freezing	*body, foot, skin*
	Physical freezing	*housing, pipe, waterbed*

230

	Preservation	*meat, fish, syrup*
Sudden immobility	Physical/bodily immobility	*breath, frame, pose*
	Mechanical breakdown	*engine, machine, car,*
	Technical failure	*computer, software, system,*
	Time stopping	*time*
Economical/financial freezing		*account, assets, rates*
Halt in progress		*activity, operation, project*
Emotional/social freezing		*smile, heart, friendship*

이제 위 의의들의 구문 분포에 대한 분석을 시작하자. 이를 위해 먼저 4.1절에서 다룬 대상 논항 분석에 포함된 372개의 freeze 용례들이 11개 중 어떤 의의를 갖는지를 결정하고, 각 용례의 의의 정보를 용례들이 저장되어 있는 엑셀 파일에 새로운 열을 추가하여 포함시켰다. 이처럼 통계 프로그램이나 인공지능 모델이 데이터를 이해하고 분류 또는 분석을 할 수 있도록 데이터에 추가 정보를 부여하는 과정을 데이터 '애노테이션(annotation, 주석 달기)'이라고 한다. 다의어 동사가 문장에서 갖는 의의 정보의 애노테이션을 공개되어 있는 의미 자원에서 사용되는 체계를 따르지 않고 연구자의 판단에 의거하여 작업한 이유는 의의 분석 수준(grain-size) 또는 세분화 정도와 관련이 있다. 자연어 처리와 어휘 의미 분석에서 널리 쓰이는 WordNet 기반 의의 분류 체계는 본 연구에 필요한 수준 이상으로 단어의 의의를 세분화하고, 개별 의의들의 상위 범주 체계를 제공하지 않아 우리가 수행하려는 분석에는 적합하지 않다. 2장에서 언급한 바 있는 PropBank 기반 주석 체계는 각 동사의 의의 범주마다 의미역을 정의하며,

이 같은 의의 범주별로 Arg0, Arg1, Arg2와 같은 의미역 세트를 가지고 있다.[31] 이 체계는 이 연구에서 설정한 동사 의의 분석 수준보다 더 개괄적이어서 우리가 설정한 의의 구분이 잘 반영되어 있지 않다.

동사의 의의 결정은 문맥에서의 검토와 판단이 필수적이다. 특히 동사가 같은 대상 논항을 취하는 경우에도 다양한 해석이 가능한 용례들이 상당수 발견된다. 예를 들어 freeze가 player를 대상으로 취한 'The player froze in fear'와 같은 문장은 문맥에 따라 신체적 움직임 정지를 의미할 수도 있고, 활동이 정지되었다는 의미로 해석될 수도 있다. COCA에서 용례를 검색할 경우 검색 결과를 보여주는 화면에 용례 전후 문맥과 전체 문맥을 볼 수 있는 기능을 사용할 수 있으며, 검색된 용례의 전후 문맥을 포함한 텍스트를 다른 언어로 번역하는 구글 번역 기능도 제공된다. COCA에서 검색된 용례의 문맥과 다른 언어로 번역된 결과를 보는 방법은 다음과 같다. 먼저 COCA 웹서버 https://www.english-corpora.org/coca/에 접속한다. 부록 3장에서 설명되어 있는 바와 같이, 서버에 로그인을 한 후 입력창에 관심 대상 용례에 포함된 몇 단어를 입력한다. 이 창에는 최대 5개 단어까지 입력이 허용되는데, [그림 1]과 같이 (12)에 제시된 용례에서 freeze의 목적어로 쓰인 'a certain number of players'를 입력해 본다.

---

31 PropBank은 각 동사별 의의와 의미역(ARG0-ARG5) 정의를 포함한 프레임 파일(frame file)을 제공한다. 이 데이터 세트는 PropBank 공식 깃허브 페이지(https://propbank.github.io) 또는 아래의 사용자 친화적인 PropBank 프레임 브라우저에서 열람 가능하며, 검색도 가능하다: https://verbs.colorado.edu/propbank/framesets-english/

(12) … each team in the top half of revenue can freeze a certain number

of players each year … (COCA SPOK, CNN_KingWknd-20020810)

[그림 1] COCA 화면-1

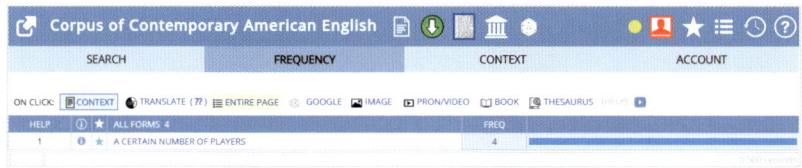

[그림 2] COCA 화면-2

　　검색어구를 입력한 후에 "Find matching strings"를 클릭하면 검색어
구를 포함한 용례가 코퍼스에 출현하는 빈도(FREQ)가 제시된 [그림 2]와 같
은 화면이 나타난다. 이 화면에서 검색어구를 클릭하면 [그림 3]과 같이 용
례들이 제시된다. 이 화면에서 3번 행에 나와 있는 용례가 예문 (12)이다.

　　이 용례가 다른 언어로 번역된 결과를 보려면 여섯 번째 열의 'Trans-
late' 아이콘을 클릭한다. 이 단계를 지나면 [그림 4]에서 볼 수 있듯이 영
어 원문이 왼쪽에, 원문의 번역 결과가 오른쪽에 제시되는 화면을 만나게

되는데, 이 오른쪽 화면 상단의 화살표를 클릭하여 번역 언어를 한국어로 설정한다.

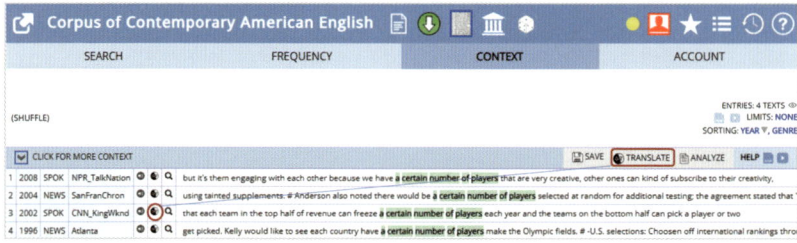

[그림 3] COCA 화면-3

위 [그림 3]의 화면에서 용례 출처가(이 경우 "CNN_KingWknd") 제시된 네 번째 열을 클릭하면 [그림 5]와 같이 용례의 전체 문맥이 출처에 대한 정보와 함께 제시된다.

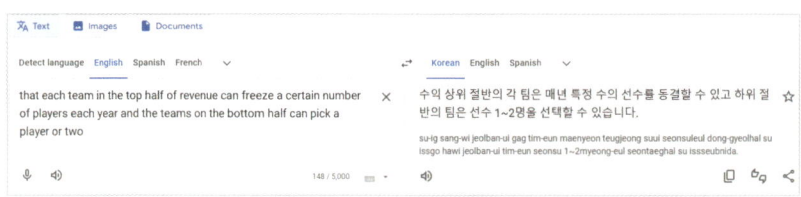

[그림 4] COCA 화면-4

위 [그림 4] 오른쪽 화면에서 원문의 'freeze a certain number of players'가 '특정 수의 선수를 동결하다'로 정확하게 번역된 것을 볼 수 있다. 이 용례에서 '선수를 동결한다'는 것은 스포츠 구단이 선수의 이동을 제한하는 경제적·행정적 조치를 뜻하는 것으로 freeze 의의 범주 중 '경제적/재정적 동결'에 해당한다.

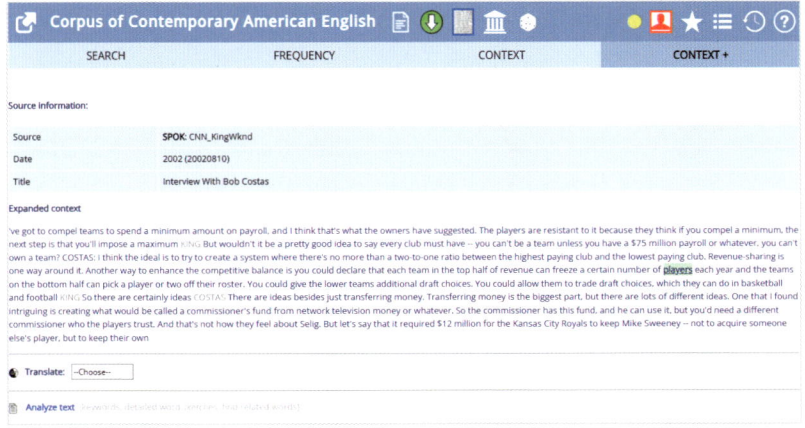

[그림 5] COCA 화면-5

이처럼 COCA에서 제공되는 문맥 보기와 번역 기능들을 활용하면 의미 정보의 정확한 애노테이션에 큰 도움이 되지만, 구글 번역 결과가 자연스럽지 않거나 정확하지 않은 경우도 빈번하다. 예문 (13)의 'froze the air'의 예를 들어 보자.

(13) ⋯ What was unspeakable found voice and <its bleating froze the air> for a moment hacked from the fabric of time ⋯

(COCA FIC, Bk:HalloweenMan-1998)

이 용례가 웹 기반 COCA 내에서 제공되는 구글 번역을 통해 한국어로 번역된 결과가 [그림 6]에 제시되어 있다.

[그림 6] COCA 화면-6

　　[그림 6]에서 'froze the air'가 '공기를 얼렸다'로 직역된 것을 볼 수 있는데, '주변 분위기를 얼어붙게 만들었다'는 해석이 보다 자연스럽고 적절하다. 주변 분위를 얼어붙게 만들었다는 것은 쥐 죽은 듯 조용하고 긴장된 분위기를 만들었다는 은유적인 의미이다. 이렇게 문맥에서 용례가 갖는 의미를 해석한 다음에 해석된 의미가 freeze의 어떤 의의 범주에 속하는지 결정해야 한다. 이 용례의 경우 '갑작스러운 움직임 정지' 의의가 은유적으로 확장된 것으로 보는 것이 적절하다고 여겨지지만, '감정의 결빙' 의의로 판단할 여지도 있어 보인다. 이와 같이 의의 범주의 판단이 어려운 경우 ChatGPT를 활용하면 실질적인 도움을 받을 수 있다. ChatGPT에게 아래와 같이 (13)에 제시된 용례의 의의에 대해 물으면 이 용례에서 freeze의 의의가 무엇이고, 그렇게 볼 수 있는 근거와 다른 의의 범주로 볼 수 없는 이유를 상세하게 답변한다. 이 경우 '갑작스러운 움직임 정지' 의의로 보는 것이 적절하다는 ChatGPT 답변의 일부를 필자의 질문 다음 페이지에 제시한다.

User:

Can you help me determine the sense of 'freeze the air' in the following sentence? Which of the following sense categories does this sense fit best? 1. Physical freezing, 2. Sudden immobility, 3. Economical/financial freezing, 4. Halt in progress, 5. Emotional/social freezing

··· What was unspeakable found voice and its bleating froze the air for a moment hacked from the fabric of time ···

Interpretation of "Freeze the Air"

The phrase **"froze the air"** is metaphorical and suggests a **sudden, intense, or unsettling effect on the atmosphere or environment.**

- The **bleating** (likely a cry or sound) has a **dramatic impact**, momentarily **suspending or intensifying the surrounding atmosphere** in an almost tangible way.
- This usage evokes a **sense of stillness, tension, or emotional weight**—as if the air itself becomes motionless or charged with meaning.
- The phrase **"for a moment hacked from the fabric of time"** reinforces the idea that the event **disrupts the normal flow of time, creating a frozen, suspended effect.**

Best Sense Category:

✦ **"Sudden Immobility"**

- This meaning aligns with **"freezing" as a metaphor for stillness, paralysis, or emotional intensity.**
- Similar expressions include:
  - **"His words froze the room."** (everyone became silent or shocked)
  - **"The scene froze me in place."** (a moment of stunned immobility)
  - **"A scream froze the air."** (created a chilling, motionless atmosphere)

ChatGPT의 답변에는 다음과 같이 다른 의의 범주로는 보기 어려운 이유도 제시되어 있다.

Why Other Categories Don't Fit:

- ✗ **Not "Physical Freezing"** – the air isn't literally turning into ice.
- ✗ **Not "Economic/Financial Restrictions"** – no administrative or financial control is involved.
- ✗ **Not "Halt in Progress or Activity"** – this isn't about stopping an ongoing process in a practical sense.
- ✗ **Not "Emotional/Social Freezing"** – while there is emotion, this phrase describes an effect on the **environment, not social interaction or emotional inhibition.**

Final Conclusion:

✦ **"Freeze the air"** in this sentence belongs to the **"Sudden Immobility"** sense, as it describes an emotionally charged stillness or momentary suspension of movement and time.

COCA에서 추출한 freeze 용례들 중에는 이처럼 문맥을 고려해도 용례의 의의를 정확하게 판단하기 어려운 경우가 많다. 대표적인 예로 (14)-(16)에 제시된 세 용례를 들 수 있다. 이 용례들은 위 (8)의 예문과 같이 모두 '시간의 정지'에 대해 기술하고 있다. 용례 아래에 제시된 ChatGPT의 해석을 참조하여 각 용례가 freeze의 어떤 의의 범주에 해당하는지 생각해보라.

(14) ··· push the tips of her index fingers together and time would freeze? Dumbest show ever, but anyway,···   (COCA FIC, Moment-2005)

(··· 검지 손가락 끝을 맞대면 시간이 멈춘다고? 정말 바보 같은 쇼였어. 어쨌든, ···)

(15) ··· its for personal reasons. To remember. To try and freeze time, just for a couple of seconds. You know,···

(COCA WEB, more than a MOMMY-2012)

(··· 그건 개인적인 이유 때문이야. 기억하려고. 단 몇 초 동안이라도 시간을 멈춰보려고. 알잖아...)

(16) ··· engines, the skeletal landscape, that which seemed to have
frozen   not only the earth but time, making change unthinkable···

(COCA FIC, Triquarterly-1994)

(···엔진들, 뼈대만 남은 풍경, 그리고 그것은 땅뿐만 아니라 시간까지 얼려버린 듯했다.
변화라는 것은 상상도 할 수 없었다···)

위 예문들의 의의 범주에 대해 ChatGPT에게 질의하여 얻은 답변을
요약하면 [표 2]와 같다.

[표 2] 시간의 멈춤과 관련된 freeze 용례에 대한 해석과 설명

예문	해석	*freezing*의 의미 설명	*freeze* 의의 범주
(14)	손가락을 맞대면 시간이 멈추는 마법적인 설정	초능력 또는 판타지적 시간 정지	갑작스러운 정지
(15)	중요한 순간을 정지시켜 기억하려는 감정	감성적, 심리적 시간 정지	감정적/사회적 동결/냉각
(16)	변화가 멈춘 듯한 정체된 상태	전쟁이 남긴 폐해로 환경이나 상황이 진행과 변화를 멈추고 고정된 듯한 느낌	과정의 중단

위 (14)-(16)에 제시된 freeze의 용례들은 다의어 동사의 의의가 매우
유동적이며 문맥 의존적인 특성을 지닌다는 점을 잘 보여준다. 또한 동일
한 대상 논항과 쓰이더라도 동사의 의의가 다양하게 나타날 수 있기 때문
에 특정 문장에 쓰인 다의어 동사의 의의를 판단하는 것은 번역과 해석을
넘어 구체적인 문맥에서 발생하는 은유적이고 함축적인 의미까지 고려해
야 한다. 특히 (16)의 용례에서 관찰되는 '시간의 얼어붙음'(정지와 정체에 대한

은유) → 모든 상황의 멈춤과 고착화(함축)'과 같이 비원어민에게 친숙하지 않은 은유와 함축이 관련되는 경우도 많다. 이처럼 추상적이고 미세한 요인들을 고려해야 하는 의미 데이터 애노테이션 과정에서 ChatGPT는 연구자의 직관이 가진 한계를 보완하고 정성적 데이터 분석의 신뢰성과 정확도를 높이는데에 유용하게 활용될 수 있음을 경험할 수 있다.

372개의 freeze 용례에 대한 의의 정보 애노테이션을 마친 후 "Python for Corpus Analysis" GPT를 열어 입력창에 아래의 요청을 입력하고 데이터 파일을 업로드한다.

User:

I have created an excel file containing senses associated with transitive and intransitive uses of *freeze* extracted from the COCA corpus. The file contains a total of 372 instances of *freeze*. Here's information about several relevant columns of the data file:

D: Realization(Caus: Causative transitive; NCaus: Noncausative intransitive use)

E: Theme

F: Corpus instance

H: Sense

Create a table and a chart showing how distinct senses are distributed across the two realization forms or constructions.

먼저 GPT가 이 요청을 받고 생성한 표의 일부를 보이면 [표 3]과 같다. GPT는 이 표에 해당하는 엑셀 파일도 표와 함께 다운로드할 수 있도록 제공한다.

[표 3] freeze의 주요 의의의 구문 빈도와 분포-1

Sense Distribution By Realization

	REALIZATION	Bodily freezing	Economical/financial f	Emotional freezing	Halt in progress	Mechanical breakdown	Natural freezing
1	Caus	11	42	6	21	1	9
2	NCaus	24	2	14	2	3	16

　　　[표 3]에는 5개의 주요 의의와 그 하위 범주 의의가 나타나 있지 않아
이를 반영하여 필자가 수정한 표를 [표 4]에 제시한다.[32]

[표 4] freeze의 주요 의의의 구문 빈도와 분포-2

주요 의의 범주와 하위 범주		타동 구문 용례 수	자동 구문 용례 수	합계	
Literal physical freezing	Natural freezing	9	16	25	145
	Bodily freezing	11	24	35	
	Physical freezing	22	21	33	
	Preservation	52	0	52	
Sudden immobility	Physical/ bodily immobility	26	92	118	128

32　[표 1]에 제시된 11개 의의 중 '시간의 정지(time stopping)'는 [표 4]에서 '물리적/신체적 움직임 정지(physical/bodily immobility)'의 은유적 용법으로 간주하고 이 범주에 포함시켰다.

주요 의의 범주와 하위 범주	타동 구문 용례 수	자동 구문 용례 수	합계	
	Mechanical breakdown	1	3	4
	Technical failure	1	5	6
Economical/financial freezing	42	2	44	
Halt in progress	21	2	23	
Emotional freezing	6	14	20	
Social freezing	1	1	2	
합계	192	180	372	

　　[표 4]에서 제시된 11개의 의의들 중에서 해당 의의를 갖는 용례 수를 기준으로 가장 높은 빈도를 보이는 의의는 '물리적/신체적 움직임 정지'로 나타났다. 그 다음으로 '보존을 위한 냉동(preservation)' 의의가 높은 빈도를 보이고, '경제적/재정적 동결(economical/financial freezing)', '신체의 얼어붙음(bodily freezing)'과 '물리적 결빙(physical freezing)'의 순으로 그 뒤를 따른다. '기계의 작동 정지/고장(mechanical breakdown)', '기술적인 고장/오류 (technical failure)'와 '사회적 결빙/냉각(social freezing)'은 용례 수 10개 미만의 낮은 빈도를 보인다.

　　5개의 주요 의의 중에서는 '문자적 의미의 물리적 결빙(literal physical freezing)'이 총 용례의 38.98%에 이르는 가장 높은 비율을 보인다. 다음으로 '갑작스러운 움직임 정지(sudden immobility)'가 34.41%의 비율을 보이며, 나머지 의의 범주들은 상대적으로 낮은 비율을 보인다. 이는 '문자적 의미의 물리적 결빙'이 freeze의 가장 기본적인 의의임을 시사하며, '갑작스러운 움직임 정지'를 freeze의 이차적인 확장 의의로 볼 수 있는 경험적 근거를 제공한다. 이 두 의의로부터 은유와 함축을 매개로 추상적인 의미 확장이 나타나는 양상은 다의어 의미 확장의 보편적인 양상과도 일치한다(Tyler·Evans 2003).

이제 의의의 구문 분포를 살펴보도록 하자. GPT가 생성한 아래 [그림 7]이 보여주는 바와 같이 대다수의 의의들이 타동 구문과 자동 구문에 균형적으로 분포하지 않고, 한 구문에 더 많이 나타난다.

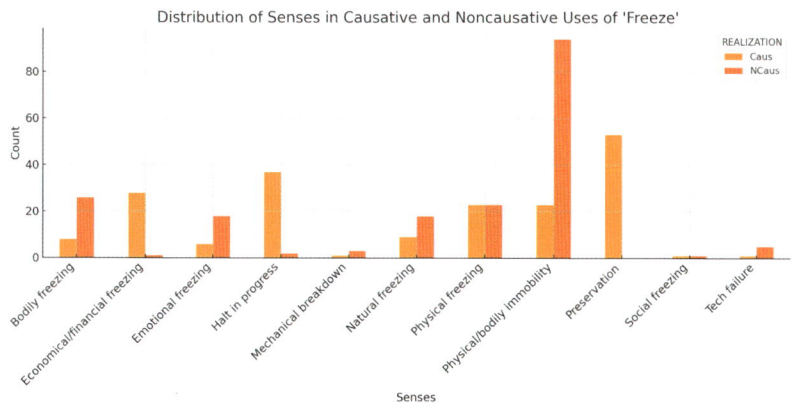

[그림 7] freeze 의의의 구문 분포

위의 차트에 나타난 11개 의의의 구문 분포를 자세히 살펴보면, '보존을 위한 냉동'은 타동 구문에서만 나타나고, '경제적/재정적' 동결과 '과정의 중단'은 타동 구문에서 압도적으로 빈번히 나타나는 것을 관찰할 수 있다. '물리적 결빙'과 '사회적 결빙/냉각'은 두 구문에서 비슷한 빈도로 나타나며, 나머지 6개의 의의는 자동 구문에서 더 선호된다는 것을 볼 수 있다. GPT는 이 같은 결과를 바탕으로 11개의 freeze 의의를 [표 5]와 같이 타동

[표 5] 구문 분포에 의한 **freeze**의 주요 의의 구분

구분	의의	용례 수
타동 구문 우세 의의 (Causative-dominant senses)	Preservation	119
	Economical/financial freezing	
	Halt in progress	
자동 구문 우세 의의 (Noncausative-dominant senses)	Natural freezing	218
	Bodily freezing	
	Physical/bodily immobility	
	Mechanical breakdown	
	Technical failure	
균형 분포 의의(Balanced senses)	Emotional freezing	35
	Physical freezing	
	Social freezing	

구문에서 선호되는 '타동 구문 우세 의의', 자동 구문에서 선호되는 '자동 구문 우세 의의'와 두 구문에서 비슷한 빈도로 나타나는 '균형 분포 의의'로 구분한다. [그림 8]은 GPT가 이 세 의의를 갖는 용례의 빈도를 시각화한 차트이다.

이제 freeze 의의의 구문 분포를 살펴보는 것을 넘어 [표 5]와 [그림 8]에 제시된 의의 유형의 특징과 의의 분포 분석 결과가 갖는 시사점을 논의한다. 먼저 자동 구문과 타동 우세 의의들은 상태 변화의 구체성/추상성 측면에서 차이가 있다. 자동 구문 우세 의의들은 감정적/사회적 냉각을 제외하면 구체적인 대상이 겪는 결빙을 나타낸다. 반면, 냉동 보존을 제외한

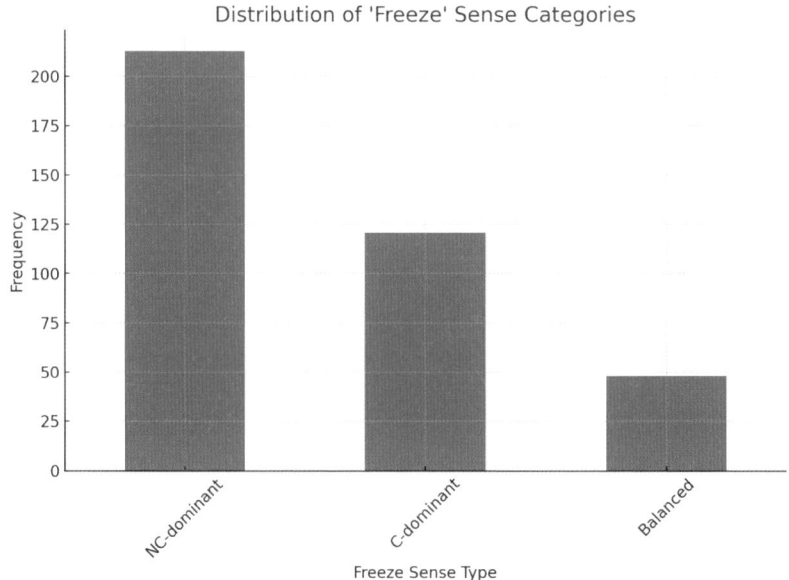

[그림 8] freeze 의의 유형 별 빈도

타동 우세 의의들은 (경제적 동결, 과정/활동의 중단) 다양한 추상적 대상의 중단, 정지와 동결을 나타낸다. 이 같은 차이는 타동 구문에서 쓰이는 대상 논항이 보다 강한 추상성을 갖는 이유를 설명한다.

  자동 구문과 타동 구문 의의들은 상태 변화를 유발하는 사동주의 의도성과 명확성에 있어서도 차이를 보인다. 타동 우세 의의로 구분되는 세 의의(냉동 보존, 경제적 동결, 과정/활동의 중단)는 구체적이고 명확한 행동주의 의도적인 행위가 유발하는 동결이나 정지를 나타낸다는 공통점을 갖는다. 이와 대조적으로 자동 구문 우세 의의와 균형 분포 의의들은 행동주가 아닌 외부 원인에 의해 유발되는 결빙, 정지 또는 고장/오류를 나타내는 경향이 강하다. 이 의의들은 주변 환경, 비의도적인 행위 또는 사건 등 보다 추상적이고 불명확한 외부 원인에 의해 유발되는 상태 변화와 밀접하게 관련된다. [표 5]와 [그림 8]에서 나타난 바와 같이 자동 우세 의의와 균형 분포 의의를 갖는 용례의 비율을 합하면 분석 대상 용례의 68.01%에 이른다.

이처럼 대다수의 freeze 용례들이 불명확한 비행동주성 사동주나 원인에 의한 변화를 주로 나타내는 의의를 갖는다는 결과는 두 가지 언어학적 시사점을 갖는다. 첫 번째 시사점은 위의 분석 결과가 다른 동사들과 비교할 때 freeze가 상대적으로 자동 구문에서 선호된다는 선행 연구의 발견을 부분적으로 설명한다고 볼 수 있다는 것이다. 사역교체 동사의 자동 우세와 타동 우세 의의 빈도 차이가 구문 선호도와 관련되어 있다면, 타동 구문에서 상대적으로 선호되는 break와 같은 동사는 타동 우세 의의를 갖는 경향이 높을 것이라는 예측을 할 수 있다. 타동 우세 의의와 타동 구문 선호 사이의 관련성 여부는 다음 절에서 다룰 break의 의의 분포 분석을 통해 확인해 보도록 한다.

2. break 의의 범주의 구문 분포

break의 다의성은 더 다양하고 복잡한 양상을 보인다. WordNet에서 break의 의의는 59개로 세분화되어 있는데, 이 의의들은 상태 변화가 아닌 의의와 구동사로서 갖는 의의들을 포함한다. 이 절에서는 이 같은 의의들은 제외하고 주요 의의 범주를 설정한 후에 의의 정보 애노테이션을 거쳐 의의의 구문적 분포 분석을 수행하는 과정에 대해 논의한다.

이를 위해 먼저 break의 다양한 의의를 관통하는 중심 개념을 찾아 내기 위하여 GPT에게 위에서 언급한 의의를 제외한 38개 의의 목록을 주고 군집화를 요청해 보았다. GPT는 워드넷에 제시된 38개의 상태 변화 의의를 다음과 같이 8개로 그룹화하였다.

1. Physical Separation and Integrity

- **Sense 2**: Become separated into pieces or fragments.
- **Sense 3**: Destroy the integrity of, usually by force.
- **Sense 17/18**: Become or cause to be punctured/penetrated.

2. Operational Failure or Cessation

- **Sense 4**: Stop operating or functioning.
- **Sense 5**: Ruin completely (e.g., render useless).
- **Sense 29**: Come to an end (e.g., heatwave).

3. Escape and Rupture

- **Sense 7**: Move away or escape suddenly.
- **Sense 8**: Make a rupture (e.g., break ranks).
- **Sense 27**: Interrupt a continued activity or relationship.

4. Interruption and Change

- **Sense 21/33/34**: Terminate or pause an activity, flow, or state.
- **Sense 35**: Change suddenly (e.g., voice or tone quality).

5. Emotional and Social Contexts

- **Sense 9**: Make submissive or docile.
- **Sense 13/14**: Cause or experience giving up a habit.
- **Sense 37**: Weaken or destroy in spirit or body.

6. Revelation and Discovery

- **Sense 11**: Make known to the public.
- **Sense 20**: Find a solution or key.

7. Economic and Transactional

- **Sense 15**: Exchange for smaller units of money.

8. Miscellaneous Contexts

- **Sense 28**: Curl over and fall apart (e.g., waves).
- **Sense 32**: Emerge from a surface (e.g., whales breaking the surface)
- **Sense 36**: Diminish abruptly (e.g., fever breaking).

위의 군집화에서 두드러진 개념을 4.1.3에서 GPT가 대상 논항의 군집 분석을 토대로 도출한 주요 의의 범주와 비교해 보자. 4.1.3에서 제시된 8개의 주요 의의 중 유사한 2개 의의를 하나로 통합하라고 요청하여 아래 [표 6]과 같이 7개의 의의로 범주화된 결과를 얻었다. [표 6]과 위의 WordNet 의의 군집화 결과를 비교하면, '물리적 균열/파괴' '지속성의 중단/중지', '감정적 사회적 손상/붕괴'가 공통된 상위 범주의 개념으로 나타나는 것을 볼 수 있다.

[표 6] 대상의 군집으로부터 도출된 break 주요 의의 범주

Sense	Core Meaning	Common Themes	Typical Construction
1. Physical Rupture (Material Destruction)	Objects break into pieces	glass, bone, tile, wheel, eggshell, mirror, bottle	Both (e.g., The glass broke / She broke the glass)
2. Disruption of Continuity (Natural or State Change)	Spontaneous change in environmental or temporal states	day, dawn, morning, fever, sunset	Intransitive Only (e.g., The dawn broke)
3. Disrupting Silence or Routine	Interrupting stillness or repetition	silence, spell, routine, habit, monotony	Both (e.g., The silence broke / He broke the silence)
4. Violation of Social, Legal, and Institutional Norms	Breaking laws, contracts, agreements	law, contract, treaty, promise, rule, taboo, precedent	Transitive Only (e.g., She broke the law)
5. Emotional and Psychological Damage	Losing emotional stability	trust, heart, spirit, confidence, will, faith	Transitive Only (e.g., He broke her trust)
6. Overcoming Barriers and Restrictions	Removing obstacles	barrier, lock, seal, restraints, deadlock, gridlock, impasse	Transitive Only (e.g., They broke the barrier)

| 7. Conflict and Violence | Destructive force in violent contexts | *siege, rebellion, strike, curfew, opposition* | **Transitive Only** (e.g., *They broke the strike*) |

위와 같은 GPT의 의의 범주 설정과 언어학적 연구 결과는 어떤 차이가 있을까?

사전과 코퍼스 용례 분석을 토대로 break의 다의성을 분석한 정희란(2019)과 GPT의 분석을 비교해 보면 흥미로운 공통점과 차이점을 발견할 수 있다. 정희란(2019)은 중심 의의를 '파괴', '중단'과 '위반'으로 설정하고, 이 세 상위 범주의 의의를 더 세분화하여 의의들 간의 관계를 의미 지도로 제시하였다. 이 연구에서 특히 주목할 사항은 중심 의의에 '위반'이 포함되어 있다는 점인데, break의 '위반' 의의를 '파괴'와 '중단' 의의와 대등한 수준의 상위 개념으로 본 것은 무리가 있다고 여겨진다. 법, 제도나 규범의 위반이 사회 제도와 질서의 붕괴를 초래할 수 있음을 생각할 때, '위반' 의의가 보다 기본적인 '물리적 파괴/구조적 붕괴' 의의와 연결되어 있음을 이해할 수 있다. 따라서 '위반' 의의를 break의 중심 의의보다는 '물리적 파괴/구조적 붕괴' 의의가 사회 규범과 제도의 영역으로 확장되어 나타난 것으로 보는 것이 타당하다고 판단된다.

그렇다면 동사 break의 모든 의의를 관통하는 개념은 무엇인가? 본 연구에서는 선행 연구와 GPT의 분석, 워드넷, OED 등의 검토를 토대로 파괴, 분열, 붕괴, 방해와 중단을 복합적으로 뜻하는 'disruption'을 가장 상위의 개념으로 설정한다. break의 모든 의의를 관통하는 이 핵심 개념으로부터 '문자적 의미의 물리적 파괴(literal physical breaking)'와 '연속성의 중단(disruption of continuity)'이라는 두 중심 의의가 나타난다고 볼 것이다. '문자적 의미의 물리적 파괴' 의의는 파괴의 대상에 따라 사물, 물질이나 구조물의 파괴, 분해, 붕괴 등을 뜻하는 '물리적/물질적/구조적 파괴(physical/material/structural breaking)'와 '신체의 손상(bodily injury/damage)'으로 나뉜다. freeze의 다의성 논의에서 살펴본 바와 같이 물리적 영역의 개념이 사회적·제도적 영역과 감정 및 심리의 영역으로 확장되어 다양한 의의가 나타나는 패턴을 break의 경우에도 관찰할 수 있다. 위에서 지적하였듯이 '물리적/물질적/구조적 파괴' 의의가 사회 규범과 제도의 영역에 확장되어 '위반(violation)'과 '파기(nullification)' 의의가 나타난다. '물리적 파괴/붕괴'가 감정, 심리 및 대인관계 영역으로도 확장되면 감정이나 관계의 약화, 손상 또는 붕괴를 뜻하는 '감정적/심리적/사회적 붕괴(emotional/psychological/social breakdown)' 의의가 나타난다.

'연속성의 중단' 또는 '불연속성(discontinuity)' 의의도 중단/파괴의 대상에 따라 활동, 상태, 관계, 관습 등의 파괴/중단/종결을 뜻하는 'stopping' 의의와 제약이나 한계의 극복 또는 비밀스러운 정보를 드러내는 'breaking barriers' 의의로 구분된다. break가 dawn, day, bud 등을 대상으로 취할 때 갖는 '자연적인 발현(natural emergence)' 의의도 이전의 상태의 중단으로 인한 변화와 불연속성을 핵심 의미로 갖는다는 점을 근거로 '지속성의 중단'의 하위 범주로 간주한다.

GPT에게 위에서 논의한 break의 6개 주요 의의 사이의 관계를 설명해 주고, 이를 시각화하는 의미 연결망 생성을 요청하여 얻은 결과물을 제시하면 [그림 9]와 같다. 의의 범주들 사이의 거리, 연결 관계 등에 대한 보다 정교한 분석은 4.3절에서 시도하기로 한다.

break의 중심 의의에서 세분화된 12개의 하위 범주를 각 의의와 연관

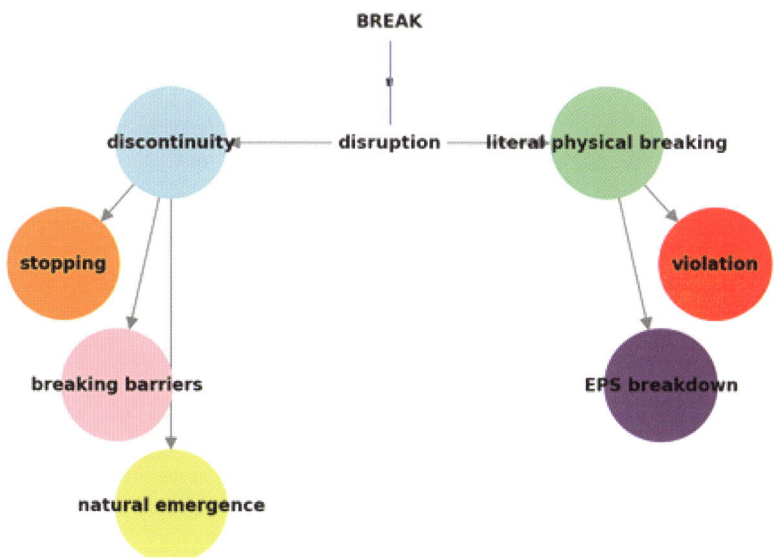

[그림 9] break 주요 의의의 의미 연결망

되는 대표적인 대상 논항의 예와 함께 제시하면 [표 7]과 같다. 12개 의의
에 대한 예문은 (17)-(28)에 제시한다.

[표 7] break의 주요 의의 범주

주요 의의 범주와 하위 범주		대상 논항의 예
Literal physical breaking	Physical/material/structural breaking	*glass, wheel, window*
	Bodily injury	*ankle, back, nerve*
	Violation	*contract, law, treaty*

주요 의의 범주와 하위 범주			대상 논항의 예
Emotional/ psychological/ social(EPS) breakdown	Betray		*oath, promise, trust*
	Lose emotional control/stability		*mind, people, spirit*
	Others		*heart, horse(tame), rank*
Discontinuity	Stopping	End; terminate	*bond, cycle, fast*
		Interrupt	*atmosphere, ice, silence*
		Discard	*habit, stereotype, tradition*
	Breaking barriers	Breaking barriers/ limits	*barriers, record, restraints*
		Disclose	*news, scandal, story*
	Natural emergence		*bud, dawn, morning*

(17)-(28)에 제시된 예문들 중 출처 표기가 없는 예문들은 GPT에게 12개 의의에 대한 타동 구문과 자동 구문 예문을 만들어 달라고 요청하여 얻은 것들을 부분적으로 수정한 문장들이다. GPT는 '위반' 의의는 자동문이 자연스럽지 않아 타동문만 제공하였으며, '자연적인 발현' 의의는 타동문이 자연스럽지 않으므로 자동문만 제공하였다는 설명을 덧붙인다.

(17) 물리적/물질적/구조적 파괴(physical/material/structural breaking):

    a.   The glass broke from the pressure.

    b.   She broke the window with a stone.

(18) 신체의 손상(bodily injury):

    a.   My ankle broke in a skiing accident.

    b.   They broke his back during the game.

(19) 위반(violation):

    a.   They broke the contract by failing to deliver the goods on time.

    b.   The company broke the law by dumping toxic waste.

(20) 신뢰의 손상/배신(betray):

    a.   Her trust broke after years of deception.

    b.   He broke his promise to never lie to me.

(21) 감정적 통제력/안정의 상실(lose emotional control/stability):

    a.   Did police put their fists in women's faces so <the husbands' spirits would break> along with the women's jaws?

(COCA FIC, Bk:InterviewVampire-1992)

    b. <New York breaks a lot of people>, but Spree seems to be thriving there.　　(COCA NEWS, WashPost-1999)

(22) 기타 감정적/심리적/사회적 붕괴/손상(emotional/psychological/social breakdown: others):

    a.   Her heart broke when she heard the news.

    b.   The trainer finally broke the wild horse.

(23) 지속된 활동, 상황 등의 종결(end; terminate):

    a.   The cycle of violence finally broke.

    b.   She broke her fast at sunset.

(24) 지속된 상태나 분위기의 중단(interrupt):

    a.   The silence broke with a sudden scream.

    b.   He broke the tense atmosphere with a joke.

(25) 기존의 사고 또는 행동 방식, 관행, 습관 등의 중단 또는 폐기(discard):

    a.   The tradition finally broke after centuries.

    b.   She broke the habit of smoking after ten years.

(26) 장애, 제약, 한계 등의 극복과 벗어남(breaking barriers/limits):

    a.   The old barriers finally broke, allowing progress.

    b.   She broke the world record in the marathon.

(27) 비밀스러운 정보를 드러냄(disclose)(비밀의 제약에서 벗어남을 함축):

    a.   The news broke early in the morning.

    b.   The journalist broke the scandal to the public.

(28) 자연적인 발현(natural emergence):

    a.   The dawn broke over the quiet village.

    b.   The first buds broke through the frozen soil.

이제 COCA에서 추출한 620개 break 용례에 대해 의의 범주를 결정하고 의미 정보를 애노테이션하는 과정에 대해 논의한다. 앞서 다룬 freeze의 경우에서와 같이 break 용례의 의의 판단은 전후 문맥의 면밀한 검토 과정을 거쳐야 하는 작업이다. break의 의의 범주 중 '문자적 의미의 물리적 파괴'와 '자연적인 발현'을 제외한 의의들이 추상적 영역으로 확장된 의의임을 고려하면, 많은 용례들이 추상적 의의 범주에 속할 것이라는 예상을 할 수 있다. 특히 용례에 쓰인 대상 논항은 구체적이지만 비유적이고 추상적인 의의를 갖는 경우가 많이 발견된다. (29)에 제시된 예를 들어 설명하면, 이 문장에서 'the dam started to break'는 실제로 둑이 무너지는 것이 아니라, 어떤 심리적 저항이나 억제되었던 것이 무너지는 것을 뜻한다. 보다 구체적으로 여기서 "둑이 무너지는 것"은 비유적으로 어떤 견고했던 정책, 사회적 합의, 정치적 저항 등이 약해지고 무너지는 과정을 의미한다. 즉, 기존의 강한 정치적 입장이나 반대가 약화되면서 세금 인상을 막는 방어선이 허물어지는 상황을 묘사하고 있으므로, 이 문장은 '물리적 파괴' 범주의 비유적 해석으로 판단하는 것이 적절하다.

(29) ... that when he went back on the no taxes pledge, <the dam started to break>. But Ted, as much as- as important as that was, I think ...

(COCA SPOK, ABC_Nightline-1990)

'문자적 의미의 물리적 파괴' 의의와 추상적인 의의 사이의 경계가 불명확한 경우들도 있다. 예문 (30)의 'the French line broke'의 예를 들어

보자. 이 문장에서 'the French line broke'는 프랑스 군 전선이 붕괴되었다는 의미로 사용되었는데, 전투에서 전선이 실제로 붕괴되는 상황을 의미한다는 점에서 실제 둑의 붕괴가 일어나지 않은 상황을 묘사하는 (29)의 'the dam started to break'와 차이가 있다. 그런데 문장 후반부에 전선이 무너짐과 동시에 군의 사기도 무너졌다고 언급하는 점에서 물리적 붕괴 뿐 아니라 심리적인 붕괴도 함께 나타내고 있음을 추론할 수 있다. GPT에게 이 문장의 의의 범주에 대해 질의하니 물리적 붕괴와 심리적 붕괴가 둘 다 가능하다고 답변한다. 이 연구에서는 의의 범주의 중복을 허용하지 않는 애노테이션 방식을 따르고 있기 때문에 이처럼 두 의의가 가능한 경우 문맥과 글쓴이의 의도를 고려하여 연구자가 판단해야 한다. (30)의 용례의 경우, 글쓴이의 의도가 단순히 물리적 붕괴만이 아닌 심리적 붕괴가 일어났다는 점이 함축되어 있지만, 군 전선의 붕괴가 일차적인 의미이므로 '물리적/구조적 파괴' 의미의 비유적 해석으로 판단하였다.

(30) ··· Within a half-hour, <the French line buckled and broke> before the weight of allied numbers-and with it, French morale···

(COCA MAG, MilitaryHist-2006)

다양한 추상적 의의가 가능한 보다 복잡한 경우들도 발견된다. (31)에 제시된 용례에서 color line은 1950년대 당시 미국 프로 스포츠에서 흑인 선수들이 참가하지 못하도록 설정된 인종 분리와 차별 규정을 의미한다.

(31) ··· " They find me, all right, " says <Sam Jethroe, who broke the

franchise color line> with the Boston Braves in 1950. "A couple
came ...

(COCA NEWS, Atlanta-19970622)

제도화된 규정을 깨뜨린 것은 규정의 위반으로 볼 수 있고, 지속되어
온 차별적 제한을 종결시키고 극복했다는 해석도 가능해 보인다. 이 의의
들 중 적절한 의의가 무엇인지 결정하기 어려워 GPT에게 한국어로 설명
을 요청하여 아래와 같은 답변을 얻었다.

break의 적절한 의의 분석:

문장에서 **"broke the franchise color line"**은 프로 야구 구단에서 인종 차별의 장벽을 허물었다는 의
미로 쓰였습니다.

적절한 의미 범주:

- 과정의 종결 (Stopping a Process or Action) ❌
  - 특정한 행동이나 과정이 끝나는 것이 아니라, 기존에 존재하던 제약을 허무는 의미입니다.
- 규범의 위반 (Legal/Institutional Violation) ✅
  - **"color line"**은 당시 프로 스포츠에서 흑인 선수들이 참가하지 못하도록 설정된 인종 차별
    규정을 의미합니다.
  - 샘 제스로는 이를 깨고(위반하고) 최초의 흑인 선수 중 한 명이 되었으므로, 제도적 장벽을 깼
    다는 의미가 포함됩니다.
- 한계의 극복 (Breaking Barriers/Limits) ✅
  - 단순한 규범 위반을 넘어, 기존의 사회적 한계를 극복하고 새로운 가능성을 열었다는 의미도
    포함됩니다.
  - 특히 인종 차별 철폐와 같은 역사적 맥락에서 중요한 변화를 의미할 때 자주 사용됩니다.

GPT가 용례의 적절한 의의로 제안한 '위반'과 '한계 극복' 중에서
어느 것이 전체 문맥에서 더 두드러지는지를 파악하기 위해 COCA에서
(31)에 제시된 용례의 전체 문맥을 확인해 보았다. 전체 문맥과 함께 제

시되는 이 용례의 출처는 "He's our Jackie; Sam Jethroe, the first black Braves player, at 79 fights barriers to a baseball pension(그는 우리의 재키; 첫 번째 흑인 브레이브스 선수, 샘 제스로(79세), 야구 연금의 장벽과 싸우다)"을 제목으로 하는 1997년 신문 기사이다. 이 제목에는 break라는 단어가 나오지는 않지만, [그림 10]이 보여주듯이 'fights barriers(장벽과 싸우다)'라는 표현이 등장한다. 이 표현은 Sam Jethro가 브레이브스 구단 최초의 흑인 선수로서 과거에 인종 차별을 극복했듯이 지금은 프로 야구 연금과 관련된 불공정한 제도적 장벽을 허물기 위해 노력하고 있음을 나타낸다.

Source Information:	
Source	NEWS: Atlanta Journal Constitution
Date	1997 (19970622)
Publication information	SPORTS
Title	^He^s our Jackie^;Sam Jethroe, the first black Braves player, at 79 fights barriers to a baseball pension
Author	Jim Auchmutey; STAFF WRITER

Expanded context

##3042386 # The battered sign in the weeds says Jethroe's. A storm blew it down a while back, and the owner hasn't bothered to repair the only thing that identifies his bar and restaurant. Not that it matters. Sign or no sign, baseball fans still find their way down 18th Street, over the tracks, past the vacant factories and dark storefronts, to the tan brick building that used to be a bowling alley. Here, behind a back door clad in security mesh, they stick out their hands to meet the elderly man tending bar - the Braves' first black player. # " They find me, all right, " says Sam Jethroe, who broke the franchise color line with the Boston Braves in 1950. " A couple came by last night. She said she used to watch me play. They stayed a long time. # Jethroe pulls out a couple of scrapbooks he keeps in a brown grocery bag. It's all that's left after a house fire destroyed most of the mementoes of a career that began in the Negro leagues and ended 17 seasons later in the minors. The yellowed clippings chatter with such Runyonesque nicknames as " Swift Sammy, " " The Jet, " " The Colored Comet. " There's a photo from the late ' 40s - creased, water-damaged, the edges faded: It shows Jethroe with Jackie Robinson. # Fifty years and two cities later, the Braves will commemorate the desegregation of Major League Baseball with a tribute to Robinson next weekend. More than 100 former Negro leaguers have

[그림 10] COCA 화면-7

[그림 10]에 제시된 전체 기사 파악을 통해 (31)의 용례에서 'broke the franchise color line'이 '차별 규정의 위반' 자체보다는 위반을 통한 차별의 극복에 더 강조점을 두고 있다고 판단할 수 있다. 이처럼 문맥에서 가장 적절한 의의에 대한 종합적인 판단은 연구자의 영역이지만, GPT는 매우 까다로운 용례들에 대한 판단에 필요한 폭넓은 근거를 빠르게 제공하여 정확한 의미 정보 애노테이션 과정에 기여한다.

또한 위 (31)의 용례 분석 사례는 다의어의 의의 파악에 문화적인 배경 지식이 요구되는 경우에 GPT 활용이 의의 분석에 도움이 될 수 있음을 보여준다. COCA에 등장하는 break 용례들 중에도 미국 영어에 특징적인 문화적인 의미를 갖는 사례들을 많이 발견할 수 있다. 예를 들면, 아래 (32)에 제시된 용례에 스포츠 문맥에서 많이 쓰이는 표현인 'break the press(수비 압박을 뚫다)'가 등장한다.

(32) ⋯ The buzzer sounded, but the shot was good. Darryl, Ben, and the others raced over to hug Luis. The Hawks had finally broken that press. (COCA FIC: Highlights for Children-2009)

COCA에서 제공되는 구글 번역은 이 용례의 'broken that press'를 '그 압박을 깨뜨렸다'라고 문자적으로 직역한다. 반면에 GPT는 '그(수비) 압박을 뚫어냈다'라는 문맥에 적절한 해석을 제공한다. GPT의 해석으로부터 'broken that press'의 가장 적절한 의의를 '장애/한계 극복'이라고 쉽게 결정할 수 있다. 이 경우 다른 의의 범주가 적절하지 않은 이유에 대한 GPT의 설명을 아래에 제시한다.

break의 의의 분석:

문장에서 **"broken that press"**는 스포츠(특히 농구)에서 상대 팀의 풀코트 프레스를 돌파하는 것을 의미합니다.

적절한 의미 범주:

- **과정의 종결 (Stopping a Process or Action)** ✗
    - "break"가 특정한 행동이나 과정을 중단하는 의미로 쓰이지 않았습니다.
- **규범의 위반 (Legal/Institutional Violation)** ✗
    - 규칙이나 법을 어기는 의미가 아닙니다.

- 한계의 극복 (Breaking Barriers/Limits) ✅
    - **"break the press"**는 상대 팀이 설정한 수비의 압박(장벽)을 성공적으로 뚫었다는 의미이므로, **"한계를 극복"**하는 의미로 해석하는 것이 가장 적절합니다.

620개의 break 용례에 대한 의의 정보 애노테이션을 마친 후 의의 정보가 포함되어 있는 데이터 파일을 GPT에 업로드하고 구문 분포 분석을 요청한다. [표 8]과 [그림 11]에 12개 의의를 갖는 타동 구문과 자동 구문 용례 수가 제시되어 있다. 해당 의의를 갖는 용례 수를 기준으로 '물리적/물질적/구조적 파괴'가 가장 높은 빈도를 보이는 것으로 나타났다. 그 다음으로 '감정적/심리적/사회적 붕괴/손상' 의 '기타' 하위 범주가 높은 빈도를 보이고, '종결', '위반'과 '장애/한계의 극복'의 순으로 그 뒤를 따른다.[33] '신뢰의 손상/배신', '중단/폐기', '자연적인 발현'과 '감정적 통제력/안정의 상실'은 용례 수 20개 미만의 낮은 빈도를 보인다.

주요 의의 범주 중에는 '문자적 의미의 물리적 파괴'가 총 용례의 57.41%에 이르는 가장 높은 비율을 보인다. 다음으로 '불연속성'의 '멈춤' 범주가 22.58%의 비율을 보이며, '불연속성' 범주에 속하는 세 하위 범주 용례를 합하면 총 용례의 39.83%에 이른다. 이 결과는 break 의미의 핵심 개념인 'disruption'을 가장 명확하게 구현하는 '문자적 의미의 물리적 파괴'와 '불연속성'을 중심 의의로 설정한 본 연구의 분석을 뒷받침한다

---

[33] '감정적/심리적/사회적 붕괴/손상' 의 '기타' 의의를 갖는 용례의 높은 순위는 heart가 대상 논항으로 나타나는 용례들의 빈번한 출현에 기인한다. 분석 대상 620개 용례 중 heart가 break 의 대상 논항으로 쓰인(22a)와 같은 용례들은 48개가 발견되며, '감정적/심리적/사회적 붕괴/손상' 의 '기타' 의의를 갖는 용례들의 50.52%를 차지한다.

[표 8] break의 주요 의의의 구문적 빈도와 분포

주요 의의 범주와 하위 범주		타동 구문 용례 수	자동 구문 용례 수	합계	
Literal physical breaking Bodily injury	Physical/material/ structural breaking (Physical breaking)	85	48	313	356
	36	7	43		
Violation		78	0	78	78
Emotional/psychological/ social(EPS) breakdown Lose emotional control/ stability Others	Betray	19	0	19	119
	4	1	5		
	81	14	95		
Discontinuity	Stopping	End; terminate	90	2	92
		Interrupt	35	0	35
		Discard	13	0	13
	Breaking barriers	Breaking barriers/limits	52	0	52
		Disclose	19	25	44
	Natural emergence		0	11	11
합계		512	108	620	

이제 의의의 구문 분포를 살펴보자. GPT가 생성한 [그림 11]에서 12개의 모든 의의들이 한 구문에 더 많이 나타나는 것을 관찰할 수 있다. 이 차트에 나타난 12개 의의의 사역교체 구문 분포를 자세히 살펴보면, 대다수의 의의가 타동 구문에서 더 많이 나타나는 패턴을 관찰할 수 있다. 자동 구문에서 더 높은 빈도로 나타나는 의의는 '비밀스러운 정보를 드러냄'

과 '자연적인 발현' 두 개 뿐이며, 후자는 자동 구문에 국한된다. 이를 제외한 10개의 의의들은 타동 구문에서 압도적으로 높은 빈도를 보이며, 이 중 '장애/한계의 극복', '배신', '폐기', '중단'과 '위반'은 타동 구문에 국한된다.

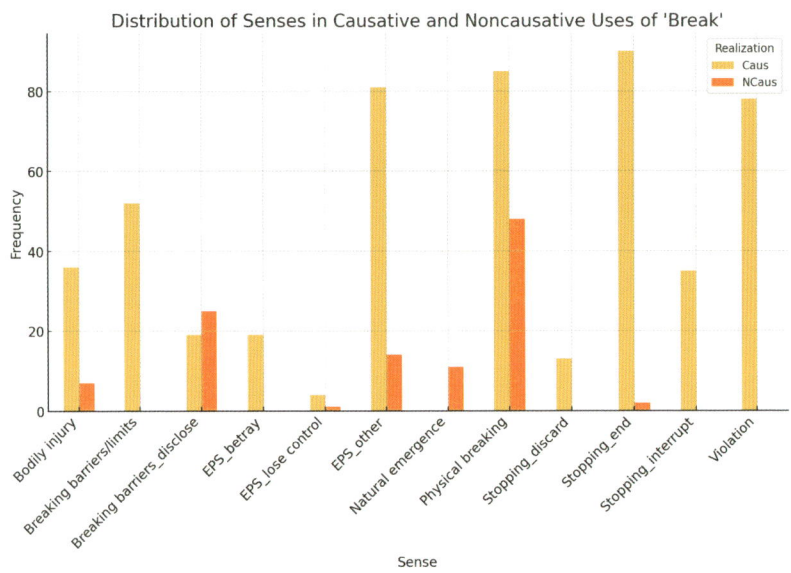

[그림 11] break 의의의 구문 분포

[표 9] 구문적 분포에 의한 break의 주요 의의 구분

구분	의의	용례 수
타동 구문 우세 의의 (Causative-dominant senses)	Physical/material/structural breaking (Physical breaking)	403
	Bodily injury	
	EPS breakdown_lose emotional control/stability	

262

	EPS breakdown_others	
	Stopping_end	
타동 구문 국한 의의 (Causative-exclusive senses)	Violation	162
	EPS breakdown_betray	
	Stopping_interrupt	
	Stopping_discard	
	Breaking barriers_breaking barriers/limits	
자동 구문 우세 의의 (Noncausative-dominant senses)	Breaking barriers_disclose	44
자동 구문 국한 의의 (Noncausative-exclusive senses)	Natural emergence	11

위 차트에 나타난 12개 의의의 사역교체 구문 분포를 바탕으로 12개의 break 의를 [표 9]와 같이 '타동 구문 우세 의의', '타동 구문 국한 의의', '자동 구문 우세 의의'와 '자동 구문 국한 의의'로 구분할 수 있다. [그림 12]는 GPT가 이 네 의의를 갖는 용례의 빈도를 시각화한 차트이다. [그림 12]에 제시된 break 의의 유형 별 빈도를 위에서 논의한 freeze 의의 유형의 빈도와 비교해 보면 몇 가지 차이점이 드러난다(그림 8] 참조). 가장 두드러진 차이점은 freeze의 경우 자동 구문 우세 의의가 분석 대상 용례의 58.6%에 이르는 높은 비율을 보였으나, break의 경우 자동 구문 우세 의의와 자동 구문 국한 의의를 합하여 620개 용례의 8.88%에 불과하다는 점이다. 위 [표 9]와 [그림 12]에 나타나 있듯이 분석에 포함된 break 용례의 대다수는 타동 구문에서 선호되는 의의를 갖는다. 또한 break의 경우에는 두 구문에 비슷한 빈도로 나타나는 의의가 발견되지 않았다. freeze의 경우에는 타동 구문

에 국한되는 의의가 '보존을 위한 냉동' 하나 뿐이었으나, break의 경우에는 5개 의의가 타동 구문에서만 나타난 점도 두 동사 의의 분포의 흥미로운 차이점이다.

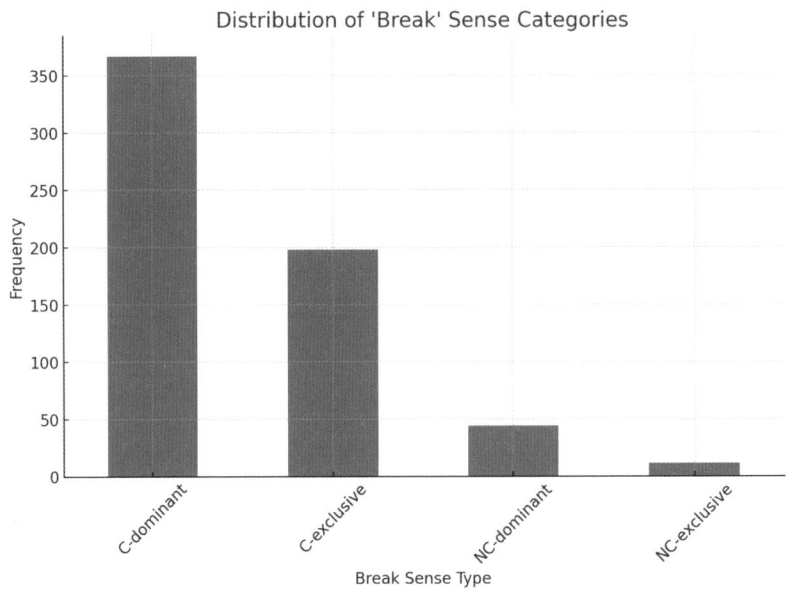

[그림 12] break 의의 유형 별 빈도

위에서 논의한 break와 freeze 의의 분석 결과의 비교를 통해 통계적 분석만으로는 파악할 수 없는 사역교체 동사의 구문 분포에 대한 의미적인 근거를 찾을 수 있다. 2장에서 논의한 Romain(2017, 2022)의 공연 어휘소 분석에 따르면, break는 상대적으로 타동 구문에서 선호되고 freeze는 상대적으로 자동 구문에서 선호된다. 동사들이 문맥에서 갖는 의의의 특성에 대한 면밀한 정성적·정량적 분석을 통해 우리는 break의 타동 구문 선호와 freeze의 자동 구문 선호에 대한 보다 명확한 이유를 찾을 수 있다.

이 절에서 제시한 분석을 통해 break와 freeze의 자동 구문 우세 의의와 타동 구문 우세 의의가 공유하는 특징들도 발견할 수 있다. freeze의 경우와 유사하게 break의 타동 구문에서 우세하거나 타동 구문에 국한된 의의들은 보다 다양한 추상적인 의의들을 포함한다. 이처럼 타동 구문 의의의 높은 추상성으로 인해 타동 구문에서 쓰이는 대상 논항들이 높은 추상성을 갖게 된다고 볼 수 있다.

break와 freeze의 두 사역교체 구문에서 선호되는 의의들은 의의와 대상 논항의 구체성/추상성 측면에서 뿐 아니라 사동주 논항의 명확성과 의도성에 있어서도 차이를 보인다. break의 자동 구문에 국한된 '자연적인 발현' 의의는 인간의 개입이나통제 밖의 자연적·환경적 요인에 의한 변화를 나타낸다. 자동 구문 우세 의의로 구분되는 '비밀스러운 정보를 드러냄' 의의는 주로 불명확한 사동주에 의한 정보의 의도적인 폭로나 의도하지 않은 정보의 공개를 나타낸다. 반면 타동 구문에 국한되거나 타동 구문에서 우세한 break 의의를 갖는 용례들은 구체적이고 명확한 행동주의 의도적인 행위가 유발하는 파괴나 중단을 나타낸다는 점에서 freeze의 타동 구문 우세 의의와 유사하다. 자동 구문과 타동 구문에 쓰이는 사동주 논항의 차이에 대해서는 4.4절에서 코퍼스 용례와 함께 상세히 설명하도록 한다.

이 절에서 시도한 분석의 한계점도 있다. 이 절에서는 문맥에서 발생하는 동사 의의의 구문 분포를 세밀하게 분석하느라 분석 대상이 두 개의 동사로 국한되었다. 이 점은 후속 연구에서 포함한 더 많은 다의적 동사들을 분석하여 보완하고자 한다.

3. BERT를 활용한 freeze 와 break의 다의성 분석

이 절에서는 문맥에 따른 freeze와 break의 다의성 분석에 ChatGPT와 BERT를 활용하는 방안을 논의한다. 이 절에서 다룰 구체적인 내용은 다음과 같다. 먼저 BERT 모델이 다의적 의의의 구문 분포를 깊이 이해하고 이를 임베딩에 반영하기 위해서 동사 의의와 구문 실현 정보를 용례 데이터와 함께 BERT의 입출력으로 사용하는 시도에 대해 논의한다. 이어서 ChatGPT의 도움을 받아 BERT를 사용하여 freeze와 break 용례의 의미 벡터를 추출하는 과정을 상세히 기술한다. 다음으로 이 벡터들 간의 거리와 분포를 시각화하여 freeze와 break의 의의들 간의 관계, 구문 분포, 확장 패턴과 두 동사 의미 구조의 유사성과 차이점을 분석한다.

1. 분포 의미론의 신경-기호학적 확장

2018년 구글에서 개발한 BERT(Devlin et al. 2019)는 GPT와 함께 현재 가장 각광받는 트랜스포머 기반 언어 모델이다. 이 두 모델은 각각 구글과 OpenAI가 대규모 데이터와 알고리즘을 사용해서 사전 학습을 수행시킨 모델이다. 사전 학습을 잘 마친 언어 모델은 구체적인 다운스트림(downstream) 과제 수행에 본격적으로 사용되기 전에 대규모 데이터로 문맥을 이해하는 업스트림(upstream) 언어 예측 과제를 수행했기 때문에 해당 데이터의 풍부한 문맥을 내재화할 수 있다. GPT는 이전 단어들이 주어졌을 때 다음 단어를 순차적으로 예측하는 과업을 수행하며 사전 학습된 언어 모델(pre-trained language model)이다(Radford et al. 2018). 반면 BERT는 앞 뒤 문맥을 모두 참고하여 문장 중간의 빈 칸에 들어갈 단어를 채우는 학습 과제를 수행하며 사전 학습을 마친 마스크 언어 모델(mask language model)이다(Devlin et al.

2019). 이 때문에 GPT는 문장 생성에, BERT는 문장 의미 추출에 강점을 지닌 것으로 알려져 있다.[34]

사전 학습된 언어 모델을 문서 분류, 감성 분석, 문장 생성 등의 구체적인 과제에 적용하면 소규모 데이터로 모델의 가중치를 미세하게 조정하여 특정 작업에 대한 성능을 높일 수 있다. 이처럼 사전 학습된 언어 모델을 특정 작업이나 영역에 맞게 추가로 학습시키는 과정을 미세 조정(fine tuning)이라고 한다. 우리가 수행할 동사의 다의성 분석을 예로 들면, 사전 학습된 BERT 모델에 freeze와 break가 쓰인 문장들을 입력해서 이를 벡터로 변환하여 동사 의미 분석을 수행하는 모델로 업데이트함으로써 사전 학습된 BERT 모델을 미세 조정하는 것이다.

최근 많은 기업과 개인이 사전 학습된 다양한 트랜스포머 기반 언어 모델을 공개하고 있어 사용자의 필요에 맞는 모델을 선택하여 편리하게 사용할 수 있게 되었다. 특히 Hugging Face가 만든 트랜스포머(transformers)라는 파이썬 패키지에 주목할 필요가 있는데, 이 패키지를 써서 Hugging Face 모델에 등록되어 있는 BERT 모델들을 불러와 사용할 수 있다.[35] 우리는 구글이 공개한 다국어 BERT 모델인 'bert-base-uncased' 버전을 사전 학습된 언어 모델로 사용하도록 한다.

Devlin et al. (2019)과 Haber · Poesio(2021)는 BERT 모델이 다의어의 의미를 문맥에 맞게 구분하는 능력을 강조한다. Haber · Poesio(2021)의 실

---

34 오늘날 우리가 접하는 다양한 첨단 인공 신경망 언어 모델에 관한 상세한 논의는 박명관(2024)을 참조하길 바란다.

35 Hugging Face에 등록된 모델 목록은 아래 사이트에서 확인할 수 있다.
   https://huggingface.co/models

험 연구가 보인 바와 같이 BERT 모델은 다의어와 동음이의어를 구분하고,
사람들의 의미 유사성 및 수용성 평가와 유사한 의미 처리 패턴을 보여준
다. 하지만 이 연구에서 가장 뛰어난 성능을 보인 BERT Large 모델조차도
특정 유형의 명사 다의성을 사람과 유사하게 처리하지만 일부 다의성 유
형에서는 일관된 유사성 패턴을 재현하지 못했다. 이 연구를 통해 언어 의
미의 복잡성과 신경망 언어 모델의 한계를 이해할 수 있으며, BERT 모델
이 명사의 다의성보다 복잡한 동사의 다의성을 일관되게 이해하고 구분하

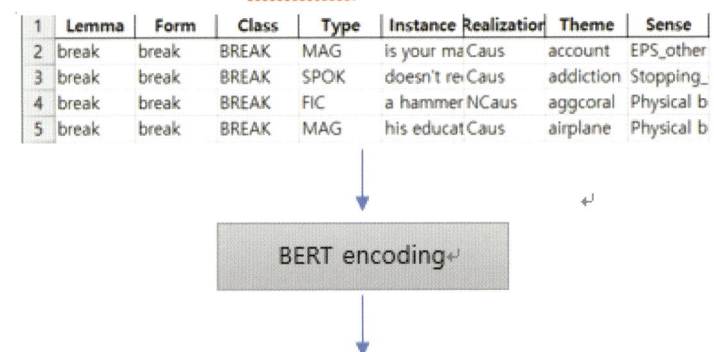

[그림 1] 신경-기호학적 분포 의미론(neuro-symbolic distributional semantics) 모델의 구조

는 데에 어려움이 있을 것으로 예측할 수 있다.

BERT 모델이 정교하고 맥락적인 언어 현상 연구를 보다 잘 재현할 수 있도록 하려면 어떤 접근이 필요할까? 이 절에서는 언어학에서 다루는 정교한 의미 및 구조 정보를 신경망 임베딩과 결합하는 분포 의미론의 확장 모델을 제안한다. 이 확장 모델은 [그림 1]과 같이 의미-구조-문맥을 통합적으로 관찰할 수 있는 구조로 되어 있다. 동사 의의 정보와 구문 실현 정보 레이블이 있는 용례 문장 데이터를 BERT 모델의 입력 데이터로 사용하여 의미와 그 구문 실현을 동시에 반영하는 BERT 임베딩을 생성할 수 있다. 이를 통해 동사 의의 별 구문 실현 양상과 의의들 간 분포적 차이가 BERT 임베딩에 어떻게 반영되어 있는지를 분석할 수 있으며, 언어 모델의 언어 현상 재현 능력, 분석 정확도와 설명 가능성을 높일 수 있다.

이제 BERT 기반 다의성 분석을 수행하는 절차에 대해 살펴보자. BERT에 입력할 freeze와 break 용례들과 의의 레이블을 정리한 엑셀 데이터 파일이 준비되어 있으므로 GPT에게 이 데이터를 토대로 한 분석 절차에 대해 질의해 보았다. GPT가 제안한 BERT 기반 다의성 분석 절차는 다음과 같다.

① 입력 데이터 전처리
  • 엑셀 파일을 읽고 BERT에 입력할 문장들과 의의 및 구문 레이블을 추출한다.
② 임베딩 추출
  • 추출한 각 문장을 BERT에 입력하고 "break/freeze" 토큰이 등장하는 위치의 임베딩을 추출한다(768차원).

③ 차원 축소 및 시각화

- PCA 또는 t-SNE를 적용하여 2차원 또는 3차원으로 임베딩 차원을 축소한 후 데이터를 시각화한다.

④ 분석 및 해석

- 의미 클러스터의 거리, 분포와 의의 확장 경로 등을 분석한다.

우리가 사용할 BERT 기본 모델에서 분석 대상 동사의 임베딩이 생성되는 과정을 보다 상세히 살펴보도록 하자. BERT 기본 모델은 [그림 2]의 왼쪽에 있는 것처럼 12층의 인코더(encoder) 블록으로 구성되어 있다. 트랜스포머 계열 언어 모델의 인코더가 이처럼 여러 층(layers)으로 되어 있는 것은 단어들 간의 관계와 문장의 의미를 심층적으로 이해하기 위해서이다.[36] 처음 층에서는 단어의 위치와 인접한 단어들 간의 기본적인 관계만을 파악하고, 중간 층으로 갈수록 문장의 구조와 의미적인 연결 관계가 더 추상적이고 복잡한 수준까지 파악된다. 마지막 층에서는 전체 문맥을 고려해서 단어가 가진 의미를 파악하며, 비유적이고 은유적인 의미까지 포착한다. 이 때문에 마지막 층인 12층에서 출력된 freeze와 break의 임베딩 출력값이 문맥을 가장 잘 반영한 의미 벡터(contextualized embeddings)라고 볼 수 있으며, 이 최종 출력값을 가지고 데이터 시각화와 다양한 분석을 수행

---

36 신경망 언어 모델의 인코더는 입력된 텍스트 데이터를 처리하여 내부 표상(internal representation)으로 변환하며, 디코더(decoder)는 인코더에서 생성된 내부 표상을 받아 출력 텍스트 데이터로 변환하는 역할을 한다. BERT의 양방향 문맥 이해 학습은 인코더 방식으로 인간의 언어 이해 방식과 유사하다. 반면에 GPT의 단방향 훈련은 디코더 방식으로 문맥에 맞는 텍스트 생성을 모방한다.

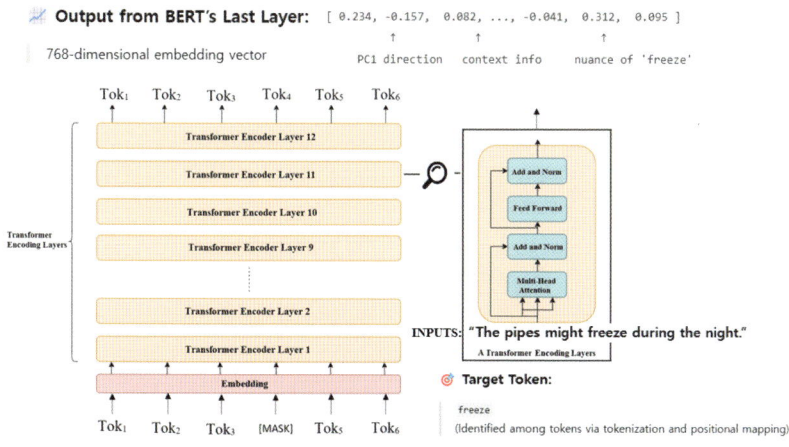

[그림 2] BERT 기본 모델 인코더 블록

한다. 하나의 단어가 BERT 기본 모델을 통과하면 길이가 768 차원의 벡터 (길이가 768개인 벡터)로 바뀌게 되는데, [그림 2]는 BERT의 입력(예: The pipes might freeze during the night) → 토큰 분할(tokenization) → 인코더 층(12층) 통과 → 마지막 출력 벡터로 이어지는 구조를 명확하게 보여준다.

[그림 2]의 오른쪽 그림은 인코더 블록의 각 층에서 반복되는 요소를 떼어낸 것이다. 그림에서 확인할 수 있듯이 인코더 블록의 각 층에는 멀티 헤드 셀프 어텐션(multi-head self-attention)과 피드 포워드 뉴럴 네트워크(feedforward neural network) 등을 수행하는 모듈이 있다. 이 중에서 특히 셀프 어텐션 모듈은 입력 문장의 각 단어가 다른 단어들과 어떻게 관련되어 있는지를 계산하는 모듈로, 문장 내의 모든 단어(토큰)들이 서로를 동적으로 참조해서 각 단어가 문맥을 반영한 상태로 벡터 표현을 갱신하는데 핵심 역할을 한다(Vaswani et al. 2018). [그림 2]의 입력 문장 The pipes might freeze during the night에서 freeze가 어떤 의미를 가지는지 계산하는 상

271

황을 예로 들어 보자. 이 문장에서 freeze의 의미는 물리적 온도 하강과 관련이 있는데, 트랜스포머 인코더 블록 내부에서 입력 문장 내의 모든 단어들을 대상으로 셀프 어텐션 계산을 수행하여 단어들을 서로 연결시킨다. 학습이 잘 수행된 모델의 셀프 어텐션 모듈은 freeze를 pipes 및 night와 강하게 연관시켜 인코딩에 반영하여 freeze의 의미가 '물리적 결빙' 쪽으로 강화된다. 셀프 어텐션 계산이 끝나면 그 결과를 다음 블록으로 넘기는데, BERT는 단어가 12층을 거치는 동안 이 과정을 반복적으로 적용하여 최종적으로 문맥을 반영한 정교하고 세밀한 의미를 만들어낸다.

2. BERT 기반 다의성 분석 파이프라인

이제 GPT에게 BERT 기반 다의성 분석의 1단계(전처리)부터 3단계(차원 축소 및 시각화)까지를 자동화는 파이썬 코드를 요청해 보자. ChatGPT는 BERT와 같은 사전 학습된 언어 모델의 실행 엔진을 내장하고 있지 않기 때문에 BERT 임베딩을 추출하는 2단계 작업은 GPT 외부에서 수행해야 한다. 차원 축소와 시각화는 GPT 내부에서 원칙적으로 가능하지만, 작업에 필요한 라이브러리들이 비활성화되는 경우가 많아 3단계도 GPT 외부에서 1~2단계에 이어서 수행하는 것이 안정적이라고 판단된다.

GPT에게 분석의 1단계(전처리)부터 3단계(차원 축소 및 시각화)까지를 자동화는 파이썬 코드를 요청하는 프롬프트 예시를 아래에 제시한다. 아래의 두 프롬프트를 통합하여 BERT 임베딩 추출과 시각화까지를 연속적으로 수행하는 코드를 한 번에 요청할 수도 있다.

• 입력 파일(원본 용례 파일) 전처리와 BERT 임베딩 추출 요청:

User:

I have a corpus-based dataset with annotated examples of the verbs *break* and *freeze*, extracted from COCA. Each entry includes verb form, semantic sense, syntactic realization, and information about the causer and the theme. I want to analyze their polysemy, starting with contextualized embeddings generated from a pretrained BERT model.

Please write a Python script(suitable for Google Colab) that:

1. Loads the dataset(e.g., .xlsx file)
2. Extracts the input sentences from the relevant column
3. Feeds each sentence into a pretrained BERT model(bert-base-uncased)
4. Locates the embedding of the target verb token(e.g., break, broke, freezing) in context
5. Extracts the last hidden state vector(768 dimensions) corresponding to the target verb
6. Saves the output embeddings along with sentence metadata(e.g., verb form, sense, syntax) into a new CSV file.

The script should handle tokenization carefully(especially subword splitting), and ensure that the correct verb token embedding is extracted from each sentence.

• PCA 적용 벡터 차원 축소와 시각화 요청:

User:

I have a CSV file containing BERT-based contextualized embeddings(768 dimensions) of corpus examples of the verbs *break* and *freeze*. Each row also includes metadata columns such as verb form, semantic sense, and syntactic pattern.

Please write a Python script(for Google Colab) that performs the following:

1. Loads the embedding CSV file.

2. Applies PCA to reduce the 768-dimensional embeddings to 2D.

3. Creates separate scatter plots for each verb(break and freeze).

   — Colors the data points by semantic sense

   — Optionally, includes ellipses to visualize semantic clusters

   — Labels the axes as PC1 and PC2, and adds titles and legends

4. Saves the resulting plots as image files.

Make sure the script filters out rows with missing embeddings and handles both verbs separately to produce clean, verb-specific PCA visualizations.

위의 요청을 받고 GPT가 제공한 코랩 실행용 파이썬 스크립트는 코퍼스 용례 파일 읽기부터 시각화 결과 출력까지를 자동화한 전체 파이프라인이다. 이 전체 코드가 수행하는 주요 기능은 다음과 같다.

① 입력 엑셀 파일에서 문장들을 읽어들여 freeze와 break의 BERT 임베딩을 추출하고, 의미 및 구문 정보와 함께 .csv 파일로 저장한다.

② BERT 임베딩을 사용하여 주성분 분석을 수행하고, freeze와 break의 구문과 다양한 의의 분포를 시각화한다.

일부 코드의 오류를 수정하고, 새로운 코드를 추가한 전체 스크립트는 깃허브 페이지에 올리고, 여기서는 코랩에서 이 코드를 단계별로 실행하는 과정을 설명하도록 하겠다.[37] 2장에서 언급한 바와 같이 코랩과 연동된 Gemini를 활용하면 코드의 기능 설명 및 오류 수정 등에 관해 즉각적인 도움을 받을 수 있다.

① 입력 파일 전처리 및 BERT 임베딩 추출

• 먼저 필요한 라이브러리를(transformers, pandas, openyxl, scikit-learn, matplotlib, seaborn) 설치하기 위한 코드를 코드셀에 복사하여 넣고 실행한다. 코드가 실행되면 아래 [그림 3]과 같이 설치 결과가 나타난다.

```
!pip install transformers pandas openpyxl scikit-learn matplotlib seaborn
Requirement already satisfied: transformers in /usr/local/lib/python3.11/dist-packages (4.51.3)
Requirement already satisfied: pandas in /usr/local/lib/python3.11/dist-packages (2.2.2)
Requirement already satisfied: openpyxl in /usr/local/lib/python3.11/dist-packages (3.1.5)
Requirement already satisfied: scikit-learn in /usr/local/lib/python3.11/dist-packages (1.6.1)
Requirement already satisfied: matplotlib in /usr/local/lib/python3.11/dist-packages (3.10.0)
Requirement already satisfied: seaborn in /usr/local/lib/python3.11/dist-packages (0.13.2)
```

[그림 3] 코랩 코드 실행 화면-1

---

37   GPT가 제안한 코드의 오류를 수정하는 작업에 도움을 준 성균관대 영어영문학과 조예은 박사 과정생에게 감사드린다.

- 다음으로 아래 [그림 4]와 같이 입력 데이터를 사용자로부터 업로드 받는 역할을 수행하는 코드를 실행한다. 코드 실행 후 화면 하단의 "파일 선택" 버튼이 활성화되면, 버튼을 클릭하고 로컬 컴퓨터에서 입력 엑셀 파일을 선택하여 업로드한다.

```
from google.colab import files
uploaded = files.upload()
```

파일 선택   break_freeze.xlsx
- **break_freeze.xlsx**(application/vnd.openxmlformats-officedocument.spreadsheetml.sheet) - 112245 bytes, last modified:
Saving break_freeze.xlsx to break_freeze (1).xlsx

[그림 4] 코랩 코드 실행 화면-2

- 다음으로 실행할 코드는 엑셀 파일 읽기부터 임베딩 추출 및 저장까지를 수행한다. 아래 [그림 5]에서 첫 줄의 코드는 pandas를 이용하여 업로드된 엑셀 파일을 읽어들여 데이터프레임으로 저장하는 역할을 한다. 세번째 줄부터는 transformers 라이브러리를 사용하여 BERT 토크나이저와 모델을 선언하고, 은닉층의 출력 옵션을 활성화하는 기능을 수행한다.

```
import pandas as pd
import torch
from transformers import BertTokenizer, BertModel
from tqdm import tqdm

tokenizer = BertTokenizer.from_pretrained("bert-base-uncased")
model = BertModel.from_pretrained("bert-base-uncased", output_hidden_states=True)
model.eval()
```

[그림 5] 코랩 코드 실행 화면-3

276

- [그림 6]의 '엑셀 파일 로드' 주석 아래 줄부터는 문장 별 임베딩 추출이 수행된다. 입력 문장에서 특정 키워드(break, freeze 등)가 포함된 토큰의 임베딩을 추출하는데, 임베딩 추출은 extract_token_embedding 함수를 정의하여 구현된다.

```python
# 엑셀 파일 로드
filename = [f for f in uploaded if f.endswith(".xlsx")][0]
df = pd.read_excel(filename)

sentences = df.iloc[:, 4]    # E열: 문장
syntaxes = df.iloc[:, 5]     # F열: 구문
labels = df.iloc[:, 7]       # H열: 의미

keywords = ['break', 'broke', 'broken', 'breaking', 'freez', 'froze', 'frozen', 'freezing']

def extract_token_embedding(sentence, keywords):
    inputs = tokenizer(sentence, return_tensors="pt")
    with torch.no_grad():
        outputs = model(**inputs)
    tokens = tokenizer.convert_ids_to_tokens(inputs["input_ids"][0])
    match_indices = [i for i, t in enumerate(tokens) if any(kw in t for kw in keywords)]
    if not match_indices:
        return [None] * 768
    return outputs.last_hidden_state[0][match_indices[0]].numpy().tolist()

embeddings, valid_labels, valid_syntaxes, valid_sentences = [], [], [], []

for sent, syn, label in tqdm(zip(sentences, syntaxes, labels), total=len(sentences)):
    vec = extract_token_embedding(str(sent), keywords)
    if vec[0] is not None:
        embeddings.append(vec)
        valid_labels.append(label)
        valid_syntaxes.append(syn)
        valid_sentences.append(sent)
```

[그림 6] 코랩 코드 실행 화면-4

- [그림 7]의 '저장' 주석 아래의 코드는 추출된 임베딩, 의의(sense), 구문 실현, 문장(sentence) 정보를 포함하는 데이터프레임을 생성하여, "bert_embeddings_with_syntax.csv" 파일로 저장하고, 이를 사용자가 다운로드할 수 있도록 한다.

```
# 저장
embedding_df = pd.DataFrame(embeddings)
embedding_df['sense'] = valid_labels
embedding_df['syntax'] = valid_syntaxes
embedding_df['sentence'] = valid_sentences
embedding_df.to_csv("bert_embeddings_with_syntax.csv", index=False)

from google.colab import files
files.download("bert_embeddings_with_syntax.csv")
```

[그림 7] 코랩 코드 실행 화면-5

이렇게 생성된 .csv 파일은 이후 분석에 활용될 수 있는데, 이를 freeze와 break의 의의 분포와 구문 실현 정보를 시각화하고 분석하는데 사용하는 과정은 다음과 같다.

② 주성분 분석 및 시각화

- 먼저 아래 [그림 8]과 같이 코드를 실행하여 필수 라이브러리를(pandas, openpyxl, seaborn, matplotlib, scikit-learn) 설치한다. 이 라이브러리들은 데이터 처리, 시각화, 그리고 주성분 분석에 필요하다.

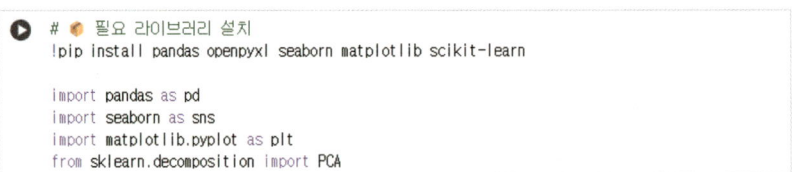

```
#  필요 라이브러리 설치
!pip install pandas openpyxl seaborn matplotlib scikit-learn

import pandas as pd
import seaborn as sns
import matplotlib.pyplot as plt
from sklearn.decomposition import PCA
```

[그림 8] 코랩 코드 실행 화면-6

- 다음으로 [그림 9]와 같이 google.colab.files 모듈을 사용하는 코드를 실행하면 나타나는 "파일 선택" 버튼을 클릭하여 BERT 임베딩, 의미(sense), 구문(syntax), 문장(sentence) 정보가 담긴 .csv 파일을 업로드한다.

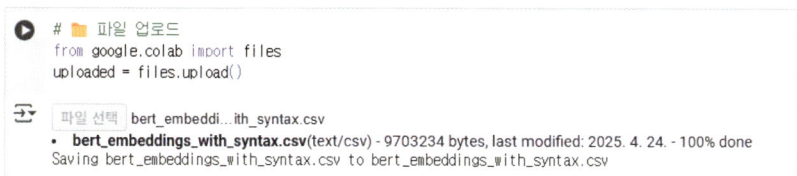

```
# 📁 파일 업로드
from google.colab import files
uploaded = files.upload()
```

파일 선택 bert_embeddi…ith_syntax.csv
- **bert_embeddings_with_syntax.csv**(text/csv) - 9703234 bytes, last modified: 2025. 4. 24. - 100% done
Saving bert_embeddings_with_syntax.csv to bert_embeddings_with_syntax.csv

[그림 9] 코랩 코드 실행 화면-7

- 다음 단계는 데이트 로드로, pandas 를 이용하여 업로드된 .csv 파일을 읽어들여 데이터프레임으로 저장한다. 파일 인코딩은 'utf-8', 'cp949', 'latin-1' 순서로 시도하여 호환성을 확보한다.

```
# 📄 데이터 로드 (sense + syntax + sentence 포함된 CSV)
filename = list(uploaded.keys())[0]
# Try reading with 'utf-8' encoding first
try:
    df = pd.read_csv(filename, encoding='utf-8')
except UnicodeDecodeError:
    # If 'utf-8' fails, try 'cp949' or 'latin-1'
    try:
        df = pd.read_csv(filename, encoding='cp949')
    except UnicodeDecodeError:
        df = pd.read_csv(filename, encoding='latin-1')
# Specify 'euc-kr' encoding
```

[그림 10] 코랩 코드 실행 화면-8

- 다음 단계인 동사 태깅은 'sense' 열의 값을 기반으로 'verb' 열을 생성하고, 각 문장에서 break 또는 freeze 동사를 추출하여 태깅한다.

279

```
# 🗨 전처리: 동사 태깅 (break vs freeze)
df["verb"] = df["sense"].apply(lambda x: "break" if "break" in str(x).lower() else (
                                         "freeze" if "freez" in str(x).lower() else "unknown"))
```

[그림 11] 코랩 코드 실행 화면-4

- 아래 [그림 12]의 코드는 GPT가 작성한 코드에 없는 것을 추가한 것
  이다. 동사와 의의 정보의 자동 매핑이 정확하게 수행되지 않을 경우
  에 시각화 과정에서 발생하는 데이터 누락을 방지하기 위한 것이다.
  구체적으로, 이 추가된 코드는 sense-to-verb 딕셔너리를 활용하여
  의의 열과 동사 열을 더 정확하게 매핑함으로써 각 문장이 어떤 동사

```
### 추가 (verb - sense 수동 mapping) ###

# Step 1: sense-to-verb 딕셔너리 정의
sense_to_verb = {
    # break 관련 senses
    'EPS_other': 'break',
    'Stopping_end': 'break',
    'Physical breaking': 'break',
    'Bodily injury': 'break',
    'Stopping_interrupt': 'break',
    'Breaking barriers/limits': 'break',
    'Violation': 'break',
    'Natural emergence': 'break',
    'Breaking barriers_disclose': 'break',
    'EPS_betray': 'break',
    'Stopping_discard': 'break',
    'EPS_lose control': 'break',

    # freeze 관련 senses
    'Economical/financial freezing': 'freeze',
    'Halt in progress': 'freeze',
    'Natural freezing': 'freeze',
    'Emotional freezing': 'freeze',
    'Physical/bodily immobility': 'freeze',
    'Physical freezing': 'freeze',
    'Preservation': 'freeze',
    'Bodily freezing': 'freeze',
    'Mechanical breakdown': 'freeze',
    'Tech failure': 'freeze',
    'Social freezing': 'freeze',
}

# Step 2: verb 컬럼 생성
df['verb'] = df['sense'].map(sense_to_verb).fillna('unknown')
```

[그림 12] 코랩 코드 실행 화면-10

280

와 관련된 의미를 가지는지를 명확하게 구분하는 역할을 한다.

- print(df) 함수를 실행하여 데이터프레임에 저장된 BERT 임베딩, 의의, 구문 실현, 문장, 동사 정보를 표 형태로 출력하여 다음 단계에서 수행할 주성분 분석과 시각화에 누락된 용례가 없는지 확인한다. [그림 13]에 제시된 출력 결과에 대한 설명을 제시하면 아래와 같다.
  — 열(columns):
    ◦ 0, 1, 2, ...: BERT 임베딩의 각 차원(이 데이터에는768개의 열이 존재함.)
    ◦ sense: 단어의 의의(예: 'Physical breaking', 'Stopping_end' 등)
    ◦ syntax: 단어의 구문 정보(예: 'Caus', 'NCaus')
    ◦ sentence: 원본 문장(코퍼스 추출 용례)
    ◦ verb: 문장에서 추출된 동사(break 또는 freeze)
  — 행(rows): 각 행은 하나의 문장에 대한 정보를 나타낸다. 입력된 1001개의 용례가 모두 포함된 것을 확인할 수 있다.
  — 값(values): 각 셀은 해당 열과 행에 대한 값을 나타낸다. 예를 들어, 첫 break 동사가 'EPS_other' 의미로 사용되었음을 나타낸다.

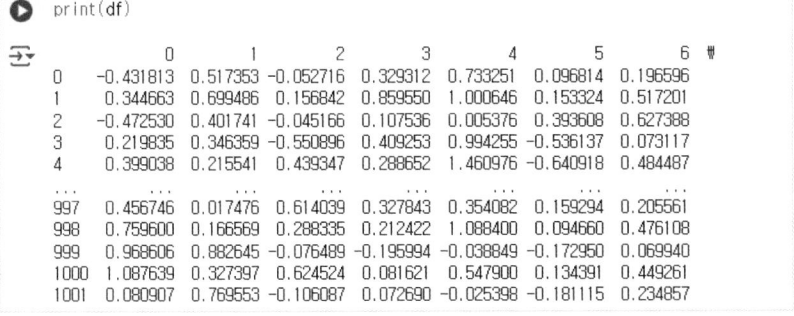

```
print(df)

             0         1         2         3         4         5         6   ₩
0     -0.431813  0.517353 -0.052716  0.329312  0.733251  0.096814  0.196596
1      0.344663  0.699486  0.156842  0.859550  1.000646  0.153324  0.517201
2     -0.472530  0.401741 -0.045166  0.107536  0.005376  0.393608  0.627388
3      0.219835  0.346359 -0.550896  0.409253  0.994255 -0.536137  0.073117
4      0.399038  0.215541  0.439347  0.288652  1.460976 -0.640918  0.484487
...         ...       ...       ...       ...       ...       ...       ...
997    0.456746  0.017476  0.614039  0.327843  0.354082  0.159294  0.205561
998    0.759600  0.166569  0.288335  0.212422  1.088400  0.094660  0.476108
999    0.968606  0.882645 -0.076489 -0.195994 -0.038849 -0.172950  0.069940
1000   1.087639  0.327397  0.624524  0.081621  0.547900  0.134391  0.449261
1001   0.080907  0.769553 -0.106087  0.072690 -0.025398 -0.181115  0.234857
```

281

```
             765       766       767          sense  syntax  ₩
0       -0.391603 -0.459104 -0.771233      EPS_other    Caus
1       -0.396359  0.259072 -0.896259   Stopping_end    Caus
2        0.235555 -0.181773 -0.175618  Physical breaking  NCaus
3       -0.190084 -0.172324 -0.576005  Physical breaking   Caus
4       -0.441071  0.103544 -0.476503  Physical breaking   Caus
...          ...       ...       ...            ...     ...
997     -0.529740  0.623847  0.316872   Bodily freezing  NCaus
998     -0.504968 -0.389364  0.172961  Physical freezing  NCaus
999     -0.301879  0.403803  0.422794  Emotional freezing  NCaus
1000    -0.825047 -0.291698  0.879061  Emotional freezing  NCaus
1001    -0.740767 -0.349613  0.509574  Emotional freezing  NCaus

                                          sentence   verb
0       is your machine. At a slight 5.2 pounds and $2...  break
1       doesn't require some great leap of altruism on...  break
2       a hammer, then more sharply a couple of times,...  break
3       his education. " The intent here is for me to ...  break
4       found on the clipboard or anywhere else.? No. ...  break
...                                            ...         ...
997     glass all around, no weather stripping, I just...  freeze
998     That's a marvellous power. Good witches do n't...  freeze
999     a look of abject surprise on his face. The wom...  freeze
1000    #Also, women who are being sexually assaulted ...  freeze
1001    smoke-filled air outside in gulps. She sensed ...  freeze

[1002 rows x 772 columns]
```

[그림 13] 코랩 코드 실행 화면-11

• 출력 결과를 확인한 후, 아래의 코드를 실행하여 break와 freeze를 분석 대상으로 설정한다.

```
# 🎯 분석 대상 동사 리스트
verbs_to_analyze = ['break', 'freeze']
```

[그림 14] 코랩 코드 실행 화면-12

• 다음으로 [그림 15]의 코드를 실행하면 각 동사에 대해 주성분 분석 (PCA)이 수행된다. PCA를 통해 고차원 데이터를 저차원으로 축소하고, seaborn, matplotlib 등을 활용하여 2차원으로 축소된 PCA 의미 공간에서 용례들의 구문 분포와 의의 분포를 시각화한 플롯이 따로 생성된다.

```
# 📊 동사별 PCA 수행
for verb in verbs_to_analyze:
    print(f"\n🔍 Analyzing verb: {verb}")
    sub_df = df[df['verb'] == verb].copy()

    # 임베딩만 추출
    X = sub_df.iloc[:, :768]

    # PCA 수행
    pca = PCA(n_components=2)
    components = pca.fit_transform(X)
    sub_df["PC1"], sub_df["PC2"] = components[:, 0], components[:, 1]

    # 설명력 출력
    print("Explained Variance Ratio:")
    print(pca.explained_variance_ratio_)

    # 구문 분포 시각화
    plt.figure(figsize=(10, 7))
    sns.scatterplot(data=sub_df, x="PC1", y="PC2", hue="syntax", style="sense", palette="Set1", alpha=0.7)
    plt.title(f"{verb.upper()} - PCA Space Colored by Syntax")
    plt.xlabel("PC1")
    plt.ylabel("PC2")
    plt.legend(bbox_to_anchor=(1.05, 1), loc='upper left')
    plt.tight_layout()
    plt.show()

    # 의미군 분포 시각화
    plt.figure(figsize=(12, 8))
    sns.scatterplot(data=sub_df, x="PC1", y="PC2", hue="sense", alpha=0.7)
    plt.title(f"{verb.upper()} - Semantic Distribution in PCA Space")
    plt.xlabel("PC1")
    plt.ylabel("PC2")
    plt.legend(bbox_to_anchor=(1.05, 1), loc='upper left')
    plt.tight_layout()
    plt.show()
```

[그림 15] 코랩 코드 실행 화면-13

• 아래 [그림 16]의 코드를 실행하면 동사별로 의미군이 타원으로 표
시된 플롯이 생성된다. 타원이 추가된 플롯은 의미군의 거리, 분포와
의의의 확산 방향을 시각화하여 파악하기 위한 것이다.

```
from matplotlib.patches import Ellipse

for verb in ["break", "freeze"]:
    sub = df[df["verb"] == verb]
    plt.figure(figsize=(12, 8))
    palette = sns.color_palette("tab10", n_colors=len(sub["sense"].unique()))

    for i, (sense, group) in enumerate(sub.groupby("sense")):
        x, y = group["PC1"], group["PC2"]
        color = palette[i % len(palette)]
        plt.scatter(x, y, alpha=0.6, label=sense, color=color)

        # 타원 (클러스터 확산 시각화)
        if len(x) >= 5:
            cov = np.cov(x, y)
```

```
        vals, vecs = np.linalg.eigh(cov)
        order = vals.argsort()[::-1]
        vals, vecs = vals[order], vecs[:, order]
        theta = np.degrees(np.arctan2(*vecs[:, 0][::-1]))
        width, height = 2 * np.sqrt(vals)
        ellipse = Ellipse((x.mean(), y.mean()), width, height, angle=theta,
                          edgecolor=color, fc=color, lw=1.5, alpha=0.2)
        plt.gca().add_patch(ellipse)

    plt.title(f"Semantic Distribution of '{verb}' with Elliptical Semantic Areas")
    plt.xlabel("PC1")
    plt.ylabel("PC2")
    plt.legend(bbox_to_anchor=(1.05, 1), loc='upper left')
    plt.tight_layout()
    plt.show()
```

[그림 16] 코랩 코드 실행 화면-14

지금까지 우리는 BERT 기반 다의성 분석을 위한 전체 코드가 수행하는 주요 기능과 이를 코랩에서 실행하는 방법을 살펴보았다. 위에 제시한 코드에서 분석 대상 단어를 수정하면 다른 단어의 다의성을 분석하고 의의 분포를 시각화할 때도 동일한 절차를 적용하여 스크립트를 활용할 수 있다.

3. BERT 기반 다의성 분석 결과와 시사점

이제 위 코드를 실행하여 얻은 주성분 분석 결과와 시각화 결과를 상세히 분석해 보자. 주성분 분석은 고차원 데이터(768차원 BERT 임베딩)를 저차원(2차원)으로 축소하여 시각화를 용이하게 한다.

[그림 17]과 [그림 18]에 제시된 그래프는 break와 freeze의 의미군(sense categories) 분포를 PCA 공간에 시각화한 산점도이다. 이 산점도는 두 주성분 축(PC1과 PC2)을 기준으로 하여 BERT 임베딩을 점으로 표시하고, 의의에 따라 색상을 다르게 하여 의미군의 분포를 시각적으로 보여준다. break 데이터의 주성분 분석 결과 PC1이 전체 데이터의 분산을 설명하는 비율은 7.86%로, PC2가 설명하는 비율은 5.68%로 나타났다. freeze 데

이터의 주성분 분석에서 PC1의 전체 분산 설명 비율은 20.28%로, PC2의 설명 비율은 6.70%로 나타났다. 두 산점도에 나타난 전체적인 분포 특징을 비교하면, break의 임베딩이 의미 공간에서 더 넓고 고르게 퍼져 있고, freeze의 임베딩은 왼쪽과 하단 영역에 집중되어 있음을 볼 수 있다. 두 그래프에서 기본 의미의 위치와 분포도 흥미로운 차이를 보여준다. [그림 17]의 break 산점도에서는 '문자적 의미의 물리적 파괴' 범주에 속하는 '물리적 파괴'과 '신체의 손상' 의미군이 상단에 위치하며 좌우로 비교적 넓게 퍼져 있다. [그림 18]의 freeze 산점도에서는 '문자적 의미의 물리적 결빙' 범주에 속하는 네 하위 의미군 - '자연적 요소의 결빙', '신체의 얼어붙음', '인공물의 얼어붙음', '보존을 위한 냉동' - 이 왼쪽 하단에 밀집되어 있다. 두 그래프에서 동사의 가장 기본적인 의미군들이 서로 공간적으로 겹치며

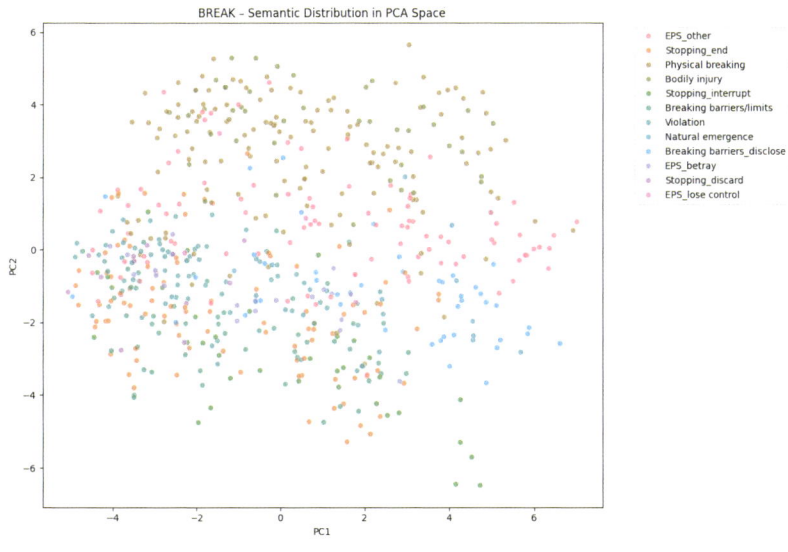

[그림 17] break의 BERT 임베딩 PCA 시각화 1

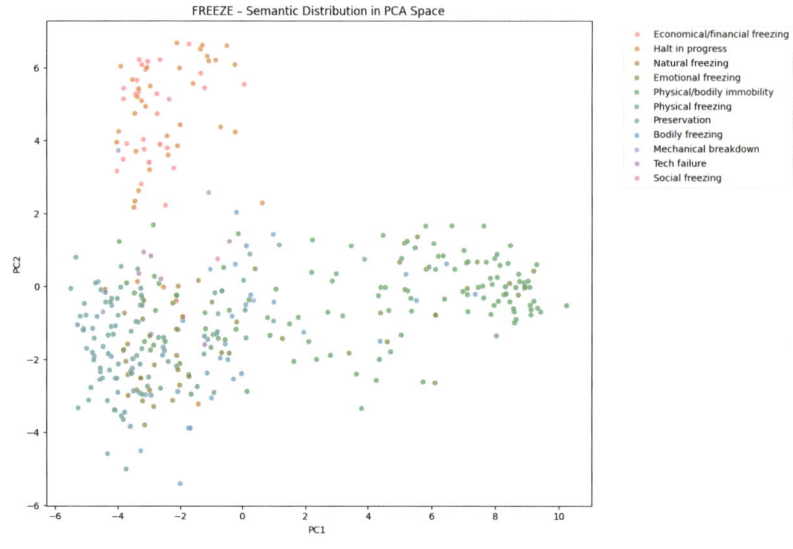

[그림 18] freeze의 BERT 임베딩 PCA 시각화 1

다른 확장된 의미군들과 경계를 이루는 공통점을 관찰할 수 있는데, 이는 BERT 임베딩이 두 동사의 기본 의미와 확장 의미를 잘 구분하여 포착하고 있음을 보여준다. 기본 의미가 확산되는 방향과 의미 분화 양상은 아래에서 비교하도록 한다.

　　이제 두 동사의 구문 분포를 PCA 공간에 시각화한 산점도를 비교해보자. [그림 19]과 [그림 20]의 산점도는 구문에 따라 데이터의 색상을 다르게 하고, 의의에 따라 마커 모양을 다르게 하여 구문과 의미의 관계를 시각적으로 보여준다. 특히 우리가 4.2절에서 분석한 의의의 구문 분포를 시각적으로 보여준다는 점이 흥미롭다. [그림 19]의 break 산점도에서 타동 구문(Caus) 데이터가 더 넓은 의미 공간에 퍼져 있으며, 자동 구문(NCaus) 데이터는 기본 의미군이 위치한 상단과 왼쪽 중간 영역에 집중되어 있음

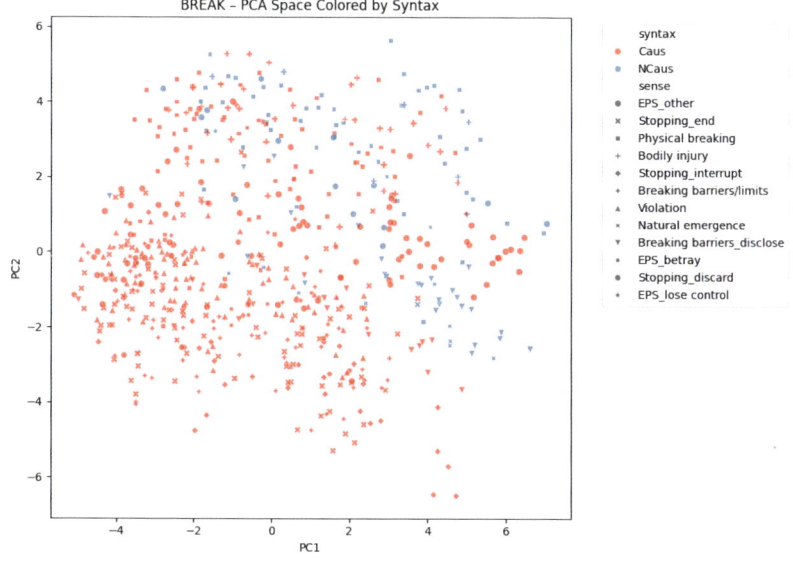

[그림 19] break의 BERT 임베딩 PCA 시각화 2

을 볼 수 있다. 산점도에서 타동 구문과 자동 구문 데이터가 공간적으로 겹치는 영역과 그렇지 않은 영역에 분포하는 의의를 확인하여 두 구문이 공유하는 의의와 한 구문에 국한된 의의를 파악할 수 있다. 뿐만 아니라, 파란색 점만 분포하는 영역에 비해 빨간색만 분포하는 영역이 훨씬 넓게 관찰되는 점으로부터 타동 구문 우세/국한 의의가 두드러지는 break의 특징을 시각적으로 확인할 수 있다.

　　[그림 20]의 freeze 산점도에서는 타동 구문 데이터가 왼쪽에 치우쳐 있고, 자동 구문 데이터가 하단의 좌우 방향에 퍼져 있다. 타동 구문과 자동 구문 데이터가 비교적 균등하게 공간적으로 겹치는 영역이 break의 경우에 비해 좁으며, 기본 의미군이 밀집된 왼쪽 하단에 치우쳐 있음을 볼 수 있다. 또한 파란색 점만 분포하는 영역이 빨간색만 분포하는 영역에 비해

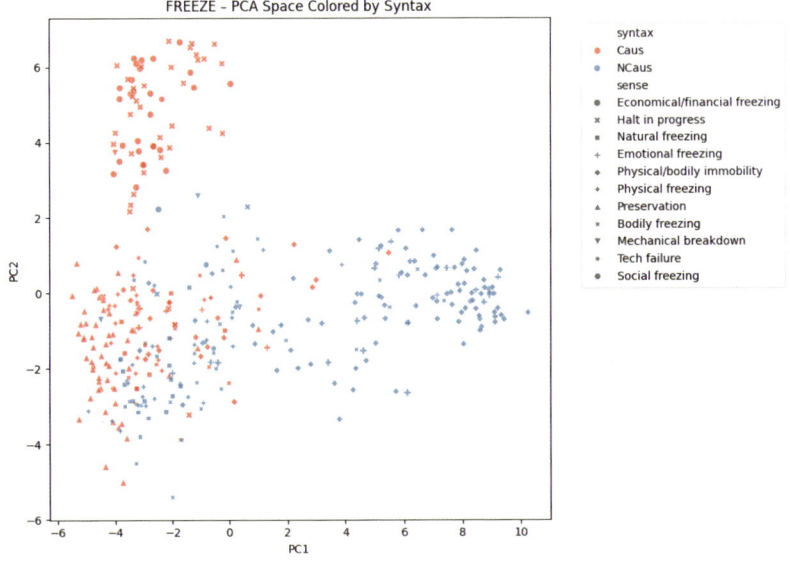

[그림 20] freeze의 BERT 임베딩 PCA 시각화 2

다소 넓게 관찰되는 점으로부터 자동 구문 우세 의의가 두드러지는 freeze
의 특징을 명시적으로 확인할 수 있다.

　　두 동사의 PCA의미 공간의 특성을 보다 명확하게 이해하기 위하여
위에 제시된 내 개의 산점도를 GPT에게 주고 축 해석을 요청하였다. GPT
는 두 동사 의미 구조의 공통점과 세부적인 차이를 동시에 반영하는 매우
흥미로운 해석을 제안하였는데, 이를 부분적으로 수정하여 [표 1]에 제시
한다.

[표 1] GPT가 제안한 주성분 해석

주성분	공통적 해석	break	freeze
PC1(x축)	Literal ↔ Metaphorical (아래에서 수정됨)		
PC2(y축)	Bodily/Physical ↔ Abstract	Physical damage ↕ Abstract disruption	Social stasis ↕ Physical Immobility/ Emotional stasis

위 표에 요약된 GPT의 주성분 해석에 따르면, break와 freeze의 PC1은 왼쪽에 문자적 의미군이, 오른쪽에 은유적/비유적 의미군이 분포하는 수평 축을 형성한다는 점에서 유사하다. 또한 PC2가 유기체나 물리적 개체의 변화와 추상적인 변화를 구분한다는 점에서도 유사한데, 주성분의 차원이 대응하는 구체적인 개념과 의미 영역은 두 동사의 의미를 반영하여 다르게 나타난다. break의 PC2는 위쪽에 물리적 손상 의미군이, 아래쪽에 추상적 붕괴/해체를 뜻하는 의미군이 분포하는 축을 형성하는 반면, freeze의 PC2는 위쪽에 사회경제적 정지 상태를 뜻하는 의미군이, 아래쪽에 물리적 움직임 정지나 감정의 굳음을 뜻하는 의미군이 분포하는 축을 형성하는 차이를 보인다는 것이다.

이 같은 주성분 해석을 바탕으로 이제 두 동사 의미 구조의 특성뿐 아니라 의미 확산 패턴도 보다 명확하게 파악할 수 있다. 두 동사의 각 의미군의 분포 영역을 타원으로 강조한 산점도가 [그림 21]과 [그림 22]에 제시되어 있다. 더불어 break와 freeze의 의미 확산 경로를 시각적으로 나타내기 위해서 두 산점도에 기본 의미와 확장 의미를 연결하는 화살표를 필자가 추가하였고, 필자가 수정한 수평축의 해석도 포함하였다.

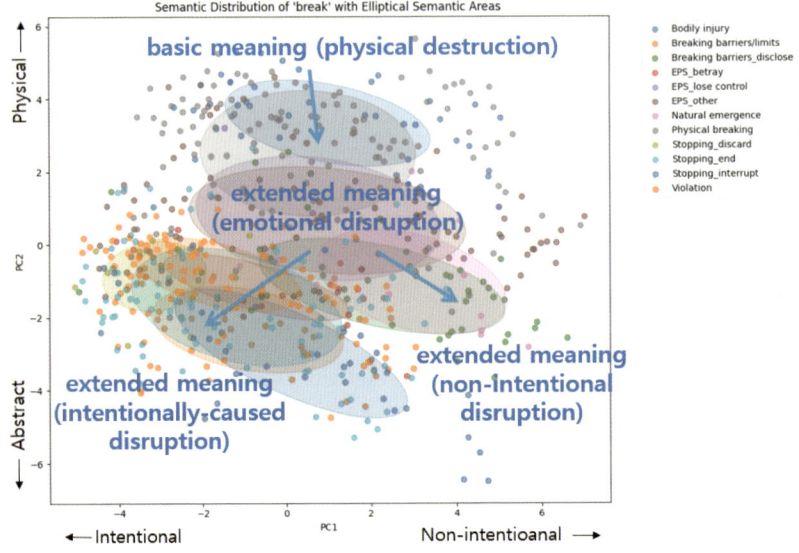

[그림 21] 축 해석을 반영한 **break**의 BERT 임베딩 PCA 시각화

[그림 21]에 제시된 산점도의 가장 상단에는 기본 의미를 갖는 두 의
미군이 분포한다. 이 중에서 '신체의 손상' 의미군이 가장 위쪽에 있고, '물
리적 파괴' 의미군이 아래쪽으로 더 넓은 영역에 걸치며 아래에 위치하는
의미군들과 겹쳐 있다. '물리적 파괴' 의미군 아래에 분포하면서 공간적으
로 겹치는 클러스터는 '감정적 안정과 통제력 붕괴' 와 '기타 감정적/심리
적/사회적(EPS) 붕괴/손상' 의미군이다. 이를 통해서 의미 공간의 최상단에
서 아래로 가면서 구체적인 기본 의미로부터 정신·감정 영역으로 PC2 상
에서의 의미 확장과 분화가 먼저 나타난 것을 알 수 있다.

의미 공간에서 더 아래로 이동하면 불연속성/단절의 의미가 강한 추
상적 의미군들이 PC1 상에서 분화되기 시작하는 것을 관찰할 수 있다. 이
의미 분화 양상을 면밀히 살펴보면, 기본 의미군 아래의 두 EPS 의미군 오

른쪽과 왼쪽에 구문 분포 면에서 뚜렷하게 다른 의미군들이 공간적으로도 명확하게 분리되는 것을 볼 수 있다. 두 EPS 의미군 오른쪽 하단에는 자동 구문에 국한된 '자연적 발현' 의미군과 자동 구문에서 우세한 '비밀스러운 정보의 공개' 의미군이 분포하는 반면, 왼쪽 하단에는 타동 구문에 국한되거나 타동 구문에서 우세한 나머지 여러 의미군들이 겹쳐 있는 것을 볼 수 있다. 이처럼 구문 분포가 다른 추상적 의미군들이 좌우로 명확하게 분리되는 의미 분화 양상으로부터 break의 PCA 공간 수평 축이 반영하는 개념을 '(사동주의) 의도성' 또는 '행동주의 관여'로 유추하여 해석할 수 있다. PC1 상에서 왼쪽에 분포한 추상적 의미군들은 위반, 배신, 중단, 폐기, 종결, 경계/한계의 붕괴를 뜻하는 클러스터들인데, 이들은 공통적으로 사동주의 의도적인 행위로 인한 단절, 제도 분열이나 붕괴를 뜻한다. 이와 대조적으로 오른쪽에 분포한 두 의미군은 사동주의 의도성이 확연히 낮다. '비밀스러운 정보의 공개' 의의를 갖는 자동 구문은 사동주가 불분명하거나, 그 의도성이 불분명한 비밀 제한의 해체를 나타낸다. '자연스러운 발현' 의미군은 인간의 통제를 벗어난 시간적·자연적 단절을 나타낸다. break와 freeze의 자동 구문과 타동 구문에 쓰이는 사동주 논항의 특성은 4.4절에서 상세히 분석한다.

[그림 22]에 제시된 그래프는 freeze 의미군들의 분포 영역을 타원으로 강조한 산점도이다. 여기에서도 기본 의미로부터 구문 분포가 뚜렷하게 다른 추상적 의미군들이 PC1과 PC2상에서 분화되는 양상을 관찰할 수 있다. 산점도의 왼쪽 하단에 '문자적 의미의 물리적 결빙'이라는 기본 의미를 갖는 네 의미군들이 분포한다. 이 중에서 가장 왼쪽에 '보존을 위한 냉동' 의미군이 자리하고 있고, 그 오른쪽에 '자연적 결빙'과 '물리적 결빙' 의미

군이 분포한다. 이 세 기본 의미군은 왼쪽 하단에 밀집해 있는데, 이와 대조적으로 기본 의미군 중 '신체의 얼어붙음' 의미군은 기본 의미군들 중에서 PC1 상에서 넓게 퍼져 있으면서 기본 의미군들과 움직임 정지/감정적 냉각 의미군들과의 연결 고리 역할을 한다. 기본 의미로부터 가장 먼저 감정적 영역으로 의미 확장과 분화가 나타나고, 기본 의미군과 감정 의미군이 공간적으로도 밀접한 점은 break의 의미 분화와 확장 양상과 동일하다. PC1 상에서 더 오른쪽으로 이동하면 정지 상태라는 비유적이고 추상적 의미가 강화된 '움직임의 정지'로의 의미 분화가 나타난다. '움직임 정지'와 '감정적 냉각' 의미군의 영역이 공간적으로 매우 많이 겹치는 것으로 나타나는데, 이 두 의의는 'he froze in fear'에서와 같이 실제 사용 문맥에서도 겹치는 경우가 많으며, 자동 구문에서 강하게 선호된다. [그림 22]에서도

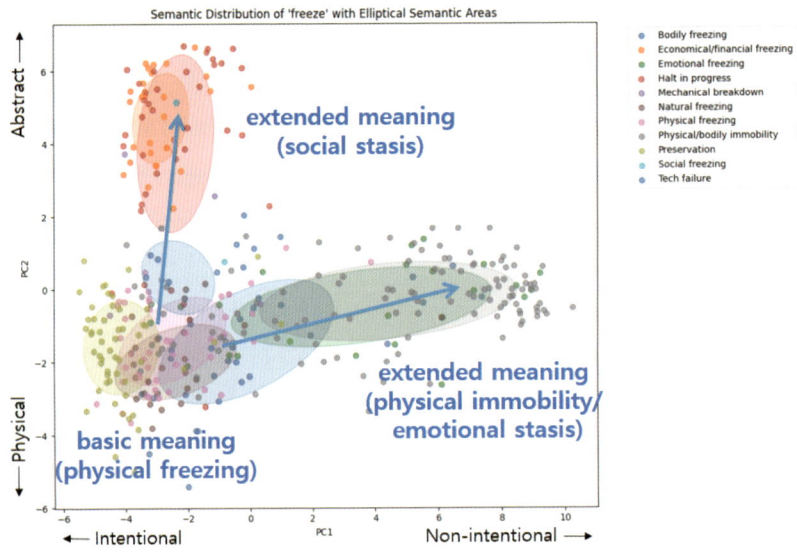

[그림 22] 축 해석을 반영한 freeze의 BERT 임베딩 PCA 시각화

왼쪽과 오른쪽에 구문 분포가 확연히 다른 의미군들이 위치하는 것으로부터 PC1이 사동주와 관련된 개념(행동주의 관여 정도)을 반영하고 있음을 유추할 수 있다. 타동 구문에서 강하게 선호되는 세 하위 의미군 – '보존을 위한 냉동', '과정 중단', '경제적/재정적 동결' – 이 왼쪽에 치우쳐 있고, 자동 구문에서 강하게 선호되는 세 하위 의미군 – '신체의 얼어붙음', '감정적 냉각', '움직임 정지' – 이 PC 1 상의 중간부터 오른쪽 영역에 분포하고 있다. 이로부터 break와 freeze의 PCA 의미 구조가 수평 차원의 개념적 유사성을 공유하고 있음을 알 수 있다.

　　[그림 22]에서 PC2 상의 의미 확장과 분화 양상을 보면, 먼저 기본 의미군 위쪽에 '기술적 고장과 오류' 그룹이 뚜렷하고 작은 클러스터를 형성하며 기본 의미군과 두 사회적 의미군 사이에서 중간 지대 역할을 하고 있음을 볼 수 있다. 클러스터의 크기가 작다는 것은 사용 문맥이 제한되어 있다는 뜻이다. PC2 상에서 더 위로 이동하면 '과정 중단'과 '경제적/재정적 동결' 의미군이 기본 의미와 가장 멀리 떨어져서 분리된 클러스터를 형성하고 있는 것이 관찰된다.[38]

　　문맥을 반영한 BERT임베딩은 break와 freeze 의미군들 사이의 친소 관계, 의미 차원의 유사성과 '구체적인 기본 의미 → 감정 영역 확장 → 다른 추상적 영역으로 확장'으로 이어지는 break와 freeze의 공통적 의미 확산 경로를 민감하게 포착한다. BERT 기반 분석을 통해 밝혀진 의미군 분포와 분화 양상을 토대로 freeze의 다양한 의의를 포괄하는 상위 개념을 정

---

[38]　PC2상에서 기본 의미군 위쪽에는 '기계의 작동 정지/고장'과 '사회적(사회관계의) 냉각' 데이터도 점으로 나타나 있으나, 이 두 의미군은 용례 수가 적어 분리된 클러스터를 이루고 있지는 않다.

지와 상태 유지를 나타내는 'stasis'로 설정할 수 있다.

지금까지의 논의한 break와 freeze 의미 공간의 특성을 요약하면 [표 2]와 같다. break와 freeze 의 PCA수평 차원은 사역성(행동주의 관여 정도)을, 수직 차원은 상태변화의 성격/구체성을 반영하는 점에서 구조적 유사성을 보인다. 두 동사의 차이는 상위 의미와 하위 의미에서 드러나는데, break 는 동적 특성(행동중심성)이, freeze는 정적 특성(결과 상태 중심성)이 두드러진 다. 이 같은 차이가 두 동사의 구문 분포 차이로 이어져 break는 상대적으로 타동 구문에서, freeze는 상대적으로 자동 구문에서 선호되는 차이가 나타난다고 이해할 수 있다.

[표 2] break와 freeze 의미 공간 특성 요약

주성분	break	freeze
PC1(x축) Nature of causation	Intentional ↔ Non-intentional	
PC2(y축) Nature of change: Bodily/Physical ↔ Abstract	Physical destruction/bodily harm ↕ Abstract disruption	Social stasis ↕ Physical/bodily/emotional freezing + immobility
의미 확장	구체적인 기본 의미 → 감정 영역 → 기타 추상적 영역	
상위 의미	Disruption (물리적, 신체적, 감정적, 기술적, 사회적 해체/붕괴)	Stasis (물리적, 신체적, 감정적, 기술적, 사회적 정지 상태)
주요 하위 의미의 특징	행동주의 관여 정도가 높음 (위반, 배신, 중단, 종결, 한계 극복 등)	행동주의 관여 정도가 낮음 (자연적 결빙, 감정적 냉각, 움직임/작동 정지 등)

이 절에서는 BERT 기반 다의성 분석에 ChatGPT를 활용하는 구체적

인 방법을 제시하고, 제안한 방법을 break와 freeze의 다의성 분석에 적용하여 다양한 측면에서 두 동사의 의미적 특성을 탐색하였다. ChatGPT의 도움을 받아 BERT를 사용하여 freeze와 break 용례의 의미 벡터를 추출하고, 이 벡터들 간의 거리와 의미군 분포를 시각화하여 freeze와 break의 의의들 간의 관계, 확장 패턴과 두 동사 의미 구조의 유사성과 차이점을 상세히 분석하였다. BERT 기반 다의성 분석을 통해 두 동사의 미세한 의미 분화와 확장 경로 및 의미 차원의 유사성과 세부적인 의미 구조 차이를 포착하여 결론적으로 타동 구문 선호와 자동 구문 선호를 보이는 다의어의 구문 실현에 대한 의미적 동인을 밝혀냈다.

이 절에서 논의한 break와 freeze 의의 범주의 분포 분석은 코퍼스 기반 동사 의미 분석과 BERT 모델을 사용한 방법론을 접목한 최초의 시도로서 다의성 및 의미의 구조적 실현 연구에 함의하는 바가 크다고 할 수 있다. 또한 물리적 변화를 나타내는 기본 의미가 사회적·제도적·기술적 영역으로 확장되는 경로에서 신체적·감정적 변화 의미가 연결고리 역할을 하는 공통적 패턴은 체화된 언어인지(embodied language cognition) 이론의 주장과도 일맥상통한다.

이 절에서 제안한 분포 의미론의 신경-기호학적 확장은 BERT 모델이 다의적 의의의 구문 분포를 깊이 이해하고 이를 임베딩에 반영할 수 있게 하여 의미-구조-분포를 동시에 통합적으로 분석하고자 하는 시도이다. 이 방법을 택할 경우에 신경망 언어 모델의 언어 현상에 대한 재현 능력, 설명 가능성과 분석 정확도를 높일 수 있는 장점이 있다. 하지만 애노테이션 작업에 많은 시간과 노력이 소요되고 분석 데이터의 규모가 작아지는 단점도 동시에 존재하므로, 이러한 한계를 극복하기 위해 지속적인 연구가 필요하다.

4. 사동주 유형의 사역교체 구문 분포 분석

이 절에서는 freeze와 break의 자동 구문과 타동 구문에 쓰이는 사동주 논항 유형의 특성을 면밀히 분석하여 사역교체의 본질을 밝히는 목적의 연구에 대해 논의한다. 이 연구에서 가장 핵심적인 부분은 의미적·문맥적 특성에 따라 구분되는 사동주 유형들이 사역교체 구문과 구문 의의에 분포하는 패턴에 대한 분석이다. 이 절에서는 이 같은 패턴의 분석 과정을 상세히 다루면서 의미의 구조적 실현 양상의 분석에 ChatGPT를 효과적으로 활용하는 구체적인 방안과 사례를 제시한다.

1. break 동사 용례의 웹 검색과 분석

4.2절에서 논의하였듯이 자동 구문과 타동 구문에서 공유되는 의의를 가진 freeze와 break 용례의 비율이 둘 중 한 구문에 국한된 의의를 가진 용례의 비율에 비해 압도적으로 높다. 두 구문에서 공유되는 의의를 가진 freeze 용례는 분석 대상 용례의 86.03%를 차지한다. 두 구문에서 공유되는 의의를 가진 break 용례도 분석 대상 용례의 72.09%에 이른다. 분석에 포함된 freeze 용례들 중에서는 '보존을 위한 냉동/동결' 의의가 타동 구문에서만 나타났으나, 음식 재료 혼합물의 냉동을 의미하는 자동 구문 용례가 COCA에서 발견된다. 용례의 예가 (1)에 제시되어 있다.

(1)　··· to pan, and mix well. Cover and freeze until <mixture is beginning to freeze> at the edges, about 2 hours. Stir, cover, and freeze until ···

(COCA MAG, Sunset-2009)

4.2 절의 분석에서 break의 자동 구문에 국한되어 나타난 '자연적인 발현' 의의를 타동 구문으로 표현한 문장과 타동 구문에 국한되어 나타난 의의들 중 '위반'과 '배신' 의의를 자동 구문으로 표현한 문장은 아래 (2)-(4)에서와 같이 문헌에서 매우 부자연스러운 문장으로 언급된다.

(2) a. The day broke.

    b. *The sun broke the day. (Romain 2022: 43)

(3) a. He broke the law.

    b. *The law broke. (Romain 2022: 43)

(4) a. He broke his promise.

    b. *His promise broke. (Levin·Rappaport Hovav 1995: 85)

위 (2)-(4)에 제시된 문장들의 수용성 정도에 대해 GPT에게 물어보니 자연스럽지 않다는 판단을 제시한다. 비록 부자연스럽지만 이 같은 문장들이 실제로 쓰이는 문장들인지 확인하기 위해 GPT에게 먼저 '배신' 의의를 갖는 break 자동문의 웹 검색과 함께 발견된 문장들의 출처 제공을 요청하였다. 요청에 대한 GPT의 답변을 제시하면 아래와 같다. '배신' 의의를 갖는 break 자동문이 격식을 갖춘 영어에서 자연스럽지 않지만, 비격식적이거나 예술적인 언어 사용 상황에서 드물게 나타난다는 답변이다. GPT가 제공한 출처에 나와 있는 사이트들을 방문하여 'Trust broke'와 같은 문장이 매우 드물지만 실제 사용되는 문장임을 확인할 수 있다.

In reviewing available sources, there is limited evidence of "trust" being used as the subject of the intransitive verb "broke." However, some informal uses can be found, such as in a comment from a blog post:

"He lies about it I look for it I find it trust broke....again." Leading with Trust

Additionally, the phrase "trust broke" appears in the title of a song by Icey Da Boss, indicating usage in artistic contexts: Spotify

"Trust Broke" - song by Icey Da Boss. Spotify

These instances suggest that while "trust broke" is not standard in formal English, it does appear in informal or artistic expressions.

출처 🔴🟢

GPT의 도움으로 아래와 같이 법이나 계약 위반 의미의 break 자동 구문도 비표준적(nonstandard)이지만 격식적이거나 구어체적인 언어 사용 상황에서 드물게 발견됨을 확인할 수 있다. 그러나 GPT의 답변이 모두 정확하지는 않다. 예들 들어 아래 3번 문장에서 break는 '(학생 시위를) 종결했다'는 뜻의 타동사로 쓰였는데, GPT는 이 문장을 자동문으로 잘못 판단하고 있다.

• '위반' 의미의 break 자동 구문 예:

While the intransitive use of "break" with subjects like "contract" or "law" is uncommon and generally considered nonstandard, there are instances where such constructions appear, often in informal contexts or as part of specific expressions. Here are some examples:

1. **"When the contract broke and CSM came out..."**
   In a Reddit discussion about the "Chainsaw Man" series, a user describes an event where a contract's termination leads to a significant change.

2. **"It's crazy cause the law broke."**
   An Instagram post features this phrase, though without additional context, its exact meaning is unclear.

3. **"The law broke the student siege of Sproul Hall..."**
   A Facebook post from "Real Time 1960s" describes an event where law enforcement intervened in a student protest, using "the law broke" to signify the action taken.

These examples demonstrate that, while not standard, the intransitive use of "break" with subjects like "contract" or "law" can be found in certain contexts, particularly in informal or colloquial language.

출처 😊📷📘

　　'중단', '폐기', '한계 극복' 의의를 가진 자동 구문은 COCA에서 발견 되지 않았으나, 원어민들이 자연스럽다고 판단한다는 점에서 '위반'과 '배 신' 의의의 자동문과 다르다. 인터넷에서도 '중단', '폐기', '한계 극복' 의의 를 갖는 break 자동 구문의 예를 어렵지 않게 찾을 수 있다. GPT가 검색하 여 찾은 예들을 설명과 함께 아래에 제시한다.

　　• '중단' 의미의 break 자동 구문 예:

1. **"The silence broke as the dawn chorus began."**
   In this sentence, "broke" signifies the interruption of silence by the sounds of morning birds.
2. **"Suddenly, laughter broke the tension in the room."**
   Here, "broke" describes how laughter interrupted a tense atmosphere.
3. **"The clouds parted, and the sun broke through."**
   In this context, "broke" indicates the sun interrupting the overcast sky by emerging through the clouds.

These examples illustrate how "break" in its intransitive form can describe the interruption of various states or atmospheres.

출처

　　위의 답변에도 타동문인 'laughter broke the tension in the room'을 자동문으로 구분해서 제시한 오류를 발견할 수 있다. 이와 같이 GPT의 인 터넷 검색 결과에 종종 오류가 포함되어 있어 주의를 요한다.

　　• '폐기' 의미의 break 자동 구문 예:

1. **"The Day the Tiger Roared And the Tradition Broke"**
   This article from *The Harvard Crimson* describes a significant event where a longstanding tradition was disrupted.
2. **"I once had a friend like this and the habit broke when I just said: 'I'm not paying this time' – simple statement of fact."**
   In this excerpt from *The Guardian*, the phrase "the habit broke" refers to the cessation of a particular behavior.
3. **"From July 2019, the habit broke and I practiced rarely till March 2020."**
   In this personal account on Medium, the author discusses how their meditation habit lapsed during a specific period.

These examples illustrate that using "break" in its intransitive form to signify the ending of habits, traditions, or stereotypes is both grammatically correct and commonly understood in English.

출처

특히 유용한 부분은 검색 문장 출처의 링크를 제공하는 기능이다. GPT가 검색한 예문 아래에 보이는 '출처'를 클릭하면 [그림 1]과 같이 화면 오른쪽에 출처의 링크와 연결되는 창이 나타나서 예문들의 출처를 쉽게 확인할 수 있다.

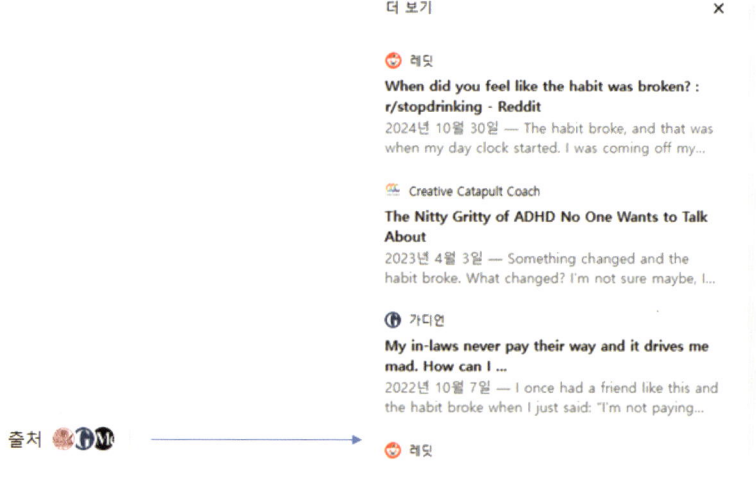

[그림 1] 웹 검색 예문들의 출처 링크와 연결된 화면

- '한계 극복' 의미의 break 자동 구문 예:

1. **"And all the barriers broke down"**
   In this blog post, the author reflects on societal changes, noting how entrenched barriers began to dissolve during significant events.

2. **"Barriers broke at Train lines on Spring Bank, avoid the area!"**
   This Facebook post alerts readers to a situation where physical barriers at train lines malfunctioned, indicating a literal breaking of barriers.

3. **"Barriers Broke Instantly When I Tried Speaking Their Language"**
   In this YouTube video, the speaker discusses how language can immediately dissolve social barriers, emphasizing how communication can break down obstacles between people.

These examples illustrate the use of "break" in its intransitive form to describe the cessation of various types of barriers, highlighting both physical and metaphorical applications.

출처

위와 같이 GPT의 도움을 받아 수행한 웹 검색을 통해 COCA에서 타동 구문에서만 나타나는 break의 의의들이 실제로 한 구문에 국한되지 않고 두 구문에서 쓰인다는 점을 확인할 수 있다. 그렇다면 동일한 의의가 자

301

동 구문 또는 타동 구문으로 실현되게 만드는 요인은 무엇인가? 이는 실제 언어 사용 상황에서 동사의 의의가 같을 때 사역교체 구문 선택을 결정하는 요인에 대한 질문으로서 사역교체 현상의 본질과 직결된다. 자동 구문과 타동 구문의 차이가 사동주 논항의 실현 여부에 있기 때문에 위의 질문에 대한 대답의 핵심은 어휘적 사동문의 주어로 실현되도록 또는 실현되지 않도록 만드는 사동주 논항의 특성을 밝히는 것이다.

2. 자동과 타동 구문에서의 사동주 특성

사동주 논항의 특성이 사역교체 구문의 선택을 결정하는 요인이라는 논지의 타당성을 정량적 데이터 분석을 통해 검증하기 전에 동일한 의의를 갖는 COCA 용례들의 자동 구문과 타동 구문 용례에서 쓰이는 사동주 논항의 특성을 비교해 보도록 한다.

먼저 동일한 의의를 갖는 freeze의 자동 구문과 타동 구문 용례부터 살펴보자. '(보존을 위한) 냉동/동결'을 의미하는 위 (1)의 자동 구문 예에서 음식 재료 혼합물의 상태 변화를 유발하는 행동주는 문맥에서 명시적으로 언급되어 있지 않아 추론을 통한 해석을 거쳐 파악된다. (1)에서 행동주는 명령문 구조로 되어 있는 주절의 주어로 해석되며, 이 주절의 주어는 문맥에서 독자를 지칭한다. COCA에서 추출한 '(보존을 위한) 냉동/동결'을 의미하는 대다수의 freeze 타동 구문 용례에서 행동주는 (1)의 주절에 쓰인 동사 freeze처럼 명령문의 주어로 해석되거나, (5)에서와 같이 지시 대상이 구체적이고 명확한 주어로 실현된다.

(5) They buy half a steer each year, picking up their meat from <the Cotati butcher who ages, cuts and freezes it.>

(COCA NEWS, SanFranChron-2006)

4.2절의 분석에서 타동 구문 우세 의의로 구분된 '경제적 동결'과 '과정의 중단' 의의를 갖는 타동 구문 용례들도 주로 구체적이고 명확한 행동주의 의도적인 행위가 유발하는 상태 변화를 나타낸다. 두 의의를 나타내는 타동 구문 용례의 예가 아래 (6)과 (7)에 제시되어 있다. (6)에 제시된 용례는 '과정의 중단'을, (7)의 용례는 '경제적 동결' 의미를 나타낸다.

(6) Baitulab Mehsud said <he is freezing the talks> until a final decision is made by his movement's executive council.

(COCA NEWS; AssocPress-2008)

(7) ⋯ the main point is cutting the size of government. I mean, even when <Obama famously froze federal government salaries>, remember that?

(COCA SPOK, ABC, This Week-2012)

동일한 의의를 갖는 자동 구문 용례들은 행동주나 결과 사건의 원인을 추론할 문맥적 단서가 충분한 경우들이다. (8)에 제시된 예는 이스라엘이 아랍 온건 국가들과 진전시켜 온 관계와 개방이 중단되었음을 뜻하는데, 선행 문장에서 언급하고 있는 이스라엘과 팔레스타인 사이의 대화 중단이 그 원인임을 추론할 수 있다. (9)에 제시된 자동 구문 용례는 웹 기반 가상 디지털 반려 동물 게임 사이트인 'Neopets'에서 계정 사용이 동결된 사용자들에 관한 내용이다. 구체적인 계정 동결의 주체는 문맥에서 언급되지 않아 명확하지 않지만, 디지털 게임과 관련된 실제 세계에 관한 지식을 바탕으로 'Neopets'의 계정 관리자임을 유추할 수 있다.

(8) ⋯ the Palestinians, the Israelis, weren't talking to each other for long periods of time. That <the progress that Israel had made with Arab moderate states, an opening-up there, that was beginning to freeze again>.   (COCA SPOK, NPR_Saturday-1996)

(9) ⋯ Then, what about <those users who have frozen on Neopets> and they make a new account ⋯   (COCA BLOG, virtualpetlist.com-2012)

위 (1), (8)와 (9)에 제시된 자동 구문 용례들에서처럼 비사역적 자동문의 행동주, 사동주나 원인은 전후 문맥, 동사 의미, 문법 구조, 실제 세계에 대한 지식 등에 의존하여 추론되는 경우가 다수이다. 자동 구문 우세 의의인 '자연적 결빙' 의의를 갖는 용례들도 동사 의미와 실세계에 대한 지식을 바탕으로 추위나 낮은 온도를 결빙의 기본 원인(default cause)으로 추론할 수 있는 경우가 다수이다. Rappaport Hovav(2014: 24)에 따르면, 상태 변화의 기본 원인으로 추론되는 원인 유형은 예측이 가능하지만, 구체적이지 않은 여러 요인들이 동시에 상태 변화에 작용하는 경향이 있기 때문에 일반적으로 어휘적 사동문의 주어로는 선호되지 않는다.[39] 그러나 (10)의 예에서와 같이 기본 원인이 주제적인 관련성이 높을 경우에는 '자연적 결빙' 의의가 타동 구문으로 실현되기도 한다. 이 용례의 출처는 추위가 모바일 기기의 성능에 미치는 영향에 대해 기술하고 있는 잡지의 기사이다. 이 용례의 앞 문장은 추위와 모바일 기기가 어울리지 않는다는 내용이고, 이어지는 (10)의 문장은 추위가 액정 디스플레이를 얼릴 수 있다는 구체적인 영향을 기술한다. 이 같은 타동 용례는 기본 원인이 문맥에서 주제적 관련성과 중요도가 높을 때 문법적으로 현저성이 높은 어휘적 사동문의 주어 위치에 실현될 수 있다는 사실을 보여준다.[39]

(10) After all, <cold temperatures can freeze liquid-crystal displays> and slow the chemical reaction that gives lithium-ion batteries their charge.

(COCA MAG, Popular Machanics-2009)

다음으로 두 구문에 균형적으로 분포하는 것으로 나타난 '물리적 결빙' 의의를 갖는 용례를 살펴본다. '물리적 결빙'을 의미하는 freeze 타동 구문은 구체적이고 명확한 사동주의(의도적이거나 비의도적인) 행위의 결과에 의해 발생하거나 추상적인 사건이 원인이 되어 발생하는 결빙을 나타낸다. (11)에 행동주의 의도적인 행위에 의한 기계 장치의 결빙을 나타내는 타동 구문 용례가 제시되어 있다.

---

39 (2b)와 같이 기본 원인이 주어로 실현된 어휘적 사동문이 일반적으로 매우 부자연스러운 문장으로 판단된다는 사실에 대한 설명은 4.3.3절에서 논의한다.

(11) Environ's job was to freeze the gadgets in a temperature-controlled

chamber.   (COCA MAG, PopMech-2009)

　　(12)에 제시된 자동 구문 용례에서는 수도관 결빙의 원인이 선행하는 절에 언급되어 있음을 볼 수 있다. 자동 구문 용례들 중에는 (13)에 제시된 예에서와 같이 알 수 없는 원인에 의해 발생하는 상태 변화를 나타내는 경우들도 발견된다.

(12) So along comes that cold spell last week and <the pipes froze> and

the waterline burst above their bedroom and ⋯

(COCA FIC: SouthwestRev-2015)

(13) ⋯ much support from Motorola here in Australia &; <my phone has

frozen once for no apparent reason>.

(COCA BLOG: the-gadgeteer.com-2012)

　　위의 논의를 통해 동일한 의의를 갖는 freeze 자동 구문과 타동 구문 용례들에서 나타나는 사동주 논항이 구체성, 명확성과 의도성 측면에서 차이가 있음을 확인할 수 있다. 이제 동일한 차이가 break의 두 구문에서도 발견되는지 살펴보기로 한다. 먼저 두 사역교체 구문에서 공유되는 의의를 갖는 경우 사동주의 특성 차이를 비교해 보자. (14)와 (15)에 타동 구문 우세 의의 중 하나인 '물리적/물질적/구조적 파괴'를 뜻하는 타동 구문과 자동 구문이 제시되어 있다. (14)의 타동 구문 용례에서는 강에 떠다니는 작은 파편이

유발한 수도관의 파손을 기술하는 반면, (15)의 자동 구문 용례는 불명확한 외부 원인에 의해 유발된 측정 설비의 파손에 대해 기술하고 있다.

(14) … Los Gatos Creek near Coalinga, which was caused by <float-
ing debris that broke a pipeline> used by Chevron USA to transport
crude from the Bakersfield area to its Richmond refinery …

(COCA NEWS: SanFranChron-1995)

(15) When the 12 Japanese transmissions were tested, an engineer
reported that <the measuring equipment had broken>.

(COCA MAG: Smithsonian-1990)

두 구문에서 공유되는 break 의의들 중 자동 구문에서 우세한 의의로 구분된 '정보를 드러냄' 의의를 갖는 타동 구문과 자동 구문 용례도 사동주의 의도성, 구체성과 명확성에서 흥미로운 차이를 보여준다. 아래 (16)에 제시된 타동 구문 용례에서는 Lewinsky에 대한 뉴스를 보도하기 위해서 그를 접촉하려고 노력했던 Currie가 행동주로 해석된다. 이와 대조적으로 (17)에 제시된 자동 구문 용례에서는 뉴스 보도의 주체가 구체적으로 언급되거나 명확하게 파악되지 않는다.

(16) By either interpretation, Currie testified that she was trying to reach
Lewinsky <to break the news> that her name surfaced during
Clinton's deposition. 　　　　　　　　(COCA NEWS: Chicago-1998)

(17) ··· they considered Woods less of a role model since <news of his extramarital affairs broke> in November.

(COCA NEWS: USAToday-2010)

　　사동주의 명확성과 의도성의 정도를 연속체(continuum)의 개념으로 볼 때 COCA에서 자동 구문과 타동 구문에 국한되어 나타나는 break 의의들은 연속체 상에서 반대 방향의 끝에 위치한다. 4.2절에서 언급한 바와 같이, break의 자동 구문에 국한된 '자연적인 발현' 의의는 인간의 개입이나 통제 밖의 자연적·환경적 요인에 의한 변화를 나타낸다. 또한 이 요인들 중 어느 하나를 상태 변화의 구체적인 실제 원인으로 특정하기 어렵기 때문에 '자연적인 발현' 의의가 나타내는 상태 변화의 원인을 명확성과 의도성의 정도가 가장 낮은 사동주 유형으로 간주할 수 있다. '위반' 및 '배신'과 같이 타동 구문에서만 나타나는 의의들은 구체적이고 명확한 행동주의 의도적인 행위가 유발하는 추상적인 의미의 파괴를 나타낸다는 점에서 명확성과 의도성 정도가 가장 높은 사동주 유형과 주로 관련된다고 볼 수 있다.

　　흥미로운 것은 행동주를 문맥에서 충분히 구체적이고 명확하게 파악할 수 있을 경우에 비격식적인 언어 사용 상황에서 '위반' 및 '배신' 의의가 자동 구문으로 나타나기도 한다는 점이다. 위에서 GPT의 도움으로 찾은 (18)에 제시된 자동 구문이 그러한 예이다. 이 용례의 출처는 미국의 토론 웹사이트 Reddit의 게시판인데, 구체적으로 이 사이트 게시판의 사용자들이 "Chainsaw Man"이라는 일본 만화에 등장하는 인물들 사이에 전개되는 전투에 대해 토론하는 2023년 대화에서 발견된다. (18)에 제시된 문장이 포함된 게시물에 선행하는 다른 게시물에 (19)에서와 같이 어떤 인물들 사이에 계약이 위반된 것인지 명시적으로 언급되어 있어 계약 위반의 주체를 명확하게 파악할 수 있다.

(18) ⋯ When <the contract broke> and CSM came out, Pochita was still the heart core inside Denji'sbody. ⋯

(https://www.reddit.com/r/ChainsawMan/comments/150w6x7/understanding_the_makima_vs_csm_fight/?rdt=43064)

(19) ⋯ How I understand it is that Makima broke Denjis contract with Pochita, and therefore Pochita CSM(PCSM) emerged⋯

(https://www.reddit.com/r/ChainsawMan/comments/150w6x7/understanding_the_makima_vs_csm_fight/?rdt=43064)

COCA에서 타동 구문에서만 나타난 다른 의의들이 인터넷 공간의 비격식적 언어 사용 상황에서 자동 구문으로 실현된 예들도 충분한 문맥적 단서의 뒷받침이 있어 구체적인 사동주나 행동주를 명확하게 파악할 수 있는 경우들이다. '중단' 의미로 해석되는 (20)의 자동문은 Super Mario Wiki 사이트 2025년 버전에서 발견되는데, 새벽에 퍼지는 새들의 소리가 침묵을 중단시킨 원인임이 문장의 종속절에 언급되어 있다. (21)에 제시된 문장은 1970년 발간된 하버드대학의 공식 신문 The Harvard Crimson에 실린 한 기사의 제목이다. 이 문장에서 '전통의 파괴/폐기'는 하버드 대학과 프린스턴 대학 사이에 지속되었던 우호적인 스포츠 경기의 전통의 중단과 폐기를 뜻하는데, 기사에서 그 원인이 된 사건들을 자세히 기술한다.

(20) <The silence broke> as the dawn chorus began.

(https://www.mariowiki.com/The_Riddle_of_Ralette_Prime)

(21) The Day the Tiger Roared And <the Tradition Broke>.

(https://www.thecrimson.com/article/1970/11/7/the-day-the-tiger- roared-and/)

아래 (22)에 제시된 '한계 극복' 의미를 나타내는 자동문은 미국 아이오와 주립대학의 운동부 트위터 게시물에서 발견된다. 게시물에 누가 어떤 기록을 깬 것인지 구체적으로 언급되어 있어 한계 극복의 주체를 명확하게 알 수 있으나, 트위터, 인스타그램 등 SNS 영어 게시물의 경우 게시물 작성자가 원어민인지를 확실히 알 수 없다는 문제점도 있다.

(22) <Record broke>. Makayla, Rachel, Becca and Maelle win the distance medley relay at the Alex Wilson Invite with a program record of 10:55.31!

(https://x.com/CycloneTrackXC/status/1893358486878032149)

지금까지 논의한 자동 구문과 타동 구문 사동주의 특성을 요약하면 [표 1]과 같다. 이 표에서 위쪽 행에 놓인 의의들은 상대적으로 사동주의 의도성과 명확성이 낮고, 자동 구문 실현이 선호된다. 반면 아래쪽 행에 놓인 의의들은 상대적으로 사동주의 의도성과 명확성이 높으며, 타동 구문 실현이 선호된다. 이처럼 사동주의 의도성과 명확성에 따라 사역교체 구문 실현이 영향을 받는 이유가 무엇일까?

[표 1] 사역교체 구문 용례에서 나타나는 사동주의 특성 비교 요약

의의 구분	사동주의 의도성과 명확성		예문
자동 구문에 국한된 의의	행동주의 통제를 벗어난 자연환경적 요인들 동사 의미, 문맥적 단서, 실세계에 대한 지식 등을 통해 추론됨		(2a)
두 구문에서 공유되는 의의	자동 구문	문맥에서 명시된 행동주 또는 비행동주성 사동주	(8), (12)
		문맥에서 명시되지 않은 사동주 문맥적 단서로 추론됨	(9), (15)
		문맥에서 명시되지 않고 불명확한 여러 원인 또는 알 수 없는 원인	(13)
	타동 구문	주어로 실현된 구체적이고 명확한 행동주	(5), (6), (7), (11), (16)
		주어로 실현된 구체적이고 명확한 비행동주성 사동주	(14)
		문맥에서 주제적 관련성이 높은 자연환경 요인	(10)
타동 구문에 국한된 의의	구체적이고 명확한 행동주		(3a), (4a)
	인터넷 공간에서의 비격식적 언어 사용 상황에서 문맥적 단서가 충분할 경우 자동 구문으로 실현될 수 있음		(18), (20), (21), (22)

　　인과적 사건의 언어적 실현에 관한 연구들에서 사동주의 의도성과 명확성은 의미적·문맥적 현저성(semantic and contextual prominence)을 높이는 주요 요인으로 이해되고 있다(Rappaport Hovav 2014; Heidinger·Huyghe 2024). 사역교체 구문 실현과 선택에 관한 체계적인 화용론적 접근을 처음으로 제안한 Rappaport Hovav(2014)는 사동주의 의도성과 명확성을 '식별 용이성'이라는 개념으로 연결시키면서 행동주가 어휘적 사동문의 주어로서 가장 선호되는 전형적인 원인 유형으로 여겨지는 이유를 아래와 같이 설명한다. 행동주는 구체적인 상태 변화를 유발할 의도를 지니고 있기 때문에 상태

변화의 궁극적 직접 원인으로 쉽게 식별되며, 가장 전형적인 원인 유형으로 볼 수 있다는 것이다.

> The reason that agents figure so prominently in change of state utterances and can thus be considered the prototypical cause(Croft 1991; Lakoff 1990; Talmy 1976, 2000) is that an agent is typically isolatable as an ultimate cause. Agent also often have intentions to bring about specific changes, thus facilitating their identification as ultimate causes (Rappaport Hovav 2014: 27).

> In general, a volitional act is the most clearly identifiable cause in a causal chain, and perhaps this is the reason for an agent being the prototypical cause (Rappaport Hovav 2014: 27).

Heidinger · Huyghe(2024)는 의도성과 유정성이 행동주의 지각적 · 개념적 현저성을 높이는 요인이며, 행동주와 비행동주성 사동주가 현저성 차이로 인해 여러 언어에서 문법 구조적으로 다르게 실현된다고 제안한다.

비행동주성 사동주는 상대적으로 낮은 지각적 · 개념적 현저성으로 인해 행동주에 비해 어휘적 사동문의 주어로 일반적으로 선호되지 않으나, 특정 문맥에서 높은 현저성을 갖게 될 수도 있다. 위에서 논의한 (10)의 예는 ((23)에서 반복 제시) 기본 원인이 주제적인 관련성이 높아 문맥적 현저성을 획득하는 경우에는 어휘적 사동문의 주어 위치에 실현될 수 있다는 사실을 보여준다.

(23) After all, <cold temperatures can freeze liquid-crystal displays> and slow the chemical reaction that gives lithium-ion batteries their charge.

(COCA MAG, Popular Machanics-2009)

이 절에서는 선행 연구와 4.4.1절에 제시된 분석 결과를 토대로 사동주의 의미적·문맥적 현저성과 문법적 현저성의 일치를 선호하는 연결 제약(linking constraint)을 제안하며, 이를 아래 (24)와 같이 의미화용적-문법적 현저성의 일치(SPGA) 제약으로 명명한다.

(24) 의미화용적-문법적 현저성의 일치(The semantic-pragmatic-grammatical alignment in prominence: SPGA)

의미적·문맥적 현저성과 문법구조적 현저성은 일치한다.

SPGA 제약은 의미적·문맥적 현저성이 높은 사동주 논항이 문법구조적 현저성이 가장 높은 타동문 주어 기능으로 실현되는 경향을 포착한다. 이 제약이 포착하는 의미와 구조의 대응 관계를 보다 구체화하여 보이면 아래 (25)와 같다. (25a)는 행동주 또는 행동주의 의도적인 행위가 타동문 주어로 실현됨으로써 의미와 구조 상의 현저성이 일치하는 경우로서, 위 (5), (6), (7), (11), (16)에 제시된 타동 구문이 그 예들이다. 이 문장들의 주어는 구체적으로 특정되어 있으면서 주제적 관련성이 높은 행동주 논항이므로 동시에 (25b)와 (25c)에 나타난 현저성의 일치를 충족하는 예들이기도 하다.

(25) 현저성의 일치(aligned prominence)

   a. Intentional causer > Nonintentional causer

                 |

      Transitive subject > Other functions

   b. Clear causer > Recoverable causer > Unknown causer

                 |

      Transitive subject > Other functions

   c. High-relevance causer > Low-relevance causer

                 |

      Transitive subject > Other functions

비행동주성 사동주, 명확성이 낮은 사동주 또는 주제적 관련성이 낮은 사동주가 타동문 주어로 실현되는 경우는 (26)에서 나타난 것처럼 현저성 불일치로 인해 SPGA 제약을 위반한다. 비행동주성 사동주가 타동문의 주어로 실현된 위 (14)의 문장은 (26a)에 예시된 의도성-문법 기능 간의 현저성 불일치에 해당하나, (25b)와 (25c)에 예시된 명확성-문법 기능 그리고 관련성-문법 기능 간의 현저성 일치를 충족한다. 기본 원인이 타동문의 주어로 기능하는 위 (23)의 문장도 (26a) 의도성-문법 기능 간의 현저성 불일치를 보이지만, (25c) 관련성-문법 기능 간의 현저성 일치를 충족한다. 이처럼 SPGA 제약을 부분적으로 위반하지만 문맥적 현저성을 획득하여 타동문 주어로 허용되는 예들은 영어에서 문맥적 현저성이 의미적·개념적 현저성에 우선함을 시사한다.

(26) 현저성의 불일치(misaligned prominence)

    a. Intentional causer > Nonintentional causer

       Transitive subject > Other functions

    b. Clear causer > Recoverable causer > Unknown causer

       Transitive subject > Other functions

    c. High-relevance causer > Low-relevance causer

       Transitive subject > Other functions

매우 부자연스러운 문장으로 판단되는 위 (2b)의 'The sun broke the day'는 (26)의 세 불일치에 모두 해당한다. 날이 밝아지는 변화의 원인은 해와 달 등의 움직임과 관련됨을 실세계에 대한 지식으로부터 추론할 수 있으므로 '복원가능한 사동주(recoverable causer)'로 볼 수 있다. 이처럼 예측 가능하지만 동시에 여러 요인들이 작용하여 어느 하나를 특정하기 어려운 원인이 타동문 주어로 실현되는 경우는 SPGA를 가장 심각하게 위반하는 경우 중 하나이다.

SPGA를 심각하게 위반하는 다른 예는 위 (3b) 'The law broke' 및 (4b) 'His promise broke'이다. '위반'과 '배신' 의의가 자동 구문으로 나타난 이 예들은 의도성을 지니고 구체적으로 특정되어 있으면서 주제적 관련성이 높은 정보에 해당하는 사동주가 타동문 주어로 실현되지 않은 경우들이다. 따라서 (27)에 제시된 세 현저성 불일치가 일어나 SPGA 제약을 심각하게 위반한다. COCA에서 타동문에만 국한된 다른 break 의의가 자동 구문으로 나타난 예들도 (27)의 세 현저성 불일치가 일어난 경우이다.

(27) 현저성의 불일치(misaligned prominence)

    a.   Intentional causer > Nonintentional causer

        Transitive subject > Other functions

    b.   Clear causer > Recoverable causer > Unknown causer

        Transitive subject > Other functions

    c.   High-relevance causer > Low-relevance causer

        Transitive subject > Other functions

    다음으로 두 구문이 공유 의의가 자동 구문으로 실현된 위 (8), (9), (12), (13), (15), (17)의 예들은 의미-구조의 연결 관계를 살펴 보자. 먼저 상태 변화를 유발하는 사건이 선행 문맥에 언급된 (8)과 (12)의 경우는 문맥에서 추론되는 비행동주성 사동주가 타동문의 주어로 실현되지 않으므로 (28a)와 (28b)의 연결 관계에 해당하며, 현저성의 일치 제약을 충족한다. 그러나 관련성과 문법 기능의 현저성 사이에는 (28d)에 나타난 것과 같은 현저성 불일치가 일어나 SPGA 제약을 부분적으로 위반한다. SPGA 제약의 부분적 위반에도 불구하고 문맥에서 언급된 사동주의 비실현을 설명하는 것은 언어 사용의 경제성 원칙이다(Rappaport Hovav 2014, 2020). (9),

(15), (17)에 제시된 자동 구문 용례들은 문맥에서 언급되지 않은 '복원가능한 사동주'가 명시적으로 실현되지 않은 예들이다. 이 예들에서는 사동주의 주제적 관련성이 낮아 (28d)의 현저성 불일치가 나타나지 않으며, (28a), (28b) 및 (28e)와 같은 의미-구조 연결 관계를 보인다. 이 경우도 사동주의 비실현은 SPGA 제약이 아닌 경제성 원칙에 의해 설명된다. 마지막으로 알 수 없는 원인에 의해 유발되는 상태 변화가 자동 구문으로 표현된 (13)의 용례는 (28a)과 (28c)에 제시된 현저성 일치를 충족하는데, 이 경우 사동주의 비실현을 설명하는 것은 SPGA가 아닌 화용론적 격률이다. 화자가 확신할 수 없는 정보를 명시적으로 밝히면 질의 격률(maxim of quality)을 위반하게 되므로 위반을 피하기 위해 사동주의 비실현을 선택한 것으로 볼 수 있다(Rappaport Hovav 2014, 2020).

(28) 공유 의의의 자동문 실현에서 나타나는 현저성의(불)일치

    a. Intentional causer > Nonintentional causer

        Transitive subject > Other functions

    b. Clear causer > Recoverable causer > Unknown causer

        Transitive subject > Other functions

    c. Clear causer > Recoverable causer > Unknown causer

        Transitive subject > Other functions

d. High-relevance causer > Low-relevance causer

　　Transitive subject > Other functions

e. High-relevance causer > Low-relevance causer

　　Transitive subject > Other functions

　　위의 논의를 요약하면 다음과 같다. 사역교체의 타동 구문의 사동주 논항은 의도성, 명확성과 주제적 관련성이 높은 특징을 보이며, 자동 구문의 사동주 논항은 의도성, 명확성과 주제적 관련성이 낮다. 이 같은 의미-구조의 연결 관계는 의미적·문맥적 현저성과 문법구조적 현저성의 일치 제약에 의해 포착될 수 있으며, 사동주 논항의 명시적 실현 여부는 언어 경제성 및 질의 격률과 같은 화용론적 제약으로 설명된다.

3. 사동주 유형의 구문 분포 데이터 분석

이제 사동주 논항의 의도성과 명확성이 COCA에서 추출한 freeze와 break의 사역교체 구문에 어떻게 분포하는지를 정량적으로 분석한 연구에 대해 논의한다. 먼저 정량적 분석의 전 단계인 코퍼스 데이터 애노테이션은 Kim et al.(2025)을 따라 사동주의 의도성(intentionality)과 식별가능성(identifiability)을 문맥에서 판단하여 수행하였다. [표 2]에 의도성에 의한 사동주 유형 구분과 예가 제시되어 있다. 의도성을 지닌 사동주(intentional causer)는 행동주와 의도적 행위를 포함한다. 의도성을 지니지 않은 사동주(nonintentional causer), 또는 비행동주성 사동주(nonagentive causer)는 문헌에서 원인(cause)으로도 불리며(Heidinger·Huyghe 2024), 비의도적 생물 사동주, 무생물 사동주와 생물/무생물이 다 가능한 경우를 포함한다.

[표 2] 의도성에 따른 사동주의 구분

사동주 구분		예
Intentional causer(Intent)	Agent	The protesters broke the window.
	Intentional causing action (Int_act)	Jones is on a pace for 19 touchdowns this season, which would break the record of …
Nonintentional Causer (NIntent)	Animate causer (Cause_anim)	John broke the window when he was playing football.
	Inanimate causer (Cause_inan)	The rocks/the storm broke the window.
	Animate or inanimate causer(Cause_anim/inan)	You bought a plastic toy at Christmas, and it broke the next day. (장난감이 망가진 원인이 언급되지 않음.)

사동주의 명시성, 또는 명확하게 식별되는 정도는 선행 연구를 따라 식별가능성(identifiability)이라고 지칭한다. [표 3]은 이에 따른 사동주의 구분을 예와 함께 보여준다. 식별가능성이 높은 '명시된 사동주(specified causer)' 유형은 사동주가 동사와 같은 절에 명시적으로 실현되는 경우와 전후 문맥에 명시되어 있어 비교적 식별되기 쉬운 경우를 포함한다. 명시적으로 언급되지 않아 식별이 상대적으로 어려운 '비명시된 사동주(nonspecified causer)' 유형은 추론을 통해 식별될 수 있는 '복원가능한 사동주(recoverable causer)', 문맥에서 파악이 어려운 '알 수 없는 사동주(unknown causer)'와 기타 유형을 포함한다.

[표 3] 식별가능성에 따른 사동주의 구분

사동주 구분		예
Specified causer(Spec)	Specified in clause (Spec_cl)	The first sight of you freezes their expressions. The window broke from the pressure.
	Specified in context (Spec_cnt)	I pushed and pushed on the door and it finally broke.
Nonspecified causer(NSpec)	Recoverable causer (NSpec_RC)	The day broke. (달과 태양의 움직임을 날이 밝는 원인으로 추론할 수 있음.)
	Unknown causer (NSpec_UC)	When the 12 Japanese transmissions were tested, an engineer reported that the measuring equipment had broken. (측정 장비가 망가진 원인을 알 수 없음.)
	Others (NSpec_other)	___ Freeze the rest. (명령문 주어) ___ Should have frozen them earlier. (생략된 주어)

　　총 382개의 freeze 용례와 620개의 break의 용례에 대해 사동주의 의도성과 식별가능성에 대한 애노테이션을 마친 후 GPT를 열어 데이터 파일을 업로드하고 일련의 빈도 분석을 요청하여 얻은 결과물들을 살펴보자. [그림 1]과 [그림 2]는 freeze와 break 용례들에 나타난 의도성에 따른 사동주 유형 빈도를 보여주는 차트이다. freeze 용례에서는 무생물 사동주가 전체 사동주 유형의 44.5%에 이르는 가장 높은 빈도를 보이고, 38.74%를 차지하는 행동주가 그 뒤를 따른다. break 용례에서는 행동주가 64.68%를 차지하며 압도적으로 높은 빈도를 보이고, 나머지 사동주 유형은 상대적으로 낮은 빈도를 보이는 것으로 나타났다.

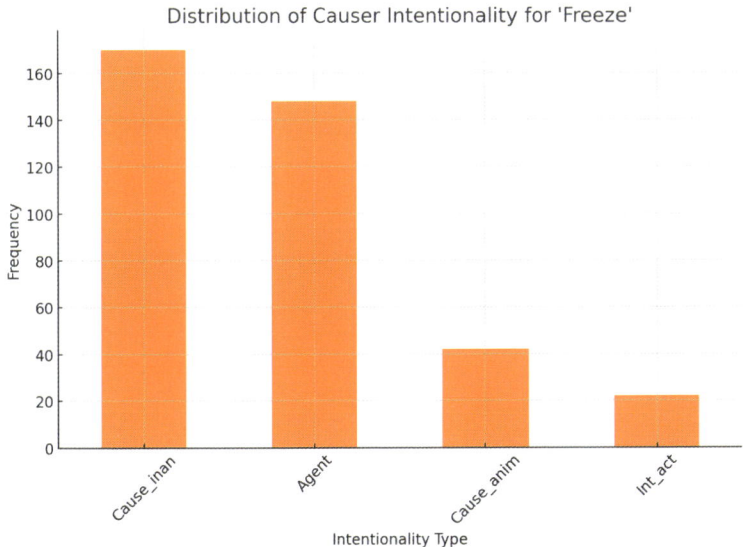

[그림 1] **freeze** 용례에 나타난 의도성에 따른 사동주 유형 별 빈도

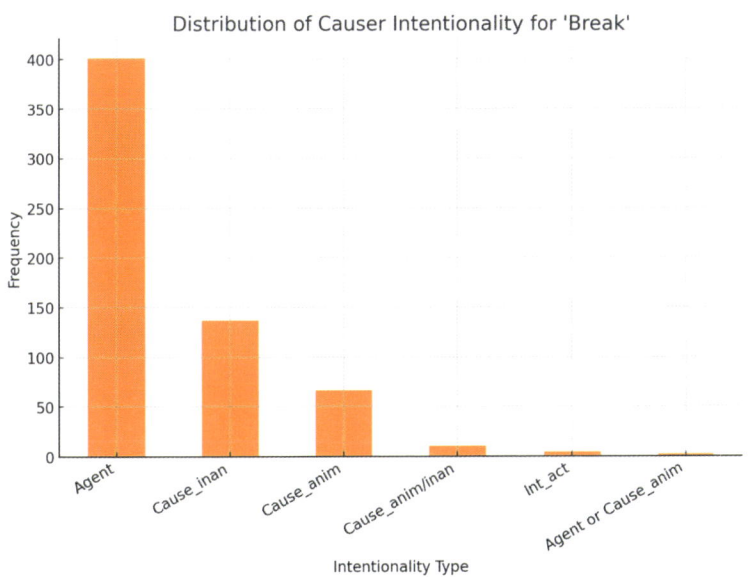

[그림 2] **break** 용례에 나타난 의도성에 따른 사동주 유형 별 빈도

[그림 3]과 [그림 4]는 식별가능성에 따른 사동주 유형 빈도를 보여주는 차트이다. freeze 용례에서는 복원가능한 사동주가 가장 높은 빈도를 보이고(NSpec_RC: 32.72%), 그 다음은 동사와 같은 절에서 명시된 사동주(Spec_cl: 27.23%)와 문맥에서 명시된 사동주가(Spec_cnt: 24.87%) 높은 빈도를 보인다. break 용례에서는 동사와 같은 절에서 명시된 사동주가 가장 높은 빈도를 보이고(Spec_cl: 47.1%), 문맥에서 명시된 사동주와 복원가능한 사동주가 그 뒤를 따른다(Spec_cnt: 33.55%; NSpec_RC: 15.97%).

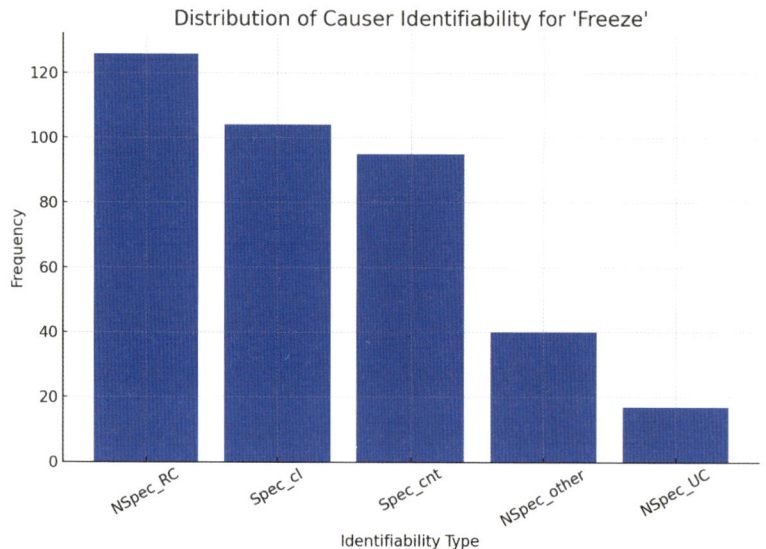

[그림 3] freeze 용례에 나타난 식별가능성에 따른 사동주 유형 별 빈도

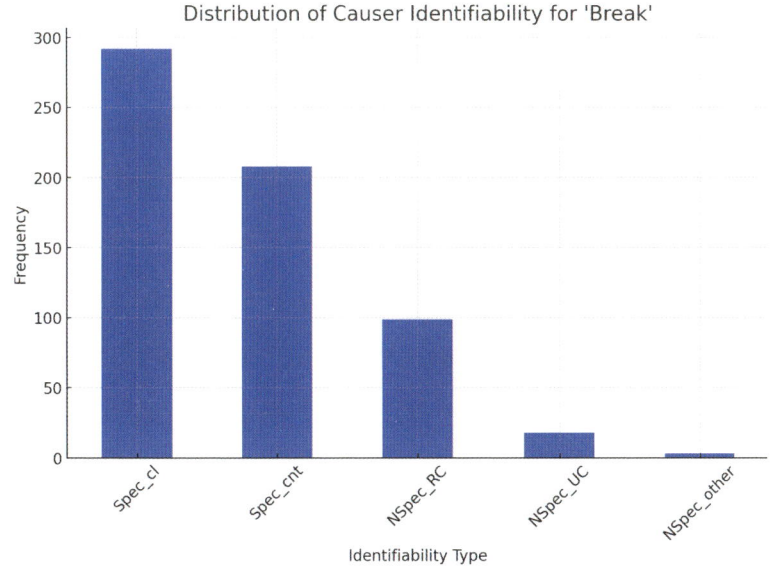

[그림 4] break 용례에 나타난 식별가능성에 따른 사동주 유형 별 빈도

[그림 1]-[그림 4]에 나타난 결과는 타동 구문에서 상대적으로 선호되는 break의 사동주가 freeze의 사동주보다 높은 의도성과 식별가능성을 갖는다는 점을 보여준다. 이제 두 동사 용례를 타동 구문과 자동 구문 용례로 나누어 사동주가 어떤 특성을 보이는지 살펴본다. [그림 5]와 [그림 6]은 freeze와 break 타동 구문(Caus)과 자동 구문(NCaus)에서 의도성에 따른 사동주 유형의 빈도 분포를 보여주는 스택형 차트이다. [그림 5]에서와 같이 freeze의 타동 구문에서는 행동주가 전체 타동 구문 용례 190개의 75.78%를 차지하고, 자동 구문에서는 무생물 사동주가 전체 자동 구문 용례 192개의 74.47%를 차지하며 압도적으로 높은 빈도를 보인다. [그림 6]에 제시된 break의 사동주 구문 분포도 유사한 패턴을 보인다. 타동 구문

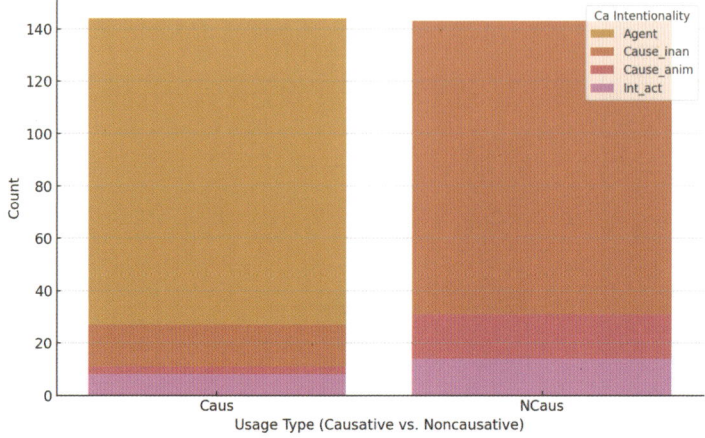

Distribution of Causer Intentionality in Causative and Noncausative Uses of 'Freeze'

[그림 5] 의도성에 따른 사동주 유형의 **freeze** 구문 분포

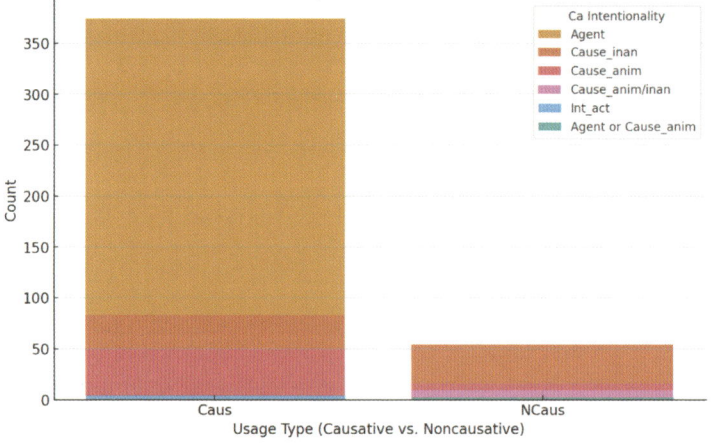

Distribution of Causer Intentionality in Causative and Noncausative Uses of 'Break'

[그림 6] 의도성에 따른 사동주 유형의 **break** 구문 분포

에서는 행동주가 전체 용례 508개의 73.62%를 차지하여 가장 높은 빈도를 보이고, 다음으로 생물 사동주가 9.84%의 비율을 차지하고 있다. 자동 구문에서는 가장 높은 빈도를 보이는 무생물 사동주가 전체 자동 구문 용례 112개의 48.21%를 차지하고, 행동주는 24.10%의 비율을 보인다. 두 동사의 타동 구문에서는 행동주의 빈도가 가장 높고, 자동 구문에서는 무생물 사동주의 빈도가 가장 높다는 공통점을 확인할 수 있다.

[그림 7]과 [그림 8]은 freeze와 break 타동 구문(Caus)과 자동 구문(NCaus)에서 식별가능성에 따른 사동주 유형의 빈도 분포를 보여주는 차트이다. [그림 7]에서 freeze 타동 구문에서는 동사와 같은 절에서 명시된 사동주의 비율이 가장 높고(Spec_cl: 52.63%), 명시되지 않은 사동주 유형의 기타 범주가 두 번째로 높은 비율을 보임을(NSpec_other: 20.52%) 관찰할 수 있다. 명시되지 않은 사동주의 빈도가 높은 이유는 COCA에서 (29)에 제시된 예와 같이 freeze가 명령문에서 타동사 주어로 쓰이는 용례가 매우 많이 포함되어 있기 때문이다. freeze 자동 구문에서는 명시되지 않은 복원가능한 사동주가 가장 높은 빈도를 보이고(NSpec_RC: 58.33%), 문맥에서 명시된 사동주가 그 다음으로 높은 빈도를 보인다(Spec_cnt: 30.20%). 이 두 유형의 사동주는 문맥에서 추론을 통해 식별되는 복원가능한 사동주라는 공통점을 지닌다. freeze 자동 구문에서는 알 수 없는 원인도 자동 구문 용례의 8.33%를 차지한다.

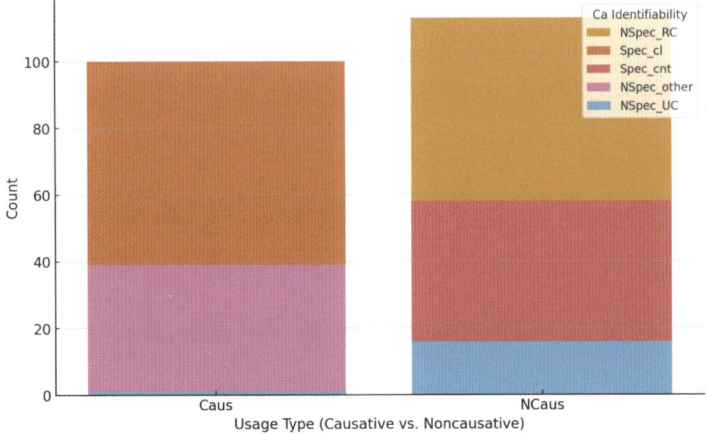

[그림 7] 식별가능성에 따른 사동주 유형의 **freeze** 구문 분포

[그림 8] 식별가능성에 따른 사동주 유형의 **break** 구문 분포

(29) a. Freeze in an ice cream machine according to the manufacturer's

instructions.   (COCA NEWS, Atlanta-2003)

b. Can you loop that? Yeah. Freeze there. Blow up that frame,

please.   (COCA TV, Alias-2003)

[그림 8]에 나타나 있듯이 break 자동 구문에서도 명시되지 않은 복원가능한 사동주가 가장 높은 빈도를 보이고(NSpec_RC: 47.32%), 문맥에서 명시된 사동주가 그 다음으로 높은 빈도를 보인다(Spec_cnt: 32.14%). 문맥에서 파악되지 않는 알 수 없는 사동주도 15.17%에 이른다. 반면 break 타동 구문 용례에서는 freeze 타동 구문과 마찬가지로 동사와 같은 절에서 명시된 사동주가 가장 높은 빈도를 보인다(Spec_cl: 57.08%). 문맥에서 명시된 사동주가 두 번째로 높은 빈도를 나타내고(Spec_cnt: 33.85%), 비명시된 사동주는 9.05%의 비율로 나타났다. break 타동 구문 용례에서 발견되는 문맥에서 명시된 사동주의 예가 (30)에 제시되어 있다. (30a)의 문장에서 대등접속문의 두 번째 절에 타동사로 쓰인 break의 주어 you는 대등접속문의 첫 번째 절에서 명시적으로 실현되어 있다. (30b)에서 breaking이 쓰인 분사절의 주어도 주절에서 명시적으로 실현되어 있으므로 문맥에서 명시된 사동주로 간주된다.

(30) a. Just buy a few new pieces so <you look on-trend but won't

break the bank>.   (COCA NEWS, Chicago-2007)

b. ⋯ when you wanted to buy a bike <without breaking the

bank>.   (COCA MAG, Bicycling-2002)

위 [그림 7]과 [그림 8]에 제시된 사동주의 구문 분포를 통해서 두 동사의 타동 구문에서는 명시성/식별가능성이 가장 높은 사동주의 비율이 가장 높으며, 자동 구문에서는 명시되지 않은 복원 가능한 사동주의 비율이 가장 높다는 공통점을 확인할 수 있다. 이제 사동주 유형들이 두 동사의 사역교체 구문에서 두드러진 의의에 어떻게 분포하는지 살펴보자. [그림 9]와 [그림 10]에 제시된 차트는 각 의의 유형에 높은 빈도로 쓰이는 사동주의 유형의 뚜렷한 차이를 시각적으로 보여준다. 먼저 [그림 9]의 차트에서 총 213개의 freeze 자동 구문 우세 의의 용례들에서는 무생물 사동주가 가장 높은 빈도를 보이며(Cause_inan: 64.78%), 121개의 타동 구문 우세 의의 용례들에서는 행동주가 가장 높은 빈도를 보이는 차이를 관찰할 수 있다(Agent: 85.95%). 이와 달리 48개의 균형 의의를 갖는 용례들에서는 무생물 사동주와 행동주가 상대적으로 비슷한 비율의 분포를 보인다(Cause_inan: 54.16%; Agent: 39.58%).

[그림 10]에 제시된 차트에서 총 367개의 타동 구문 우세 의의 break 용례와 121개의 타동 구문 국한 의의를 갖는 용례들에서도 행동주가 가장 높은 빈도를 보이는 점을 확인할 수 있다(C-dominant Agent: 52.04%; C-exclusive Agent: 86.36%). 반면 자동 구문 국한 의의를 갖는 11개 용례들에서는 무생물 사동주만 발견되는데, 특이한 점은 break 자동 구문 우세 의의를 갖는 44개의 용례들에서도 행동주가 매우 높은 빈도로 나타난다는 점이다(88.63%). 이는 break의 자동 구문 우세 의의가 5.2절에서 논의한 바와 같이 비밀스러운 정보의 공개이고, 그 주체가 명시적으로 실현되지 않았으나 대부분의 용례에서 뉴스나 기사를 의도적으로 보도하는 언론 종사자로 유추할 수 있기 때문이다.

[그림 11]과 [그림 12]에 제시된 차트는 두 동사의 의의 유형들에서 두드러진 사동주의 식별가능성 차이를 시각화하여 보여준다. [그림 11]

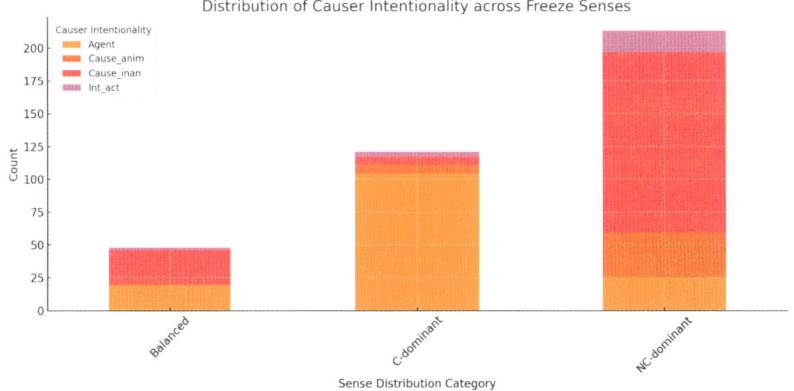

[그림 9] 의도성에 따른 사동주 유형의 **freeze** 의의 분포

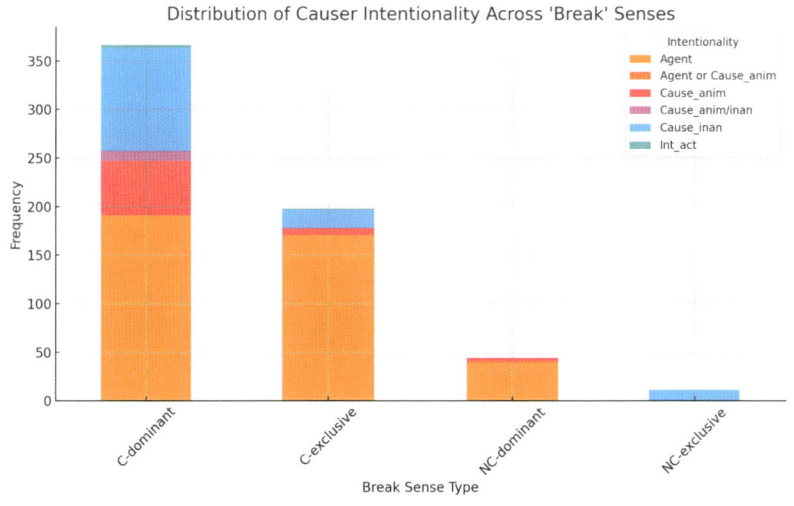

[그림 10] 의도성에 따른 사동주 유형의 **break** 의의 분포

에서 freeze 자동 구문 우세 의의와 타동 구문 우세 의의를 갖는 용례들에서 나타나는 사동주의 뚜렷한 식별가능성 차이를 관찰할 수 있다. 자동 구문 우세 의의를 갖는 용례들에서는 비명시 복원가능한 사동주가 가장 높은 빈도를 보이며(NSpec_RC: 46.00%), 문맥에서 언급된 복원가능한 사동주가 두 번째로 높은 빈도를 보인다(Spec_cnt: 30.51%). 반면 타동 구문 우세 의의를 갖는 용례들에서는 동사와 같은 절에서 명시된 사동주의 비율이 가장 높고(Spec_cl: 54.54%), 비명시 사동주의 기타 유형이 그 뒤를 따른다(NSpec_other: 23.14%). 두 구문에 균형적으로 분포한 의의를 갖은 용례들에서는 세 유형의 사동주가 비교적 고른 비율로 나타난다(NSpec_RC: 35.41%; Spec_cnt: 29.16%; Spec_cl: 25.00%). [그림 12]에 제시된 break의 의의 유형들에서도 사동주의 식별가능성은 유사한 분포 차이를 보인다. 타동 구문 우세 의의와 타동 구문 국한 의의를 갖는 break 용례들에서는 동사와 같은 절에서 명시된 사동주의 빈도가 가장 높고(C-dominant Spec_cl: 46.86%; C-exclusive Spec_cl: 56.06%), 자동 구문 우세 의의를 갖는 용례들에서는 비명시 복원 가능한 사동주의 비율이 가장 높으며(NSpec_RC: 56.81%), 자동 구문 국한 의의를 갖는 용례들에서는 비명시 복원가능한 사동주만 발견된다.

　　이 절에서는 의미적·문맥적 특성에 따라 구분되는 사동주 유형들이 다의어 freeze와 break의 사역교체 구문과 구문 의의에 분포하는 패턴을 상세히 분석하였다. 분석 결과가 갖는 주요 언어학적 시사점을 논의하면 다음과 같다. 먼저 4.4.1절에서 ChatGPT를 활용하여 COCA에서 타동 구문에서만 나타나는 break의 의의들이 인터넷 기반 SNS에서의 비격식적 언어 사용에서 사동주를 식별한 문맥적 단서가 충분할 때 자동 구문에서도 쓰인다는 점을 확인하였다. 언어 사용 상황에서 식별과 예측이 쉬운 정

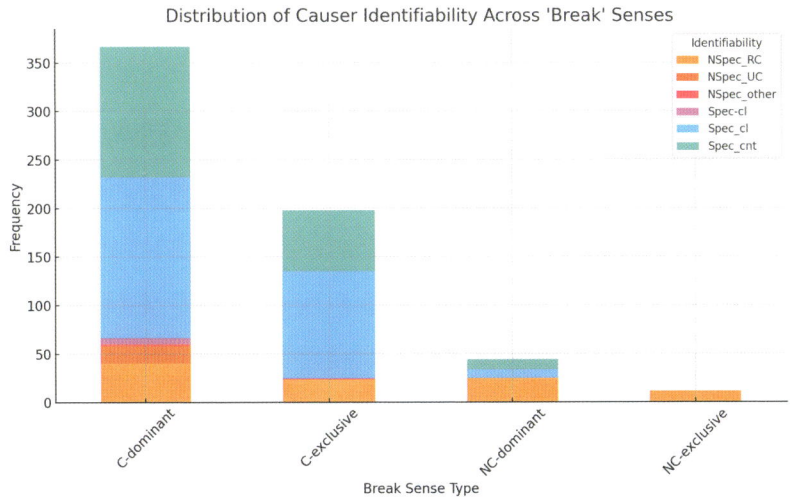

[그림 11] 식별가능성에 따른 사동주 유형의 **freeze** 의의 분포

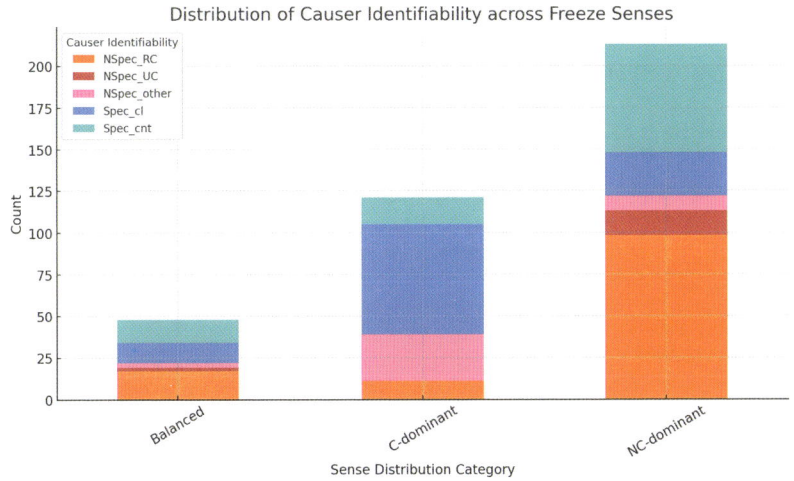

[그림 12] 식별가능성에 따른 사동주 유형의 **break** 의의 분포

보를 명시적으로 언급하는 것은 잉여적인(redundant)언어 사용 행위로 경제성과 효율성의 원칙에 부합하지 않는다. 이 같은 해석이 타당하다면, 'The law/the promise broke'와 같은 문장들의 낮은 수용성은 문법성의 문제가 아닌 적절성과 개연성의 문제로 볼 수 있다. 법이나 약속의 위반이 자동 구문으로 실현되는 경우가 매우 드물기 때문에 일반적으로 매우 부자연스럽게 판단된다. 그렇지만 문맥적 단서를 통해 사동주를 쉽게 식별할 수 있으면 언어 구조를 효율적으로 사용하려는 동인에 의해 일반적으로는 선호되지 않는 경제적인 구조를 선택할 수 있는 것이다.[40]

4.4.3절에서는 GPT를 활용한 데이터 시각화를 통해 사동주 유형들의 사역교체 구문과 구문 의의 분포 패턴을 빠르고 수월하게 파악할 수 있었다. 두 동사의 타동 구문 우세 의의에서 사동주의 의도성과 높은 정도의 명시성/식별가능성이 두드러지는 결과는 4.4.2절에서 제안한 SPGA 제약이 표현하는 의미와 구조의 현저성 일치 패턴과 부합한다. 또한 자동 구문 우세 의의에서 추론을 통해 복원 가능한 사동주가 가장 선호되는 결과는 언어 정보성 및 경제성에 의한 설명의 예측과 일치한다. 이 같은 결과는 언어 정보성이 타동 구문 실현을 선호하고, 언어 경제성이 자동 구문 실현을 선호함을 예측하는 Rappaport Hovav(2014, 2020)의 화용론적 접근에 대한 새로운 경험적 근거를 제공한다.

---

40 논항 실현과 논항교체에 적용되는 언어 사용의 효율성 원칙에 대한 최근 논의는 Levshina(2022), Lee(2024), Kim et al.(2025) 등을 참조하길 바란다.

5. 사역교체의 다중요인 분석

이 절에서는 GPT-4o 모델을 활용하여 사역교체 동사 논항의 특성과 구문이 표현하는 사건의 특성을 동시에 고려하는 다중요인 분석을 수행하는 방안을 다룬다. 먼저 다중요인 분석 수행 전 단계에서 변수의 조작화(operationalization)와 애노테이션 자동화에 ChatGPT를 활용한 사례를 제시하고, GPT-4o 모델의 고급 데이터 분석 기능을 사용하여 일련의 회귀 분석을 수행한 결과와 그 시사점을 논의한다.

1. 변수의 조작화와 애노테이션 자동화

1장에서 언급한 바와 같이 사역교체에 관한 선행 연구들은 동사의 대상과 사동주 논항의 특성 그리고 구문이 표현하는 사건의 특성을 따로 다루어 왔고, 이 요인들을 동시에 고려하여 영향력을 검증하려는 시도는 아직까지 보고되지 않고 있다. 이 절에서는 앞 절에 제시된 분석에서 논의한 아래의 요인들을 동시에 고려하여 영향력의 크기를 비교·검증하는 다중요인 분석을 시도해 본다.

① 대상 논항의 특성:
  • 대상의 의미적 구체성(semantic concreteness)
② 사동주 논항의 특성:
  • 사동주의 의도성(intentionality)
  • 사동주의 식별가능성(identifiability)
③ 사건의 특성:
  • 사건 발생의 자발성(spontaneity)

이 요인들이 사역교체 구문 실현에 미치는 영향력을 통계적으로 검증하기 위해서 먼저 통계적 가설에 사용될 개념들을 명료하게 정의해야 한다. 예를 들어, 의미적 구체성과 사건 발생의 자발성에 따라 사역교체 동사의 구조적 실현이 어떻게 달라지는지를 가설로 형성할 경우, 의미적 구체성과 자발성이 정확하게 무엇을 뜻하는지 정의할 필요가 있다. 경험 과학에서는 먼저 요인들을 개념적으로 정의하고, 이를 가시적으로 측정할 수 있는 변수로 전환하는 조작화(operationalization) 과정을 통해 개념의 정의를 수립하는 것이 일반적이다.

우리가 수행할 다중요인 분석에서는 위 1-3에 제시된 요인들이 명목/범주형 독립변수(nomial/categorical independent variables)이고, 구문 실현이 명목 종속변수(nomial dependent variables)로 포함된다.[41] 명목 변수/범주형 변수에 대한 조작적 정의(operational definition)는 일반적으로 아래 (1)과 같은 형식으로 표현되는데, A는 데이터에서 분류 대상이 되는 현상이고, B는 변수의 수준 값이다. C는 A가 갖는 특성으로 관찰되는 현상이다. 대상의 구체성을 예로 들면, A라는 대상이 C의 특성을 가질 때 또는 갖는다고 볼 수 있을 때 구체적/추상적(B)으로 분류할 수 있는지를 정의하는 것이다.

(1) 명목 변수/범주형 변수에 대한 조작적 정의의 형식:
     A is classified as B when A is or has C.

결국 명목/범주형 변수 조작화의 핵심은 데이터에서 관찰되는 현상의 변수 값 할당 기준을 명확하게 설정하는 것이라고 할 수 있다. 우리의 연구에서 사동주의 의도성과 식별가능성의 개념적 정의와 조작적 정의(operational definition)는 Lee(2023)와 Kim et al.(2025)에서 제안한 정의를 따르도록 하고, 여기서는 대상의 의미적 구체성과 사건 발생의 자발성 개념을 조작화하는 과정에 대해 논의한다.

우리는 4.2절에서 ChatGPT가 다의어 동사의 의미 범주 할당에 유용하게 활용될 수 있음을 확인하였다. 이를 근거로 이 절에서는 의미적 개념의 조작화와 애노테이션의 자동화에 우리가 만든 연구용 GPT를 활용하는 방안을 탐색하고, 그 유용성과 결과에 대해 평가해 본다. 먼저 문헌 연구를 통해 필자가 수립한 사건 발생의 자발성에 대한 개념적 정의를 아래와 같이 예시와 함께 GPT에게 제시해 주고, 자발성에 대한 조작적 정의를 제안해 달라고 요청하였다. 이 요청을 받고 GPT가 제안한 답변을 프롬프트 아래에 제시한다.

User:
Spontaneity refers to the inherent nature of an event to occur on its own, without deliberate initiation or intervention by an external agent or causer. A spontaneous event is typically uncontrolled, unintentional, and naturally occurring, often driven by internal properties of the theme or by environmental conditions or forces.
Examples of spontaneous events:
    — Ice freezing due to low temperature

— A glass breaking from internal pressure

— Leaves falling from a tree in autumn

Based on this conceptual definition of spontaneity, suggest an operational definition of spontaneity.

Operational Definition of Spontaneity

In corpus-based analysis, **spontaneity** is **annotated or measured by observable indicators in linguistic data**. An event is classified as **spontaneous** when:

- The verb is used **intransitively** (i.e., the subject undergoes the action, and no external causer is mentioned).
- There is **no explicit agent** or subject responsible for causing the event.
- The sentence includes **lexical or contextual cues** suggesting natural occurrence (e.g., "suddenly," "by itself," "over time," environmental causes like weather).
- The event appears to result from **natural processes, decay, internal stress, or accident**.

✦ **Operational Criteria:**

- **Intransitive structure**: *"The window broke."* (No agent → Spontaneous)
- **Natural cause**: *"The pipes froze during the night."* (Environment-triggered → Spontaneous)
- **Causative structure → Non-Spontaneous**: *"She broke the window."* (Agent explicitly present)

GPT가 제안한 자발성의 조작적 정의는 동사의 자동/타동 실현, 행동주/사동주의 존재 여부, 대상과 원인의 특성, 행동주/사동주의 개입을 추정할 수 있게 하는 어휘적·문맥적 단서들을 구체적으로 제시하고 있다. 중요한 것은 사건의 자발성이 사건에 내재된 고정불변의 속성이 아니라 문법적, 어휘적, 문맥적 단서들에 의해 판별해야 하는 특성임을 포착하고 있는 점이다. 예를 들어 기계가 망가지는 사건이 오랜 사용으로 인한 자연적 마모나 고장으로 발생하는 경우는 자발적 사건으로 볼 수 있고, 행동주나 사동주의 개입을 추정할 만한 단서가 있을 때는 비자발적 사건으로 판별할 수 있는 것이다. 또한 자발적으로 발생한 사건은 외부 원인 없이 발생한 사건이 아니라 외부 원인의 인위적 개입이 없이 발생한 사건임을 명확히 하고 있는 점은 Rappaport Hovav(2020) 등의 이론적 연구에서 제안한 자연 발생적 사건에 대한 시각과도 일치한다.

GPT의 답변에는 자발성의 조작적 정의와 함께 (비)자발성 분류 기준 표도 포함되어 있다. 이 표는 연구자가 (비)자발성을 일관되게 판별하여 애 노테이션을 수행하는 것을 돕기 위한 용도라고 밝히고 있는데, [표 1]에 한국어 버전을 제시한다.

[표 1] 자발성 분류 기준표-1

☑ 사건 자발성 분류 기준표

구분	판단 기준	설명	예시	분류
1	동사 구조	자동사(행위자 없음) → 자발적 / 타동사(행위자 있음) → 비자발적	It broke. / He broke it.	자발적 / 비자발적
2	행위자(원인자) 존재 여부	명시된 인간/기관 주어가 있으면 비자발적	The boy broke the toy.	비자발적
3	자연현상·시간의 흐름 등	환경적 변화나 마모, 중력 등에 의해 발생	The pipe froze overnight.	자발적
4	의도·고의 표현 여부	"고의로, 일부러, 의도적으로" 등의 표현 포함 시	He intentionally broke the rule.	비자발적
5	비유적/은유적 표현	비유적 표현일 경우, 개입 여부에 따라 판단	She broke his heart.	문맥에 따라
6	파손 대상의 특성	기계·물건의 자연 파손 가능성 → 자발적 해석 가능	The toy broke during use.	자발적

위의 분류 기준을 따라 시간의 흐름에 의한 자연적 변화의 결과로 발 생하거나 또는 자연환경적 조건과 같은 외부 요인에 의해 발생한 사건을 기술하는 (1)-(3)과 같은 용례들을 (자동/타동 구문 실현 여부와 상관없이) 자발적

사건 범주로 적절히 분류할 수 있다.

(1) … she feared <a bad cold spell might freeze potatoes stored there> if they didn't dig it deeper…. (COCA WEB, ebooks38.com-2012)

(2) Over time, <the bells break> and become stuck in the metal feet, inhibiting movement and causing … (COCA ACAD, AfricanArts-2009)

(3) <The toy car that attaches to the bar can break during use> and pose a choking hazard. (COCA MAG, Parenting-2000)

위에서 제시한 분류 기준표에 포함되어 있지 않으나 코퍼스 용례들의 애노테이션 과정에서 발견된 단서들과 예를 알려 주고 이를 추가해 달라고 요청하여 수정한 분류 기준표를 [표 2]에 제시한다.

[표 2] 자발성 분류 기준표-2

☑ 사건 자발성 분류 기준표 (보완판)

구분	판단 기준	설명	예시	분류
1	동사 구조	자동사(행위자 없음) → 자발적 타동사(행위자 있음) → 비자발적	It broke. / He broke it.	자발적 / 비자발적
2	행위자(원인자) 존재 여부	명시된 인간/기관 주어가 있으면 비자발적	The boy broke the toy.	비자발적
2-1	명시적 행위자 없음 + 개입 추정	행위자가 없더라도 문맥상 외적 개입이 분명히 추정될 경우 비자발적	The glass broke during the riot.	비자발적
3	자연현상·시간의 흐름 등	환경 변화, 마모, 중력 등으로 인해 발생하는 변화 ※ 타동문이더라도 자연적 힘을 표현하는 경우 자발적으로 해석 가능	The pipe froze overnight. The wind opened the door. The storm broke the windows.	자발적
4	의도·고의 표현 여부	"고의로, 일부러, 의도적으로" 등의 표현 포함 시	He intentionally broke the rule.	비자발적
5	비유적/은유적 표현	비유적 표현일 경우 개입 여부에 따라 판단	She broke his heart.	문맥에 따라
6	파손 대상의 특성	기계물건의 마모 또는 구조적 한계로 인한 자연 파손 가능성 → 자발적 해석 가능	The toy broke during use.	자발적
7	의무성·필연성 표현 여부	"~해야 했다", "할 수밖에 없었다" 등 의무나 필연 표현이 포함되면 비자발적으로 판단	They had to break the door to enter.	비자발적

[표 2]에 요약된 분류 기준을 지침으로 삼아 코퍼스 용례의 애노테이션을 수행하는 과정에서 (비)자발성에 대한 판별이 어려운 용례들이 발견되었다. 이러한 용례들은 GPT의 도움을 받아 문맥적 단서를 파악하여 판별하였는데, 한 예를 제시하면 (4)와 같다.

(4)   ⋯ the Adirondacks are like an endless emerald sea. <Nothing seems to break the carpet of evergreens below>, save for a winding dirt road or a rocky mountain peak of glint of sunshine from a lake ⋯

(COCA MAG-Conservation-1992)

(GPT의 번역: 애디론댁 산맥은 끝없는 에메랄드빛 바다 같다. 그 아래 펼쳐진 침엽수 숲의 융단을 깨뜨리는 것은 아무것도 없어 보인다. 다만 굽이진 흙길이나 바위 봉우리, 또는 호수에서 반사된 햇살의 반짝임을 제외하면...)

위 (4)의 break 용례에서 'break the carpet of evergreens'는 애디론댁 산맥 아래 펼쳐진 침엽수 숲의 시각적 연속성이나 흐름을 방해 또는 중단시킨다는 뜻으로 해석된다. ', save for ⋯' 앞부분만 보고 연속성 중단의(비)자발성을 판단하기 어렵지만, 그 뒤에 나오는 'a winding dirt road'는 인간이 인위적으로 만든 길에 의한 중단을 암시하므로 사건의 바자발성을 추정할 수 있다. GPT가 자신이 제안한 조작적 정의를 일관되게 적용하는지 테스트하기 위해 이 용례의(비)자발성에 대한 판별과 그 근거를 요청하였다. 다음에 제시된 GPT의 답변에서 조작적 정의를 일관되게 적용하며, 비자발적 사건으로 판별할 수 있는 타당한 문맥적 근거와 단서를 언급하고 있음을 볼 수 있다. 뿐만 아니라 코퍼스 용례와 유사하지만 보다 쉬운 예를 제시하며 이해를 돕고자 하는 점도 눈에 띈다.

In the sentence:
*"Nothing seems to **break** the carpet of evergreens below, save for a winding dirt road or a rocky..."*
The **breaking of the carpet of evergreens** should be classified as a **Non-Spontaneous Event** because:

- The phrase **"save for a winding dirt road or a rocky..."** suggests that the continuity of the trees is **disrupted by human-made roads or natural rocky formations**.
- The **breakage is not occurring naturally by itself**; rather, it is caused by **an external force** (either human intervention—cutting trees for roads—or geological formations).
- Unlike spontaneous breaking (e.g., "The ice broke on its own"), this **requires an external disruptor (road, rocky terrain, etc.).**

Example Comparison:

- **Spontaneous**: *"The ice **broke** due to the sudden drop in temperature."* (Natural cause → Spontaneous)
- **Non-Spontaneous**: *"A road **breaks** the forest in half."* (External force → Non-Spontaneous)

Conclusion:

The **breaking of the tree coverage** is a **Non-Spontaneous Event** because it happens **due to external factors (road construction or geological formations), not naturally on its own.** 🪓

GPT는 (비)자발성 분류 기준 외에도 애노테이션을 자동화하는 데에 사용할 수 있는 파이썬 코드도 제시하였는데, 사건 발생의 자발성 애노테이션은 여러 단서를 문맥에서 적용하는 복잡성 때문에 필자가 수동 작업을 하여 진행하였다.

이제 대상의 구체성에 대한 정의와 애노테이션에 대해 논의하자. 먼저 GPT에게 대상의 구체성에 대한 개념적 정의와 조작적 정의를 제안해 줄 것을 요청하였다. GPT는 다음과 같이 명사의 지시체가 감각에 의해 인식 가능한 실체인지 여부에 따라 구체적 대상과 추상적 대상을 구분할 수 있다는 개념적 정의를 예시와 함께 제안한다.

✅ Conceptual Definition of Semantic Concreteness

Semantic concreteness refers to the **degree to which a word or concept refers to a physical, tangible entity that can be perceived through the senses**.

A **concrete theme** is one that refers to an object or entity that can be **seen, touched, heard, smelled, or tasted**, whereas an **abstract theme** refers to **ideas, states, qualities, or relationships** that lack physical form.

📌 Examples:

- **Concrete**: apple, chair, door, ice, person, building
- **Abstract**: justice, idea, temperature, decision, freedom

구체성의 조작적 정의로서 유형성(tangibility)에 의한 대상 논항의 분류 기준을 다음과 같이 제시하고 있다. GPT가 제안한 네 가지 구체성 판별 기준은 다음과 같다: 1. 어휘 의미(지시체의 개념적 특성), 2. 심리언어학적 구체성 평가 점수, 3. 워드넷 명사 범주(보조적 판별 수단), 4. 문맥 기반 판별(예: heart가 신체 기관을 지칭하면 구체적으로, 마음을 지칭하면 추상적으로 판별함.)

✅ Operational Definition of Semantic Concreteness

In corpus annotation or computational analysis, **semantic concreteness** of a theme is determined using observable or measurable criteria. A theme is annotated as **concrete** or **abstract** based on:

✳ Operational Criteria:

1. **Lexical Category**:
   - If the theme noun refers to a **material object or physical entity**, annotate as **Concrete**.
   - If it refers to a **conceptual, emotional, or abstract entity**, annotate as **Abstract**.
2. **Predefined Lists or Ratings**:
   - Use **psycholinguistic concreteness ratings** (e.g., Brysbaert et al., 2014) to classify words numerically:
     - Rating > 3.0 → **Concrete**
     - Rating ≤ 3.0 → **Abstract**
3. **WordNet Semantic Fields (Optional Backup)**:
   - Words linked to '**noun.artifact**', '**noun.body**', '**noun.animal**' → Concrete
   - Words linked to '**noun.attribute**', '**noun.cognition**', '**noun.communication**' → Abstract

4. **Contextual Overrides**:
   - In ambiguous cases (e.g., *"account"*, *"record"*, *"heart"*), context is checked to determine whether the theme is **used literally (Concrete)** or **figuratively/conceptually (Abstract)**.

GPT가 제안한 각 판별 기준은 장점과 단점이 있어 연구 목적에 따라 하나를 선택하거나 둘 이상을 결합하여 사용하는 것이 바람직하다. 코퍼스 데이터나 언어 실험 데이터에 대한 애노테이션 작업은 복수의 작업자가 수행하는 경우가 많기 때문에 특히 객관적이고 일관된 기준에 따라 데이터 범주를 판별하는 것이 중요하다. 구체성 판별의 경우 가장 널리 통용되는 기준 중 하나는 GPT의 답변에 언급되어 있는 Brysbaert et al. (2014)의 구체성 평가 점수의 평균이다. 이 연구는 6만개의 영어 단일어와 2,900개의 두 단어 어구를 평가 대상으로 선정하여 4,000명 이상의 미국 거주자들을 대상으로 온라인 설문 방식으로 구체성을 평가하게 하였다. 참가자들은 5점 척도로(1 = 매우 추상적 / 5 = 매우 구체적)로 구체성을 평가하였고, 최종적으로 약 170만 개의 유효한 평가를 수집하였다. 이 연구 결과는 구체성에 대한 방대한 데이터 구축을 통해 심리언어학 연구의 기반 자료로 널리 활용되고 있으며, 저자들의 제안 대로 후속 연구들에서 구체성 점수가 3점을 초과하는 경우는 구체적으로, 3점 이하인 경우는 추상적으로 판별된다. 이 기준을 일관되게 적용하면 애노테이션의 일관성, 명확성과 연구의 재현성을 확보할 수 있다는 장점이 있다. 그러나 척도 기반 구체성 판별과 이분법적 기준 적용의 단점도 있는데, 대표적인 단점이 plan이나 time과 같이 구체성 점수 평균이 3점을 약간 초과하여 분류 경계에 놓인 단어들이 구체적으로 분류되어 언어적 직관과 부합하지 않는다는 점이다.

이 같은 문제점을 보완하기 위애 GPT가 보조 판별 수단으로 제안한

WordNet 어휘 범주를 활용할 수 있다. WordNet은 자연어 처리 분야에서 가장 널리 활용되는 어휘집(thesaurus)으로, 파이썬 환경에서 NLTK(Natural Language Toolkit) 라이브러리를 설치한 후 불러와서 사용할 수 있다. [그림 1]은 추상명사로 분류할 수 있는 democracy의 어휘 의미 범주를 찾는 코드를 GPT에게 질의하여 얻은 결과이다.

```python
from nltk.corpus import wordnet as wn
synsets = wn.synsets("democracy")  # Abstract
print(synsets[0].lexname())  # 'noun.communication'
```

[그림 1] NLTK의 WordNet에서 명사의 의미 범주 찾기

위의 코드를 실행하여 얻는 출력 값(lexname의 값)에 'physical' 또는 'object'가 포함되어 있으면 구체적으로, 'communication', 'cognition' 또는 'attribute'가 포함되어 있으면 추상적으로 분류할 수 있다.

심리언어학적 척도와 WordNet 기반 판별의 공통적인 한계는 단어 사용 문맥을 고려하지 않고, 비유적 용법을 포착하지 못 한다는 점이다. 이를 보완할 수 있는 방법은 Word2Vec, BERT와 같은 언어 모델을 사용한 기계 학습 기반 분류이다. 이 방법은 단어의 구체성과 추상성 정보를 포함한 데이터로 언어 모델을 훈련시켜 언어 모델이 문맥을 고려하여 단어의 구체성을 예측하도록 하는 방법이다.

이제 GPT를 사용하여 척도 기반 구체성 자동 판별을 시도해 보자. 이를 위해 먼저 다음 두 데이터 세트를 준비한다: 1. 구체성 애노테이션 대상 데이터: 대상 논항 정보를 포함한 freeze와 break의 코퍼스 용례 데이터 2. 구체성

344

판별 기준 데이터: Brysbaert et al. (2014)의 연구 데이터 세트(Bodo Winter가 구축한 깃허브 페이지에서 다운로드한 것을 사용한다.)[42] 언어 모델을 활용하는 기계 학습 기반 구체성 판별이 가장 정확한 결과를 도출할 것으로 예상되나 모델 훈련 데이터와 훈련 과정을 필요로 하므로 여기서는 시도하지 않기도 한다.

프롬프트 입력창에 아래와 같이 입력하고 위에서 언급한 두 데이터 파일을 업로드하여 GPT에게 척도 기반 구체성 자동 판별과 애노테이션을 요청하였다.

User:

I'd like to automate the concreteness annotation of themes of freeze and break. Your job is to classify theme nouns in sentences contained in the freeze and break dataset as either concrete or abstract using Brysbaert et al. (2014)'s concreteness ratings.

— The theme nouns are listed in cells under column E labeled "Theme" in the freeze and break dataset.

— Add your classification in cells under column L labeled "Th_ Concreteness" and provide a downloadable annotated data file.

— Use the file named "brysbaert_2014_concreteness.csv" for classification; Mean concreteness ratings for each word are in cells under column C labeled "Conc.M".

---

42   사이트 주소는 아래와 같다:
https://github.com/bodowinter/good_metaphors/

요청한 작업을 수행하기 위해 GPT가 작성하여 사용한 파이썬 코드가 수행하는 기능을 GPT의 단계별 설명과 함께 제시하면 아래와 같다.

1. 라이브러리 불러오기

```python
python                                                    복사    편집

import pandas as pd
from openpyxl import load_workbook
from openpyxl.styles import Font
```

- `pandas` : 엑셀/CSV 데이터를 읽고 처리
- `openpyxl` : 엑셀 파일을 열고 셀에 글자 색 등 스타일 적용

2. 파일 불러오기 및 전처리

```python
python                                                    복사    편집

brys_df = pd.read_csv("/mnt/data/brysbaert_2014_concreteness.csv")
freeze_path = "/mnt/data/freeze.xlsx"
df_freeze = pd.read_excel(freeze_path)
```

- Brysbaert의 구체성 점수가 포함된 CSV 파일과
- 구체성을 주석할 대상 엑셀 파일(freeze.xlsx)을 불러옵니다.

3. 구체성 점수 조회용 딕셔너리 생성

```python
python                                                    복사    편집

brys_dict = dict(zip(brys_df["Word"].str.lower(), brys_df["Conc.M"]))
```

- 단어를 키로, 구체성 점수(1~5)를 값으로 하는 딕셔너리를 만듭니다.
- 검색 속도를 빠르게 하기 위함입니다.

4. 대상(theme)에 대한 구체성 주석 생성

```python
annotations = []
for theme in df_freeze.iloc[:, 4]:  # Column E
    ...
    annotations.append(label)
```

- 엑셀 파일의 **E열(5번째 열, theme 명사 포함)**을 순회하며:
    - Brysbaert 점수를 기준으로:
        - **3점 초과 → Concrete**
        - **3점 이하 → Abstract**
    - 데이터셋에 단어가 없으면 → `None` 으로 표시

5. 엑셀 파일 열기 및 L열에 주석 쓰기

```python
book = load_workbook(freeze_path)
sheet = book.active

for idx, value in enumerate(annotations, start=2):
    cell = sheet[f"L{idx}"]
    ...
```

- 기존 엑셀 파일을 열고,
- L열(12번째 열)에 **각 theme의 구체성 판단 결과**를 적습니다.
- Brysbaert 데이터에 존재하지 않는 단어인 경우:
    - 셀을 비워두고 글자색을 **파란색(blue)**으로 설정

6. 결과 저장

```python
output_path = "/mnt/data/freeze_with_concreteness.xlsx"
book.save(output_path)
```

- 주석이 추가된 새 엑셀 파일을 저장합니다.

GPT가 자동 주석/애노테이션을 추가하여(L열) 생성한 새로운 데이터 파일의 일부를 보이면 [그림 2]와 같다. L열에서 빈 셀은 Brysbaert et al. (2014)의 데이터 세트에 존재하지 않아 판별이 불가하다고 판단한 용례들이다. 이렇게 빈 셀로 남겨 둔 용례들은 대상 논항이 가산 명사의 복수형이거나, 단수형이 Brysbaert 외 2인(2014)의 데이터에 존재하지 않거나, 대명사와 고유 명사인 경우들로, 자동 주석 대상인 총 1002개의 용례 중 225개이다(22.45%).

	B	C	D	E	F	G	H	I	J	K	L	M
Lemma	Type	Realizatio	Theme	Instance	Class	Sense	Ca_Intenti	Ca_Identif	Sense Ddi	Th_Concreteness	
freeze		Caus	account	been throughout the	Economic	Cause_ani	Spec_cl	C-domina	Concrete	
freeze		Caus	account	an appalling and im	Economic	Cause_ani	Spec_cl	C-domina	Concrete	
freeze		Caus	accounts	for its "cor TEMPERA	Economic	Agent	Spec_cl	C-dominant	
freeze		Caus	accounts	forward; financial ins	Economic	Agent	Spec_cl	C-dominant	
freeze		Caus	accounts	participating in" a re	Economic	Agent	Spec_cl	C-dominant	
freeze		Caus	actions	is unimportant busin	Halt in pro	Agent	Spec_cl	C-dominant	
freeze		Caus	activity	a demand by the Int	Halt in pro	Cause_ani	Spec_cl	C-domina	Abstract	

[그림 2] 자동 애노테이션이 추가된 데이터 파일

이 225개의 용례들 중 가산 명사의 복수형은 모두 구체적으로 판별하였고, 대명사와 고유명사는 지시체를 파악하여 분류하였다. 명사의 단수형을 판별하지 않은 경우들은 워드넷의 의미 범주를 참고하고 문맥과 의의를 확인하여 구체성을 판별하였다. 척도 기반 자동 판별은 문맥, 다의성과 비유적·은유적 용법을 고려하지 않기 때문에 GPT가 판별한 777개 용례들에 대해서도 문맥과 의미를 고려하여 GPT의 분류를 점검하였다. [그림 2]에서 금융 계좌를 뜻하는 account가 구체적으로 잘못 분류되어 있는 것을 볼 수 있는데, 그 이유는 Brysbaert et al. (2014)의 데이터에서 account의 구체성 평균 점수가 기준점인 3.0보다 약간 높은 3.08점이기 때문이다. 이처럼

348

자동 판별 결과와 실제 문맥에서 갖는 대상 논항 명사의 의미가 불일치하는 경우가 총 137개로 GPT가 판별한 총 777개의 17.63%에 이른다. 이는 구체성 자동 판별의 정확도가 향상될 필요가 있으며, 5.2절에서 다룬 동사의 의의 정보 애노테이션과 마찬가지로 구체성의 정확한 최종 판단은 연구자의 면밀한 문맥 기반 판별과 점검이 요구되는 영역으로 남아있음을 보여준다.

2. 나무구조 회귀 모형

Kim et al.(2025)은 일련의 회귀 모형을 사용하여 사동주의 식별가능성, 의도성과 상태변화의 특성이 135개 사역교체 동사의 구문 실현에 미치는 영향을 분석하였다. 조건부 추론나무(conditional inference tree: CIT), 조건부 랜덤 포레스트(conditional random forest)와 혼합효과 로지스틱 회귀(mixed-effects logistic regression) 모형을 사용한 분석 결과, 독립변수들 중 사동주의 식별가능성이 사역교체 동사의 구문 실현을 가장 잘 구분하고 예측하는 변수로 나타났다. 이 절에서는 이 결과와 앞 절에서 논의된 연구 결과를 바탕으로 다음과 같이 연구 가설을 설정한다. 가설 1-가설 4는 각 독립변수와 사역교체 동사의 실현과의 상관성에 대한 가설이고, 가설 5는 사동주의 의도성과 식별가능성(명시성)의 상대적 영향력에 대한 가설이다. 회귀 모형은 종속 변수 범주의 발생 확률에 대한 예측 방법이기 때문에 구문 실현 가능성을 예측하는 진술로 연구 가설을 형성하였다. 또한 분석 대상 데이터 세트에서 상대적으로 높은 빈도를 보이는 타동 구문을 기준으로 하고 이와 자동 구문을 비교하기 위해 타동 구문 실현에 1의 값을, 자동 구문 실현에 0의 값을 부여하는 인코딩 방식을 택하였다. 그 결과 연구 가설이 1의 값을 갖는 종속 변수 범주, 즉 타동 구문 실현 가능성에 대한 진술로 형성되었다.

- 가설 1: 대상 논항이 추상적일 때 사역적 타동 구문 실현 가능성이 증가한다.
- 가설 2: 사동주가 의도성이 있을 때 사역적 타동 구문 실현 가능성이 증가한다.
- 가설 3: 사동주가 동사가 있는 절 또는 주변 문맥에서 명시적일 때 사역적 타동 구문 실현 가능성이 증가한다.
- 가설 4: 동사가 기술하는 사건이 비자발적일 때 사역적 타동 구문 실현 가능성이 증가한다.
- 가설 5: 사동주의 의도성보다 식별가능성의 영향력이 더 크다.

위 가설 5는 Kim et al.(2025) 및 4.4절에서 논의된 연구 결과와 Rappaport Hovav(2014, 2020)의 이론의 예측을 바탕으로 한다. 4.4절에서 사동주가 문맥적 단서에 의해 식별될 수 있을 때 행동주와 비행동주성 사동주의 비실현을 허락하는 자동 구문 실현 비율이 증가하는 경향을 확인하였다. 이 같은 결과는 경제적인 자동 구문 실현을 선호하는 사동주의 복원/예측 용이성이 타동 구문 실현을 선호하는 사동주의 의도성보다 더 강한 영향력을 가지는 결과로 해석할 수 있다. 이 두 변수의 상대적 영향력 차이는 사동주의 문맥적 식별 및 예측 용이성이 사동주를 명시적으로 언급하는 발화의 정보성을 낮추어 언어 사용자가 잉여적인 정보의 비실현을 허용하는 구조를 선택하게 한다는 Rappaport Hovav(2014, 2020) 이론에 의해 설명할 수 있다.

이 절에서는 Kim et al.(2025)의 분석 결과와의 비교를 위해서 대상의 구체성을 제외하고 사동주의 식별가능성, 의도성과 사건의 자발성을 독립변수로 하는 조건부 추론나무 분석을 먼저 수행해 본다. 분석의 목적은 가장 중요도가 높은 독립변수를 파악하여 위 가설 5의 타당성을 검증하는 것이다. 분석 대상 데이터는 자동 구문과 타동 구문이 공유하는 의의를 갖는 585개의 freeze와 break 동사 COCA 용례이다. 한 구문에 국한된 의의를 갖는 용례들을 분석에서 제외한 이유는 다음과 같다. 앞절에서 논의한 바와 같이 타동 구문 의의는 사동주의 높은 식별가능성 및 의도성, 대상의 추상성 그리고 비자발적 사건과 강하게 연관되어 있어 종속 변수 발생에 영향을 줄 수 있다. 자동 구문 국한 의의도 사동주의 낮은 식별가능성 및 의도성, 대상의 구체성 그리고 자발적 사건을 선호하여 종속 변수와 상관성을 갖는다. 이처럼 독립변수 및 종속변수와 동시에 상관성을 갖는 변수를 교란 변수(confounding variables)라고 일컫는다. 사역교체 구문의 하나에 국한된 의의는 사동주의 식별가능성, 의도성, 대상의 구체성 및 사건의 자발성 그리고 동사의 구문 실현과 동시에 상관성을 갖고 있으므로 교란 변수로 볼 수 있다. 이 절에서 우리가 수행할 분석에서 교란 변수의 효과를 통제하기 위한 목적으로 한 구문에 국한된 의의를 갖는 용례들을 제외하였다. 분석에 포함된 세 명목/범주형 독립변수 값은 기계 학습 모델이 이해할 수 있도록 아래 [표 3]과 같이 숫자로 변환되는데, 이 과정을 변수의 인코딩이라고 부른다.

[표 3] 독립변수 인코딩

독립변수의 실제 값		인코딩 값
Causer identifiability (Ca_Identifiability)	NSpec(비명시)	0
	Spec_cnt(문맥에 명시)	1
	Spec_cl(절에 명시)	0

독립변수의 실제 값		인코딩 값
Causer intentionality (Ca_Intentionality)	NIntent(비의도적)	1
	Intent(의도적)	2
Spontaneity	NSpont(바자발적)	0
	Spont(자발적)	1

조건부 추론나무(CIT)는 나무구조 회귀 모형의 하나로 통계적으로 유의미한 독립변수를 선택하여 데이터를 분할하는 의사 결정 나무(decision tree) 기법이다.[43] 나무 구조를 이용하여 모델링을 할 경우, 결과 해석이 용이하고, 데이터의 형태에 따른 가정 또는 예측 변수의 변환이 필요하지 않다는 장점이 있다. 또한 결측값과 이상치, 다중공선성에 대해 강건한(robust) 방법론으로 알려져 있다(조현선·이은경 2020: 16). 조건부 추론나무(CIT)는 다음과 같은 방식으로 작동한다.

① 데이터 분할 기준 선택
 • 각 독립변수에 대해 종속변수와의 관계에 대한 통계적 검정 수행(보통 유의 확률 값(p-value) 기반)
② 가장 유의미한 독립 변수 선택
 • 유의 확률 값이 가장 작은 변수 만 선택(일반적으로 < 0.05)
③ 데이터 분할(노드 생성)

---

43   나무구조 회귀모형에 대한 상세한 설명은 조현선·이은경(2020)과 Levshina(2020)를 참조할 것.

• 해당 변수의 데이터 분할 조건에 따라 데이터를 좌/우 노드로 나눔

④ 반복적인 분할 및 종료

• 유의미한 변수가 더 이상 없거나 최소 데이터 수 기준을 넘지 않으면 분할을 종료

아래와 같이 분석을 요청하고, 분석 대상 데이터 파일을 업로드한다. 요청 프롬프트에는 변수에 대한 설명과 데이터 파일에서의 위치를 포함시킨다.

User:

Run a conditional inference tree(CIT) analysis for the uploaded freeze and break dataset and visualize the CIT results.

— Dependent variable(column F): Realization - Caus(ative) vs. Non-causative(NCaus)

— Independent(or predictor) variables:

Causer intentionality(column K): Intent vs. NIntent

Causer identifiability(column L): Spec_cl vs. Spec_cnt vs. NSpec

Spontaneity(column M): Spont(aneous) vs. Non-spontaneous(NSpont)

GPT가 요청을 받아 수행한 CIT 분석의 시각화 결과물이 [그림 1]에 제시되어 있다.[44] 이 나무 구조에서 최상위에 위치한 변수가 전체 데이터

---

44 [그림 1]에 제시된 나무 구조는 ChatGPT가 matplotlib라는 파이썬 라이브러리로 구현한 시각화 결과물이다. 뒤에서 설명할 R에서는 party 패키지로 CIT 분석 결과를 시각적으로 구현한다.

의 최초 분할 기준으로서 데이터 분할에 가장 먼저 사용된 변수이며, 종속
변수를 가장 잘 예측하는 변수이다.

나무 구조의 각 노드에 포함되어 있는 정보는 아래와 같다. 이 정보에
대한 이해를 바탕으로 나무 구조를 해석할 수 있다.

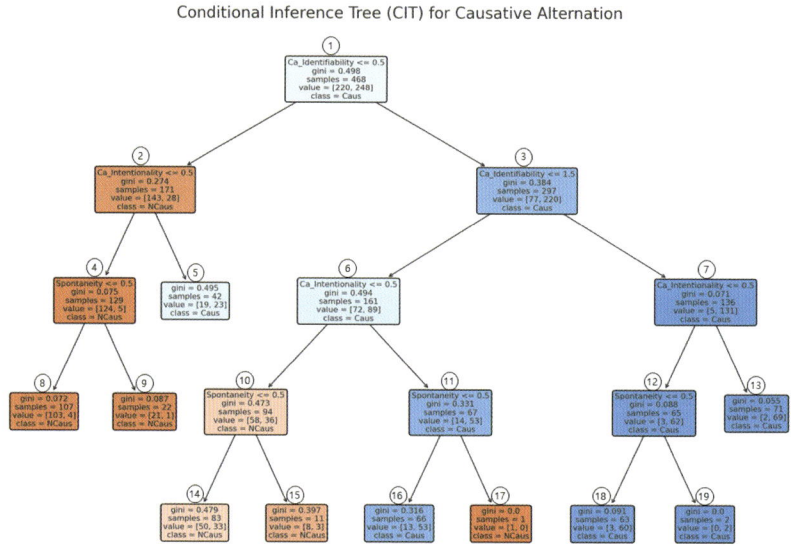

[그림 1] 조건부 추론나무(CIT) 결과 시각화-1

1 데이터 분할에 사용된 변수와 분할 기준

• 각 노드에서 데이터 분할에 사용된 변수가 큰 값일 때 데이터를 오른
쪽 가지로 이동시키고, 작은 값을 가질 때 왼쪽으로 이동시켜 데이터
공간을 분할한다.

• 예를 들면, [그림 1]에 있는 나무 구조의 최상위 1번 노드에서 데이
터 분할에 사용된 변수는 사동주가 명확하게 명시된 정도를 나타

354

내는 사동주 식별가능성(Ca_Identifiability)이다. 'Ca_Identifiability ≤ 0.5'는 노드 분할 기준을 나타낸다. 위 [표 3]에서 미명시 사동주 (NSpec)는 0으로, 명시된 사동주(Spec_cl과 Spec_cnt)는 1로 인코딩 값 이 부여되어 있다. 'Ca_Identifiability ≤ 0.5'는 변수의 인코딩 값 이 0.5 이하인 경우이므로, 인코딩 값 0.5를 기준으로 0.5 이하이면 (NSpec인 경우) 왼쪽으로, 0.5를 초과하면(Spec_cl과 Spec_cnt인 경우) 오른쪽으로 데이터를 분할하여 자식 노드를 생성한다는 뜻이다.

② gini 계수: 지니 불순도(gini impurity) 값

- 노드 내 다른 종속 변수 값을 갖는 데이터가 혼합되어 있는 정도를 나타내는 지표이다. 즉 해당 노드에 포함된 데이터가 얼마나 서로 다른 클래스들로(예를 들어 타동 구문과 자동 구문) 구성되어 있는지를 수치로 표현한 것이다.

- CIT는 각 노드에서 gini 값을 계산한 뒤, 이 값를 최대한 감소시키는 방향으로 노드를 분할한다. 즉, 자식 노드들이 더 "순수한"(한 클래스에 가까운) 상태가 되도록 트리를 확장하는 것이다.

③ 샘플 수(samples)

- 각 노드에 해당하는 포함 조건을 충족하는 데이터 수를 나타낸다.

- 예들 들어 [그림 1]의 2번 노드에는 사동주 비명시 조건을 충족하는 코퍼스 용례 171개가 포함되어 있음을 나타낸다.

④ 데이터 값(values)과 클래스(class)

- 데이터 값(values)은 서로 다른 종속변수 값을 갖는 데이터 수이고, 클래스(class)는 해당 노드에서 더 많이 관찰되는 종속변수 범주를 나타낸다.

- 예를 들어 [그림 1]의 2번 노드에 포함되어 있는 데이터는 비사역적 자동 구문(NCaus) 용례가 143개, 사역적 타동 구문(Caus) 용례가 28개이며, 두 유형의 용례 중 전자가 더 많이 관찰된다.

[그림 1]의 나무 구조가 표현하는 다양한 정보 중에서 독립변수의 영향력을 시각적으로 보여주는 것은 변수기 등장하는 분기점의 위치 정보인데, 이 위치는 얼마만큼의 데이터 분할에 해당 변수가 사용되는지를 나타낸다. 나무 구조의 상위 노드에 등장하여 노드 분할에 사용되는 변수가 하위 노드의 분할에 사용되는 변수에 비해 더 많은 수의 데이터 분할에 사용되고, 종속변수에 대한 예측력이 더 높은 변수로 해석된다. 위 [그림 1]의 나무 구조에서는 사동주의 식별가능성이 최상위 1번 노드에 등장한다. 이는 사동주의 식별가능성이 전체 데이터의 최초 분할 기준으로서 데이터 분할에 가장 먼저 사용된 변수이며, 종속변수 범주의 구분과 예측에 가장 중요한 역할을 하는 변수로 해석할 수 있다는 뜻이다.

사동주의 식별가능성 다음으로 중요한 변수는 사동주의 의도성으로 나타난다. 이 변수는 2번, 6번과 7번 노드에서 분할에 사용된다. 2번 노드에서는 사동주의 의도성에 따라 데이터가 4번 노드(NIntent)와 5번 노드(Intent)로 분할된다. 6번 노드에서는 사동주가 문맥에 명시된 Spec_cnt 데이터가 의도성에 따라 10번 노드(NIntent)와 11번 노드(Intent)로 분할된다. 7번 노드에서는 사동주가 동사와 같은 절에 명시된 Spec_cl 데이터가 같은 기준에 의해 12번 노드(NIntent)와 13번 노드(Intent)로 나뉜다. 이는 사동주의 의도성이 동일한 식별가능성을 갖는 일부 데이터의 분할에 사용되기 때문에 사동주의 식별가능성에 비해 전체 데이터 분할에 있어 중요도가 낮은 변수임을 보여주는 결과이다.

사건의 자발성은 사동주의 식별가능성과 의도성보다 더 낮은 위치에 등장한다. 이 변수는 4번, 10번, 11번과 12번 노드에서 사동주의 식별가능성 및 의도성에 의해 이미 분할된 소수의 데이터 분할에 사용되고 있으므로 상대적 중요성이 가장 낮은 변수로 추정할 수 있다. 독립 변수의 등장 위치 외에 [그림 1]의 나무 구조는 자동 구문 출현 비율이 높은 노드와 타동 구문 출현 비율이 높은 노드를 시각적으로 구분하여 나타내 준다. 8개의 주황색 노드는 자동 구문 비율이 높고, 11개의 파란색 노드는 타동 구문 비율이 높으며, 6개의 말단 노드(terminal nodes) 중 3개는 자동 구문 비율이 높고, 3개는 타동 구문 비율이 높음을 관찰할 수 있다.

GPT를 사용하면 나무 구조에 의한 시각화 뿐 아니라 다양한 방식의 시각화를 빠르게 시도해 볼 수 있어 데이터의 특성에 대한 이해를 높이는데 큰 도움을 받을 수 있다. 아래 [그림 2]에 제시된 차트는 GPT가 세 독립 변수 값의 조합별 종속변수 발생 빈도를 시각화한 것이다. 이 차트에서

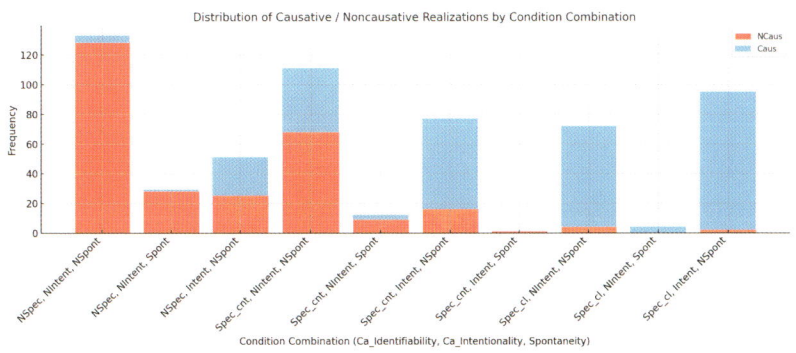

[그림 2] 조건 조합별 구문 출현 빈도

타동 또는 자동 구문 비율이 압도적으로 높은 경우와 비슷한 경우에 변수의 조합이 어떻게 나타나는지를 파악할 수 있다.

먼저 하늘색으로 표시된 타동 구문 비율이 매우 높은 4개의 막대는 (5)와 같은 변수의 조합을 보인다. 이 조합에 공통된 조건이 명시된 사동주(Spec_cl과 Spec_cnt)라는 점으로부터 사동주의 높은 명시성/식별가능성이 타동 구문 출현과 가장 상관성이 높은 변수임을 추정할 수 있다.

(5) [Spec_cl, Intent, NSpont],   [Spec_cl, NIntent, Spont],

   [Spec_cl, NIntent, NSpont],   [Spec_cnt, Intent, NSpont]

주황색 자동 구문 비율이 높은 막대는 5개이다. 이 막대들이 보이는 변수 조합에 공통적으로 포함된 것은 아래 (6)에서와 같이 NSpec 또는 Spec_cnt로 나타난다. 이로부터 사동주의 낮은 명시성/식별가능성이 자동 구문 출현과 가장 상관성이 높은 변수임이 추정 가능하다.

(6) [NSpec, NIntent, NSpont],   [NSpec, NIntent, Spont],

   [Spec_cnt, NIntent, NSpont], [Spec_cnt, NIntent, Spont],

   [Spec_cnt, Intent, Spont]

독립 변수가 종속 변수 발생에 미치는 영향력을 조건부 랜덤 포레스트(conditional random forest: CRF) 모형을 사용하여 측정할 수 있다. 랜덤 포레스트(random forest)는 나무 모형을 여러 개 구성하여 각각 예측을 수행한 후 결과를 취합하는 앙상블 기법 중 하나이다. 이 모형의 각 나무는 무작

위로 추출된 관측들로 이루어진 부스트트랩 샘플을 이용하여 만들어지며, 500~2,000개의 많은 수의 나무를 무작위로 만들어 앙상블(ensemble) 방식으로 예측을 수행하기 때문에 랜덤 포레스트라고 불린다. 랜덤 포레스트는 데이터 해석에 도움이 되는 다양한 값들을 제공하는데, 그 중 하나가 예측 변수의 중요도 값이다. 조건부 랜덤 포레스트(CRF) 는 일반적인 랜덤 포레스트 모형의 확장 버전으로, 조건부 분할이라는 방식으로 유의미한 변수를 선택한다. 이 방식은 특히 다수의 상관된 독립 변수들이 있을 때, 변수들 간의 상관관계에 영향을 받지 않고 가장 예측력을 가지는 변수를 평가하므로 일반 랜덤 포레스트보다 더 정확하게 변수의 중요도를 추정한다고 알려져 있다.

GPT에게 아래와 같이 CRF 분석을 요청하면 변수들의 중요도를 시각화한 그래프를 제공한다. GPT가 생성한 변수 중요도 그래프가 [그림 3]에 제시되어 있다.

User:

Run a conditional random forest(CRF) analysis for the same freeze and break dataset and visualize the CRF results(the relative importance of independent/predictor variables).

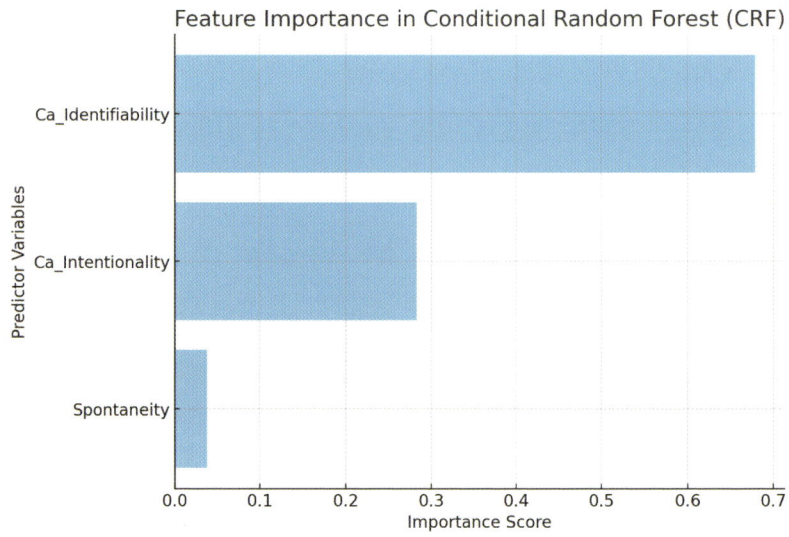

[그림 3] 조건부 랜덤 포레스트(CRF) 결과 시각화

위 그래프의 y축은 분석에 사용된 주요 독립변수명을, x축은 각 변수의 중요도 점수를 나타낸다. 이 점수는 0~1 사이의 값을 가지며, 변수의 중요도 값이 높을수록 모형 예측에 더 큰 기여를 하는 변수로 해석할 수 있다. 중요도 산출 결과 사동주의 식별가능성의 중요도 점수가 0.68로 가장 높고, 그 다음으로 사동주의 의도성이 0.29의 값을 보이는 것으로 나타났다. 사건의 자발성은 0에 가까운(0.04) 가장 낮은 중요도 값을 보인다. 이는 CIT 분석에서 나타난 변수의 상대적 중요도와 일치하며, Kim et al.(2025)의 BNC 데이터 분석 결과와도 부합한다.

이제 CRF 결과를 바탕으로 비중이 낮은 변수, 즉 자발성을 제거하고 중요한 변수만 포함하여 CIT 나무 구조를 재구성해 본다. 이는 CIT 나무 구조가 중요한 변수들만으로 분기하도록 단순화하여 해석력을 높이고 과

적합(overfitting)을 방지하기 위함이다. GPT에게 아래와 같이 요청하면 [그림 4]와 같이 단순화된 나무 구조를 생성한다.

User:
Refine or simplify the CIT using the CRF results/insights.

위의 나무 구조를 단계적으로 해석해 보자(필요하면 GPT의 도움을 받을 수 있다.). 세 변수가 포함된 [그림 1]의 나무 구조에서와 같이 사동주의 식별 가능성이 최상위 1번 노드에 등장하여 전체 데이터의 최초 분할 기준으로서 데이터 분할에 가장 먼저 사용되며, 사동주의 의도성은 2번, 6번과 7번 노드에서 사용된다. 1번 노드에서 사동주가 비명시된 데이터(2번 노드)와 명시된 데이터(3번 노드)로 데이터가 분할되는데, 전자의 경우에는 자동 구문의 비율이 높고, 후자의 경우에는 타동 구문의 비율이 높다. 사동주가 비명시된 데이터로 구성된 2번 노드에서는 사동주의 의도성에 따라 4번 노드(NIntent)와 5번 노드(Intent)로 분할된다. 전자의 경우 자동 구문의 비율이 압도적으로 높으며, 후자의 경우에는 타동 구문의 비율이 높다.

사동주가 명시된 데이터로 구성된 3번 노드에서는 사동주가 문맥에 명시된 데이터(6번 노드)와 동사와 같은 절에 명시된 데이터(7번 노드)로 데이터 분할이 이루어지며, 6번과 7번 노드에서 공통적으로 타동 구문 비율이 높음을 관찰할 수 있다. 이 두 노드에서 사동주의 의도성에 따라 4개의 말단 노드로 최종 분기가 이루어지고, 8번 노드를 제외한 세 말단 노드에서 타동 구문 비율이 높게 나타난다.

위에서 논의한 CIT와 CRF 분석 결과를 다음과 같이 종합할 수 있다.

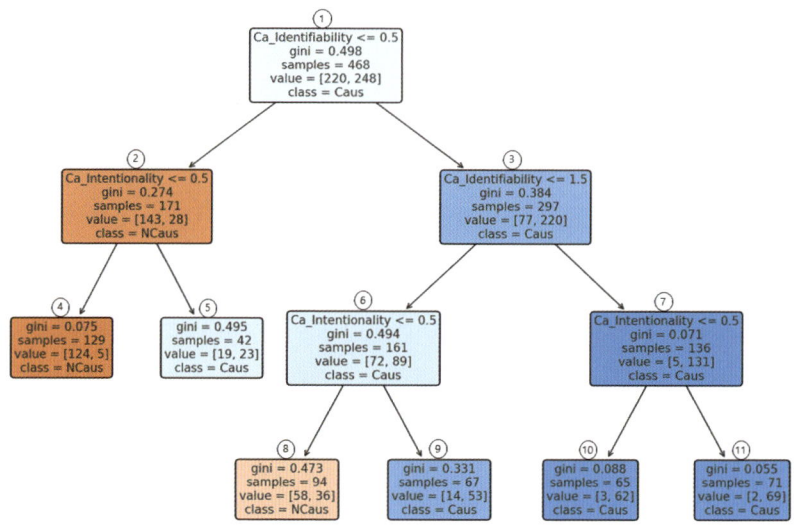

Refined Conditional Inference Tree (CIT) Based on CRF Insights

[그림 4] 조건부 추론나무(CIT) 결과 시각화-2

최상위 결정 기준으로서 종속 변수 발생을 가장 잘 예측하는 변수는 사동주의 식별가능성이다. 두 번째로 중요한 변수는 사동주의 의도성으로, 이 변수는 하위 단계에서 의미 있는 분할에 관여한다. 가장 영향력이 낮은 변수는 사건의 자발성으로, 이 변수는 소수의 조건에서만 예측력을 가진다. 사동주의 식별가능성이 의도성에 우선하는 결과는 우리가 설정한 가설 5의 타당성을 입증한다.

지금까지 우리는 GPT를 활용한 CIT로 사역교체 데이터 분기 구조를 시각화하고, CRF로 가장 중요한 변수를 파악하였다. 다음 소절에서는 대상의 구체성을 포함한 혼합효과 로지스틱 회귀 모형을 적용하여 변수들의 효과를 보다 엄밀하게 검증해 본다. CIT와 CRF가 탐색적(exploratory) 분석의 성격이 강하다면, 혼합효과 로지스틱 회귀 모형은 확정적(confirmatory)

분석이며, 일반화 능력도 더 강한 분석 기법이다. GPT가 생성한 CIT → CRF → 혼합효과 모형의 3단계 분석 흐름도를 아래 [그림 5]에 제시한다.

CIT → CRF → Mixed-Effects Logistic Regression: Analytical Framework

Step 1: Conditional Inference Tree (CIT)	Step 2: Conditional Random Forest (CRF)	Step 3: Mixed-Effects Logistic Regression
• Exploratory analysis	• Feature importance evaluation	• Statistical testing & generalization
• Visualize condition splits	• Fair variable importance ranking	• Fixed + random effects
• Interpret branching rules	• Guide variable selection	• Estimate significance (p-values)
• Discover interpretable patterns →	• Complement CIT findings →	• Build generalizable model

[그림 5] 3단계 분석 흐름도

3. 혼합효과 로지스틱 회귀 모형

혼합효과 모형은 고정 효과(fixed effects)와 임의 효과(random)를 모두 포함한 데이터에 내재된 변동성을 효과적으로 모델링하는 예측 모형이다. 우리의 사역교체 데이터를 모델링하기 위해서는 종속 변수가 이분형 변수(binary variable)일 때 사용되는 이항 혼합효과 로지스틱 회귀 모형(binomial mixed-effects logistic regression model)을 이용해 모형을 적합시켜야 한다. GPT를 열고 데이터 파일을 업로드하고, 다음과 같이 입력하여 분석을 요청한다. 혼합효과 회귀 분석을 요청할 때는 고정 효과와 임의 효과가 무엇인지 알려주고, 모형 요약 표에 출력을 원하는 정보들에 대해서도 명시한다. 이 외에도 분석 목적에 적합한 대비 코딩(contrast coding) 방식을 지정해야 하는데, 지정해 주지 않으면 기본으로 설정된 처리 대비(treatment contrast) 또는 더미 코딩(dummy coding)을 거친 변수들을 이용해 모형을 적합시킨다. 대비 코딩 방식에 대해서는 아래에서 상세히 다루도록 한다.

User:

Run a binomial mixed-effects logistic regression for the uploaded freeze and break dataset to check the statistical significance of each factor. Include following factors in your analysis:

— Dependent variable(column F): Realization - Caus(ative) vs. Non-causative(NCaus)

— Independent(or predictor) variables:

Theme concreteness(column I): Concrete vs. Abstract

Causer intentionality(column K): Intent vs. NIntent

Causer identifiability(column L): Spec_cl vs. Spec_cnt vs. NSpec

Spontaneity(column M): Spont(aneous) vs. Non-spontaneous(N-Spont)

— Fixed factors: four independent variables

— Random factor: item ID / theme(word form) /theme lemma

Report both random effects and fixed effects(including interaction effects), and the odds rations associated with each independent variable in the model summary table.

위와 같이 요청하면 다음과 같이 파이썬 환경에서 혼합효과 모형에 사용되는 statmodels의 MixedLM이 선형 모형만을 지원하며, 이항 혼합효과 로지스틱 회귀 모형은 지원하지 않는다고 답변한다(2025년 3월 기준).

💬 `statsmodels`' `MixedLM` **only supports linear mixed-effects models, and does not support binary dependent variables** (i.e., logistic regression models using `family='binomial'`).

　　이어서 GPT는 파이썬 환경에서 이항 혼합효과 로지스틱 회귀 분석을 할 수 있는 방법과 R에서 할 수 있도록 코드를 제공하는 방안을 대안으로 제시한다. GPT의 첫 번째 대안은 파이썬의 rpy2 라이브러리를 사용하여 파이썬 환경에서 R의 lme4::glmer() 함수를 직접 호출하는 방식으로 혼합효과 로지스틱 회귀 분석을 수행하는 것이다. 두 번째 대안은 R의 lme4 패키지를 사용하는 혼합효과 로지스틱 회귀 분석을 수행하는데 필요한 R 스크립트를 GPT가 제공해 주면, 이를 R 환경에서 실행하여 분석을 수행하는 것이다. ChatGPT 대화창에서 자연어를 통한 분석이 지원되지 않아 아쉽지만, 우리는 두 번째 방식을 선택하여 R 환경에서 분석을 시도하기로 한다. 후속 연구에 참고가 되도록 GPT에게 R의 lme4::glmer() 함수로 이항 혼합효과 로지스틱 회귀 분석을 수행하는 파이썬 + R 연동 코드를 요청하였다. GPT가 제공한 전체 파이썬 + R 연동 코드를 단계별 설명과 함께 제시하면 다음과 같다.

✅ **1. rpy2 활성화**

```python
from rpy2.robjects import pandas2ri
pandas2ri.activate()
```

* Python의 `pandas.DataFrame` ↔ R의 `data.frame` 간 데이터 변환을 자동으로 수행할 수 있도록 설정합니다.

✅ 2. 데이터 불러오기 및 ID 열 추가

```python
df = pd.read_excel("merged_break_freeze_shared senses.xlsx")
df['ID'] = df.index.astype(str)
```

- Excel 파일을 읽고, 문장 번호(`ID`) 열을 추가하여 각 행에 고유한 식별자를 부여합니다.
- 이 ID는 **임의효과(random effect)** 를 위한 그룹 구분자로 사용됩니다.

✅ 3. 범주형 변수 지정

```python
categorical_vars = [...]
for var in categorical_vars:
    df[var] = df[var].astype('category')
```

- 분석에 사용할 모든 변수들을 **범주형(categorical)** 으로 지정해 R에서 인식되도록 준비합니다.

✅ 4. R 객체로 변환

```python
r_df = pandas2ri.py2rpy(df)
```

- Python의 `pandas.DataFrame` 을 R의 `data.frame` 으로 변환하여 R 분석 함수에 사용할 수 있게 합니다.

✅ 5. R 패키지 로드

```python
lme4 = importr('lme4')
base = importr('base')
```

- R의 혼합효과 모델 패키지 `lme4` 와 기본 패키지 `base` 를 Python에서 사용할 수 있도록 불러옵니다.

✅ 6. 모델 공식(formula) 지정

```python
formula = Formula('Realization ~ ... + (1 | ID)')
```

- **고정효과(fixed effects)**:
  - `Th_Concreteness`, `Ca_Intentionality`, `Ca_Identifiability`, `Spontaneity`
- **임의효과(random effect)**:
  - `ID` (문장 번호): 각 문장이 고유한 편차를 가질 수 있도록 설정

✅ 7. 모델 적합

```python
model = lme4.glmer(formula, data=r_df, family='binomial')
```

- R의 `glmer()` 함수를 호출하여 **이항 로지스틱 혼합효과 회귀모형**을 적합시킵니다.

✅ 8. 모형 요약 출력

```python
summary = base.summary(model)
print(summary)
```

- 적합된 모델에 대한 요약정보를 출력:
  - 고정효과 계수, z값, p값
  - 임의효과의 분산과 표준편차
  - 로그우도, AIC, 자유도 등

위 코드를 코랩에서 실행하기 전에 먼저 아래의 명령을 실행하여 rpy2를 파이썬 환경에 설치하고, R의 lme4 패키지를 설치한다.

```python
!pip install rpy2
%load_ext rpy2.ipython

# R 패키지 설치
%%R
install.packages("lme4")
```

이제 이항 혼합효과 로지스틱 회귀 분석을 수행하는 R 스크립트와 그 기능에 대해 설명하도록 한다. GPT가 제공한 전체 코드를 단계별 기능 설명과 함께 제시하면 다음과 같다.

☑ 1. 필요 패키지 설치 및 로드

```r
install.packages("lme4")
library(lme4)
```

- R에서 혼합효과 모형을 분석할 수 있도록 `lme4` 패키지를 설치하고 불러옵니다.

☑ 2. 데이터 불러오기

```r
data <- readxl::read_excel("merged_break_freeze_shared senses.xlsx")
```

- Excel 파일에서 실험/코퍼스 데이터를 불러옵니다.
- 데이터는 `data` 라는 이름으로 저장됩니다.

✅ 3. 변수들을 범주형(factor)으로 변환

```r
⌐ 복사    ⌐ 편집

data$Realization <- factor(data$Realization, levels = c("NCaus", "Caus"))
data$Th_Concreteness <- factor(data$Th_Concreteness)
data$Ca_Intentionality <- factor(data$Ca_Intentionality)
data$Ca_Identifiability <- factor(data$Ca_Identifiability)
data$Spontaneity <- factor(data$Spontaneity)
data$Theme <- factor(data$Theme)
```

- 각 분석 변수들을 범주형(factor) 으로 변환하여 회귀모형에 적절하게 처리되도록 설정합니다.
- 특히 `Realization` 은 이항 종속변수로 지정됩니다 (`NCaus` vs `Caus`).

✅ 4. 혼합효과 로지스틱 회귀 모형 지정

```r
⌐ 복사    ⌐ 편집

model <- glmer(
  Realization ~ Th_Concreteness * Ca_Intentionality * Ca_Identifiability * Spontaneity + (1 |
  data = data,
  family = binomial
)
```

- `glmer()` 함수로 이항 로지스틱 혼합효과 회귀모형을 적합합니다.
- 공식(~) 오른쪽의 구성은 다음과 같습니다:

✅ 5. 모델 결과 요약 출력

```r
⌐ 복사    ⌐ 편집

summary(model)
```

- 회귀 분석 결과를 요약해서 출력합니다.
  포함된 정보는 다음과 같습니다:
    - 고정효과 계수 (Estimate)
    - 오즈비 추정
    - 표준오차, z 값, p 값
    - 임의효과 분산
    - AIC, 로그우도 등

369

우리가 검증할 가설은 4.4.2절에서 수립한 아래의 네 가설이다. 가설 5는 CIT 및 CRF에서 이미 검증되었으므로 여기에 반복하여 제시하지 않았다.

- 가설 1: 대상 논항이 추상적일 때 사역적 타동 구문 실현 가능성이 증가한다.
- 가설 2: 사동주가 의도성이 있을 때 사역적 타동 구문 실현 가능성이 증가한다.
- 가설 3: 사동주가 동사가 있는 절 또는 문맥에서 명시적일 때 사역적 타동 구문 실현 가능성이 증가한다.
- 가설 4: 동사가 기술하는 사건이 비자발적일 때 사역적 타동 구문 실현 가능성이 증가한다.

위 가설들의 타당성을 검증하기 위해서는 각 독립변수의 수준의 효과를 비교해야 한다. 이를 위해서 대비 코딩을 해 주어야 하는데, 언어 데이터 분석에서는 처리 대비/더미 코딩과 합계 코딩(sum coding) 방식이 널리 쓰인다. lme4 패키지의 LME 모형 기본값으로 설정되어 있는 것은 처리 대비/더미 코딩인데, [표 4]는 이 방식을 우리의 분석에 포함된 독립변수들에 적용한 디폴트 코딩 행렬(default coding matrices)이다. 이를 적용한 분석 결과를 해석할 때는 0의 값이 부여된 기준 수준(reference level)과 비교하여 각 변수의 효과를 해석한다. 합계 코딩은 명목/범주형 변수의 각 수준(level)이 전체 평균(grand mean)으로부터 얼마나 벗어나는지를 나타내기 위해 사용되며, [표 5]에서와 같이 각 수준의 대비는 합이 0이 되도록 구성된다.

처리 대비/더미 코딩을 적용하면 각 변수의 기준 수준(reference level)과

[표 4] 디폴트 코딩 행렬

변수	수준	Concrete vs. Abstract	NIntent vs. Intent	NSpec vs. Spec_cnt	NSpec vs. Spec_cl	Spont vs. NSpont
Theme concreteness (Th_Concreteness)	Concrete	0				
	Abstract	1				
Causer intentionality (Ca_Intentionality)	NIntent		0			
	Intent		1			
Causer identifiability (Ca_Identifiability)	NSpec			0	0	
	Spec_cnt			1		
	Spec_cl				1	
Spontaneity	Spont					0
	NSpont					1

[표 5] 합계 코딩 행렬

변수	수준	Contrast 1	Contrast 2
Theme concreteness (Th_Concreteness)	Concrete	1	
	Abstract	-1	
Causer intentionality (Ca_Intentionality)	NIntent	1	
	Intent	-1	
Causer identifiability (Ca_Identifiability)	NSpec	1	0
	Spec_cnt	0	1
	Spec_cl	-1	-1
Spontaneity	Spont	1	
	NSpont	-1	

비교하여 해당 변수의 효과를 해석하게 되므로 우리의 연구 가설 검증에 적합한 방식이라고 할 수 있다. R에서 대비 코딩은 데이터를 불러들이고, 변수들을 범주형 변수로 변환하고 나서 모형을 적합시키기 전에 이루어져야 한다. 다시 말하면, GPT가 제시한 위 R 스크립트에서 3단계와 4단계 사이에서 이루어져야 하는데, 그 이유는 factor()로 지정된 범주형 변수에만 아래의 예시와 같이 contrast()가 적용 가능하기 때문이다.

```
1    data <- read.csv("data.csv")         # 1. 데이터 불러오기
2    data$Group <- factor(data$Group)     # 2. factor 변환
3    contrasts(data$Group) <- contr.treatment  # 3. 대비 코딩 적용
```

각 범주형 변수에 대한 대비 코딩을 마친 후, glmer() 함수를 호출하여 해당 변수들을 바탕으로 고정 효과와 임의 효과를 지정하고 모형을 적합시킨다. 모든 독립 변수와 교호작용항을 포함하고, 대상 논항의 기본형을 임의 효과로 설정할 경우, 모형 구성을 공식으로 표현하면 아래 (7)과 같다.

(7) 모든 변수와 교호 작용을 포함한 완전 모형(full model)

model <- glmer(

Realization ~ Th_Concreteness * Ca_Intentionality * Ca_Identifiability

* Spontaneity +

(1 | Theme),

data = data,

family = binomial

)

이 모형의 적합 결과, 대부분의 변수들이 통계적으로 유의미하지 않고, 추정된 회귀 계수 값들의 표준 오차가 매우 크게 나타났다. 이러한 현상은 회귀 모형에서 주로 변수들 간 상관관계가 높게 나타나는 다중공선성 문제가 발생할 때 자주 나타난다. 이럴 경우, 필요하지 않은 변수들을 제거하고 회귀 분석을 진행하는 것이 올바른 방법이다. 우리의 분석에서는 앞선 CIT와 CRF 분석에서 모형 적합에 유의하게 사용되지 않은 자발성 및 이와 관련된 모든 교호작용항을 제거하였다. 또한 모형 복잡도를 높이는 3개 이상의 변수 간 교호작용항도 제거하여 추가적인 모형 적합을 시도하였다. 최종적으로 선택된 모형의 구성은 아래 (8)과 같다.

(8) 불필요한 변수들을 제거한 최종 모형

```
model <- glmer(
Realization ~ Th_Concreteness + Ca_Intentionality + Ca_Identifiability
+ Th_Concreteness:Ca_Identifiability + Ca_Intentionality:Ca_
Identifiability +(1 | Theme),
data = data,
family = binomial
)
```

R 스크립트의 마지막 단계에 있는 결과 출력 코드가 실행되면 [표 6]에 제시된 것과 같은 분석 결과를 얻는다.

[표 6] 최종 혼합 효과 로지스틱 모형 요약

Random effects

Groups	Name	Variance	Std. Dev
Theme	(Intercept)	3.195	1.787

Fixed effects

	Estimate(β)	Std. Error	z-value	p-value
(Intercept)	−3.928	0.703	−5.586	2.32e-08
Th_ConcretenessAbstract	−3.768	1.221	−3.084	0.002039
Ca_IntentionalityIntent	6.016	1.155	5.205	1.94e-07
Ca_IdentifiabilitySpec_cl	7.2329	1.2119	5.968	2.40e-09
Ca_IdentifiabilitySpec_cnt	3.244	0.766	4.235	2.28e-05
Th_ConcretenessAbstract: Ca_IdentifiabilitySpec_cl	6.068	1.830	3.316	0.000915
Th_ConcretenessAbstract: Ca_IdentifiabilitySpec_cnt	6.760	1.583	4.270	1.96e-05
Ca_IntentionalityIntent: Ca_IdentifiabilitySpec_cl	−4.974	1.508	−3.314	0.000919
Ca_IntentionalityIntent: Ca_IdentifiabilitySpec_cnt	−3.956	1.125	−3.514	0.000441

위 [표 6]에 요약된 분석 결과를 해석하면 다음과 같다.[45]

① 임의 효과

- 본 모형에서는 대상 논항의 단어 기본형을 임의 효과로 설정하였으며, 추정된 임의 효과 분산은 3.195(표준편차=1.787)로 나타났다. 이는 대상에 따라 타동 구문 실현 가능성에 상당한 변이가 존재함을 시사한다.

---

45 분석 결과를 GPT에게 주면 해석 과정에서 많은 도움을 받을 수 있으며, 필자도 결과 해석과 시각화에 GPT를 적극 활용하였다.

- 아래 [그림 6]은 freeze와 break 용례에서 동시에 등장하는 16개의 대상에 대한 신뢰구간을 R의 ggplot 패키지를 사용하여 시각화한 결과이다. 신뢰구간의 상한과 하한 사이에 1이 포함될 경우, 해당 단어의 효과는 유의미하지 않다고 판단할 수 있다. 신뢰구간에 대한 해석은 아래에서 자세히 설명하도록 한다.
- [그림 6]에서 신뢰구간에 1이 포함되지 않는 단어 경우는 something, 고유명사(PropN), 대명사(PRON)와 heart이다. 대상 논항이 something일 경우 신뢰구간이 1을 기준으로 오른쪽에 분포하는 것을 볼 수 있다. 이는 something이 타동 구문에 실현될 확률이 자동 구문에 실현될 확률보다 높게 나타남을 뜻한다. 반면 고유명사(PropN), 대명사(PRON)와 heart의 경우에는 신뢰구간이 1을 기준으로 왼쪽에 위치한다. 이는 이들 논항이 타동 구문보다 자동 구문에 실현될 확률이 높음을 뜻한다.

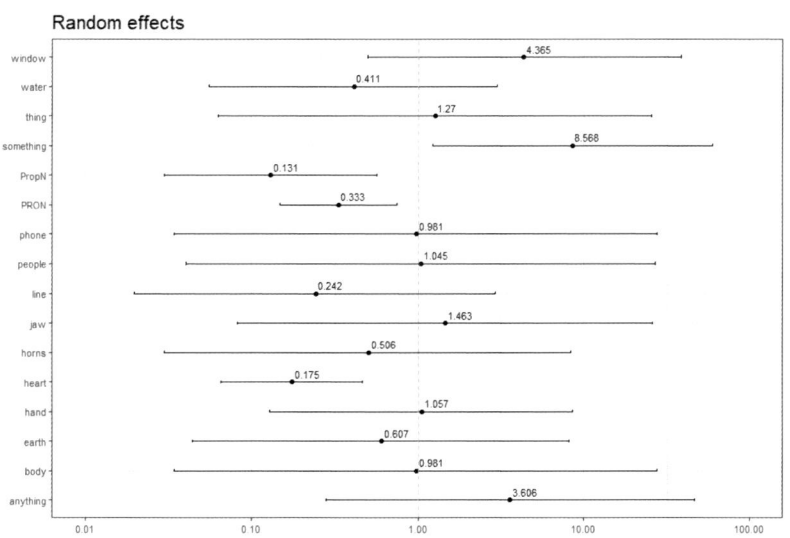

[그림 6] 임의 효과 시각화

375

이와 같은 임의 요인의 효과를 고려하고도 네 독립 변수와 네 교호작용의 효과가 유의미하게 나타났다. 이에 대한 해석을 아래에 제시한다.

② 고정 효과: 추정값과 변수의 유의성

- 추정값(estimate; beta 계수)이 양수인 변수는 1로 코딩된 종속변수, 즉 타동 구문 실현을 증가시키는 효과를 갖고, 음수이면 타동 구문 실현을 감소시키는 방향으로 영향을 미친다. 추정값이 0이면 독립변수의 효과가 없다고 해석한다.

- 의도성이 있는 사동주(Ca_IntentionalityIntent)와 명시된 사동주(Ca_IdentifiabilitySpec_cl과 Ca_IdentifiabilitySpec_cnt)는 타동 구문 실현을 유의하게 증가시키는 독립변수로 나타났으며, 추상적 대상은 타동 구문 실현을 유의하게 감소시키는 변수로 나타났다.

- 추상적 대상과 명시된 사동주의 교호작용(Th_ConcretenessAbstract:Ca_IdentifiabilitySpec_cl과Th_ConcretenessAbstract:Ca_IdentifiabilitySpec_cnt)은 타동 구문 실현을 유의하게 증가시키며, 의도성이 있는 사동주와 명시된 사동주의 교호작용은 타동 구문 실현을 유의하게 감소시키는 것으로 나타났다.

③ 고정 효과: Exp(β)/오즈비(odds ratio: OR)

- 고정 효과의 추정값은 로그 오즈(log-odds) 단위로 추정되어 직관적이지 않기 때문에 이를 지수화(exp)하여 exp(β) 계수로 즉 오즈비로 변환하여 해석한다.

- 오즈비(odds ratio)란 어떤 사건이 발생할 확률과 발생하지 않을 확률의 비율을 나타낸다. 예들 들어, 사건 A의 발생 확률이 80%라면 오

즈비는 4가 된다($\frac{0.8}{1-0.8}$ = 4). 오즈비가 1이면 타동 구문과 자동 구문 실현 가능성이 동일하고, 1보다 크면 타동 구문 실현 가능성이 높으며, 1보다 작으면 타동 구문 실현 가능성이 낮다. 회귀 분석에서 오즈비는 독립 변수의 비교 범주가 기준 범주에 비해 1의 값에 할당된 종속 변수 발생 오즈를(예: 타동 구문 실현 오즈) 얼마나 증가/감소하는지를 의미한다.

- 아래 [표 7]은 각 변수 별 exp(β) 계수/오즈비를 오즈비의 95% 신뢰구간(confidence interval: CI)과 함께 나타낸 것이다. 추정값이 양수인 변수들의 오즈비는 1보다 크고, 추정값이 음수인 변수들의 오즈비는 1보다 작다.

[표 7] 고정효과 변수 별 오즈비의 95% 신뢰구간

Fixed effects

	Odds ratio	95% CI Lower	95% CI Upper
(Intercept)	0.019	0.004	0.078
Th_ConcretenessAbstract	0.023	0.002	0.253
Ca_IntentionalityIntent	410.010	42.558	3950.059
Ca_IdentifiabilitySpec_cl	1384.247	128.718	14886.2771
Ca_IdentifiabilitySpec_cnt	25.658	5.715	115.187
Th_ConcretenessAbstract: Ca_IdentifiabilitySpec_cl	432.092	11.954	15617.3275
Th_ConcretenessAbstract: Ca_IdentifiabilitySpec_cnt	863.072	38.749	19223.1130
Ca_IntentionalityIntent: Ca_IdentifiabilitySpec_cl	0.006	0.0003	0.1309
Ca_IntentionalityIntent: Ca_IdentifiabilitySpec_cnt	0.019	0.002	0.1738

- 타동 구문 실현 가능성을 증가시키는 변수들의 오즈비 값이 매우 큰 것을 볼 수 있다. 예를 들어, 의도성이 있는 사동주(Ca_Intentionality

Intent)는 그렇지 않은 사동주에 비해 타동 구문 실현 오즈를 410배 증가시킨다(OR = 410.010). 이를 확률로 변환하면 약 80%의 증가로 해석할 수 있다. 문맥에 명시된 사동주는 비명시된 사동주에 비해 타동 구문 실현 오즈를 약 25배 증가시키며(OR = 25.658), 독립변수들의 오즈비 값의 크기는 절에 명시된 사동주, 의도성이 있는 사동주, 문맥에 명시된 사동주, 추상적 대상의 순으로 높다. 명시된 사동주와 의도성이 있는 사동주가 그렇지 않은 사동주에 비해 타동 구문 실현 가능성을 급격히 증가시키는 결과는 우리의 연구 가설 2 및 가설 3의 예측과 부합한다. 그러나 가설 1의 예측과 달리 추상적 대상은 구체적 대상에 비해 타동 구문 실현 가능성을 감소시키는 것으로 나타났다(OR < 1).

- 추정값이 양수인 교호작용 변수들의 오즈비는 1보다 크고, 추정값이 음수인 교호작용 변수들의 오즈비는 1보다 작다.

- [표 7]에서 추상적 대상과 명시된 사동주의 조합은 구체적이고 비명시된 사동주의 조합에 비해 타동 구문 실현 오즈를 수백배 증가시키는 것으로 나타났다.

- 의도성이 있는 사동주와 명시된 사동주는 단독으로 존재할 때 가설 2 및 가설 3이 예측하는 것과 같이 타동 구문 실현 가능성을 증가시킨다(OR > 1). 그런데 흥미롭게도 이 두 변수의 조합은 타동 구문 실현 가능성을 감소시키는 (OR < 1) 이른 바 역상호작용(reversing interaction)을 보인다. [그림 7]은 이를 GPT가 시각화한 그래프이다. 그래프의 x축은의도성과 비의도성 조건을, y축은 두 명시된 사동주에 대한 예측 확률을 나타낸다. 두 명시된 사동주에 대한 예측 확률이 의

도성 조건에서 더 낮고, 비의도성 조건에서 더 높아지면서 사동주의 의도성에 따라 다르게 나타나는 것을 볼 수 있다.

④ 고정 효과: 오즈비의 95% 신뢰 구간

- 회귀 분석에서 오즈비의 95% 신뢰구간은 해당 효과(변수)가 사건(여기서는 타동 구문 실현)에 미치는 영향의 범위를 나타낸다. 이 구간의 범위에 1이 포함되어 있으면 해당 변수의 효과가 유의하지 않다고 본다. 반면 전체 구간이 1보다 크면 해당 변수가 사건 발생 오즈를 유의하게 증가시키며, 1보다 작으면 유의하게 감소시킨다고 해석한다. [그림 8]은 이를 GPT가 시각화한 것이다.

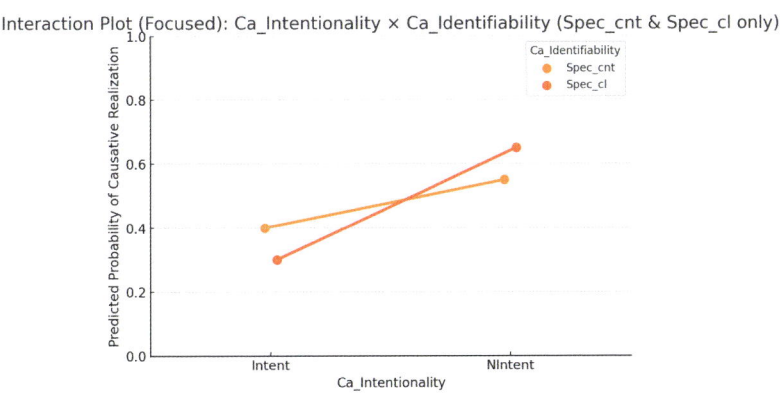

[그림 7] 역상호작용 시각화

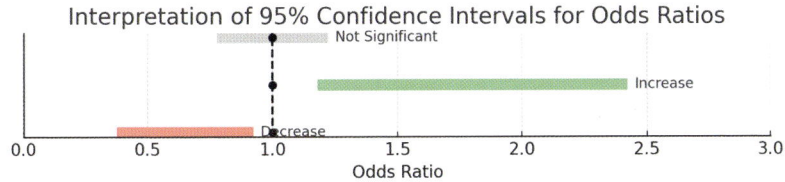

[그림 8] 오즈비의 95% 신뢰구간 시각화

379

• [표 7]에 있는 일부 변수들의 오즈비 95% 신뢰 구간을 시각화하면 [그림 9]와 같다. 이 그림은 [표 7]을 바탕으로 GPT가 생성한 것이며, 빨간 점선은 변수 효과 판단의 기준점인 OR=1(종속변수의 두 범주 발생 확률이 같음 = 해당 독립변수의 종속변수에 대한 효과 없음)을 나타낸다. 수평 선은 각 변수 오즈비의 95% 신뢰구간을, 수평선 위 노란색 점은 신 뢰구간의 중심 추정값을 나타낸다.

• [그림 9]에서 타동 구문 실현 가능성에 유의한 영향을 미치는 변수들 의 영향력을 한 눈에 파악할 수 있다. 타동 구문 실현 가능성을 유의 하게 증가시키는 변수들의 오즈비 95% 신뢰 구간은 전체 범위가 1을 초과하며, 기준 점선의 오른쪽에 위치하는 것을 볼 수 있다. 반면, 타 동 구문 실현 가능성을 유의하게 감소시키는 변수들의 오즈비 95%

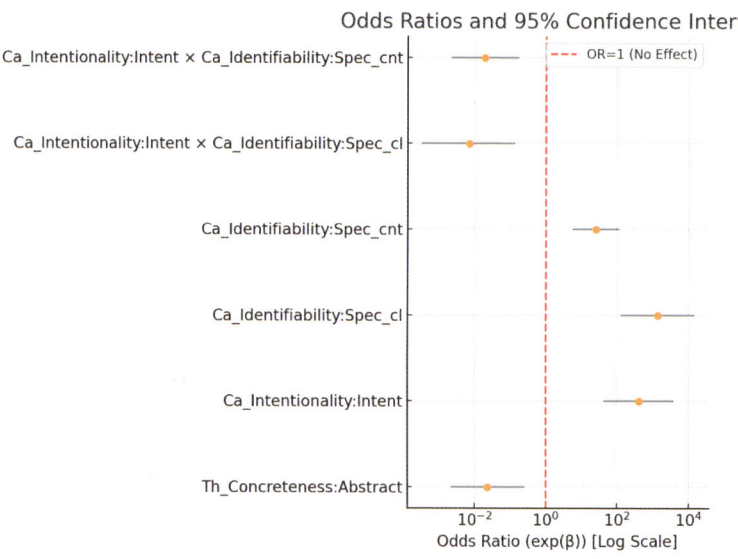

[그림 9] 고정효과 변수 별 오즈비의 95% 신뢰구간 시각화-1

신뢰 구간은 전체 범위가 1 미만으로, 기준 점선 왼쪽에 위치한다.

아래 [그림 10]은 R의 ggplot 패키지를 사용하여 [표 7]에 있는 모든 변수들의 오즈비 95% 신뢰구간을 시각화한 그래프이다.

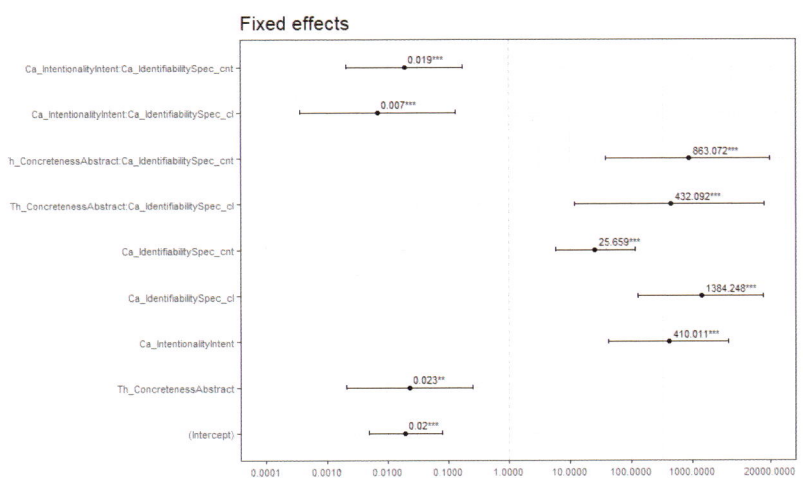

[그림 10] 고정효과 변수 별 오즈비의 95% 신뢰구간 시각화-2

지금까지 논의한 혼합효과 로지스틱 회귀 분석에서 독립변수들의 오즈비 값의 크기는 절에 명시된 사동주, 의도성이 있는 사동주, 문맥에 명시된 사동주, 추상적 대상의 순으로 높으며, 이 중 추상적 대상을 제외한 다른 변수들은 타동 구문 실현 오즈를 증가시키는 것으로 나타났다. 이 같은 결과는 대상의 구체성을 변수로 포함한 CIT 분석에서 나타난 변수의 상대적 중요도와 일치한다. [그림 11]에 제시된 나무 구조는 R의 party 패키지로 CIT 데이터 분기 구조를 시각화한 것이다. 분석 결과 노드를 분할하는

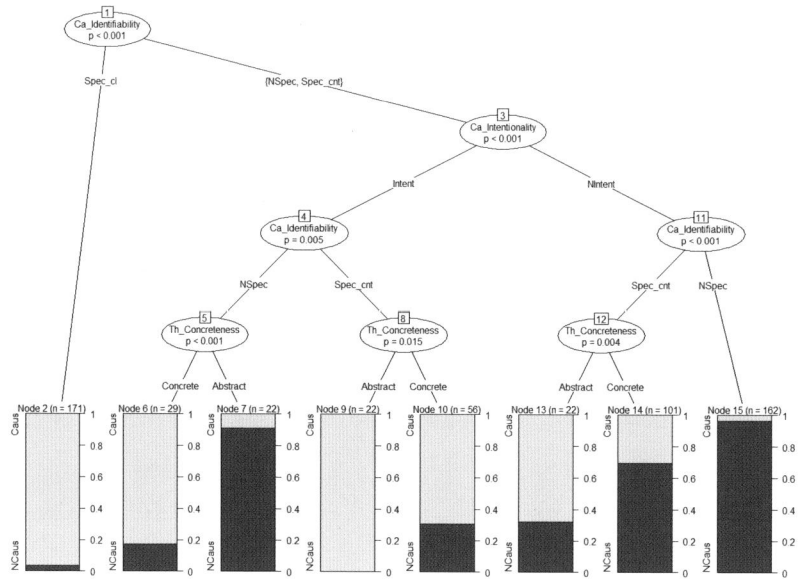

[그림 11] 조건부 추론나무(CIT) 결과 시각화-3

데 가장 먼저 사용된 변수는 사동주 논항의 식별가능성으로 나타났으며, 첫 분할에서 사동주가 절에 명시된 데이터로 구성된 2번 노드와 절에 명시되지 않은 3번 노드로 데이터가 분할된다. 이후 분할에서는 사동주의 의도성에 따라 4번 노드(Intent)와 11번 노드(NIntent)로 분할된다. 이 두 노드에서 사동주가 비명시된 데이터(5번과 15번 노드)와 문맥에 명시된 데이터(8번과 12번 노드)로 데이터가 분할되고, 5번, 8번과 12번 노드에서 대상이 구체적인 경우와 추상적인 경우로 추가 분할된다. 이 같은 데이터 분기 구조를 통해서 대상의 구체성은 사동주의 식별가능성 및 의도성보다 영향력이 낮으며, 소수의 조건에서만 예측력을 가짐을 확인할 수 있다. 또한 사건의 자발성은 대상의 구체성이 변수로 포함된 CIT 모형에서 데이터 분할에 사용되지 않음을 확인할 수 있다.

최종 분기된 8개의 말단 노드에 따른 CIT 결과를 요약하면 [표 8]과 같다. 7번, 14번, 15번 노드에서는 자동 구문의 비율이 높으며, 나머지 다섯 개 노드에서는 타동 구문의 비율이 높게 나타난다.

[표 8] 조건부 추론 나무(CIT) 결과표

노드	조건 충족 데이터 수	NCaus 비율	Caus 비율	분할에 사용된 변수
노드 2	171	0.0351	0.965	Spec_cl
노드 6	29	0.172	0.828	NSpec, Spec_cnt → Intent → NSpec → Concrete
노드 7	22	0.909	0.091	NSpec, Spec_cnt → Intent → NSpec → Abstract
노드 9	22	0	1	NSpec, Spec_cnt → Intent → Spec_cnt → Abstract
노드 10	56	0.304	0.696	NSpec, Spec_cnt → Intent → Spec_cnt → Concrete
노드 13	22	0.318	0.682	NSpec, Spec_cnt → NIntent → Spec_cnt → Abstract
노드 14	101	0.693	0.307	NSpec, Spec_cnt → NIntent → Spec_cnt → Concrete
노드 15	162	0.963	0.037	NSpec, Spec_cnt → NIntent → NSpec

지금까지 논의한 나무 구조 회귀 분석과 혼합효과 로지스틱 회귀 분석 결과를 다음과 같이 종합할 수 있다. COCA에서 추출한 다의어 freeze 와 break의 583개 용례 분석 결과 사동주의 식별가능성(명시성) 및 의도성에 따라 동사의 사역교체 구문 가능성이 실질적인 차이를 보이는 것으로 나타났다. 사동주의 식별가능성과 의도성이 높을 때 타동 구문 실현 가능

성이 크게 증가하는 결과는 선행 연구 및 우리가 설정한 가설의 예측과 일치한다. 또한 CIT, CRF와 혼합효과 로지스틱 회귀 분석에서 사동주의 식별가능성이 구문 실현 가능성을 가장 잘 예측하는 변수로 일관되게 나타나는 결과는 우리의 가설과 일치할 뿐 아니라, Rappaport Hovav(2014, 2020), Lee(2023)와 Kim et al.(2025)이 제안한 언어 사용의 경제성/효율성에 기반한 접근의 경험적 타당성을 입증한다.

그러나 우리의 가설이 예측하는 바와 다르게 추상적 대상이 구체적 대상에 비해 타동 구문 실현을 다소 감소시키는 것으로 나타났다. 이는 분석 대상에서 주로 추상적인 대상의 상태변화를 나타내는 타동 구문 국한 의의를 갖는 용례들을 제외했기 때문에 나타나는 결과로 추측할 수 있다. 두 구문이 공유하는 의의를 갖는 분석 대상 용례들에서는 타동 구문의 대상 추상성이 높지 않다는 결론을 얻을 수 있다. 이는 위 [그림 11]을 통해서도 확인할 수 있다. 의도성이 없고 문맥에서 명시된 사동주와 구체적 대상 데이터로 구성된 14번 노드에서는 자동 구문의 비율이 높게 나타난다. 하지만, 의도성이 있고 비명시된 사동주와 구체적인 대상 데이터로 구성된 6번 노드와 의도성이 있고 문맥에서 명시된 사동주와 구체적인 대상 데이터로 구성된 10번 노드에서는 타동 구문의 비율이 높다.

선행 연구와 우리의 가설이 설명하지 못 하는 결과도 교호작용 분석에서 관찰되었다. 사동주가 동시에 명시적이고 의도성이 있을 때 명시성의 효과가 의도성에 따라 다르게 나타나는 역상호작용 효과의 성격과 발생 이유를 후속 연구에서 코퍼스 용례의 면밀한 분석을 통해 밝힐 필요가 있다.

이러한 제한점에도 불구하고 다의어 사역교체 동사의 대상과 사동주의 의미적·문맥적 특성을 동시에 고려하여 이 요인들이 구문 실현에 미치는 영향을 코퍼스 언어학적 방법론과 고급 통계 분석 기법을 접목하여 최초로 규명한 점은 본 연구가 언어 연구 분야에 새롭게 기여하는 바로 평가할 수 있다. 또한 이 같은 연구에 ChatGPT를 활용한 점도 중요한 연구 방법론적 시사점을 갖는다. 이 절에서 우리는 아래 [표 9]와 같이 GPT-4o 모델을 기존의 분석 도구들과 조화롭게 결합하여 활용함으로써 연구의 효율성과 신뢰성을 높이는 동시에, 언어 연구에서 ChatGPT 활용의 유용성과 한계점을 파악하여 드러내고자 시도하였다.

[표 9] 이 절에서 시도한 분석 도구들의 활용

조작화와 애노테이션 자동화
• 이론적 연구들 및 심리언어학적 구체성 평가 점수 데이터 • GPT-4o: 변수의 조작화와 대상의 구체성 애노테이션 • NLTK(WordNet): 보조적 판별 기준 • 연구자의 문맥 기반 최종 판별
CIT, CRF와 혼합효과 로지스틱 회귀 분석
• GPT-4o: CIT와 CRF 모형 적합 및 시각화, 혼합 효과 로지스틱 회귀 분석용 R 코드 생성, 결과의 일부 시각화 및 해석 • R: 혼합 효과 로지스틱 회귀 모형 적합 및 결과 시각화

이 장에서는 ChatGPT를 활용한 분포 의미 분석을 동사의 논항과 다의성으로 확대하여 COCA에서 추출한 freeze와 break 용례를 대상으로 논항의 의미적·문맥적 특성 및 동사의 다의적 의미가 인과적 사건의 구조적 실현을 어떻게 제약하는지를 면밀히 탐색하였다. 그 결과 다음과 같은 결론을 도출하였다.

첫째, break와 freeze의 대상 논항의 분포 의미 분석에서 자동 구문의 대상이 상대적으로 구체성이 높고, 타동 구문의 대상이 상대적으로 추상성이 강하다는 일관된 결과가 나타났다. 특히 break의 타동 구문 대상의 의미 공간에서 수직 차원이 사동주의 개입 여부, 명확성 및 의도성과 관련된 개념을 반영하고 있는 점은 freeze에 비해 사동주 개념이 두드러지는 break 의미 공간의 특성을 보여준다.

둘째, BERT 기반의 확장된 분포 의미론 모델을 새롭게 제안하고, 이를 통해 동사 의의 별 구문 실현 양상과 의의들 간 분포적 차이가 BERT 임베딩에 어떻게 반영되어 있는지를 분석하였다. 의미·구조 정보와 문맥을 동시에 반영한 BERT 임베딩이 break와 freeze 의미군들 사이의 친소관계, 의미 차원의 유사성과 '구체적인 기본 의미 → 감정 영역 확장 → 다른 추상적 영역으로 확장'으로 이어지는 break와 freeze의 공통적 의미 확산 경로를 민감하게 포착할 수 있음을 확인하였다. 또한 두 동사의 다의적 구조가 행동주 지향성과 정지 상태 중심성에 있어서 보이는 차이를 밝혀 내고, 이 같은 다의적 의미 구조의 특성으로부터 두 동사가 보이는 구문 분포 차이에 대한 의미적 동인을 발견할 수 있었다.

셋째, ChatGPT와 BERT를 활용한 동사 의의의 구문 분포 분석을 통해 동사의 의의(타동 국한, 자동 국한, 두 구문 공통 의의의 구분)가 사역교체 구문 선택을 가장 우선적으로 제약하는 요인임을 확인하였다.

마지막으로, ChatGPT를 적용한 일련의 다중요인 분석에서 동사가 두 구문에서 공유되는 의의를 갖는 경우에 사동주의 식별가능성(명시성) 및 의도성에 따라 동사의 사역교체 구문 가능성이 실질적인 차이를 보이는 것으로 나타났다. 사동주의 식별가능성과 의도성이 높을 때 타동 구문 실현 가능성이 크게 증가하였으며, 사동주의 식별가능성이 구문 실현 가능성을 가장 잘 예측하는 변수로 일관되게 나타나는 결과를 확인하였다.

이 장에서 수행한 분석 결과를 종합하면, 동사의 의의가 다의어 사역 교체 동사의 구문 실현을 우선적으로 제약하는 요인이며, 동사 의의가 한 구문에 국한되지 않고 두 구문에서 공유되는 경우의 구문 실현은 사동주의 문맥적 특성이 가장 큰 영향을 미친다는 결론을 내릴 수 있다.

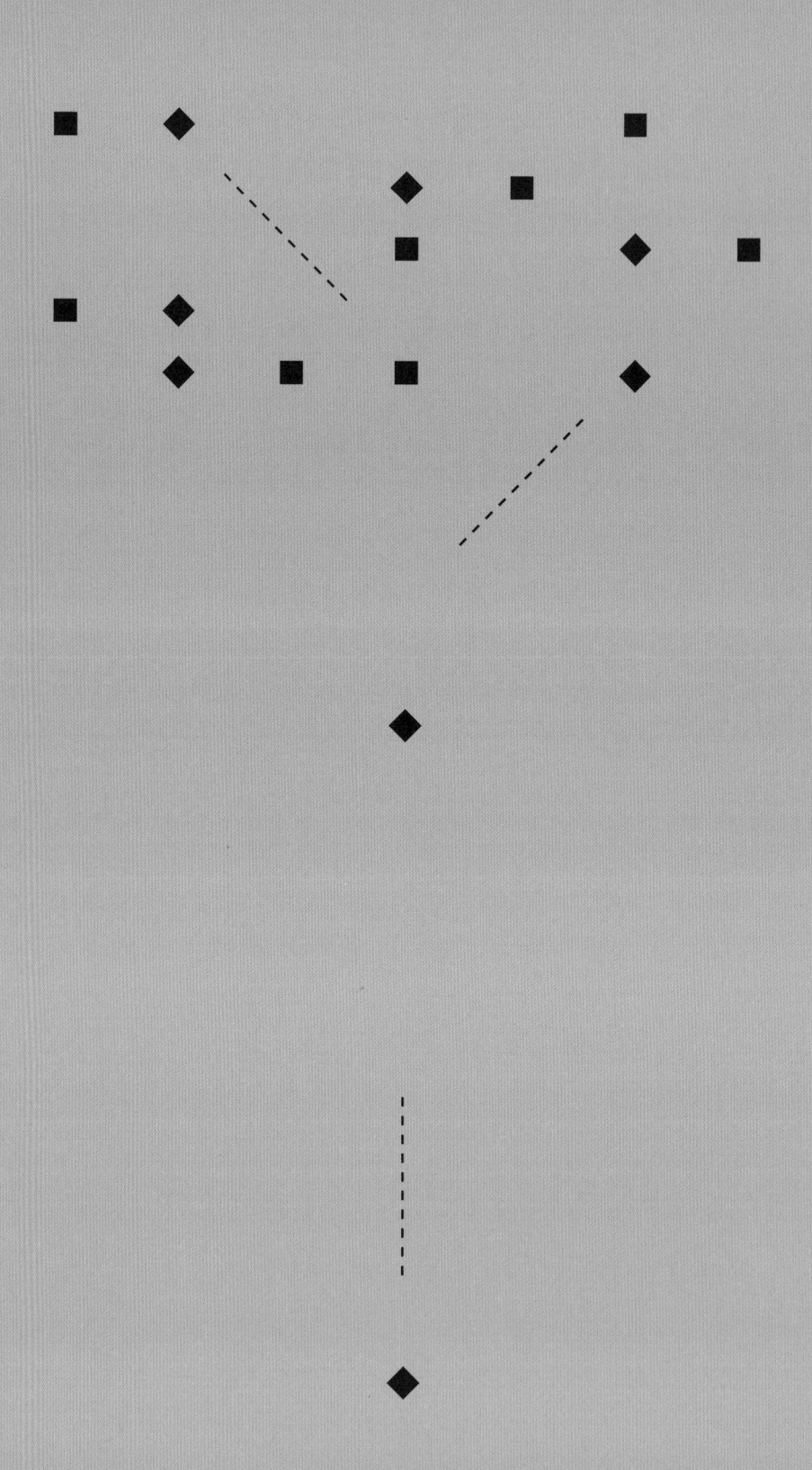

# 제 5 장

종합 및
결론

본 저술의 목적은 언어 연구 방법론의 주류를 이루고 있는 코퍼스 언어학적 접근과 인공지능(AI)을 활용한 접근을 접목한 새로운 언어 연구 방법론을 제시하는 것이었다. 이 책에서는 언어 의미와 구조가 관련되는 양상에 대한 탐구에서 핵심적인 역할을 해 온 영어의 사역교체 현상을 사례 연구 대상으로 삼아 대형 언어 모델(LLM)과 LLM 기반 생성형 AI를 인과적 사건의 구조적 실현과 관련된 지금까지 해결되지 않은 문제들을 탐색하는데 활용하는 방안을 상세히 다루었다.

먼저 2장에서는 생성형 AI의 대표 주자로 꼽히는 ChatGPT와 Gemini의 도움을 받아 파이썬 기반 자연어 처리 도구를 사용하여 BNC를 의존 구조 코퍼스로 변환하는 방법을 소개하였다. 이어서 에이전트 기반 작업 흐름(agentic workflow) 개념을 기반으로, 단계별 프롬프트와 다중 AI 에이전트 간의 역할 분담과 협업을 통해 의존구조 파싱이 된 BNC로부터 연구에 필요한 데이터 추출 결과물을 얻는 방안을 새롭게 제안하였다.

3장에서는 사역교체에 참여하는 상태변화 동사들을 대상으로 ChatGPT의 GPT-4o 모델을 활용하여 분포 의미론 분석을 수행하는 방안을 상세히 논의하였다. 전통적인 통계 기반 벡터 공간 모델과 Word2Vec을 적용한 신경망 예측 기반 방식의 강점, 차이 및 한계를 면밀하게 비교 분석하여 이 두 기존 언어 모델이 어휘 의미론에서 정의하는 동사 의미의 구조적 요소와 내용적 요소를 어떻게 포착하는지에 대한 이해의 폭을 넓혔다.

4장에서는 ChatGPT를 활용한 분포 의미 분석을 동사의 논항과 다의성으로 확대하여 COCA에서 추출한 freeze와 break 용례를 대상으로 논항의 의미적·문맥적 특성 및 동사의 다의적 의미가 인과적 사건의 구조적 실현을 어떻게 제약하는지를 분석하였다. 본 연구의 가장 큰 성과는 BERT 기반 동사의 다의적 의의 분포 분석 그리고 대상, 사동주 논항 및 사건의 특성을 동시에 고려하는 다중요인 분석을 통해 사역교체의 본질적 동인과 실현을 결정하는 요인들에 관한 전체적인 그림을 명확하게 그려낸 점이다.

또한 코퍼스 언어학적 연구 수행의 전체 과정에서 생성형 AI와 LLM을 기존의 도구들과 조화롭게 사용하여 언어학적 통찰과 창의성을 구현하는 구체적인 분석 방법론과 실제적인 활용 사례를 제시한 점은 본 저술이 언어 연구 방법론에 크게 기여하는 바라고 할 수 있다. 이 책에서 제시한 연구 단계별 AI 활용 내용을 표로 정리하면 다음과 같다.

1. 코퍼스 구축과 데이터 추출 단계

세부 연구 단계	인공지능 활용	관련 장, 절
코퍼스 구축	• 코퍼스 태깅 및 파싱을 위한 파이썬 코드 제공	2.1
데이터 추출	• 코퍼스 용례 추출을 위한 파이썬 함수와 코드 제공	2.2
탐색적 분석	• 동사별 Sp-값 밀도 분석 및 시각화	2.3

2. 동사 의미의 전반적인 분석 단계

세부 연구 단계	인공지능 활용	관련 장, 절
의미 분석 전 단계	• 사역교체 동사의 공연강도와 교체강도 분석 및 시각화	3.2
벡터 공간 모델 적용 분석	• 분포 의미 분석을 위한 단어 벡터 추출 • 단어 벡터를 사용하여 동사의 분포 의미 분석 및 시각화	3.3
신경망 예측 기반 모델 적용 분석	• Word2Vec 모델 학습 및 단어 벡터 추출용 코드 제공 • 단어 벡터를 사용하여 동사의 분포 의미 분석 및 시각화	3.4

3. 다의어 동사 의미와 논항 특성의 심화 분석 단계

세부 연구 단계	인공지능 활용	관련 장, 절
대상 논항 분석	• 대상 논항의 분포 의미 분석 및 시각화	4.1
동사 의미의 구문 분포 분석	• break와 freeze의 다의적 의의 범주 설정 • 의의의 구문 분포 분석(타동/자동 구문 국한 의의, 타동/자동 구문 우세 의의, 균형 분포 의의)	4.2
BERT 기반 다의성 분석	• 데이터 전처리-BERT 임베딩 추출-차원 축소 및 시각화 • 과정을 자동화하는 파이썬 스크립트 제공	4.3
사동주 논항 분석	• 코퍼스에 출현하지 않는 동사 용례의 웹 검색 • 사동주 유형과 구문 분포 분석 및 시각화	4.4
사역교체의 다중요인 분석	• 변수의 조작화 및 일부 변수의 애노테이션 자동화	4.5.1
	• 나무구조 회귀모형(CIT와 CRF) 적용 모델링, 시각화 및 해석	4.5.2
	• 혼합효과 로지스틱 회귀모형 분석용 R 스크립트와 파이썬 스크립트 제공, 데이터 시각화 및 해석	4.5.3

위에 정리한 대로 생성형 AI와 LLM은 데이터 구축, 추출, 분석의 전 단계에서 강력한 도구가 될 수 있으며, 더 나은 연구 결과를 도출하고 연구의 적용 영역을 확장하는데 기여한다.

그러나 AI와 LLM은 Haber · Poesio(2021), 박명관(2024) 등이 지적한 바와 같이 언어학에서 다루는 정교한 지식 체계를 완전히 재현하고 구현하는데에는 어려움이 있다. 이 같은 한계를 극복하기 위해서 다양한 시도가 이루어지고 있는데, 그 중 대표적인 것이 정교한 의미와 구조 정보를 언어 모델이 학습하는 데이터 세트에 통합시키거나 모델의 입출력으로 사용하여 언어 구조와 분포 표현(신경망 임베딩)을 결합함으로써 모델의 언어 이해와 예측 능력을 향상시키려는 시도들이다(FitzGerald et al. 2015; Rudinger et al. 2018; Schneider et al. 2018; Peters et al. 2019; Song · Wang 2025). 이 책의 4.3절에서 제안한 분포 의미론의 신경-기호학적 확장도 언어 의미의 구조적 특성과 경험 기반 유사성을 동시에 모델링하고자 하는 시도로 이해할 수 있다. 이처럼 언어학적 지식 체계와 신경망 임베딩을 유연하게 결합하는 통합적 접근은 미래 언어 의미 연구의 매우 중요한 방향이 될 것으로 전망되며, 언어학 연구의 중요성을 강조한다.

본 연구의 한계는 사역교체 외의 논항교체 현상을 다루지 않았고, 이미 구축되어 있는 다양한 의미 자원을 충분히 분석에 활용하지 못 한 점이다. 후속 연구에서는 단어와 문장의 의미를 분석하는 것을 넘어 사회문화적 맥락에서의 의미 현상과 언어 사용 연구에 다양한 의미 자원과 AI를 활용하는 방법론을 발전시키고자 한다. 이러한 연구는 궁극적으로 인간의 언어에 대한 깊이 있는 이해와 소통 능력을 향상시키는데 기여할 것이다.

AI를 활용한 연구는 많은 잠재력을 갖고 있지만, AI가 정확하지 않은 정보를 생성할 수 있기 때문에 각별히 주의해야 한다. 이 책에 포함된 연구를 진행하는 과정에서 경험하고 확인한 ChatGPT의 환각 현상(hallucination, 잘못된 정보 생성)은 단순한 사실 부정확성과 사소한 데이터 설명 오류에서부터 매우 중요한 계산, 설명 및 해석 오류와 신뢰하기 어려운 결과물 제공에 이르기까지 다양한 유형을 포함한다. 또한 응답 일관성 유지의 어려움 때문에 동일한 요청에 대해 시각화와 통계 분석 결과가 변동성을 보인다. 따라서 생성형 AI를 기존의 연구 방법이나 도구를 완전히 대체하는 것으로 생각해서는 안 될 것이다. AI를 연구에 활용할 때에는 매우 신중한 검토가 필요하며, 연구자는 AI가 제공하는 정보와 분석 결과물들의 정확성과 신뢰성을 반드시 확인하고 검증할 책임이 있다.

AI 도구의 활용이 학문 연구 과정과 방식에 미치는 변화에 대해 성찰하고 대응하는 것도 장기적으로 매우 중요한 문제이다. AI는 주제 설정, 문헌 검색과 분석, 데이터 분석, 논문 초안 작성과 실험 설계에 이르기까지 다양한 방식으로 연구 과정을 지원하며, 연구용 AI 기술과 도구의 급속한 발전은 논문 작성의 자동화 가능성을 크게 높이고 있다. 이러한 기술의 발달은 양면성을 지니며, 새로운 문제들을 유발할 수 있다. 특히 AI 가 과도하게 사용될 경우, 인간의 독창적 언어와 사고가 희석될 위험이 존재하며, 학문적·언어적 다양성과 창의성이 저하되어 오히려 학문 발전을 저해할 우려도 있다.

AI 기술의 발전이 야기할 수 있는 윤리적 도전을 극복하기 위해서는 기술을 개발하는 기업의 사회적 책임 의식 및 실천과 더불어 연구자와 학계의 노력과 협력이 필요하다. AI의 연구 활용이 점점 더 확산되고 있는 변화된 연구 환경에서 연구자들은 연구의 재현성과 투명성을 확보할 수 있어야 하며, 학술기관은 이를 검증할 수 있는 체계를 갖추고 연구자들이 AI를 책임 있고 올바르게 사용할 수 있도록 지원해야 한다. AI가 유익한 도구이자 동반자로 인간과 상호보완적으로 발전하며 공진화할 수 있을지는 결국 인간의 선택과 노력에 달려 있다.

인간과 AI가 서로에게 유익한 관계를 맺기 위해서는 기술 개발자와 사용자의 역할이 모두 중요하다. AI 모델은 학습 데이터에 의존하기 때문에 이 데이터의 품질이 낮거나 편향되어 있을 경우, 결과물 또한 그러한 특성을 갖게 된다(고학수 2022; 맹성현 2024; 신준석 2024). 따라서 연구자들이 AI를 활용할 때 편향되지 않고 품질이 좋은 데이터로 훈련된 모델을 사용해야 하며, AI의 응답이 신뢰성과 공정성에서 문제가 있을 경우 응답 및 데이터 수정, 추가 훈련 등 적절한 조치를 취하여야 한다. 인간과 AI가 서로 주고받는 언어와 상호작용의 질 또한 매우 중요하다. 김성우(2025)는 프롬프트가 단순히 AI에게 던지는 질문이나 요청이 아니라 기존의 기호와는 다른 수행성(performativity)을 지닌다고 지적하며, 프롬프트의 세 가지 수행성을 다음과 같이 제시하였다.

① 어트랙터(attractor): AI 모델이 무수히 많은 잠재 경로 중 특정한 의미 영역,개념 공간과 어휘 패턴으로 수렴하도록 견인하는 기능

② 익스팬더(expander): AI 모델의 내부 잠재 지식(학습된 연결망)에서 새로운 연관을 불러 일으켜 확장된 가능성을 열어 주는 기능

③ 트랜스포머(transformer): 프롬프트에 의해 AI 모델과 사용자의 상태가 상호적으로 변하면서 대화 전개 양상이나 지식 구조, 사고 방식까지 유기적이며 순환적으로 변용하는 기능

프롬프트가 가진 행위성의 핵심은 인간과 AI 모델의 상호작용 속에서 서로의 상태를 지속적으로 변화시키며 확장된 가능성을 열어 주는 기능이다. 생성형 AI와의 깊이 있는 상호작용을 경험해 본 사용자들은 누구나 프롬프트의 위 세 가지 행위성에 공감할 수 있을 것이라고 생각된다. 이 내용을 접하고 필자는 "AI를 잘 사용하는 능력"은 AI로부터 원하는 결과물을 얻어내는 능력을 넘어 AI가 신뢰성과 안정성을 유지하고 향상시킬 수 있도록 AI를 잘 제어하고 이끌 수 있는 능력이라는 결론에 도달하였다. 연구의 미래, 어쩌면 인간의 미래도 AI 자체가 아니라 인간이 AI를 제어하고 이끌 수 있는 능력을 얼마나 갖출 수 있는지에 의해 좌우될 수 있겠다는 생각을 하며 이 책을 마무리한다.

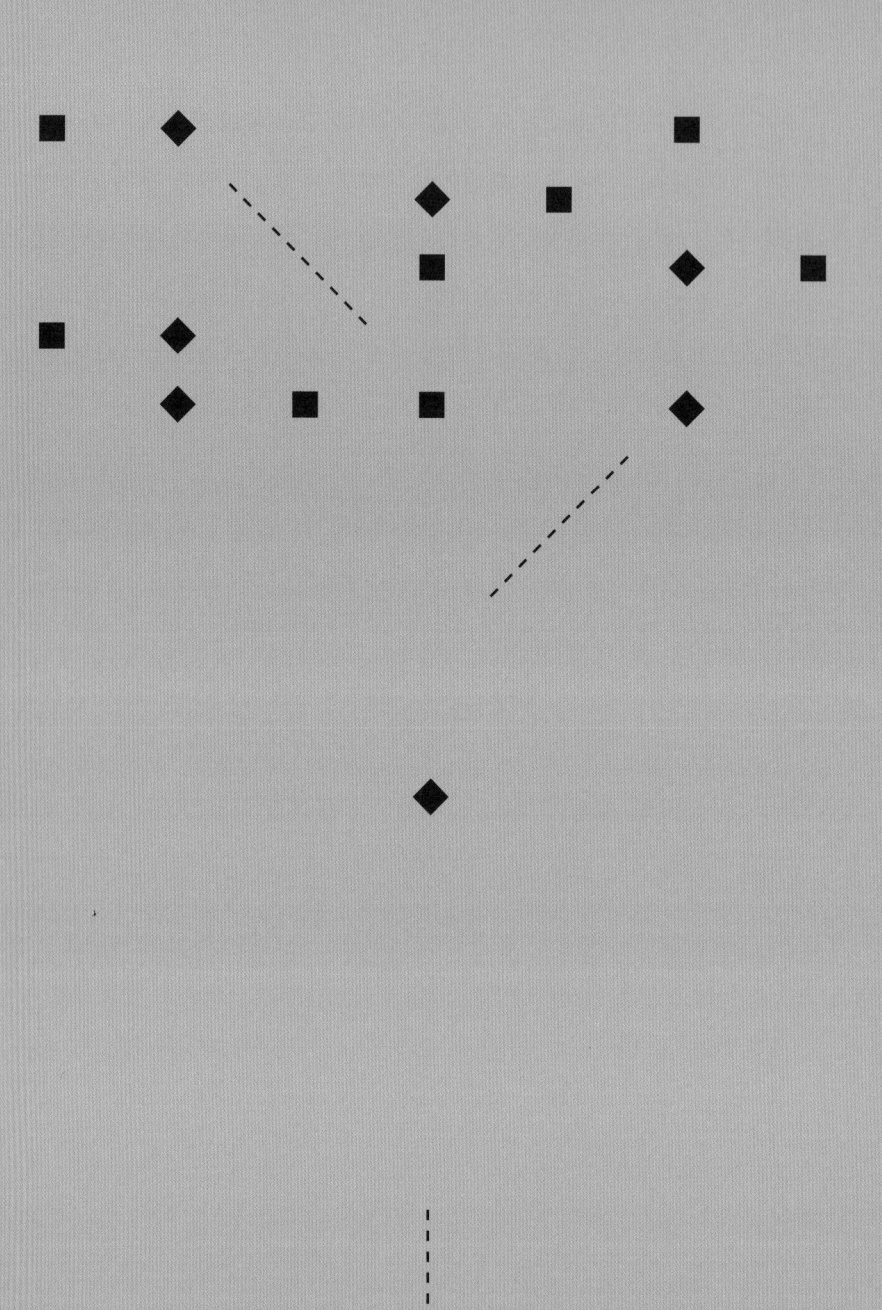

연구 맞춤형
GPT 제작

부록의 이 장에서는 GPT(My GPTs)를 제작하는 과정을 설명한다. 사용자의 필요를 반영한 맞춤형 GPT 제작은 아래의 세 단계를 거쳐 이루어진다.

1. OpenAI의 ChatGPT 사이트에 접속하여 로그인한다.
   https://chatgpt.com
2. 접속 후 마주하는 화면 왼쪽 사이드 바를 누르면 메뉴가 펼쳐진다. 이 중에서 'GPT 탐색(Explore GPTs)'에 들어가 오른쪽 화면 상단에 위치한 '만들기(Create a GPT)'를 클릭한다.
3. '만들기' 탭과 '구성' 탭으로 들어가 내용을 채운다.
   - '만들기': 무엇을 만들고 싶은 지 물어보는 질문에 대해 대화창에 답변을 입력하면, 입력 내용을 토대로 만들고자 하는 GPT의 이름과 용도 등에 대해 제안해 준다. 이 제안을 '구성' 탭에 들어 갈 내용의 초안으로 활용할 수 있다.
   - '구성': GPT 이름, 설명, 지침, 대화 스타터 등을 채우고, GPT가 답변 생성에 참고할 자료를 지식에 올린다. '작업' 추가 →'새 작업 만들기'

를 사용하면 외부 API를 호출해서 결과를 가져오는 기능을 GPT에 추가할 수 있다.

이제 이 연구에서 사용한 파이썬 코드 생성과 코퍼스 분석용 GPT를 제작하는 과정을 예시하도록 한다.

1. 'GPT 탐색(Explore GPTs)'에 들어가 오른쪽 화면 상단에 위치한 '만들기(Create a GPT)'를 클릭하여 제작을 시작한다([그림 1]).

내 GPT   + 만들기

GPT

지시 사항이나 지식 보강은 물론, 온갖 스킬을 다양하게 조합한 ChatGPT의 맞춤형 버전을 탐색하고 만들어 보세요.

Q GPT 검색

[그림 1] GPT 제작 화면-1

2. '만들기' 탭에 들어가 무엇을 만들고 싶은 지 물어보는 질문에 대해 대화 창에 다음과 같이 입력한다([그림 2]): "GPT specialized in corpus extraction and analysis in Python"

새 GPT
● 초안

만들기   구성

Hi! I'll help you build a new GPT. You can say something like, "make a creative who helps generate visuals for new products" or "make a software engineer who helps format my code."

What would you like to make?

[그림 2] GPT 제작 화면-2

3. 입력한 답변을 토대로 GPT 이름과 GPT의 용도에 대한 간략한 설명 및 대화 스타터로 쓰일 수 있는 질문들을 제안해 준다. GPT의 용도 설명과 대화 스타터로 쓰일 수 있는 질문은 아래 [그림 3]과 같이 '만들기' 탭에서는 보이지 않고, 다음에 설명할 '구성' 탭에서 볼 수 있다. 오른쪽 미리보기 화면이 작동하면 제작 과정이 실시간으로 보여 진다.

새 GPT
● 초안

만들기	구성

Hi! I'll help you build a new GPT. You can say something like, "make a creative who helps generate visuals for new products" or "make a software engineer who helps format my code."

What would you like to make?

GPT specialized in corpus extraction and analysis in Python

Great! Now, let's pick a name. How about **Corpus Analyst GPT**? Would you like to go with that or change it?

[그림 3] GPT 제작 화면-3

4. 사용자의 답변을 반영하여 GPT 프로필 이미지를 생성한다([그림 4]).

399

만들기   구성

I'd like Python for Corpus Analysis better.

Here's the profile picture for **Python for Corpus Analysis**. Would you like to make any changes to it, or should we move on?

[그림 4] GPT 제작 화면-4

5.   GPT가 할 일과 피해야 할 일을 묻는 질문에 아래 [그림 5]에 있는 것과 같이 답변한다.

Python for Corpus Analysis
● 초안

만들기   구성

Awesome! Now let's refine how this GPT should respond. First, what should it focus on or avoid when helping with corpus analysis?

> GPT는 사용자가 지식에 올린 파싱된 코퍼스에서 사용자
> 가 지정하는 언어 패턴을 추출하는 파이썬 코드를 작성하
> 는 일을 해. 사용자가 포함시키라고 하는 데이터는 반드
> 시 포함하고, 제외하라는 데이터는 제외시키는 코드를 작
> 성해야 해. 이 외에도 추출한 코퍼스 데이터를 대상으로
> 다양한 분석과 시각화를 수행하는 일을 해.

이제 **Python for Corpus Analysis**는 준비 완료입니다. 오른쪽 미리보기에서 직접 사용해 보세요. 개선하거나 바꾸고 싶은 점이 있나요?

[그림 5] GPT 제작 화면-5

6. '구성' 탭을 클릭하면 아래 [그림 6]과 같이 '만들기' 탭에서 정하거나 제안 받은 내용들로 각 부분들이 채워져 있음을 볼 수 있다.

[그림 6] GPT 제작 화면-6

7. 구성 창의 각 부분을 연구 목적에 맞게 수정하여 채운다([그림 7]).

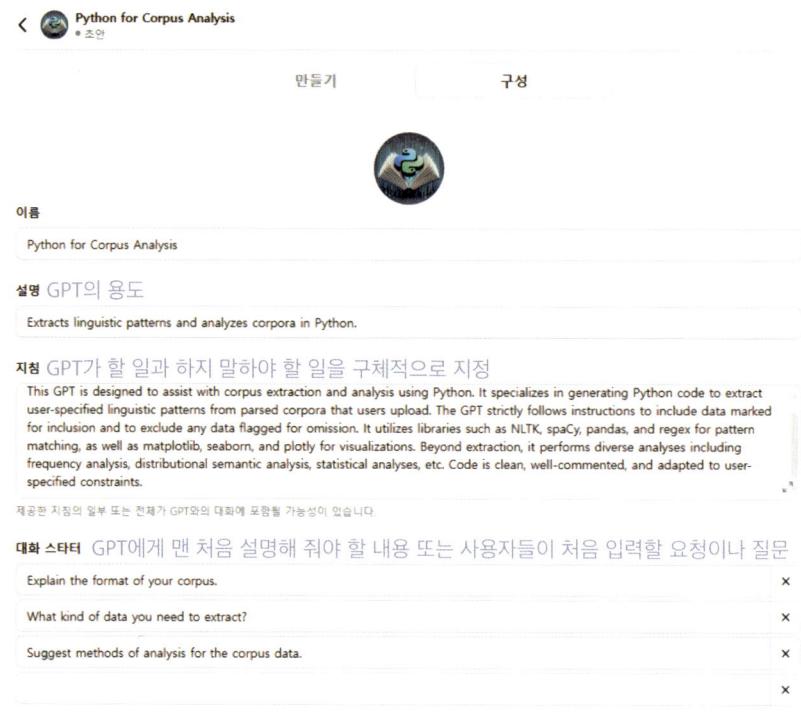

[그림 7] GPT 제작 화면-7

8. 구성 창 하단에 있는 '지식(Knowledge)'에 데이터를 추출할 코퍼스 파일을
   업로드한다. 논문, 다른 데이터 세트 등 참조용 자료도 업로드할 수도 있다
   ([그림 8]).

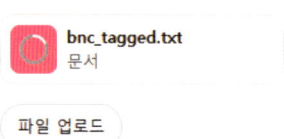

[그림 8] GPT 제작 화면-8

9. '기능(Capabilities)'에는 작동 중에 웹 검색을 허용할 것인지, 작성하는 메시지의 편집 기능을 사용할 것인지, 필요 시 또는 요청 시 그림을 그리는 것을 허용할 것인지, 파이썬 가동을 허용할 것인지를 정해 놓을 수 있는 체크박스들이 있다. 웹 검색, 캔버스와 코드 인터프리터 및 데이터 분석을 활성화하고, 4o 이미지 생성을 비활성화한다([그림 9]).

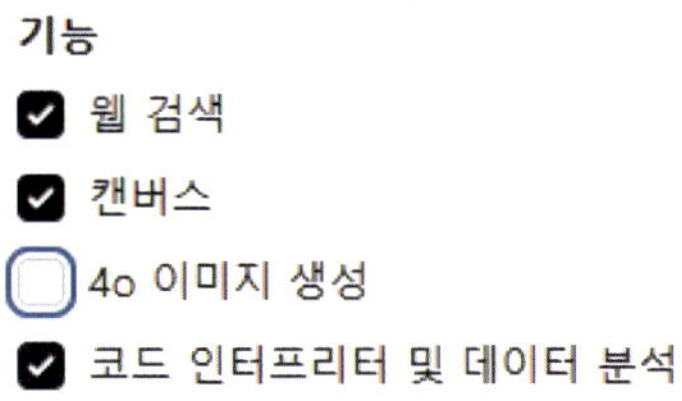

기능
- ☑ 웹 검색
- ☑ 캔버스
- ◯ 4o 이미지 생성
- ☑ 코드 인터프리터 및 데이터 분석

[그림 9] GPT 제작 화면-9

10. '작업'의 '새 작업 만들기'는 기능은 GPT가 외부의 실시간 정보나 기능에 접근할 수 있게 해주는 고급 확장 기능이다. GPT가 자체적으로 할 수 없는 일을 외부 API 서버에 요청을 보내서 처리하도록 만들 때 필요하다. 우리가 GPT에게 요청할 작업들은 GPT 자체 처리가 가능하므로 '작업' 기능은 사용하지 않기로 한다.

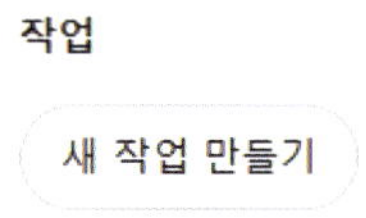

작업

새 작업 만들기

[그림 10] GPT 제작 화면-10

11. 오른쪽 화면 상단의 '만들기'를 눌러 GPT 제작을 완료한다([그림 11]).

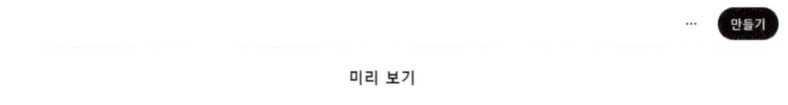

미리 보기

[그림 11] GPT 제작 화면-11

12. ChatGPT 화면 좌측 상단에 내가 만든 GPT가 고정된다([그림 12]).

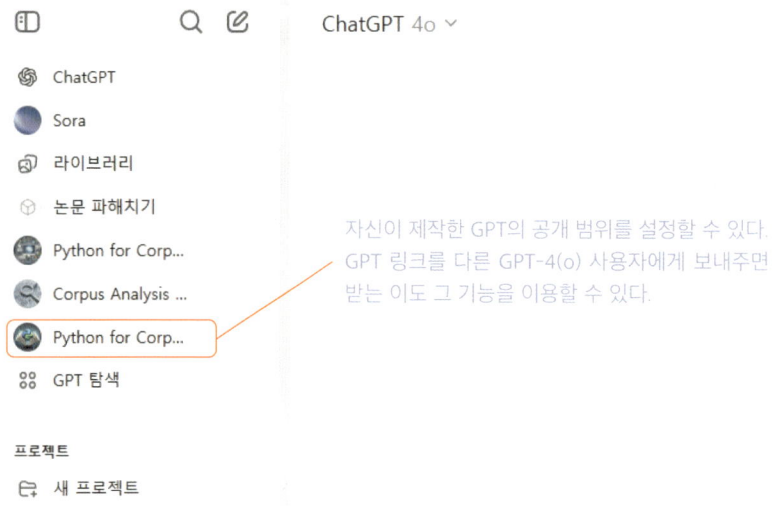

[그림 12] GPT 제작 화면-12

13. 대화창에 @를 입력하면 자신이 만든 GPT와 최근에 불러온 GPT 목록이
나타난다. 이 중에서 원하는 것을 선택해서 사용할 수도 있다([그림 13]).

준비되면 얘기해 주세요.

[그림 13] GPT 제작 화면-13

14. GPT 테스트

• 대화 스타터의 질문/요청을 선택해 '지식'에 올린 BNC 파일의 구조를 이해하
고 처리할 수 있는지 확인한다. 논문이나 다른 업로드한 자료들에 대해서도
이해 정도를 확인한다. ChatGPT의 답변에 때로는 환각(hallucination, 잘못된 정
보 생성)도 있으니 오류가 있는지 확인한다.

• 아래에 GPT에게 BNC 데이터 구조에 대해 설명해 주고, 파싱된 코퍼스에서 첫
번째 문장과 두번째 문장을 제시하라고 요청하여 얻은 결과를 공유한다. 이
요청에 대한 GPT가 정확한 답변을 내놓은 것을 확인할 수 있다.

The uploaded corpus is in a format known as the CoNLL-U format.
Such a metadata file contains splitted sentences specifying various
types of information about each of the words in the sentence In
this file each sentence begins with a tag <s id="n"> and ends with
a tag </s>. Each column below the tag <s id="n"> specifies
following information about each word in the sentence.
1st column: the word's form
2nd column: the word's part-of-speech (pos)

3rd column: the word's lemma
4th column: word id
5th column: head id
6th column: the word's head
7th column: the word's dependency relation (deprel)

It is very important to understand the structure of this file.

Read the corpus file and give me the first sentence; it is surrounded by <s id="1"> and </s>.

[그림 14] GPT 테스트-1(사용자의 요청)

The structure of the file is indeed as described in the CoNLL-U format. Here's the first sentence:

```perl
                                                                      복사      편집
<s id="1">
Reports      NOUN    report    1    8   say     nsubj
about        ADP     about     2    6   accidents   case
light        NOUN    light     3    6   accidents   compound
aircraft     NOUN    aircraft  4    5   landing     compound
landing      NOUN    landing   5    6   accidents   compound
accidents    NOUN    accident  6    1   Reports     nmod
often        ADV     often     7    8   say         advmod
say          VERB    say       8    0   root        root
that         SCONJ   that      9    12  bounced     mark
the          DET     the       10   11  aircraft    det
aircraft     NOUN    aircraft  11   12  bounced     nsubj
bounced      VERB    bounce    12   8   say         ccomp
or           CCONJ   or        13   14  ballooned   cc
ballooned    VERB    balloon   14   12  bounced     conj
,            PUNCT   ,         15   16  pitched     punct
pitched      VERB    pitch     16   12  bounced     conj
nose         NOUN    nose      17   19  down        compound
-            PUNCT   -         18   19  down        punct
down         ADP     down      19   16  pitched     compound:prt
</s>
```

This sentence contains tokens like "Reports," "about," "light," etc., with their corresponding part-of-speech tags, lemmas, word IDs, head IDs, head words, and dependency relations. [≻-]

[그림 15] GPT 테스트-2(GPT 응답)

Good. Do the same with the second sentence.

[그림 16] GPT 테스트-3(사용자의 요청)

Here is the second sentence from the corpus:

```bash
<s id="2">
Avoid      VERB    avoid       1    0    root        root
bouncing   VERB    bounce      2    1    Avoid       xcomp
up         ADP     up          3    2    bouncing    compound:prt
and        CCONJ   and         4    5    down        cc
down       ADV     down        5    3    up          conj
because    SCONJ   because     6    12   wait        mark
an         DET     a           7    9    performer   det
élite      NOUN    élite       8    9    performer   compound
performer  NOUN    performer   9    12   wait        nsubj
will       AUX     will        10   12   wait        aux
simply     ADV     simply      11   12   wait        advmod
wait       VERB    wait        12   1    Avoid       advcl
until      SCONJ   until       13   16   moving      mark
you        PRON    you         14   16   moving      nsubj
are        AUX     be          15   16   moving      aux
moving     VERB    move        16   12   wait        advcl
upwards    ADV     upwards     17   16   moving      advmod
before     SCONJ   before      18   19   driving     mark
driving    VERB    drive       19   16   moving      advcl
in         ADP     in          20   19   driving     compound:prt
with       ADP     with        21   24   attack      case
a          DET     a           22   24   attack      det
strong     ADJ     strong      23   24   attack      amod
attack     NOUN    attack      24   19   driving     obl
.          PUNCT   .           25   1    Avoid       punct
</s>
```

This sentence gives an example of a complex structure involving multiple clauses and dependencies. Each word is accompanied by its part-of-speech tag, lemma, word ID, head word, and dependency relation. [♭-]

[그림 17] GPT 테스트-3(GPT 응답)

407

15. 파이썬 코드 생성 및 코퍼스 데이터 추출 실험

• 제작한 "Python for Corpus Analysis" GPT를 사용하여 사역교체 동사가 본
  동사로 쓰인 용례와 타동사, 자동사 및 수동 구문 용례를 추출하는 파이썬 코
  드를 생성해 본다.

• 2.2.2절에 제시된 함수 작성 요청 프롬프트를 순차적으로 입력하여 코드를 생
  성하고, GPT가 제안하는 코드를 코랩에서 실행하여 데이터 추출이 성공적인
  지 테스트한다. 코드 생성이나 데이터 추출이 성공적이지 않을 경우 어떤 문
  제가 발생하는지 그리고 문제의 원인이 무엇인지 GPT와 Gemini에게 질의하
  여 수정하는 과정을 거친다.

• 최종 결과를 2.2.2절의 데이터 추출 결과와 비교한다.

T-SNE가 적용된
의미 지도 생성

부록의 이 장에서는 t-SNE를 적용하여 상태변화 동사들의 계층적 군집 분석 결과를 시각화한 의미 지도를 생성하는 방법을 기술한다. 3.2.1절에서 소개한 바와 같이 t-SNE는 고차원 공간에서 학습된 단어 벡터를 2차원 또는 3차원으로 축소하여 시각적으로 표현하는 기법이다. t-SNE는 특유의 복잡한 연산 구조를 갖고 있어 저차원 표현을 최적의 분포로 수렴시키는데 오랜 시간과 자원이 소모된다. 각 코드 실행에 시간 제한이 있는 GPT 환경은 이런 시간 지연을 감지하고 t-SNE 시각화 시도를 자동 중단한다. 이럴 경우 GPT는 대안 중의 하나로 사용자의 로컬 컴퓨터에서 시각화를 할 수 있도록 사용자 맞춤형 코드북을 제공한다. 여기서는 GPT 가 제공한 코랩용 스크립트를 실행하여 t-SNE가 적용된 의미 지도를 생성하는 과정을 소개한다.

우리가 사용할 GPT 의 코랩용 t-SNE + 계층적 군집 분석 코드북은 다음과 같은 기능을 수행한다.

- 분포 의미 벡터 로딩(파일 업로드 방식)

- 코사인 유사도 기반 거리 행렬 생성

- t-SNE로 의미 공간 투영

- 계층적 군집 분석(ward linkage, k=5)

- 동사 레이블 포함 의미 지도 시각화

주석을 포함한 전체 코드를 제시하면 아래와 같다.

```python
# 🔧 설치 (처음 1회만 필요)
!pip install scikit-learn pandas matplotlib scipy

# 📤 파일 업로드
from google.colab import files
uploaded = files.upload()
```

```python
# 📄 CSV 파일 불러오기
import pandas as pd
import numpy as np
import matplotlib.pyplot as plt
from sklearn.metrics.pairwise import cosine_similarity
from sklearn.manifold import TSNE
from scipy.cluster.hierarchy import linkage, fcluster, dendrogram

# 파일명 추출
filename = list(uploaded.keys())[0]

# 데이터 로딩
df = pd.read_csv(filename, index_col=0)
verbs = df.index.tolist()
X = df.values
```

```python
python                                              복사    편집

# 🔲 유사도 → 거리 행렬 계산
sim_matrix = cosine_similarity(X)
dist_matrix = np.sqrt(np.maximum(0, 1 - sim_matrix))
```

```python
python                                              복사    편집

# 🔲 t-SNE 실행 (적절한 파라미터로)
tsne = TSNE(n_components=2, metric='precomputed',
            perplexity=30, n_iter=1000, random_state=42,
            init='random')
coords_tsne = tsne.fit_transform(dist_matrix)
```

```python
python                                              복사    편집

# 🔲 계층적 군집 분석 + 시각화
Z = linkage(coords_tsne, method='ward')
clusters = fcluster(Z, 5, criterion='maxclust')  # 클러스터 수 조정 가능

# 시각화
colors = plt.cm.tab10(clusters.astype(float) / max(clusters))
plt.figure(figsize=(10, 7))
plt.title("t-SNE Semantic Map (COS Verbs, Hierarchical Clustering k=5)")

for i, (x, y) in enumerate(coords_tsne):
    plt.scatter(x, y, color=colors[i], s=60)
    plt.text(x, y, verbs[i], fontsize=9, color=colors[i])

plt.grid(True, linestyle='--', alpha=0.5)
plt.tight_layout()
plt.show()
```

위의 코드를 하나씩 코랩 코드셀에 입력한 후 실행 아이콘을 클릭하면 결과를 볼 수 있다. 먼저 필요한 라이브러리를 설치하기 위한 코드를 실행하면 [그림 1]과 같이 설치 결과가 나타난다. 화면 하단의 "파일 선택" 아이콘을 클릭한 후 로컬 컴퓨터에서 분석할 단어와 단어 벡터가 저장된 파일(.csv 파일)을 선택하여 업로드한다.

```
!pip install scikit-learn pandas matplotlib scipy

# 📁 파일 업로드
from google.colab import files
uploaded = files.upload()
```

```
Requirement already satisfied: scikit-learn in /usr/local/lib/python3.11/dist-packages (1.6.1)
Requirement already satisfied: pandas in /usr/local/lib/python3.11/dist-packages (2.2.2)
Requirement already satisfied: matplotlib in /usr/local/lib/python3.11/dist-packages (3.10.0)
Requirement already satisfied: scipy in /usr/local/lib/python3.11/dist-packages (1.14.1)
Requirement already satisfied: numpy>=1.19.5 in /usr/local/lib/python3.11/dist-packages (from scikit-learn) (2.0.2)
Requirement already satisfied: joblib>=1.2.0 in /usr/local/lib/python3.11/dist-packages (from scikit-learn) (1.4.2)
Requirement already satisfied: threadpoolctl>=3.1.0 in /usr/local/lib/python3.11/dist-packages (from scikit-learn) (3.6.0)
Requirement already satisfied: python-dateutil>=2.8.2 in /usr/local/lib/python3.11/dist-packages (from pandas) (2.8.2)
Requirement already satisfied: pytz>=2020.1 in /usr/local/lib/python3.11/dist-packages (from pandas) (2025.2)
Requirement already satisfied: tzdata>=2022.7 in /usr/local/lib/python3.11/dist-packages (from pandas) (2025.2)
Requirement already satisfied: contourpy>=1.0.1 in /usr/local/lib/python3.11/dist-packages (from matplotlib) (1.3.1)
Requirement already satisfied: cycler>=0.10 in /usr/local/lib/python3.11/dist-packages (from matplotlib) (0.12.1)
Requirement already satisfied: fonttools>=4.22.0 in /usr/local/lib/python3.11/dist-packages (from matplotlib) (4.57.0)
Requirement already satisfied: kiwisolver>=1.3.1 in /usr/local/lib/python3.11/dist-packages (from matplotlib) (1.4.8)
Requirement already satisfied: packaging>=20.0 in /usr/local/lib/python3.11/dist-packages (from matplotlib) (24.2)
Requirement already satisfied: pillow>=8 in /usr/local/lib/python3.11/dist-packages (from matplotlib) (11.1.0)
Requirement already satisfied: pyparsing>=2.3.1 in /usr/local/lib/python3.11/dist-packages (from matplotlib) (3.2.3)
Requirement already satisfied: six>=1.5 in /usr/local/lib/python3.11/dist-packages (from python-dateutil>=2.8.2->pandas) (1.17.0)
```

파일 선택 선택된 파일 없음   Cancel upload

[그림 1] 코랩 코드 실행 화면-1

벡터 파일이 업로드되면 [그림 2]와 같이 "파일 선택" 아이콘 아래에
결과가 나타난다.

```
!pip install scikit-learn pandas matplotlib scipy

# 📁 파일 업로드
from google.colab import files
uploaded = files.upload()
```

```
Requirement already satisfied: scikit-learn in /usr/local/lib/python3.11/dist-packages (1.6.1)
Requirement already satisfied: pandas in /usr/local/lib/python3.11/dist-packages (2.2.2)
Requirement already satisfied: matplotlib in /usr/local/lib/python3.11/dist-packages (3.10.0)
Requirement already satisfied: scipy in /usr/local/lib/python3.11/dist-packages (1.14.1)
Requirement already satisfied: numpy>=1.19.5 in /usr/local/lib/python3.11/dist-packages (from scikit-learn) (2.0.2)
Requirement already satisfied: joblib>=1.2.0 in /usr/local/lib/python3.11/dist-packages (from scikit-learn) (1.4.2)
Requirement already satisfied: threadpoolctl>=3.1.0 in /usr/local/lib/python3.11/dist-packages (from scikit-learn) (3.6.0)
Requirement already satisfied: python-dateutil>=2.8.2 in /usr/local/lib/python3.11/dist-packages (from pandas) (2.8.2)
Requirement already satisfied: pytz>=2020.1 in /usr/local/lib/python3.11/dist-packages (from pandas) (2025.2)
Requirement already satisfied: tzdata>=2022.7 in /usr/local/lib/python3.11/dist-packages (from pandas) (2025.2)
Requirement already satisfied: contourpy>=1.0.1 in /usr/local/lib/python3.11/dist-packages (from matplotlib) (1.3.1)
Requirement already satisfied: cycler>=0.10 in /usr/local/lib/python3.11/dist-packages (from matplotlib) (0.12.1)
Requirement already satisfied: fonttools>=4.22.0 in /usr/local/lib/python3.11/dist-packages (from matplotlib) (4.57.0)
Requirement already satisfied: kiwisolver>=1.3.1 in /usr/local/lib/python3.11/dist-packages (from matplotlib) (1.4.8)
Requirement already satisfied: packaging>=20.0 in /usr/local/lib/python3.11/dist-packages (from matplotlib) (24.2)
Requirement already satisfied: pillow>=8 in /usr/local/lib/python3.11/dist-packages (from matplotlib) (11.1.0)
Requirement already satisfied: pyparsing>=2.3.1 in /usr/local/lib/python3.11/dist-packages (from matplotlib) (3.2.3)
Requirement already satisfied: six>=1.5 in /usr/local/lib/python3.11/dist-packages (from python-dateutil>=2.8.2->pandas) (1.17.0)
```

파일 선택 cos_verbs_di...nal_model.csv
• **cos_verbs_distributional_model.csv**(text/csv) - 180725 bytes, last modified: 2025. 4. 9. - 100% done
Saving cos_verbs_distributional_model.csv to cos_verbs_distributional_model.csv

[그림 2] 코랩 코드 실행 화면-2

다음으로 [그림 3]과 같이 벡터 파일을 불러와 데이터를 로딩하는 코
드를 실행한다.

```
✓ ▶   #   CSV 파일 불러오기
2초     import pandas as pd
       import numpy as np
       import matplotlib.pyplot as plt
       from sklearn.metrics.pairwise import cosine_similarity
       from sklearn.manifold import TSNE
       from scipy.cluster.hierarchy import linkage, fcluster, dendrogram

       # 파일명 추출
       filename = list(uploaded.keys())[0]

       # 데이터 로딩
       df = pd.read_csv(filename, index_col=0)
       verbs = df.index.tolist()
       X = df.values
```

[그림 3] 코랩 코드 실행 화면-3

이제 [그림 4]와 같이 거리 행렬을 계산하여 단어 벡터의 유사도를 계산하는 코드를 실행한다.

```
✓ ▶   # 🔲 유사도 → 거리 행렬 계산
0초     sim_matrix = cosine_similarity(X)
       dist_matrix = np.sqrt(np.maximum(0, 1 - sim_matrix))
```

[그림 4] 코랩 코드 실행 화면-4

마지막으로 [그림 5]와 같이 계층적 군집 분석을 수행하고 그 결과를 시각화하는 코드를 실행한다. 이 코드의 실행 결과 코드셀 바로 아래에 [그림 6]과 같은 t-SNE 의미 지도가 생성된다.

```
# 📊 계층적 군집 분석 + 시각화
from sklearn.manifold import TSNE

# Calculate t-SNE coordinates
tsne = TSNE(n_components=2, random_state=42)  # You can adjust parameters if needed
coords_tsne = tsne.fit_transform(dist_matrix)  # Use dist_matrix calculated previously

Z = linkage(coords_tsne, method='ward')
clusters = fcluster(Z, 5, criterion='maxclust')  # 클러스터 수 조정 가능

# 시각화
colors = plt.cm.tab10(clusters.astype(float) / max(clusters))
plt.figure(figsize=(10, 7))
plt.title("t-SNE Semantic Map (COS Verbs, Hierarchical Clustering k=5)")

for i, (x, y) in enumerate(coords_tsne):
    plt.scatter(x, y, color=colors[i], s=60)
    plt.text(x, y, verbs[i], fontsize=9, color=colors[i])

plt.grid(True, linestyle='--', alpha=0.5)
plt.tight_layout()
plt.show()
```

[그림 5] 코랩 코드 실행 화면-5

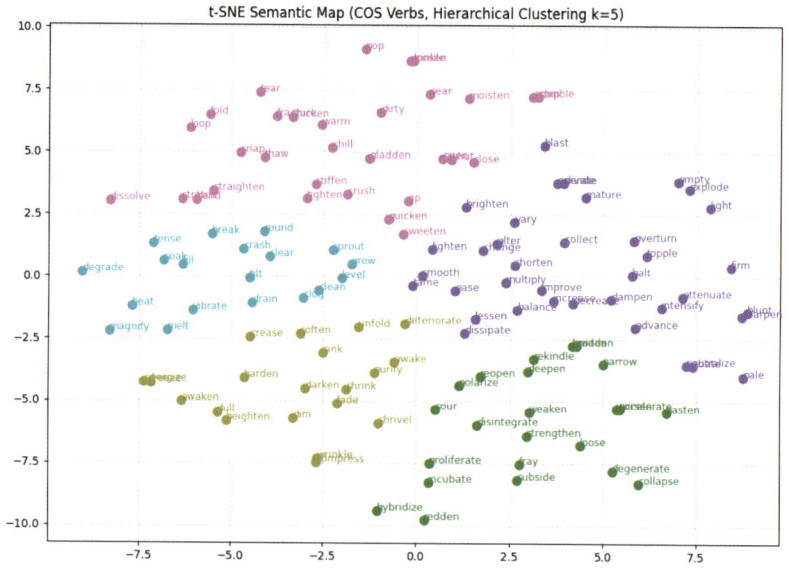

[그림 6] 상태변화 동사의 t-SNE 의미 지도

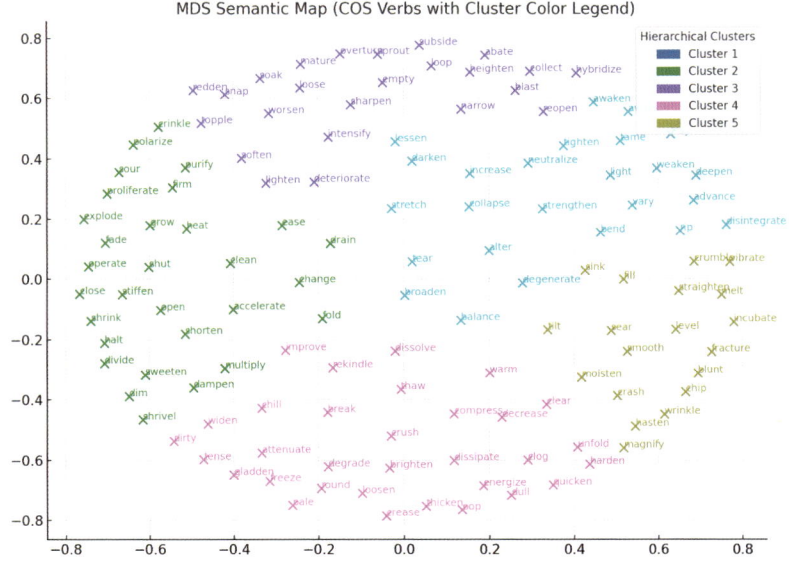

[그림 7] 상태변화 동사의 MDS 의미 지도

위의 t-SNE 의미 지도를 [그림 7](3.2.2절의 [그림 3])에 제시된 MDS 의미 지도와 비교해 보자. 이 두 의미 지도는 동일한 계층적 군집 분석 결과를 다른 방식으로 시각화한 것이다. 다시 말하면, 두 의미 지도에서 같은 동사가 같은 군집을 이루고 있어 동사가 속해 있는 군집 번호가 같지만, 군집의 지도상 위치가 다르다. 또한 두 의미 지도를 자세히 비교하면 군집의 내부 밀집도와 군집 간 경계/거리도 차이가 있다. [그림 6]의 t-SNE 의미 지도에서 같은 군집에 속하는 동사들이 더 가까이 모여 있고, 군집 간 경계가 더 선명하다. t-SNE 의미 지도에서 군집 간 거리는 분리 의미만 있고, 축도 수학적 축일 뿐 개념적 의미는 없다. 이 같은 차이는 t-SNE가 근접 구조를 강조하는 국소적 구조 중심 시각화 기법인 반면, MDS는 전체적인 거리 구조를 보존하는 방식이기 때문에 나타나는 차이이다. 따라서 t-SNE

기법은 축 해석이 중요하지 않은 군집 기반 분석에 주로 사용되며, 축의 개념적 해석이 중요한 연구에는 MDS 의미 지도 시각화가 더 적합하다고 할 수 있다.

지금까지 우리는 GPT 환경에서 실행이 제한된 t-SNE 시각화 코드를 코랩에서 실행하여 분포 의미 분석을 시각적으로 수행하는 방법을 살펴보았다. 위에 제시한 코드에서 군집의 수, 군집 분석 방법, 업로드할 벡터 파일 및 분석할 단어를 사용자의 필요에 맞게 수정하여 다른 단어의 분포를 시각화할 때에도 동일한 절차를 적용하여 스크립트를 활용할 수 있다.

COCA에서
동사 용례 추출하기

부록의 이 장에서는 COCA에서 제공되는 'Browse' 기능을 사용하여 동사 freeze의 용례를 추출하는 방법을 기술한다.

1. 코퍼스 사이트(https://www.english-corpora.org/coca/)에 접속한다. 아래 [그림 1]은 이 사이트에 방문하면 처음 나타나는 화면이다. 오른쪽 상단의 첫 번째 항목 사람 모양 아이콘을 클릭하여 사용자 등록을 한 후에 로그인을 하면 코퍼스를 사용할 수 있다.

[그림 1] COCA 화면-1

2. 로그인 후에 왼편 상단의 "Search"를 클릭한다. [그림 2]는 "Search"를 클릭한 후에 나타나는 화면이다. 이 화면 왼편 메뉴의 4번째 항목 "Browse"를 클릭하면 검색가능한 환경으로 바뀐다.

[그림 2] COCA 화면-2

3. 이 상태에서 [그림 3]과 같이 "Word form" 입력창 안에 검색 단어의 기본
형(lemma)을 입력하고, "Part of speech" 선택 항목 중에서 Verb를 선택하
여 활성화한다. 우리가 필요한 용례는 동사 용례이므로 나머지 항목은 비
활성화하고, 하단의 "Show all words"를 누르면 검색이 실행된다.

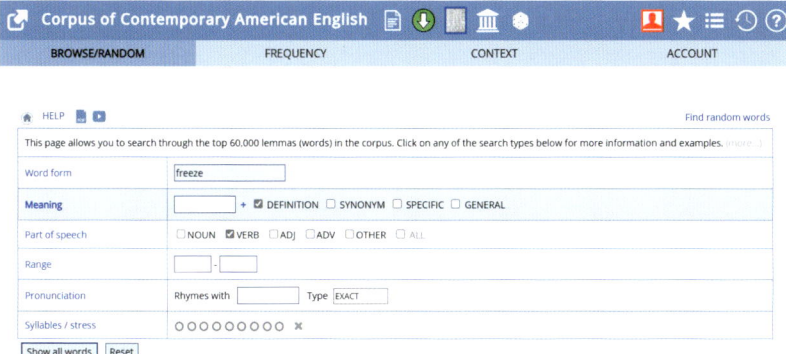

[그림 3] COCA 화면-3

4. 실행 후에 나타나는 화면 하단에 검색 결과 중 일부를 요약하여 보여주는 표가 나타난다([그림 4]). 이 표의 두 번째 열에 위치한 검색어 "freeze"를 클릭하면 [그림 5]와 같이 다양한 검색 실행 결과를 보여주는 화면을 만난다.

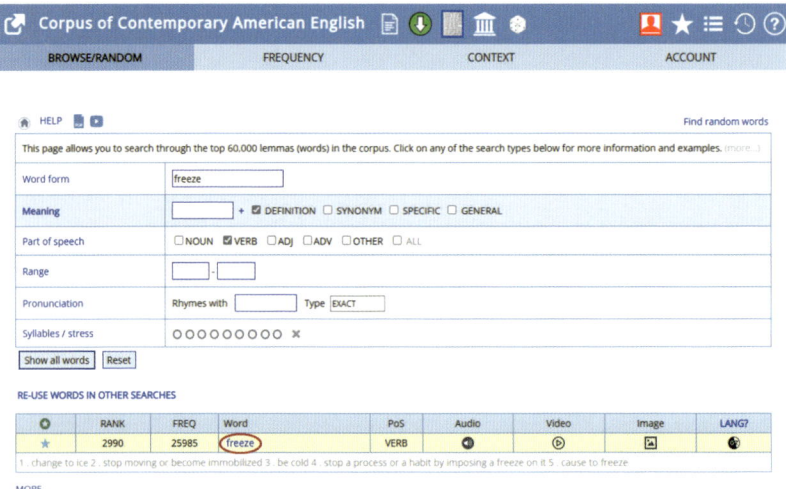

[그림 4] COCA 화면-4

[그림 5] COCA 화면-5

5. 검색 결과를 보여주는 화면 하단으로 이동하면 검색어를 중심으로 용례들
   이 나열된 어구색인 선(concordance lines)에 동사 freeze의 용례들이 제시
   된다. [그림 6]과 같이 "more"를 클릭하면 [그림 7]과 같은 화면이 나타난
   다. 여기에서 "#lines" 우측에 위치한 숫자들을 클릭하면 검색된 용례 수를
   확인할 수 있다.

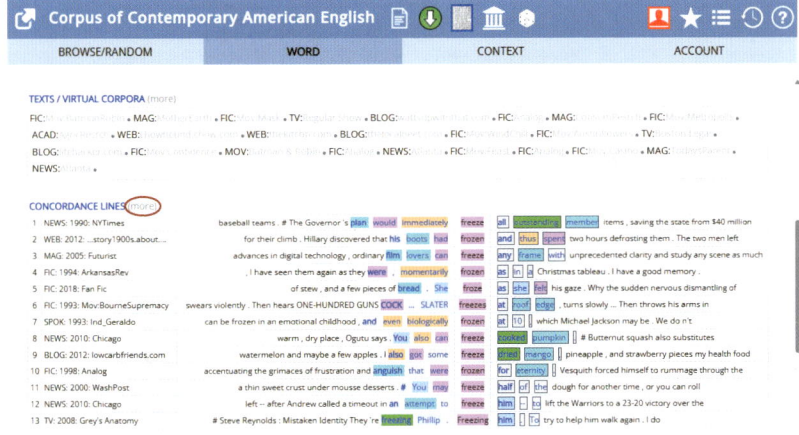

[그림 6] COCA 화면-6

[그림 7] COCA 화면-7

6. 1000을 클릭한 후 나타나는 화면의 가장 하단으로 이동하면 [그림 8]과 같
    이 총 861개의 용례가 검색되어 제시되어 있는 것을 확인할 수 있다.

[그림 8] COCA 화면-8

위의 절차를 다른 동사 용례 추출에도 적용하여 추출한 용례들을 대
상으로 다양한 분석을 시도할 수 있다.

참고문헌

고학수. 2022. 『AI는 차별을 인간에게서 배운다』. 서울: 21세기 북스.

김성우. 2025. 인간의 언어와 인공지능의 언어: 공통점과 차이점 그리고 공진화. 『2025년 한국 사회언어학회·담화인지언어학회 봄 공동 학술대회 발표 논문집』, 2-53.

김장현·김민철. 2023. 『문과생을 위한 인공지능 입문』. 서울: 에이콘 출판.

맹성현. 2024. 『AGI 시대와 인간의 미래』. 서울: 헤이북스.

박명관. 2024. 『언어학이 만나는 인공신경망 언어 모델』. 서울: 동국대학교 출판부.

박응용. 2023. 『점프 투 파이썬』. 서울: 이지스 퍼블리싱.

신준석. 2024. 『ChatGPT와 생성형 인공지능을 활용한 논문 작성법』. 서울: 퍼플.

윤태진. 2020. 분산 표현을 통한 서법 조동사 유사도 분석. 『인문언어』 22(2), 179-200.

이기창. 2020. 『한국어 임베딩』. 서울: 에이콘 출판.

이민행. 2015. 『빅데이터 시대의 언어 연구. 내 손안의 검색엔진』. 서울: 21세기 북스.

이민행. 2021. 『독일어 전산 의존문법 연구』. 서울: 역락.

정유남·왕규현·송상헌. 2021. 딥러닝을 활용한 남북한 의미 변이 탐침 방법론. 『한국어 의미학』 74, 113-139.

정희란. 2019. 동사 'break'와 '깨다'의 어휘 의미지도. 『인문사회과학연구』 20(3), 285-309.

조은경. 2019. 언어 정보의 계량화와 시각화: 감성 어휘의 분포 의미 표현. 『언어와 정보 사회』 38, 413-435.

조현선·이은경. 2020. 보건정보 자료를 이용한 나무구조모형의 시각화에 대한 고찰. 『보건정보통계학회지』 45(1), 16-29.

Baroni, Marco, Raffaela Bernardi and Roberto Zamparelli. 2014. Frege in space: A program of compositional distributional semantics. *Linguistic Issues in Language Technology* (LiLT) 9, 241‒346.

Bowman, Samuel. 2016. *Modeling natural language semantics in learned representations.* Ph. D. dissertation, Stanford University.

Brysbaert, Marc, Amy Beth Warriner and Victor Kuperman. 2013. Concreteness ratings for 40 thousand generally known English word lemmas. *Behavior Research Methods* 46(3), 904–911.

Davies, Mark. 2008–. *The Corpus of Contemporary American English: 520 million words, 1990-present.* Available online at https://www.english-corpora.org.

Devlin, Jacob, Ming-Wei Chang, Kenton Lee and Kristina Toutanova. 2019. BERT: Pretraining of deep bidirectional transformers for language understanding. In *Proceedings of the 2019 Conference of the North American Chapter of the Association for Computational Linguistics: Human Language Technologies*, Vol. 1, 4171–4186.

Felbaum, Christiane, editor. 1998. *WordNet: An electronic database.* Cambridge: MIT Press.

Firth, John. 1957. A synopsis of linguistic theory 1930–1955. In *Studies in linguistic analysis (Special volume of the philological society)*, 1–32. Oxford: Blackwell.

FitzGerald, Nicholas, Oscar Täckström, Kuzman Ganchev and Dipanjan Das. 2015. In *Semantic role labeling with neural network factors. In Proceedings of the 2015 Conference on Empirical Methods in Natural Language Processing (EMNLP)*, 960–970, Lisbon, Portugal. Association for Computational Linguistics.

Gries, Stefan Th. 2024. *Frequency, dispersion, association, and keyness. Revising and tupleizing corpus-linguistic measures.* Amsterdam & Philadelphia: John Benjamins.

Gries, Stefan Th. and Anatol Stefanowitsch. 2004. Extending collostructural analysis. A corpus–based perspective on alternations. *International Journal of Corpus Linguistics* 9(1), 97–129.

Gries, Stefan Th. and Anatol Stefanowitsch. 2010. Cluster analysis and the identification of collexeme classes. In Sally Rice and John Newman (eds.), *Empirical and experimental methods in cognitive/functional research*, 73–90. Stanford: CSLI Publications.

Haber, Janosch and Massimo Poesio. 2021. Patterns of lexical ambiguity in contextualized language models. arXiv preprint at arXiv:2109.13032.

Haspelmath, Martin. 1993. More on typology of inchoative/causative verb alternations. In Bernard Comrie and Maria Polinsky (eds.), *Causatives and transitivity, Vol. 23*, 87–121. Amsterdam and Philadelphia: John Benjamins.

Heidinger, Steffen and Richard Huyghe. 2024. Semantic roles and the causative–anticausative alternation: Evidence from French change–of–state verbs. *Linguistics* 62(1), 159–202.

Hilpert, Martin. 2015. *Construction grammar and its application to English*. Edinburgh: Edinburgh University Press.

Hilpert, Martin and Florent Perek. 2015. Meaning change in a petri dish: Constructions, semantic vector spaces, and motion charts. *Linguistic Vanguard* 1(1), 339–350.

Hinton, Geoffrey, James McClelland and David Rumelhart. 1986. Distributed representations. In David Rumelhart and James McClelland (eds.), *Parallel distributed processing: Explorations in the microstructure of cognition. Volume 1: Foundations*, 77–109. Cambridge: MIT Press.

Jurafsky, Daniel and James H. Martin. 2025. *Speech and language processing: An introduction to natural language processing, computational linguistics, and speech recognition with language models*, 3rd edition. Online manuscript released January 12, 2025. https://web.stanford.edu/~jurafsky/slp3.

Kim, Jiyoun, Hanjung Lee and Ye-eun Cho. 2025. Semantic and contextual constraints on the causative alternation in English: A multifactorial analysis. To appear in *Corpus Linguistics and Linguistic Theory* 21(2).

Lee, Hanjung. 2023. Cause identifiability and the causative alternation in English: A corpus-based analysis. *Linguistic Research* 40(3), 353–385.

Lee, Hanjung. 2024. Cue reliability, communicative efficiency, and differential subject marking: Evidence from Korean. *Language* 100(3), 468–503.

Lenci, Alessandro. 2008. Distributional semantics in linguistic and cognitive research. *Rivista di linguistica* 20(1), 1–31.

Levin, Beth. 1993. *English verb classes and alternations*. Cambridge: The MIT Press.

Levin, Beth. 2009. *Where do verb classes come from?* Handout of the talk presented at Verb Typologies Revisited: A Cross-linguistic Reflection on Verbs and Verb Classes, Ghent University, Ghent, Belgium, February 5–7, 2009.

Levin, Beth. 2015. Semantics and pragmatics of argument alternations. *The Annual Review of Linguistics* 1(1), 63–83.

Levin, Beth. 2020. Resultatives and constraints on concealed causatives. In Elitzur A. Bar-Asher Siegal and Nora Boneh (eds.), *Perspectives on causations: Selected papers from the Jerusalem Workshop 2017*, 185–217. Berlin: Springer.

Levin, Beth and Malka Rappaport Hovav. 1995. *Unaccusativity: At the syntax-lexical semantics interface*. Cambridge: The MIT Press.

Levshina, Natalia. 2020. Conditional inference trees and random forests. In Magali Paquot and Stefan Th. Gries (eds.), *A practical handbook of corpus linguistics*, 611–643. Cham: Springer.

Levshina, Natalia. 2022. *Communicative efficiency: Language structure and use*. Cambridge: Cambridge University Press.

Levshina, Natalia and Kris Heylen. 2014. A radically data-driven construction grammar: Experiments with Dutch causative constructions. In Ronny Boogaart, Timothy Colleman and Gijsbert Rutten (eds.), *Extending the scope of construction grammar*, 17–46. Berlin and Boston: De Gruyter Mouton.

van der Maaten, Laurens and Geoffrey Hinton. 2008. Visualizing data using t-SNE. *Journal of Machine Learning Research* 9(Nov.), 2579–2605.

de Marneffe, Marie-Catherine, Christopher D Manning, Joakim Nivre and Daniel Zeman. 2021. Universal dependencies. *Computational Linguistics* 47(2), 255 – 308.

McCawley, James D. 1978. Conversational implicature and the lexicon. In Peter Cole (ed.), *Syntax and semantics, Vol. 9: Pragmatics*, 245–259. New York: Academic Press.

McDonald, Ryan, Joakim Nivre, Yvonne Quirmbach-Brundage, Yoav Goldberg, Dipanjan Das, Kuzman Ganchev, Keith Hall, Slav Petrov, Hao Zhang, Oscar Täckström, Claudia Bedini, Núria Bertomeu Castelló, Jungmee Lee. 2013. Universal dependency annotation for multilingual parsing. In *Proceedings of the 51st Annual Meeting of the Association for Computational Linguistics (Vol. 2: Short Papers)*, 92 – 97, Sofia, Bulgaria. Association for Computational Linguistics.

Mikolov, Tomás, Kai Chen, Greg Corrado and Jeffrey Dean. 2013. Efficient estimation of word representations in vector space. In *Proceedings of the Workshop at the 1st International Conference on Learning Representations* (ICLR), 1–12.

Perek, Florent. 2016. Using distributional semantics to study syntactic productivity in diachrony: A case study. *Linguistics* 54(1), 149–188.

Perek, Florent. 2021. Distributional semantic models for English verbs and nouns. https://doi.org/10.17605/OSF.IO/N324F.

Peters, Matthew E., Mark Neumann, Robert Logan, Roy Schwartz, Vidur Joshi, Sameer Singh, and Noah A. Smith. 2019. Knowledge enhanced contextual word representations. In *Proceedings of the 2019 Conference on Empirical Methods in Natural Language Processing and the 9th International Joint Conference on Natural Language Processing (EMNLP-IJCNLP)*, 43 – 54, Hong Kong, China. Association for Computational Linguistics.

Princeton University. 2010. About WordNet. Available at: https://wordnet.princeton.edu.

Qi, Peng, Yuhao Zhang, YuHui Zhang, Jason Bolton and Christopher D. Manning. 2020. Stanza: A python natural language toolkit for many human languages. In *Proceedings of the 58th Annual Meeting of the Association for Computational Linguistics: System Demonstrations*, 101–108. Online.

Radford, Alec, Karthik Narasimhan, Tim Salimans and Ilya Sutskever. 2018. Improving language understanding by generative pre-training. *OpenAI Technical Report*. 1–12.

Rappaport Hovav, Malka. 2014. Lexical content and context: The causative alternation in English revisited. *Lingua* 141, 8–29.

Rappaport Hovav, Malka. 2020. Deconstructing internal causation. In Elitzur A. Bar-Asher Siegal and Nora Boneh (eds.), *Perspectives on causations: Selected papers from the Jerusalem Workshop 2017*. 219–256. Berlin: Springer.

Rappaport Hovav, Malka and Beth Levin. 2012. Lexicon uniformity and the causative alternation. In Martin Everaert, Marijana Marelj and Tal Siloni (eds.), *The theta system: Argument structure at the interface*, 150–176. Oxford: Oxford University Press.

R Development Core Team. 2023. *The R project for statistical computing*. Vienna, Austria: R Foundation for Statistical Computing. https://www.R-project.org/

Reinhart, Tanya. 2002. The theta system – An overview. *Theoretical Linguistics* 28(3), 229–290.

Reinhart, Tanya. 2016. *Concepts, syntax and their interface*. Cambridge: The MIT Press.

Romain, Laurence. 2017. Measuring the alternation strength of causative verbs. A quantitative and qualitative analysis of the interaction between verb, theme and construction. *Belgian Journal of Linguistics* 31, 218–241.

Romain, Laurence. 2022. Putting the argument back into argument structure constructions. *Cognitive Linguistics* 33(1), 35–64.

Rudinger, Rachel, Adam Teichert, Ryan Culkin, Sheng Zhang and Benjamin Van Durme. 2018. Neural-Davidsonian semantic proto-role labeling. In *Proceedings of the 2018 Conference on Empirical Methods in Natural Language Processing (EMNLP)*, 944–955, Brussels, Belgium. Association for Computational Linguistics.

Salton, Gerard, Anita Wong and Chung-Shu Yang. 1975. A vector space model for automatic indexing. *Communications of the ACM* 18(11), 613–620.

Schneider, Nathan, Jena D. Hwang, Vivek Srikumar, Jakob Prange, Austin Blodgett, Sarah R. Moeller, Aviram Stern, Adi Bitan, and Omri Abend. 2018. Comprehensive supersense disambiguation of English prepositions and possessives. In *Proceedings of the 56th Annual*

427

Meeting of the Association for Computational Linguistics (*Vol. 1: Long Papers*), 185–196, Melbourne, Australia. Association for Computational Linguistics.

Sequoia Capital. (2024). AI Ascent 2024. [Video]. YouTube. https://www.youtube.com/watch?v=sal78ACtGTc&t=103s

Song, Yiming and Deliang Wang. 2025. BERT-assisted behavioral profiling of polysemy: contrastive analysis of HONG in Chinese and RED in English. To appear in *Corpus Linguistics and Linguistic Theory* 21(2).

Stefanowitsch, Anatol and Stefan Th. Gries. 2003. Collostructions: Investigating the interaction of words and constructions. *International Journal of Corpus Linguistics* 8(2), 209–243.

Stefanowitsch, Anatol and Stefan Th. Gries. 2005. Covarying collexemes. *Corpus Linguistics and Linguistic Theory* 1(1), 1–43.

Turney, Peter and Patrick Pantel. 2010. From frequency to meaning: Vector space models of semantics. *Journal of Artificial Intelligence Research* 37(1), 141–188.

Tyler, Andrea and Vyvyan Evans. 2003. *The semantics of English prepositions: Spacial scenes, embodied meaning and cognition.* Cambridge: Cambridge University Press.

Vaswani, Ashish, Noam Shazeer, Niki Parmar, Jakob Uszkoreit, Llion Jones, Aidan N. Gomez, Lukasz Kaiser and Illia Polosukhin. 2017. Attention is all you need. *Neural Information Processing Systems* 30, 5998–6008.

Wolff, Phillip. 2003. Direct causation in the linguistic coding and individuation of causal events. *Cognition* 88(1), 1–48.

Wright, Saundra K. 2001. *Internally caused and externally caused change of state verbs.* Ph. D. dissertation, Northwestern University.